U0673577

国家社科基金项目（10CKS016）结题成果

湖南省"十二五"公共管理重点学科（湘潭大学）资助

Citizen Participation and Development of Democracy
Studies on Contemporary Western Participatory Democracy

公民参与和民主发展

——当代西方参与式民主研究

董石桃 /著

人民出版社

责任编辑：崔秀军
封面设计：林芝玉

图书在版编目（CIP）数据

公民参与和民主发展：当代西方参与式民主研究/董石桃 著. —北京：
  人民出版社，2017.12
  ISBN 978－7－01－017781－6

Ⅰ.①公…　Ⅱ.①董…　Ⅲ.①民主-研究-西方国家　Ⅳ.①D082

中国版本图书馆 CIP 数据核字（2017）第 126313 号

公民参与和民主发展

GONGMIN CANYU HE MINZHU FAZHAN

——当代西方参与式民主研究

董石桃　著

人 民 出 版 社 出版发行
（100706　北京市东城区隆福寺街 99 号）

北京汇林印务有限公司印刷　新华书店经销

2017 年 12 月第 1 版　2017 年 12 月北京第 1 次印刷
开本：710 毫米×1000 毫米 1/16　印张：25.5
字数：380 千字

ISBN 978－7－01－017781－6　定价：68.00 元

邮购地址 100706　北京市东城区隆福寺街 99 号
人民东方图书销售中心　电话（010）65250042　65289539

版权所有·侵权必究
凡购买本社图书，如有印制质量问题，我社负责调换。
服务电话：（010）65250042

目　录

导　论

　　民主的合理性从根本上来说就是它提供了现代政府最强有力的合法性原则——"人民的同意"——作为政治秩序的基础。[①] 公民参与是人民同意的根本表达方式，因而，对民主政治发展至关重要。特别是就现代政治而言，政府合法性和正当性的前提都必然要承认"公民在政治过程中能够起到有意义以及有效的作用"[②]。人类历史的发展也表明，民主每前进一步，都反映了公民参与和管理自己生活的愿望，也需要民主理论家去努力探索公民积极有序参与的内在价值及其实现路径。尽管大规模的政治参与并不必然导致理想的政治状态，但是一个国家的民主政治程度取决于民众的参与程度以及通过公共参与而监督和控制政治的程度，公民参与是衡量一个国家民主政治的主要指标。所以，尽管迄今为止关于民主的种种讨论充满着混乱和歧义[③]，但民

---

① ［英］戴维·赫尔德：《民主的模式》，燕继荣等译，中央编译出版社 1998 年版，第 3 页。

② Matt Qvortrup, *The politics of participation：from Athens to e-democracy*, Manchester University Press，2007：15.

③ 美国著名民主理论家达尔曾经抱怨说："民主已被人们探讨了大约 2500 年，照理，应该有足够的时间提供每个人或几乎每个人都赞同的一套有关民主的理念才对。然而，无论是好是坏，这都不是事实。""各种民主思想，犹如一片巨大的、无法穿越的灌木丛。"（［美］达尔：《论民主》，李柏光、林猛译，商务印书馆 1999 年版，第 3、43 页）。在另一本著作中，达尔又提及民主理论的复杂性，"民主理论不仅仅是一个巨大的事业——规范的、经验的、哲学的、同情的、批判的、历史的、乌托邦主义的，不一而足——而且是相互联系的复合体。相互联系的复合体意味着，如果从无懈可击的基础出发，进而径直得出结论的话，我们就无法构建一个令人满意的民主理论"（［美］达尔：《民主及其批评者》，曹海军译，吉林人民出版社 2006 年版，第 10 页）。

主理论都无法回避现代政治的一个最根本的问题：为何以及怎样不断地扩大公民积极有序参与，推动民主的不断深化和人的全面发展？或者说，是民主深化发展过程中，公民积极参与在何种意义上是可欲的和可能的？民主发展的趋势就是要不断扩大公民有序政治参与，从理论研究上来说，就是要深入探寻公民积极有序参与的价值基础和实现路径，在某种意义上，这也是民主理论中一个常说常新的永久性课题。

尽管民主本身意味着参与，然而，在民主理论的发展长河中，民主和公民参与实际上存在着巨大的张力。尤其在当代西方民主理论的丛林中，公民参与的地位迥然有别。具有讽刺意味的是：当代西方占主导的自由民主理论中公民参与的地位异常低微，公民积极参与政治所具有的内在危险被主流的经典民主理论反复强调，公民参与在民主理论中并没有获得其应有的地位，反对和限制公民参与的精英民主理论甚嚣尘上，成为西方民主理论的主流；在实践中，20 世纪 60 年代以来，精英主义导向的自由民主理论面对公民政治冷漠、政治效能感下降、公民对政府信任度持续下滑、非制度性参与此起彼伏等问题束手无策，只是简单地用"政府超载"理论来搪塞推进公民参与举措的无力。[①] 现实证明，西方主流的自由民主理论无法有效解决扩大公民积极有序参与这一重大政治问题。

在此背景下，1960 年，阿诺德·考夫曼首次提出"参与式民主"（Participatory Democracy）概念，这一概念随即广泛运用于社会各个领域。1970 年，美国学者卡罗尔·佩特曼（Carole Pateman）出版了《参与和民主理论》一书，提出参与式民主理论，参与式民主理论发展成为一种与自由主义民主相对立的新的民主理论。它充分强调"参与"在民主发展中的价值，从民主的本质规定性出发，强调民主应当公民积极有序的参与才能实现，对西方当代民主实践进行了一系列的反思，并在此基础上提出了"直接参与 + 代议政治"的民主发展思路，带来了民主模式的创新。参与式民主理论作为

[①]　这种现象也被西方学者称为"民主的危机"。（参见 [意] 米歇尔·克罗齐、[美] 塞缪尔·P. 亨廷顿、[日] 绵贯让治：《民主的危机》，马殿军等译，求实出版社 1989 年版）

一种具有广泛影响的民主理论，一方面深入地批判和超越了当代自由民主理论；另一方面，复兴和开启了公民参与的理想和探索，代表了民主理论新的发展。当代参与式民主理论一定意义上复兴了古典民主理论的有益价值，以此弥补代议制自由民主理论的缺陷，代表民主理论发展的新趋向。

20世纪最后十年中，协商民主理论作为参与式民主理论的一种新的发展也再次激发了人们对于自由社会的核心要素即公民自治的理想。协商民主理论延续了参与式民主理论公民积极有序参与的理论关怀，致力于公民参与品质的提高，被视为参与式民主理论的新发展，带来了新的理论创新和实践创新。有学者曾经指出，"在西方国家影响日益增大的协商民主理论，其实主要是一种公民参与的理论"①。"协商民主理论在修正和完善参与式民主理论的基础上进一步发扬了参与式民主所彰显的公民理性、宽容、沟通、参与等价值观。协商民主本身并不是一种独立的理论，它是对参与民主的发展。"② 本书将协商民主理论研究的镜头拉长，从作为其理论母体的参与式民主理论着手来深化协商民主理论的研究。因而可以说，对参与式民主理论的研究，既是对其核心关怀——公民积极有序参与可欲性和可能性的研究，也是对当代西方民主理论本身新发展的一种研究。

近年来，公民参与在世界各地人们日常生活的各个角落、各个领域、各个层次蓬勃兴起。关于公民参与的研究也方兴未艾。但是迄今为止，国内外大部分成果都是局限于自由民主理论视域中的选举参与的实证研究，缺少多样化民主理论的视野分析。③ 有学者也指出，"公众参与在我国还仅是地方性实践，对这一理论研究仍然非常缺乏，日常大众乃至一些政治家使用公

---

① 俞可平：《公民参与的几个理论问题》，http：//www.china.com.cn/xxsb/txt/2006-12/19/content_7531039.htm。

② 蔡定剑：《公众参与，一种新式民主的理论与实践》，http：//www.chinaelections.org/NewsInfo.asp？NewsID=149138。

③ 台湾学者郭秋永曾经系统总结了西方关于公民政治参与的理论成果，其主要的成果都是探讨自由民主理论下的选举参与研究，对于更为广阔领域的公民参与问题，西方成果必须从参与式民主理论视野中来进行研究。[参见郭秋永：《政治参与》，（台北）幼狮文化事业公司1992年版]

众参与的概念还较为模糊而缺乏科学的确定性"①。有学者也曾经抱怨，"对公民参与的讨论和研究相对较少，我们总是把更多的关注或是放在自由、平等、正义、人权等民主的普遍价值上，或是放在民主制度、民主文化和民主机制的中国特色上，对公民参与的一般性理论研究不多"②。对于参与式民主理论这一在西方有着广泛影响的民主理论更是缺乏深入的研究。本书着力于弥补学术界已有同类研究成果还存在的不足：以当代西方参与式民主理论为研究对象，以当代西方民主发展和公民参与为实践背景，从国家和公民关系的比较分析视野中，研究当代西方参与式民主理论对扩大公民积极有序参与价值基础和实现路径的探索，以期为中国民主的发展提供一点有益的借鉴，推动中国民主的进一步发展。

我们认为，和自由民主理论将公民参与局限在保护个人利益的工具性价值不同的是，参与式民主理论同时还突出地重视公民参与对公民自身发展的目的性价值，致力于将公民参与的工具价值和目的价值结合起来，以此为基础探索推动扩大公民积极有序参与的途径，推动公民在政治、经济、社会更为广阔领域的全面参与。参与式民主理论的主张可以有效地弥补自由民主理论将公民参与限于"选举参与"的缺陷，有利于民主的深化和人的全面自由发展，对于中国的民主政治建设也具有较强的启示意义。当然，参与式民主理论的主张并不是取代或者取消以选举为核心的代议制民主的本身，而是对其的补充和发展。③ 因此，本书的核心命题假设是：一个完美民主社会的实现，关键是坚持公民本位，寻求公民参与的工具价值和目的价值的统一；推动民主的进一步发展，关键是以推动公民有序参与为核心，不断夯实民主建设的社会基础。本书希望通过对当代西方参与式民主理论及实践的深入分析，能够在学理上彰显这一命题的时代意蕴。

---

① 蔡定剑：《公众参与及其在中国的发展》，《团结》2009 年第 4 期。
② 俞可平：《公民参与的几个理论问题》，http：//www.china.com.cn/xxsb/txt/2006-12/19/content_7531039.htm。
③ 董石桃：《公民参与和民主发展——当代西方参与式民主理论的兴起及其启示》，《探索》2010 年第 4 期。

从民主发展的历史进程来看，民主的发展史就是一部不断扩大公民政治参与的历史。从公元前 5 世纪的雅典来说，其民主政治的核心制度就是所有公民都有权利参加"公民大会"，而直接决定重要的决策。除此之外，全体公民也有资格参加抽签，以期出任"审议委员会"委员，从而按月轮流主持"审议委员会"，决定经常性的政治事务。公民直接参与政治，正是古雅典民主政治的核心成分。当然，古希腊的"公民身份"是排他性的，大部分的人被排除在公民之外。随后古罗马"共和国"仍然将公民参与作为其最核心的制度，"共和"一词的含义就是政府建立在人民同意的基础上。古罗马经常把具有极高价值的罗马公民资格赋予被征服地区的人民。这些人不再是被征服的臣民，而是成为了拥有完全公民权和特权的罗马公民。所有人，包括自由人和奴隶都可以参与领事的选举。之后的中世纪，由于民主政治在封建制度中被排除，公民参与政治也随着销声匿迹。这种现象到 18 世纪得以彻底改变，公民参与重新成为欧美政治生活中的一种十分重要的现象。近二三百年以来，西方各国主要制度的种种变革，如专制政体转变为民主政体、朋党政治转变为政党政治，有限选举权转变为普遍选举权，几乎都以"公民参与"为枢纽建立起人民和政府之间的各种联系。因此有些政治学者甚至指出，19 世纪以来的欧洲政治史，本质上是一部"公民参与"沿着正规渠道的发展史。根据他们的见解，西方民主政治的演化，实际上沿着两种方式逐渐进行：一种方式是"政治参与权利项目逐渐增加"，即选举权、请愿权、担任公职权及结社权等权利的逐渐增加；另一种方式是"分享政治参与权利人数"增多，如选举权的历史发展过程中，逐渐取消了经济条件、教育程度、种族及性别等限制，从而使享有选举权的人数逐步提高，最终让全民共享的一个过程。①

但是，在当代西方民主理论中，对待公民参与却存在两种对立态度。一种是占据主流的自由民主理论：担心多数人暴政，限制参与，重视私人领域，强调保护个人自由。另一种则是 20 世纪 60 年代后兴起的探索公民积极

---

① 参见郭秋永：《当代三大民主理论》，新星出版社 2006 年版，第 10 页。

有序参与深化的参与式民主理论：强调人民的参与权利，鼓励更广泛的积极参与，重视公共利益，认为政治参与是个人发展的重要条件。

第一，自由民主理论：公民参与的疑惧或反对。

从西方主流民主理论的发展历史来看，公民参与政治不断扩大的历史，也是一部资产阶级对"公民参与"政治充满怀疑甚至是恐惧的历史。18 到 19 世纪，在西方思想界普遍流行的"多数暴政"理论就是这种心态的反映。所以，尽管从 19 世纪开始，"民主"开始逐渐获得良好的名声，但同时，民主的真正内涵即"公民参与"却开始流失。20 世纪上半叶以来，精英主义民主理论发展成为自由民主理论的主流。此后，公民参与政治的内在危险在西方主流的民主理论中被突出地强调。这一特征有两个重要来源：一是 20 世纪初工业社会的巨大规模及其复杂性以及官僚组织形式的出现，引发了许多具有实证主义思维的政治学者对于通常所理解的民主的实现可能性产生了严重怀疑；二是来源于自由主义 20 世纪以来人们对那种动员式全民参与的狂热所留下的破坏记忆犹新，自由民主理论将第二次世界大战中魏玛共和国的崩溃以及后来演变为法西斯主义归咎为大众的参与，从而强调：参与是和极权联系在一起的，而不是和民主制度联系在一起的。

最著名的反对公民参与的观点来自精英民主理论。熊彼特对民主的界定众所周知："民主政治就是政治家的统治"①，民主就是竞争领导地位。这是一种机械论的定义，这种定义排除了任何目的论，因而也排除了在民主观念中的任何伦理的、规范的色彩。在熊彼特看来，政治不可避免地是一种职业，只有少数人可以胜任，公民要做的事情仅仅就是投票选出那些能够胜任的人："民主方法就是那种为做出政治决策而实行的制度安排。在这种安排中，某些人通过争取人民选票获得作决策的权力。"② 和韦伯一样，熊彼特认为"人民主权"的观念不仅含混不清，并且毫无用处，要成功地统治复杂的

---

① ［美］约瑟夫·熊彼特：《资本主义、社会主义与民主》，吴良键译，商务印书馆 1999 年版，第 415 页。

② ［美］约瑟夫·熊彼特：《资本主义、社会主义与民主》，吴良键译，商务印书馆 1999 年版，第 395—396 页。

世界，必须抛弃这种虚幻的东西。熊彼特之所以主张精英民主，其重要的原因是他对大众的不信任，"典型的公民一旦进入政治领域，他的精神状态就跌落到较低的水平上。他会毫不犹豫地承认，他辩论和分析的方法是幼稚的，局限于他实际利益的范围。他又成为原始人了。他的思想变得易于引起联想和充满感情"①。他的理论诉求在于贬低甚至是否定古典民主理论所崇尚的公民参与之价值，认为"参与"仅仅指人民参加选举活动或广泛地参加决策者的选择。公民参与如果还存在功用的话，也只有其保护性的作用，保护公民个人的私人利益。他把政治和市场完全等同起来，选民和政治家就是交易的双方，选民的选举和政治家的政策就是交换的商品，选民手中的选票就相当于他们的"政治货币"。与市场上的情况一样，虽然消费者对于生产过程没有任何直接的决定权，但他们在市场上的选择本身却能够对生产发挥一定的影响。熊彼特的民主模式得到了精英主义者的普遍认可，代表了当代西方自由民主理论的主流。

萨托利从另一个角度提出公民广泛参与的不可能性。他认为，在民主理想和政治现实之间出现了不可弥合的鸿沟，他给民主下了一个规范性定义："民主应当是：（1）有选择的多头统治；（2）基于功绩的多头统治。"② 根据这个定义，人民的民主权力主要就体现在选择（选举）领导人上，而真正或直接实行统治的是一些权威和精英人物。他把这种精英统治又称之为"能人统治"，认为"贬低能人统治，我们只会得到低能儿的统治"③。针对政治生活中普通民众存在着普遍的消极和冷漠，萨托利的回答是，我们不需要对它进行解释。另一个假设是政治冷漠源于缺乏民主活动的时间，但是我们已经看到人们不可能通过投票活动来学会投票。萨托利认为，我们所能够真正理解并且真正感兴趣的是那些我们有着个人亲身经历或者关于我们自身的观念的事务，要引起普通大众对于政治活动的兴趣是不太可能的。进一步，萨

---

① ［美］约瑟夫·熊彼特：《资本主义、社会主义与民主》，吴良键译，商务印书馆1999年版，第386页。

② ［美］乔·萨托利：《民主新论》，冯克利、阎克文译，东方出版社1998年版，第192页。

③ ［美］乔·萨托利：《民主新论》，冯克利、阎克文译，东方出版社1998年版，第191页。

托利认为我们能够尝试改变人们态度的唯一方法，要么是强迫那些冷漠的大众变得积极，要么是惩罚那些真正活动中积极的少数人，但是这两种方法都不可行。萨托利的结论是，大多数人的政治冷漠不是哪一个人的错，这是我们停止寻找替罪羊的时代。大众必须对竞争着的精英提出的政策动议和政策作出"反应"，而不是"去行动"。①

多元主义民主理论则基于对政治平等的理解反对政治生活中的广泛参与。多元民主理论看到多元利益集团对民主政治的影响，进一步揭示了西方民主的现实。"这种民主的前提是多元社会的存在。不同的社会群体追求不同的利益，通过选举或参与的方式表达各自的利益，并寻求自身利益与其他利益的妥协。"② 按照达尔的观点，政治平等不能被界定为政治控制或政治权力的平等，因为人们社会经济地位、教育、居住状况、技能、关心或涉入的程度等因素的差异，人们在实际政治参与过程中是不平等的。在当代民主理论中，"政治平等"指的是存在着普选权（一人一票）以及通过选举竞争选票的政治过程，更重要的是指在选举间隔期间选民中的不同团体有着平等的机会影响决策者，以使他们的声音能够同等地得到倾听。在他看来，民主就是普通公民对政治领导人施加相对较高程度的影响，政府则对选民的要求作出反应。公民参与政治或对政治施加影响在很大程度上是靠投票来实现的。除此以外，公民在民主中不可能直接参与政治，而只能通过成为利益团体中的一员来参与政治。此外，达尔还揭示了普通社会成员在政治生活中参与增加所产生的内在危险，认为社会经济地位越是低下的社会团体在政治生活中越不积极，这些团体中也就越可能发现"权威主义"人格。如果政治活动的增加将具有权威主义倾向的人带到政治舞台上，那么关于政治基本规范的共识就会下降，多元政体就会遭到削弱。这一逻辑揭示了，如果大幅度提高现存的政治参与水平，对于民主体系的稳定是有害的。③

---

① G. Sartori, *Democratic Theory*, Detroit: Wayne State University, 1962, p.77.

② 李强：《自由主义》，中国社会科学出版社 1998 年版，第 219 页。

③ 参见 [美] 罗伯特·A. 达尔：《民主理论的前言》（扩充版），顾昕译，东方出版社 2009年版，第 73 页。

来自民主的经济学分析视角则从理性选择理论的各种假说中推导出最低限度公民参与的逻辑结果。根据奥尔森和唐斯的观点，多数人缺乏参与的意愿并非是无知的表现，而是经过理性思考得出的结论。在考虑是否参与时，理性的个人总是会提出这样的问题："如果参与这项活动，我会得到哪些若不参加就无法得到的东西？"在任何一个人口达到数以百万计的社会中，上述问题答案几乎都是："一无所获"。这是一个搭便车的游戏，不参与是最理智的。奥尔森据此得出以下结论："除非一个集团的人数很少，或者除非存在强制或其他某些特殊手段以使个人按照他们的共同利益行事，有理性的、寻求自我的个人不会为了实现共同利益或者集体利益而采取任何行动。"① 这种说法隐含的意思是，政治运动是由那些能够从运动中谋取私利的人来领导的。对政治精英分子来说，参与会带给他们权力和声望，因而是理性的。要动员其他人来参与，就要使他们相信自己也会直接从参与活动受益，而且收获将大于付出。这意味着某些类型的参与活动会比其他类型的参与活动更容易为人们所接受。例如，在大选中，人们更容易听从劝告去投票，因为，相对而言投票几乎无须成本；但是要说服他们花几个小时来为某个政党拉选票就困难许多。因此，一种有限的代议民主制就应运而生，并成为自由社会的政治制度。这种制度是追求理性和完全利己的结果，而不是由于理性的精英分子与无知的群众之间存在着什么必然的差别。②

总之，在主流的自由民主理论看来，普选权构成了公民参与的充分要件，代议制民主的选举权已经完美地解决了公民政治的现代性问题。李普塞特指出，现在在西方民主国家，"下层阶级的代表已经进入统治集团，成为权力俱乐部的成员。工业革命的基本政治问题——工人合法进入合法政

---

① ［美］曼瑟尔·奥尔森：《集体行动的逻辑》，陈郁、郭宇峰、李崇新译，格致出版社 2009年版，第2页。

② 参见 ［英］基思·福克斯：《政治社会学》，陈崎、耿喜梅、肖咏梅译，华夏出版社 2008年版，第120页。

体——业已解决"①。因此，在福山看来，自由民主整体代表了人类所能探索的治理形式的历史最高成就，"历史已经终结了"②。精英民主理论对于大众社会运动和现代社会中的"参与激增"极力反对，而对于大众的冷漠，则认为很正常，它恰恰是民主成熟的标志。亨廷顿就认为："民主政体的有效运作，通常需要一些公民与团体的某种程度的冷漠与不参与。"③民主虽然宝贵，但政治民主却不能无限发展，民主"并非越多越好"。显然，在当代自由民主理论家看来，首要的问题不是民主的合法性与真实性问题，而是政府的稳定问题，公民参与只是具有工具性的保护意义，它仅仅是实现其他更加重要目标的手段。尽管西方主流政治学家对政治参与也给予了关注，但往往聚焦在民众的投票上，公民参与的其他形式是被极力排斥的。④

当代西方具有精英主义色彩的自由民主理论以反对或限制公民参与为中心的论点，在当代西方政治理论家中间得到了普遍的支持，但这种理论也存在着很多的问题，遭遇到前所未有的危机。事实上，从理论自身的逻辑来看，当代西方的自由民主理论就存在很多难以自洽的缺陷。在熊彼特的理论中就存在两个方面的"理性断裂"。一方面，在经济发展领域中，他认为理性化是造就、统摄和瓦解资本主义秩序的根源。但是，我们发现，在政治领域中，熊彼特在提出自己的民主方案时，处处预设了大众、公民在政治领域中的非理性。难道我们可以说，政治领域是资本主义理性化的断裂带？另一方面，假设作为政治要素的理性只对那些治理国家的人来说有效，而普通群众是情绪化的，民主只是一套选择机制，普通群众得到信任的程度只是定期

---

① ［美］李普塞特：《政治人——政治的社会基础》，张绍宗译，上海人民出版社 1997 年版，第 68 页。

② ［美］弗朗西斯·福山：《历史的终结和最后的人》，黄胜强、许铭原译，中国社会科学出版社 2003 年版。

③ ［意］米歇尔·克罗齐、［美］塞缪尔·P. 亨廷顿、［日］绵贯让治：《民主的危机》，求实出版社 1989 年版，第 114 页。

④ Robert A. Dahl, *Democracy and Its Critics*, New Hsven, CT：Yale University Press, 1989. 又如在其研究政治参与的经典之作中，Sidney Verba 与合作者列举了一些政治参与行为，其中绝大多数都直接或间接与参加选举有关。

对精英分子提出的方案表示自己的赞成意见。按此逻辑，我们又如何相信允许群众来选择治国者这一机制呢？难道群众只有在挑选治国者时是理性的，而其他时候就是非理性的？熊彼特剔除了传统民主观念的理想层面，他在使民主概念简明的同时，也使民主的意义变得模糊不清。多元民主理论的最大贡献是将权利的平等从个人扩大到组织层面，注意到多元组织对决策的影响和控制能力。但是现代利益之争体现为集团利益之争，那么民主初衷需要维护的个人利益反而被屏蔽掉，掉落在社会组织整合列车之外的个人，更是被边缘化掉了。而且"正如对于个人一样，对组织而言，独立或自治也创造了作恶的机会。组织可能利用这样的机会增加或维持不公正而非减少不公正。它也可能损害更广泛的公共利益来促进其成员狭隘的利己主义，甚至有可能削弱或摧毁民主本身"[1]。晚年的达尔已经清醒地认识到多元民主的致命缺陷，转而诉诸更加强调公民参与的民主理论，实现民主的"自治和控制"。而理性选择民主理论最大的问题就是：如果个人利益是政治行为的唯一基础，那么我们如何理解公民为他们资源加入政治团体付出的大量时间和精力呢？如果我们认为人们不能庄重地履行其公民义务，那么我们获得各项政治自由的基础也将逐渐消失。因此，我们也可以认为，公民积极地参与政治同样是理性的。正像格林和夏皮罗指出的那样，"理性选择理论遭遇的挑战是：如何实现理性理念和其他动机的互动？"[2]总之，自由主义的民主理论所许诺的民主在逻辑上是脆弱的，它只能说明，代议制民主只是在对精英有利的基础上才能够被接受。按照精英民主的逻辑，存在着如下的可能：假如能够找到另一种比投票更好的方法来安抚民众的话，那么民主本身也是多余的了。

当代西方民主理论在实践中也导致了许多不良的社会后果，形成了当代西方民主实践的危机：其一，日益庞大的官僚机构、政治活动的复杂性以及民主对日常生活的控制，严重扼杀了公民个人在公共生活中的积极性和创

---

[1]　[美] 罗伯特·A.达尔：《多元民主的困境——自治与控制》，周军华译，吉林人民出版社2006年版，第1页。

[2]　Green，D. and Shapiro，I. *Pathologies of Rational Choice：A Critique of Applications in Political Science*，New Haven：Yale University Press，1994.

造性。社会政治生活中普遍存在不平等。这种不平等不仅包括资源占有方面的不平等，还包括性别、种族、信息获得等方面的不平等。在代议制度下，政治参与的机会明显偏向于社会经济地位较高的阶层。过多地关注国家层面上的民主建构以及对古典民主学说的批驳，尽管也强调了民主的制度建设、社会条件等问题，但是忽视了公民个人的民主参与能力以及相应条件的培养。① 其二，自由民主理论忽视了公民积极参与的内在价值。自由主义民主对大众参与持怀疑态度，忽视了大众参与促进人民的美德和智慧等方面具有的教育功能，也忽视了公民参与的激励功能。参与孕育着参与，民主滋养着民主，少许的乃至微量的政治行动就可以鼓舞大量的行动欲望。更为重要的是，自由主义民主反对大众参与，扼杀了公民个体的主体性，公民日渐丧失了公共自主的欲求，这将造成公民与国家之间的距离和国家与社会关系的脱节。正如泰勒指出的，"现代的国家越来越无动于衷，越来越不能满足公民的需求与欲望，越来越受到自己内部的权力运作、官僚程序或精英政治所左右，'距离'所象征的意义，是表示政府机关已经与普通公民脱节了"②。

第二，参与式民主理论：探索公民积极有序参与的价值与实现路径。

20 世纪以来，虽然自由主义的代议制民主在西方国家占据了主流地位，但是参与式民主理论在 70 年代正式兴起，成为当代民主理论的新热点。参与式民主理论正视自由民主理论和实践的缺陷，重新重视公民积极有序参与的理论建构。该理论用发展的眼光来看待公民参与的价值，认为公民参与不仅是一种治理的方法，而且要服务于更广泛的目的——将公民社会凝聚在一起、教育公民并使之掌握治理的艺术。参与式民主论者提出了一种新的民主观念，即公民积极参与本身被认为具有内在的价值：它使所有人都能发挥作用，不仅增强了自身在这种方面的能力，而且形成了社会建设的各种纽带。因而，参与式民主理论要求民主的治理机制必须做到：（1）最大限度地扩展参与的场合和强度，直至实现规模社会全体成员的参与；（2）促进适用民主

---

① 陈尧：《从参与到协商：当代参与型民主理论之前景》，《学术月刊》2006 年第 8 期。
② ［美］查尔斯·泰勒：《公民与国家之间的距离》，载汪晖、陈燕谷主编：《文化与公共性》，生活·读书·新知三联书店 2005 年版，第 199 页。

原则的社会生活领域的扩大。它区别于代议制民主中公民只是在投票、选举中的参与。

参与式民主理论很容易被简单地等同于直接民主制，从而也很容易被学者贴上"民粹主义"或者"乌托邦"的标签而简单地加以批判。事实上，尽管参与式民主的本质包含着直接民主，但是参与式民主和直接民主也存在区别。直接民主是相对于间接民主来讲的，强调公民直接参与决策，直接管理自己的事务，而不通过任何中介和代表。参与式民主虽然也批判和质疑代议制，但更多的是从现代社会发展的实际考虑出发，并不直接要求废除代议制，尤其是并不挑战基本国家制度层面的代议政治制度，它并不主张公众在任何事情上都亲历亲为，而是强调公民直接参与和代议制的结合。因而，参与式民主中的"公民参与"要服从法治的原则，即要求是"有序"的。另外，在直接民主中，公民常常只是对"即将做出的决定"表示同意或者反对，不能对决定的内容施加影响，而参与式民主主张公民在一定程度上参与到决策过程中去，能够对决策的内容产生积极的影响。总体来说，参与式民主主张在代议制民主框架下，公民能够积极有序地参与到公共事务中去，而所参与的公共事务的层次也能更高，逐步扩展到整个社会生活，将政治生活中的参与同广阔的社会领域中的参与实践紧密结合起来，以期公民能够通过参与行动发展自我能力、完善自我。

当代西方参与式民主理论的萌芽至少可以追溯到 20 世纪早期，英国学者道格拉斯·柯尔主张积极的公民权，提出真正的民主制应是一种鼓励积极参与的职能民主制，其中包含了参与式民主的许多特征。柯尔认为社会应该由多元的组织构成，是分权和自治的。柯尔继承了卢梭的公民共和主义观点，批判了代议制民主存在公民冷漠、普选权虚化、代表不称职等内在缺陷，但并不否认代议制存在的必要性。柯尔的民主理论是一种社团理论，以人人能参加的职能团体为基础，每一个成员都对团体有充分了解并能参与决定自己所在团体的事情，而不是让别人来代表自己。与自由主义民主论者主张的消极公民权不同，柯尔主张的是一种积极的公民权。在他看来，"民主政治的含义是积极的公民权而不仅是消极的公民权，是每一个人不仅有作国家的，而且有作与他的人格或环境有关系的团体的积极的公民的机会"①。柯尔所指的公民参与是一种广泛的参与，并不是局限于政治领域的参与。他提到，民主原理不仅或主要运用于社会行动的特殊领域如人们所熟悉的"政治领域"，而且也应当运用于任何一种社会行动的领域，特别是像运用于政治事务那样充分运用于工业和经济领域。柯尔和密尔一样，认为公民参与的教育功能是关键的，同时个人和他们所处的制度不能割裂开来。人们只有通过在地方层次和地方社团中的参与，才能学会自我管理，才能学会民主方法。

　　《人的境况》被认为是参与式民主的教科书。② 阿伦特为公民积极参与政治提供了一种既古典又现代的支持理论。③ 阿伦特追随亚里士多德的传统，认为人天生就有这种政治方面的倾向。为了落实这种倾向，人应当发为行动，参与政治。因此公民参与并不像近代民主理论家所说的，只是一种保障私权或民权的必要手段，而是根本来自天性，是人对自我存在的一种实践与肯定。所以，阿伦特认为积极投入公共领域参与政治交往活动，才是真正属于人的活动，是人存在的条件，用她的话说，即"行动"高于"劳动"和"制作"。她的政治观始终洋溢着一种现代民主政治文化——公民文化气息，时刻提醒人们作为一个民主社会的公民，应该秉承公共精神，关心公共领域，积极参与社会政治生活，并在政治交往中，坚持主体际原则、理性协商原则、话语交流原则、交叠共识原则，反对暴力和强制。阿伦特强调，公共领域是公民的积极参与的空间，政治的真正体现是公民们在公共领域内协商、共议群体公共事务，公共领域的价值不在于达成实用性的协定，而在于它能实现每个参与者公民的主体性，锻炼他的判断辨识能力，并在与他人的关系和共同行为中成为群体有效成员。

　　正是从佩特曼开始，参与式民主理论正式地成形，成为西方一种重要的理论流派。佩特曼认为，当代民主理论过于受制于经验主义的分析而失去

---

① ［英］道格拉斯·柯尔：《社会学说》，李平沤译，商务印书馆 1959 年版，第 73 页。

② 参见 ［美］玛格丽特·加诺芬：《〈人的境况〉导言》，王寅丽译，上海世纪出版集团 2009 年版，第 8 页。

③ 参见江宜桦：《自由民主的理路》，新星出版社 2006 年版，第 201 页。

了将理论用于指导政治生活的价值。实际上，对政治的参与能够促进人类的发展，提高人们的政治效能感，减少人们对于权力中心的疏离感，培养人们对公共问题的关注，有利于形成一种积极的、富有知识的并能对政府事务具有敏锐兴趣的公民，从而有助于一个参与性社会的形成。佩特曼指出参与不但具有保护功能，而且还具有教育、提高政策合法性和政治整合等功能，其中最重要的是教育功能。"参与民主的理论建立在两个假设基础之上：参与的教育功能和工业的关键性地位。"① 在佩特曼的参与式民主理论中，全国层次上代议制度的存在不是民主的充分条件，因为要实现所有人最大程度的参与，民主的社会化或"社会训练"就必须在其他社会领域中进行，以使人们形成必要的个人态度和心理品质，这一过程可以通过参与活动本身而进行。根据政治效能感与参与之间的关系，佩特曼提出工业领域是将一个社会转变为参与型社会的关键。她认为，由于大部分人的一生中大量时间花费在工作中，工作场所的活动在集体事务的管理方面提供了一种教育，这在其他地方是没有的，工业领域本身就应该被看作是政治体系，它提供了除国家层次上的参与以外最重要的参与领域。如果个人对他们自己的生活和环境施加最大程度的控制，那么，在这些领域的权威结构必须按照他们可以参与决策的方式组织起来。

　　麦克弗森则进一步探讨了参与式民主的形式、条件和模式等具体内容，回答了如何迈向参与式民主的问题。麦克弗森的参与式民主理论是建立在自由主义民主——占有性个人主义批判基础上的。他认为自由主义民主的深刻缺陷的历史和社会根源便是它的拥占性个人主义，与这种拥占性个人主义相对应的是一种社会类型，麦克弗森把它称为"拥占性市场社会"。到 20 世纪，拥占性市场社会面临着一个无法避免的悖论：一方面，它不得不面对占有性个人主义假设的现实性和真实性；另一方面，现时的市场社会结构已经不再像以往那样提供一种必要条件，从这一条件中能够推断出正确的政治服

---

① 　[美] 卡罗尔·佩特曼：《参与和民主理论》，陈尧译，上海人民出版社 2006 年版，第 40 页。

从理论。在麦克弗森看来，唯有在一种更加人道的经济基础上，进一步扩大参与的渠道并改善参与的作用，才能实现更民主的、更公平的社会。当然，麦克弗森提出的参与式民主是半直接民主，而不是纯粹的直接民主，"这并不是说一个更强调参与的体制本身就能够祛除我们社会里所有的不公平，而是说低度参与和社会不公平是如此地相互蕴涵，因此，一个更公平的、更人道的社会需要一种更强调参与的政治体制"① 民主的社会不可避免地要包含特定的政府形式，而能够满足参与精神的可行的体制乃是一种结合底层的直接民主和上层的代议民主的金字塔式体系，再加上竞争式政党制度。

"强势民主"乃是现代形式的一种参与式民主，它虽然依赖公民自行治理社群的观念，但不坚持古典式的直接民主，也不背离现代社会的庞大规模。本杰明·巴伯则批判自由主义的民主是弱势民主，从而造就、鼓动的是极端自私自利的个人，是不关心公共事务、不乐意参与公共事务的群众，这样又可能导致另一个更大的恶果，就是自由主义的弱势民主可能导致极权主义。巴伯的解决之道是强势民主理论。强势民主的核心是公民的政治参与，通过政治参与来弥补代议制的精英政治的缺陷。公民通过共同讨论、共同行动、共同工作来解决共同体的问题，这就是参与式的强势民主的根本特征；它区别于代议制政治中，公民只是在投票时行使自己的参与权利，而将其他的一切政治活动都由精英、寡头、官僚来代表公民去管理。强势民主主张通过公民的参与、公民的讨论而能达到对他人的价值的认同和移情，重新审视各种价值和利益，从而达到互助互利、共同合作；主张通过公民的参与、讨论和行动的参与型政治来解决矛盾、转化冲突。强势民主的共同体并非是同质的、一致的集体主义共同体。巴伯认为，应该通过参与式民主来转化冲突，通过公民参与、公共审议和公民教育将冲突转化为互助合作，但是它并没有终止冲突，也不是拒绝冲突或者是压制冲突、容忍冲突，而是不断地转化冲突。

---

① C. B. Macpherson, *The Life and Tmes of Liberal Democracy*, Oxford：Oxford University Press，1977，p.94.

参与式民主通过直接参与公共事务和进行公共讨论、协商、妥协，试图复兴人类政治历史上消失已久的公共领域。在这一公共领域中，人们将自己的观点融入公共讨论中，通过说服他人或者向他人学习，不仅起到了教育的功能，而且进一步发扬了互动中的沟通、协调、宽容、理性等公民德行。参与式民主的这一重要过程及其思想在近年来兴起的协商民主理论中得到了进一步发扬。参与式民主和协商民主有着共同的发展背景和宗旨，参与式民主强调的是公共政策过程中公民有权利和机会参与决策，强调在公共生活的各个领域甚至在经济领域中公民的参与，但参与式民主没有深入阐述参与的过程。而协商民主恰好沿着参与式民主的方向，从提高参与品质的角度，回答了在这些公共领域中如何实施参与的问题，是参与式民主理论的重要发展。参与式民主和协商民主有着一定的差别，但是它们只是强调的重点不一样，前者是强调参与的广度和范围，后者是强调参与的深度和品质。协商民主是参与式民主的深入，两者在公民参与探究方面具有前后的逻辑关系，将它们的内在发展逻辑理路和发展意义进行仔细辨析对于我们具有十分重要的意义。

综上所述，自由主义的精英民主理论只是提出了有能力的精英和不可靠的群众之间未能证明的差别，当代自由民主理论无法解决"公民积极有序参与"这一重大的政治问题。方兴未艾的民主化进程，证明了自由民主理论"在政治上我们已经获得一切"，"政治已经终结"的说法看上去只不过是一种自鸣得意而已。理论和现实的发展表明，反对公民参与的观点中有许多反对的就是民主制度本身，如果我们将这种形式的民主作为理想付诸实施而不求变革的话，就会日益造成诸如卡蓝默所说的"民主高奏凯歌，但却是破碎的民主"①。反观实际政治生活，政治家的个人操守以及他们在作出复杂决策时表现出来的无能，经常辜负了熊彼特等人对精英分子赋予的信任，无论在实践中还是从规则的角度来讲，民主精英论的说服力都在不断减弱。因此，

---

① ［美］皮埃尔·卡蓝默：《破碎的民主》，高凌翰译，生活·读书·新知三联书店 2005 年版，第 2 页。

在现时代，一种发展型的民主理论也许更具有说服能力，关于公民积极有序参与的内在价值及其实现的探索，我们只能在一种更强势的参与式民主理论中找到。经验表明，现代国家必须正视在决策过程中公民拥有更多话语权和参与权的要求，而这正是民主需求的形式。政府的决策也只有在公民适当参与的情况下才更为科学可行。正如巴奇所指出的，"如果我们重新审视过去 10 年至 20 年之间的重大决策，很难想起有哪个决策是不能通过公众参与加以改善的"①。随着信息技术的革新、新的参与途径不断涌现，公民投身政治的意愿越来越强烈，参与行为反过来又对公民的参与能力起到了积极的作用。同时，公民通过参与才能使其权利和责任达成一致。如果没有一种普遍的、积极的参与，那么公民身份只不过是一种虚假的身份，人们不能从中获得自己的权利。同样，也只有在决策过程中实现分权，公民才有机会履行责任、行使权利。公民参与并不会消解政治职责，而是将其摆在公民面前，让他们来掌控专家、官僚和利益集团可能通过特权而施加的风险。公民积极有序参与将超越政治输入和社会经济的结果间的关系，促进公民对政策制定的核心过程的介入，这一切将变成当代治理以及对民主的质量进行考量的一个重要方面。

自由民主理论只是提出了有能力的精英和不可靠的民众之间未能证明的差别，当代自由民主理论无法解决"公民积极有序参与"这一重大的政治问题。无论在实践中还是从规则的角度来讲，民主精英论的说服力都在不断减弱。因此，在现时代，一种发展型的民主理论也许更具有说服力。比较自由民主和参与式民主的政治主张，我们可以看出，参与式民主理论致力于探讨公民积极有序参与的价值基础和实现路径，在现代社会具有十分重要的意义。深入研究当代西方参与式民主理论，探讨公民积极有序参与的价值基础和实现路径，对中国的民主政治建设至少具有如下几个方面的重要意义：

第一，有助于我们全面深入透视西方主流的自由民主理论。

民主理论的复杂性之一，就是其概念和形态的差异化和多样化。自由

---

① Budge，I. *The New Challenge of Direct Democracy*，Cambridge：Policy Press，1996，p.190.

主义民主在当代西方社会独占话语权并几乎终结了意识形态之争，而全球化的蔓延将自由主义民主渗透到全球每一个角落时，人类社会似乎进入了一个民主共识的时代。福山就曾迫不及待地宣布："自由民主可能形成'人类意识形态进步的终点'，与'人类统治的最后形态'，也构成'历史的终结'。……自由民主的'理念'已不能再改良了。"① 自由民主理论的高歌猛进容易导致人们对其内在缺陷和消极后果的忽视，容易使人陷入经验主义和思维单一化的泥沼。当我们沿着民主的内在含义继续追问：民主是什么？我们这个时代需要什么样的民主？民主是否就是那种个人可以消极地享受公共权力提供的各种公共服务而同时仅仅在名义上保留对公共权力的制约？或者，民主已然成为一种消费品，在后工业时代社会大众将其客体化为一种普通必需品而变得日益熟视无睹？我们会发现：自由主义民主席卷全球并不是自由主义民主的胜利，而仅仅是自由主义民主意识形态的胜利。全球化只是将高度物质文明背后的（但不是必然的）自由主义民主意识形态输送到其他国家，却并没有将社会公共问题的解决方式输送到全球。许多发展中国家片面复制或者移植自由民主的形式导致的恶劣后果，已经为我们提供了很好的前车之鉴。所以，我们在探索自己的民主发展形式过程中，必须认识到，自由主义民主理论只是西方民主理论的一种形态，尽管它在西方占据主流地位，但西方民主理论并不仅仅是自由主义式的民主。当然，西方自由民主一方面取得了令人瞩目的成果，这是我们必须要学习和借鉴的；另一方面，我们看到这些成果的同时，也必须清醒地认识到它的缺陷。参与式民主理论是在分析、批判自由民主理论的过程发展起来的，是对自由民主理论的完善和超越，因而对自由民主的不足有着比任何其他理论更为深刻的认识，这无疑为我们提供了一幅现成的、优质的透视镜，帮助我们借鉴自由民主理论经验的同时，对其不足保持清醒的头脑。许多人也许会认为，中国还没有达到自由民主中代议制发达的程度，谈论其弊端未免过早，或者认为自由民主的不

① ［美］弗朗西斯·福山：《历史的终结和最后的人》，黄胜强、许铭原译，中国社会科学出版社 2003 年版，第 3、4、1 页。

足只是西方的事情，跟中国无关。这些观点是不对的。一方面，民主的建构未必是以单一模仿西方早期民主的实现为绝对条件，中国的制度转型必须从当代世界的制度反思开始，而不是亦步亦趋地重复现在已经一目了然的西方民主的失误，然后再考虑改进。这就像我们的工业发展不能像西方一样等环境污染弊端产生以后再来整治一样。另一方面，自由民主蕴含着一些现代政治发展的普遍成果。20世纪所有的重大问题都是与自由主义民主理论与实践联系在一起的。从这个意义上来说，自由民主的命运也直接关系到整个人类社会的命运。上述这些主题都是当代西方参与式民主理论探讨的核心内容。

　　第二，有助于我们批判地借鉴协商民主理论的研究成果。

　　协商民主理论和参与式民主理论之间的关系，国内外学术界还存在一定的争议，但是，比较明显的是，协商民主和参与式民主共享基本的理论前提和宗旨，而在有些方面，协商民主沿着参与式民主的道路继续发展。所以，一般认为协商民主理论并不是一种独立的理论，它是参与式民主理论的深化和发展。事实上，从概念本身的分析来看，参与和协商之间的关联是显而易见的，正如刘训练指出的，"参与是协商的前提，没有广泛的参与就无所谓真正的协商；而协商又可以看作是参与的一个重要方面，因为参与的内容不可能仅限于竞争和投票。当然，在它们之间也可以作出一些区分：比如，参与可能更强调参与的数量，即参与领域、机会和渠道的拓宽和增加；而协商可能更强调参与的方式和质量，即在参与数量既定的情况下提高参与的性质、效能等等。参与和协商之间可能会存在一些张力，因为无序的、非理性的、受到蛊惑或操纵的参与无疑是存在的；而对参与质量的要求（因而也就是对参与者资格的要求和限制）多少会影响参与的数量。然而，参与和协商不妨看作是理想民主政治所不可或缺的两翼与双轮"[①]。如果借用美国民主理论家科恩的分析框架，我们会发现：参与式民主理论和协商民主理论都是一般性的公民积极参与理论，只是关注的侧重点不同，参与式民主关注的

---

① 刘训练：《公民与共和——当代西方共和主义研究》，天津师范大学博士学位论文，2006年，第93页。

是公民参与的广度和范围，协商民主关注的是公民参与的深度和品质。广度和范围是深度和品质的前提和基础，正如科恩指出的，"民主的广度是由社会成员是否普遍参与来确定的，而民主的深度是由参与者参与是否充分，是由参与的性质来确定的。从某种意义上来说，深度的衡量居于次要的地位，因为民主先要有一定的广度，才能评价其深度。一个社会内少数人完全而有效的参与，不能构成民主。取得了合理的广度以后，下一个问题便是要看参与者参与时的深度是否充分、有效"①。从这个角度来分析，协商民主是在参与式民主理论的基础上进一步深入探索公民积极有序参与的可行道路，属于广义的参与式民主理论范畴。离开对参与式民主理论的深入分析，我们对协商民主的发展历程和内在逻辑的理解将大打折扣。近年来，国内在引进和介绍协商民主理论时，就存在急功近利的倾向，没有将研究的视野进一步拉长，特别是对于参与式民主理论和协商民主的内在联系缺少分析，这将对协商民主理论自身的进一步发展和中国协商民主的理论与实践产生不良的影响。

　　第三，为中国扩大公民有序政治参与提供有益的借鉴。

　　中国的民主发展必须坚持正确的原则和方向，"深化政治体制改革，必须坚持正确政治方向，以保证人民当家作主为根本，以增强党和国家活力、调动人民积极性为目标，扩大社会主义民主，建设社会主义法治国家，发展社会主义政治文明"。民主发展必须"坚持国家一切权力属于人民，从各个层次、各个领域扩大公民有序政治参与，最广泛地动员和组织人民依法管理国家事务和社会事务、管理经济和文化事业"。扩大公民有序政治参与、培养积极而理性的公民而不是消极而原子化的臣民是中国民主发展的前提和基础。"民主政治的核心问题是人民的政治参与，人民的参与过程是实现民主的根本途径。因此，积极鼓励公民的政治参与，将是贯穿中国所有政治改革的一条主线。"②从这些方面来看，参与式民主理论能够为我们提供良好的理论资源和实践启示。参与式民主理论认为，公民的自由直接取决于对政治事务的参与，不管

---

① 　[美] 科恩：《论民主》，聂崇信、朱秀贤译，商务印书馆 2003 年版，第 21 页。

② 　俞可平：《思想解放与政治进步》，《新华文摘》2007 年第 22 期。

是公民的人身自由得到保障，还是公民发展的内在价值，均取决于公民参与集体决策的程度。总体上，参与式民主理论的民主观认为，"对自由的平等权利和自我发展只能在参与性的社会中才能实现，这个社会培植政治效率感，增加对集体问题的关心，有助于形成一种有足够知识能力的公民，他们对统治过程保持持久的兴趣"①。在参与式民主理论中，参与本身就是民主的内在要求。赫尔德认为，民主是将社会中不同的价值互相联系起来以及把解决价值冲突放到公开参与公共过程之中提供一种方法。民主的核心就是自治原则，自治原则要求全体公民都有权参与公共事务。② 缺乏参与，个人无法自由选择、决定并维护他们自己的行动，也就不可能享有政治自由和平等的条件。

第四，为我国的基层民主建设提供有益的启示。

基层民主建设是我国民主建设的重点。参与式民主理论认为通过扩大在基层社会、地方的参与，可以实现更为广泛的民主，并为更高层次上的民主运作提供条件。这一观点适合了当前中国民主政治渐进发展的路径。参与式民主理论认为，对政治的参与特别是在那些与人民的日常生活密切相关领域的参与，能够强化人们的政治责任感，培养人们对公共问题的关注，有助于形成积极的、对政治事务有更敏锐兴趣的公民，创造一种民主的氛围，为民主政治提供充分的条件。参与式民主强调自下而上的参与，从基层、社区开始逐渐上升到政治、国家层次上的参与民主。参与式民主论者明确主张，公民仅仅参与选举是不够的。这是因为，一方面，民众对于那些与自己生活遥远的国家政策问题难以了解，也缺乏足够兴趣。另一方面，当代代议制民主的巨大规模，使得任何一个人在全国性选举中的投票基本上可以忽略不计，其投票对于选举结果的影响是微乎其微的，这严重挫伤了选民的功效感和积极性。因此，参与式民主理论要求将"政治"的范围延伸至政府以外的领域，主张参与从基层、从社区开始，自下而上，最终达到国家层次上的

---

① ［英］戴维·赫尔德：《民主的模式》，燕继荣等译，中央编译出版社 1998 年版，第 340 页。
② ［英］戴维·赫尔德：《民主的模式》，燕继荣等译，中央编译出版社 1998 年版，第 377、406 页。

参与。参与式民主理论认为，在现代条件下，只有个人有机会直接参与地方层次的决策才能实现对日常生活过程的控制；更重要的是，在诸如工作场所这些地方中的参与机会，个人将有更多的机会学习资源生产和控制中的重要事务，并在适当时候有机会参与国家范围的决策；无论在地方还是国家层次上，真正参与性社会的结构都应当是保持开放和流动的，以使人们能够更好地学习新的政治形式。这些观点对我国的基层民主建设渐进推进的方略，具有较强的启示意义。

　　20 世纪 60 至 70 年代，西方参与式民主理论① 以强劲的势头发展起来。它的理论和实践，被美国的政治科学家，包括达尔等人，认为是自由民主的一种替代性选择。② 同时，该理论也在一些国家，包括美国等发达国家，进行了制度化的实践探索。进入 20 世纪 90 年代，参与式民主作为一种民主理论流派有所衰落，然而，当前全球范围参与式民主实践兴起却预示着该理论新的发展势头。在新社会运动、城市管理改革以及生态保护运动等方面，参与式民主理论得到前所未有的传播、贯彻和实施。正如美国政治学者杰弗里·海默（Jeffrey D. Hilmer）指出，最近的研究和新的现象表明，未来十年内可能会看到参与式民主理论重新兴盛和复苏。而这一切都需要我们对这一理论进行系统深入的审视和反思。③ 国外对于参与式民主理论的研究文献繁巨，我们选择其中有代表性的文献作如下评述。

　　第一，参与式民主理论研究的经典系谱。

①　关于参与式民主理论的研究，有两本综合性的论文集：Terrence E. Cook and Patrick M. Morgan，eds. *Participatory Democracy*，San Francisco：Canfield Press，1971；Dimitrios Roussopoulos and C. George Benello，eds.，*Participatory Democracy：Prospects for Democratizing Democracy*，Montréal/New York/London：Black Rose Books，[2005] 1970。

②　达尔是首先以"多元"民主理论向当时主流的自由民主理论发起挑战的理论家，参见 Robert A. Dahl，*A Preface to Democratic Theory*，Chicago：University of Chicago Press，1956；*Who Governs*?：*Democracy and Power in an American City*，New Haven：Yale。

③　Jeffrey D. Hilmer："The state of participatory democracy thoery"，Paper presented at the 66，*the annual meeting of the Midwest Political Science*，Association，Chicago，IL，April 3-6，2008.

　　"参与式民主"作为指代一种特殊民主理论的新词汇，最早来源于 1960 年美国学者阿诺德·考夫曼的"参与政治"主张①，考夫曼深受杜威、米尔斯和古德曼的影响。② 他认为，参与政治的好处是可以对人们的权利思想、感情和行动作出的贡献。考夫曼关于"参与政治"的主张被许多积极的民主人士阐述为"参与式民主"。1964 年，美国的学生民主社会协会（SDS）的成员在密歇根州的休伦港会议上阐述了其中第一个参与式民主理论。③ 随后"参与"越来越频繁地在美国 20 世纪 60 年代末和 70 年代的政治生活和政治学中出现。

　　佩特曼最早精确地在政治学科中对参与式民主理论进行阐释。④ 佩特曼关注的是工业民主化，并提出公民通过工厂领域的参与获得民主的技能以接受教育和赋权的体制。十年后，麦克弗森则支持参与式民主"通过议会或国会结构实现"。他指出了 20 世纪市场社会的一个巨大悖论，即拥占性个人主义的现实性与资本主义民主无法实现每个人能力最大化之间的背离。这一背离进而破坏了资本主义社会大厦之根基，极有可能导致拥占性市场社会陷入严重的危机，而缓解这一危机的主要手段就是将竞争性政党制度与参与式民主结合起来。⑤

　　简·曼斯布里奇对"竞争"和"统合"民主进行了明确区分，从而也对参与式民主理论发展作出了重大贡献，他认为竞争性民主"假设公民的利益是在不断的冲突"，而统合民主国家"假设公民有一个单一的共同利

---

① Arnold S. Kaufman, "Human Nature and Participatory Politics", In *The Bias of Pluralism*, ed. William E. Connolly, New York: Atherton Press, [1960] 1969, pp. 178-200.

② 关于杜威对考夫曼影响的评论见 C. Wight Mills and Paul Goodman, and in turn on SDS and the Port Huron Statement, see Robert B. Westbrooke, *John Dewey and American Democracy*, Ithaca: Cornell University Press, 1991, pp. 549-50。

③ James Miller, *Democracy Is in the Streets: From Port Huron to the Siege of Chicago*, Simon and Schuster, 1987, chap. 6.

④ Carole Pateman, *Participation and Democratic Theory*, Cambridge: Cambridge University Press, 1970.

⑤ C. B. Macpherson, *Political theory of possessive individualism*, Oxford University Press, 1962.

益……”统合性民主以共同利益和平等为基础，以大家取得共识为程序。利益不冲突、规模小、情谊与信仰是这种直接民主的主要特征。她把代议制称为"竞争性民主"，因为这种间接民主假设公民的利益是不断冲突的。代议制、大多数人统治、一人一票是这种民主的主要形式和特征。曼斯布里奇的这一概念框架尽管并没能产生广泛、深刻的社会影响，但是对之后的参与式民主理论发展起了一定的作用。克罗宁的《直接民主》关注的是制度的创新和完善。该书受美国 21 世纪基金会委托而写的，全书研究三种直接民主的制度设计：公民倡议、全民公决和召回制度（the recall system）。① 他的研究结论是：参与式民主经常并非总是统合性的。②

　　20 世纪 80 年代，巴伯也出版了迄今仍然有着广泛影响的参与式民主理论著作。③ 在哲学层面，巴伯反对任何关于参与式民主的先验基础，指出自由主义民主将引发许多严重的后果，最典型的是它在摧毁了传统个人与社会之间的维系纽带的同时并没有创造出一种新的纽带。在实践层面，巴伯发展起了一种参与式的政体模式——强势民主。巴伯的视野比佩特曼更为宽广，巴伯不仅仅将参与式民主理论局限在工作场所，还将其扩展到社会的各个领域。这个主题由卡罗尔·古尔德继续加以扩展了。卡罗尔·古尔德对"民主理论的根本性反思"，声称民主决策不仅要应用到政治领域，而且要应用到经济和社会领域。④ 随后，越来越多的综合性的、深刻的参与式民主理论著作得到出版。顺应这种趋势，巴克拉克和伯特维尼克呼吁参与式民主的复兴，他们的著作不如巴伯和古尔德的系统（作者仅仅将参与式民主定位在工厂民主），但是巴克拉克和伯特维尼克致力于努力重建参与式民主理论，根据一些政治理论家的评述，他们重点是重建马克思主义的阶级分析理

---

① 　Jane J. Mansbridge, *Beyond Adversary Democracy*, New York：Basic Books, 1980.

② 　Jane J. Mansbridge, *Beyond Adversary Democracy*, New York：Basic Books, 1980, p.3.

③ 　Benjamin R. Barber., *Strong Democracy：Participatory Politics for a New Age*, California：University of California Press, 1984.

④ 　Carole C. Gould, *Rethinking Democracy：Freedom and Social Cooperation in Politics, Economy, and Society*, Cambridge：Cambridge University Press, 1988.

论。①20 世纪 90 年代以来，尽管有许多政治科学家仍然对参与式民主理论有着浓厚的兴趣，但是系统研究参与式民主理论的文章却不多。所以，梅塔孟德尔·雷耶斯呼吁积极推动参与式民主理论研究②，重申其规范的原则，寻求经验证据来支持它的可行性。

第二，对参与式民主的可行性研究。

参与式民主理论兴起以来，得到西方政治学界的广泛关注，许多学者对其进行了深入的研究，通过理论和现实的结合来推动这种理论的成熟和发展。这样的成果很多，我们选择其中一些具有代表性的成果进行评述。

沃尔夫（Joel D. Wolf）为参与式民主理论的可行性提供了较为全面的辩护。沃尔夫维护参与式民主在大型组织中的运用的可能性。在沃尔夫看来，米歇尔斯关于组织寡头化的趋势以及大规模组织中大众控制的难题对民主本身是一个严重的挑战，使民主再也没有信心重建公民参与的理论，而是融入了更多的精英主义的内容，而参与式民主理论的提出是民主理论重建的一个契机。维护参与式民主必须克服正式的代表性组织中参与和大众控制的难题，为此要推动组织中的小型群体发展，实现平等和非剥削性的社会关系，并且推动它和更大集体的联系。同时对那些不公正的方面积极回应，为大众参与提供动力，从而为实现现代性的协会组织和政党组织的大众控制提供基础。③沃尔夫为参与式民主的辩护，体现了对现实政治实践的考量。

皮埃尔·卡蓝默将参与式民主理论融入了治理中进行整体思考，从而试图让参与式民主更加具有可行性，并使其成为社会治理变革的杠杆。他认为，"无论多么专制，多么不民主的政权，倘若在民众的眼里不具有某种

---

① Carole C. Gould, *Rethinking Democracy*：*Freedom and Social Cooperation in Politics*, *Economy*, *and Society*, Cambridge：Cambridge University Press, 1988, p. 8.

② Meta Mendel-Rayes, *Reclaiming Democracy*：*The Sixties in Politics and Memory*, New York and London：Routledge, 1995.

③ Joel D. Wolfe, "A Defense of Participatory Democracy", *The Review of Politics*, Vol No.3, Jul., 1985, pp. 370-389.

合法性是不可能持久的……目前民主危机的特征是在执政者的合法性和权力行使的合法性之间出现了一道裂痕。这个现象在所有的民主国家都能看到，我们在国际调查中发现，政治领袖的形象严重受损。认为政治领袖卓有才能，优先追求共同财富，时刻在公共财富和个人自由之间寻找平衡的人越来越少……参与式民主的第一个功能就是尝试修补民主大厦，重新构建合法性"①。很显然，在皮埃尔·卡蓝默眼中，参与式民主理论的进一步发展将是治理和善治不可或缺的基础。

赫尔德讨论了当代西方民主制度的危机，他尖锐地指出，在一个全球化程度日益提高的世界中，人民的直接参与机会越来越少，也越来越不重要。在上述情况下，他提倡全球民主，即把民主原则延伸到国际领域，以捍卫民主精神，拯救民生危机。他强调全球民主自身包括普通大众的直接参与，全球民主不仅仅是用民主原则来改造联合国制度，而且旨在进一步扩大普通百姓的直接参与。② 另外，赫尔德将参与式民主列为民主理论史上的八种民主模式之一③，并对当代的参与式民主理论的特征进行了总结，提出了参与式民主的一般模式。④

让-雅克·巴弗莱克从代议制缺陷中论述参与式民主的发展必然，"我们所说的代议制民主，其成型和发展并不包括公民参与制定公共政策和作出决议这部分内容。公民并非通过投票参与一般愿望的实现过程，而是通过投票指定那些能够具体而迅速地促进法律的制定并限制所谓的人民权力的人：投票只是在选举的当天属于公民，而在选举之后就会成为统治者的专利"。但是问题是如何推进参与式民主的发展，"若欲促进参与民主的发展，最重

① ［法］皮埃尔·卡蓝默：《破碎的民主：试论治理的革命》，高凌瀚译，生活·读书·新知三联书店 2005 年版。
② 参见何包钢：《民主理论：困境和出路》，法律出版社 2008 年版，第 47—49 页。
③ 赫尔德的九种民主模式分别是：四种古典模式（古代雅典民主、共和主义民主、自由主义民主、直接民主）和四种当代模式（竞争性精英民主、多元主义民主、合法型民主、参与式民主、协商民主）。（参见戴维·赫尔德：《民主的模式》，中央编译出版社 2006 年版）
④ 参见 ［英］戴维·赫尔德：《民主的模式》，燕继荣等译，中央编译出版社 1998 年版，第340—341 页。

要的问题就是开设一些渠道，使个人或机构能够通过这些渠道获得必要的条件，以便掌握权力并在改变他们的生活与环境中发挥真正的作用……我们可以提出这样一种假说：关于参与民主的最重要的问题在于，了解如何促使公民在自己应该行使的权力和委托的权力之间作出选择，在什么是必须委托给某些机构的和什么是必须直接由人民决定的之间作出选择"①。

第三，对参与式民主的批判性研究。

20世纪90年代以来，参与式民主理论影响有所减弱，原因何在？简·曼斯布里奇将其归纳为三个方面的原因。第一个原因是整个20世纪80年代在60年代和70年代流行的参与民主的实践的衰落，可以说，参与式民主理论的衰落是因为底层公民参与实践的衰落。② 第二个原因是参与式民主理论缺乏可追踪的经验证明，它可以兑现其向公民提供政治教育的承诺。曼斯布里奇写道："在参与对教育影响的案例中，理论假定可能不容易被相对较少的实证研究所捕获。"第三个原因是关于推动公民参与实践在资金上的匮乏。政治理论家马克·沃伦（Mark E. Warren）指出，"参与式民主理论经常被一种模糊的乌托邦主义困扰，它很难解决现代化社会中的复杂性、范围和规模的问题"③。沃伦认为这个世界是如此复杂，而且人们很难在公共领域中具备自我管理的有效能力，更不要说在工厂和家庭中了。沃伦写道，"个人可能发现，作出决定是一个沉重而无效率的负担，大部分人将退回到怀疑和冷漠中去"④。他们不愿意去接受这不可克服的政治过程中的困难现实，沃伦和其他的一些理论家认为，参与式民主是没有希望实现的，参与式民主理

---

① ［法］让－雅克·巴弗莱克：《参与民主：今日的实践预示明日的理想》，赵超译，《当代世界与社会主义》2008年第4期。

② Jane Mansbridge, "On the Idea that Participation Makes Better Citizens," In Stephen L. Elkin and Karol Edward Sołtan, eds., *Citizen Competence and Democratic Institutions*, University Park, Pennsylvania: University of Pennsylvania Press, 1999, p. 315.

③ Mark E. Warren, "What Should We Expect from More Democracy? Radically Democratic Responses to Politics", *Political Theory* 24 (1996), p. 242.

④ Mark E. Warren, "Deliberative Democracy and Authority", *American Political Science Review* 90 (1996), pp.46-60, 58.

论的衰落是因为它本身的乌托邦主义色彩。

　　20 世纪 80 年代兴起的、至今仍然在发展中的协商民主理论，致力于通过强调公民参与中的协商而取代参与式民主理论，他们所作出的强调协商的努力可以被理所当然地认为有助于超越参与式民主理论。但是，从某种程度上来说，协商只是构成佩特曼、古利德、巴克拉克、伯特维尼克等人参与概念中的一部分，当然，协商是构成政治参与的一个重要组成部分，它提供的参与模式可能更加有助于深化民主。可以说，协商民主理论超越了过去数十年关于民主的思考，因而，近年来，协商民主理论获得了比参与式民主理论更大的关注度。

　　萨托利仍然是从经典的自由民主理论出发，反复强调，参与只有在小团体中才有意义。① 萨托利的批评对参与式民主来说其实是建设性的而不是根本否定，他不得不承认参与式民主对弥补代议制民主的重要作用。美国学者贝尔（Daniel Bell）也对参与式民主的意义提出质疑，认为参与式民主"并不是它的信奉者所说成的那种万灵药"，事实上，参与式民主理论应该要回答在具体的公民生活和民主过程中，参与式民主应该如何运行和操作的问题。

　　在最近的一本关于参与式民主理论知识史的著作中，罗伯特·杰·蓝茜（Robert J. Lacey）认为，"在休伦港宣言发布的 40 年之后，参与式民主理论的影响逐渐受到限制，甚至到现在已经不存在了"②。另外，罗伯特·杰·蓝茜认为参与式民主理论的影响从某种程度上来说主要限于学术界。很明显，参与式民主理论的政治科学家，包括佩特曼、古利德、巴克拉克、伯特维尼克等人是受 20 世纪 60 和 70 年代流行的参与式民主思想的影响。因此，根据这种观点，参与式民主理论可能遭受和实践同样的命运，尽管它到现在还没有失效。总之，在有些理论家看来，参与式民主理论正散发

---

① 参见［美］萨托利：《民主新论》，冯克利、阎克文译，上海人民出版社 2009 年版，第 126 页。

② Robert J. Lacey，*American Pragmatism and Democratic Faith*，Dekalb：Northern Illinois University Press，2008，p. 9.

着缓慢衰落的余晖。很多批评者不仅试图为参与式民主理论找出替代的方案，也试图为其他更多的民主理论找出替代者。[①] 一般性民主理论的大量繁殖，加上不足的经验证明，使参与式民主理论遭遇到乌托邦主义的指控，对日益复杂的世界的简单化理解，协商主义流派努力使协商民主理论取代参与式民主理论，并且在实践转向民主的理论化，这些都可以解释参与式民主理论的衰落。

第四，参与式民主理论和协商民主理论的关系研究。

从 20 世纪 90 年代开始，大部分民主理论家的关注点从参与式民主理论转向自由主义的精英理论、协商民主理论和竞争性民主理论。但是，协商民主理论家似乎很希望将他们的理论确定为参与式民主理论的合法的继承者。与此同时，参与式民主理论的支持者却继续努力地捍卫他们的独特性。90 年代以来，有些参与式民主理论家继续发展其理论，并批评协商民主理论——他们自称其理论是"参与式"的，事实上并没有对参与式民主的理论来源作出贡献。[②]

因而，关于参与式民主理论的优先使美国政治学界的文献经常将参与式民主理论和协商民主理论简单地混淆起来，这种窘困的例子可以在黛安娜·C. 缪茨（Diana C. Mutz）[③] 最近的一本书中看到。针对验证协商民主理论家声称"面对面地将不同的观点表达出来无疑是应该受到鼓励的"，因为这将启发参与者，缪茨认为："我的经验研究表明……参与式民主理论和协商民主理论空间存在根本的冲突。"尤其是，经验表明，协商民主"可能阻碍公民参与，部分地是因为，参与者的笨拙、舆论可能有时使朋友和合作

---

① From "adversarial" to "unitary" John S. Dryzek identifies at least fifty-four adjectives—and he concedes that it nevertheless remains only a partial list. (John S. Dryzek "Democratic Political Theory" In Gerald F. Gaus and Chandran Kukathas eds. *The Handbook of Political Theory*, Thousand Oaks and London：Sage Publications，2004，pp.143-54)

② Emily Hauptmann，"Can Less Be More? Leftist Deliberative Democrats' Critique of Participatory Democracy"，*Polity* 33 (2001)，pp. 397-421.

③ Diana C. Mutz，*Hearing the Other Side*：*Deliberative versus Participatory Democracy*，Cambridge：Cambridge University Press，2006.

者也对立起来"①。因此，协商可能产生更少的或者不多的参与。因为这个缘故，"协商和参与式民主并不是携手并进"②。尽管如此，缪茨对于"什么是参与式民主"的阐述仍然是有疑问的。这源自于她对于参与式民主理论的选择性阅读，或者是她重新定义它的企图。立基于佩特曼和巴伯的理论阐释，缪茨将参与式民主定义为"人们参与政治过程的有意义的机会……"，这个定义一般包括"在国家层面更多的直接投票，更多的公民加入社区层面的政治机构中"③。尽管这种解释大部分是对的，但是这种狭隘的解释是选择性的，并且忽视了参与式民主的关键原则。④ 自相矛盾的是，缪茨对阿尔蒙德和维巴在《公民文化》一书中关于民主的有问题的定义表示出很大的关注，缪茨写道，"公民文化指的是具备较高忍耐程度和参与度的理想的政治环境……从某种意义上来说公民文化融合了协商民主和参与式民主的特征"⑤。但是这并不是很准确的。奇怪的是，在描述精英民主理论家和大众民主理论家关于选举和其他正式形式的民主参与的论述时，缪茨犯了同样的错误。⑥ 概念的混淆和选择性的阅读导致协商民主和参与式民主间产生问题争论。一般来说，所有参与式民主理论的观点之一是支持工作场所的民主化。缪茨认为，工作场所构建了协商民主所需要的社会网络。但是，具有讽刺意味的是，正是这个同样的社会网络，阻碍了公民表达自己的观点，而这是协商民主的关

---

① Diana C. Mutz, *Hearing the Other Side*：*Deliberative versus Participatory Democracy*，Cambridge：Cambridge University Press，2006，p. 3.

② Diana C. Mutz, *Hearing the Other Side*：*Deliberative versus Participatory Democracy*，Cambridge：Cambridge University Press，2006，p. 133.

③ Diana C. Mutz, *Hearing the Other Side*：*Deliberative versus Participatory Democracy*，Cambridge：Cambridge University Press，2006，p. 135.

④ Benjamin R. Barber.，*Strong Democracy*：*Participatory Politics for a New Age*，California：University of California Press，1984，p. 307.

⑤ Benjamin R. Barber.，*Strong Democracy*：*Participatory Politics for a New Age*，California：University of California Press，1984，p. 132.

⑥ It is this very notion of participation that Pateman singles out for criticism. (See Carole Pateman, *Participation and Democratic Theory*，Cambridge：Cambridge University Press，1970，pp.46-50，74，103)

键。那么，现在的问题是，"我们如何协调协商民主和参与式民主？"① 即使我们同意缪茨的观点的有效性，即参与可能破坏协商，我们还是会发现，佩特曼和巴伯所论述的参与式民主远远比缪茨所认为的范围要广。看起来，缪茨好像是从协商民主的角度来论述参与式民主，协商民主提出了关于讨论和争议的具体制度——通常运用有疑问的替代选择，包括"协商投票"，或者偶尔在节假日进行限制性的协商，"协商日"代表真正的民主。②

阿肯·弗恩（Archon Fung）最近的一本著作《授权式参与》③，提到了参与式民主。弗恩心目中的"参与"理念是怎样的呢？作者写道，"考察中央和微观层面的政治参与和协商的具体制度和实践将有助于我们理解协商是如何运作的以及告诉我们它是什么"④。这里的"它"，读者会发现指的是"协商"，弗恩假定它和参与是一致的。本质上来说，协商民主理论是一种参与式民主理论，但对参与式民主理论来说，协商仅仅是必要条件，而不是充分条件。弗恩研究了协商作为芝加哥地方邻里之间和社区间的政治参与，但是，他没有提及佩特曼以及其他参与式民主理论的理念。他看到了民主参与（协商）发生在传统公共领域内，但是没有提及工厂和家庭领域内的参与。如果进行比较，我们会发现，在自由民主理论、协商民主理论和竞争性民主理论的争议的背景下，参与式民主理论跟协商民主理论有着很大的一致性。

这些都是很重要的问题，因为它迫使我们进行思考，协商民主理论，特别是协商，是否是参与式民主理论的充要条件？如果是的，那么，布莱恩和弗恩的研究就是参与式民主理论的研究模式之一。如果这就是我们的结

---

① It is this very notion of participation that Pateman singles out for criticism. (See Carole Pateman, *Participation and Democratic Theory*, Cambridge：Cambridge University Press, 1970, pp. 46-50, 74, 136)

② See James S. Fishkin, *Democracy and Deliberation*：*New Directions for Democratic Reform*, New Haven：Yale University Press, 1991；Bruce Ackerman and James S. Fishkin, *Deliberation Day*, New Haven：Yale University Press, 2005.

③ Archon Fung, *Empowered Participation*：*Reinventing Urban Democracy*, Princeton, NJ.：Princeton University Press, 2004.

④ Archon Fung, *Empowered Participation*：*Reinventing Urban Democracy*, Princeton, NJ.：Princeton University Press, 2004, p. 11

论，那么这些关于"参与式民主理论"的著作就反映了美国政治科学界关于参与式民主理论争论最重要的转折：即某种程度上来说，旧的参与式民主理论已经被协商民主理论所取代。事实上，如果说协商民主理论是一种新的参与式民主理论，那么自然前者将取代后者；如果我们坚持佩特曼、巴伯等主张的参与式民主原则，那么需要对当前的协商民主理论进行清晰的分析。

何种程度上协商民主和参与式民主是一致的，这是一个存在争议的问题。如果试图确定协商民主理论是否和参与式民主理论一样强调"参与"，这仍然是一个难题，因为存在着分歧。少数参与式民主理论的支持者不是花费精力去详细阐释和提升参与式民主理论，而是耗费大量不必要的时间和精力去捍卫它。事实上，参与式民主理论家应该去阐释他们的理论，设计具体的参与式制度，为他们的主张寻求经验的证明。事实上，国际上，许多参与式民主理论的支持者正在进行这些工作。

第五，对全球范围参与式民主实践的研究。

最近的一本论文集考察了那些试图不仅仅通过"自由民主"理论[①] 来推动民主化的主张。这本论文集进行国际化的考察和综合性的分析，代表了对美国之外参与式民主理论和实践的关注点的新考察。编著者桑托斯（Boaventura de Sousa Santos）通过对自由民主模式霸权性所造成问题的批判性考察，触及了如何发展民主的"新动力"。经过印度大众化运动、南非反抗种族隔离制度、莫桑比克妇女争取政治权利的斗争、哥伦比亚争取民主权利的斗争，参与式民主理论接受了检验。《民主的民主化》一书的第四部分"参与式民主在行动中"特别值得一提，因为它直接回应了那些认为参与式民主缺乏经验证据的观点。在这里我们可以看到来自哥伦比亚、巴西、印度等国的翔实的案例，看到参与式民主对当地社会和居民正面和负面的情况。在全方位分析参与式民主及其影响时，巴西的经验吸引了成千上万学者的关注。总之，这些研究的分析表明，在国际上参与式民主的理论和实践都已经

---

① Boaventura de Sousa Santos ed., *Democratizing Democracy*：*Beyond the Liberal Democratic Canon*，New York and London：Verso，2006.

在发育成长。

　　参与式民主理论和实践似乎在当代巴西向我们提出了尖锐的问题。威廉·J. 尼棱（William R. Nylen）已经直面分析了巴西的"参与式民主"和"精英民主"。① 通过集中分析巴西的两个具有代表性的中等城市贝尔提姆（Betim）和贝罗豪瑞贞特 [Belo Horizonte（BH）]，尼棱的研究致力于分析验证参与式民主理论的基本命题：（1）政治参与包括大部分非精英分子；（2）通过自治参与，先前被排除的群体能够获得赋权；（3）因为公民的跨部门的直接参与使代表更加具有代表性。② 尼棱田野工作的结论是什么呢？通过对参与者的人口特征分析，尼棱的结论是："大众和非精英分子占主导地位已经被贝尔提姆和贝罗豪瑞贞特两座城市所证明"③，"至于参与者在何种程度上被赋权，尼棱的数据对参与式民主理论提出的命题提出了挑战，参与过程的公民赋权……表明了公民分离的问题"④。最后，从某种程度上，即使不是全部程度上，提高一些公民的参与程度，使政治代表性对所有公民更加真实。我们发现有三个特别的主张支持了这种观点。参与式民主理论的一些前提性的假设的有效性证据是混合的。当然，单独一个案例并不能完全证明任何假设的有效性，特别是对具备如此争议的参与式民主理论。

　　简佩罗尔（Gianpalol）也撰写了关于巴西参与式民主的研究文章⑤，特别值得一提的是，他考察了"参与"的质量问题，当阿雷格里港的参与制度将无数的参与者纳入之时，而理论研究却将这些地方的民主实践抛在外

---

① William R. Nylen, *Participatory Democracy versus Elite Democracy*：*Lessons from Brazil*, New York：Palgrave Macmilliam, 2003.

② William R. Nylen, *Participatory Democracy versus Elite Democracy*：*Lessons from Brazil*, New York：Palgrave Macmilliam, 2003, 第六章。

③ William R. Nylen, *Participatory Democracy versus Elite Democracy*：*Lessons from Brazil*, New York：Palgrave Macmilliam, 2003, p. 63.

④ William R. Nylen, *Participatory Democracy versus Elite Democracy*：*Lessons from Brazil*, New York：Palgrave Macmilliam, 2003, p. 70.

⑤ Gianpaolo Baiocchi, *Militants as Citizens*：*The Politics of Participatory Democracy in Porto Alegre*, Stanford, CA.：Stanford University Press, 2005.

面。博西凯伊（Baiocchi）研究的问题是，"参与式治理对公民的生活有什么冲击？"[1] 他特别分析了参与式民主潜在影响的三个问题：（1）公民参与是否完全在国家领域之外，是一种自主的生活方式？（2）不断的公民参与实践在多大程度上为民主的发展提供了合适的前提假设论证？（3）社会运动和公民参与在何种程度上被区分开来？这些问题在民主研究的文献中都没有被提及。[2]

和尼棱、佩特曼、巴伯、古尔德、巴克拉克、伯特维尼克一样，博西凯伊关注的问题来自参与式民主理论的假设。为了回答这些问题，作者聚焦于巴西阿雷格里港的参与式预算的实践。这种参与式预算是一种地方层面的会议，在其中，社区中的公民首先对他们社区所需要的公共项目作出决定，然后由社区的代表根据公民提出的要求对这些项目的可行性作出最后的决定。作者的结论是，国家层面之外的参与式预算是有效的，因此，"参与式政府可能有更多的公民参与……"[3] 其次，正如许多民主理论家所假定的，经常的参与式预算实际上包含了协商，但是，正如他们的推断，"这并不是一个流畅的过程……"[4] 最后，社会运动和公民参与被证明正相关，"综合这两类因素，这种政治文化是激进的社会运动制度化，又拓展成为公民参与的途径"[5]。这样，博西凯伊的结论和参与式民主理论基本契合。当然，这些数据看起来既证明又驳斥了参与式民主理论。除了这些发现以外，尼棱和简佩罗尔著作证明了参与式民主理论和当前实践的关联性，美国之外的实践至少证明了参与式民主理论家对于民主参与的判断是正确的，巴西的研究数据为参与式民主

[1]　Gianpaolo Baiocchi, *Militants as Citizens*：*The Politics of Participatory Democracy in Porto Alegre*, Stanford, CA.：Stanford University Press, 2005, p. 5.

[2]　Bianpaolo Baiocchi, *Militants as Citizens*：*The Politics of Participatory Democracy in Porto Alegre*, Stanford, CA.：Stanford University Press, 2005, pp. 3-5.

[3]　Bianpaolo Baiocchi, *Militants as Citizens*：*The Politics of Participatory Democracy in Porto Alegre*, Stanford, CA.：Stanford University Press, 2005, p. 139.

[4]　Bianpaolo Baiocchi, *Militants as Citizens*：*The Politics of Participatory Democracy in Porto Alegre*, Stanford, CA.：Stanford University Press, 2005, p. 139.

[5]　Bianpaolo Baiocchi, *Militants as Citizens*：*The Politics of Participatory Democracy in Porto Alegre*, Stanford, CA.：Stanford University Press, 2005, p. 139.

理论提供了支持。当然，也有的研究提供了反对性的证据，政治学家阿德曼（Per Adman）通过经验研究提出，"政治行为既不受工作中公共技能的影响，也不受我们说观察到的工作场所中参与技能的影响"①。很多的研究得出了相反的研究结论。但是，不管这些研究是支持还是驳斥参与式民主理论，也不管大部分美国政治理论家如何不注意它，这些研究都毫不含糊地证明了参与式民主理论在理论界和实践界的活力。

综合以上的文献，关于国外参与式民主理论的研究现状，我们大致可以得出4个方面的结论。（1）尽管参与式民主理论在理论界关注度下降，但是参与式民主理论既在理论上得到了研究深化，也得到了许多经验的证明。具有讽刺意味的是，关于参与式民主实践的研究越来越精细，但是参与式民主理论却因为自由民主理论、协商民主理论、竞争性民主理论的推进而衰落。国外参与式民主理论和实践方面的研究成果层出不穷，但是奇怪的是，到目前为止，没有一本专门的著作系统地梳理和论述参与式民主理论。近两年来，只有杰弗里·海默（Jeffrey D. Hilmer）等不多的政治学家开始着力于这一工作。不管是美国还是欧洲，参与式民主理论和实践的系统总结和梳理都是亟须进行的一项工作。（2）参与式民主的实证研究是目前国外民主理论的一个关注热点，但是目前的研究成果还很零散。具有讽刺意味的是，目前关注最多的参与式民主实践竟然集中在巴西等发展中国家，这反映出对民主实践的探索，发展中国家提供的想象力也可以很突出。当然，对欧美本土的实践是一种很明显的转向。近年来，国际背景下的参与式民主的研究使政治学家重新评估他们关于参与式民主价值和生存能力的一些假定。令人高兴的是，这些实证研究和规范的理论研究都将推动政治理论家重新评价和阐述他们对参与式民主理论的观点。（3）对公民参与模式的探索是未来参与式民主理论关注的核心主题。毫无疑问，许多的政治科学家会保持对其他民主理论的关注。尽管每种民主理论都包含了不同的公民参与模式的阐述，但重要

---

① Per Adman, "Does Workplace Experience Enhance Political Participation? A Critical Test of a Venerable Hypothesis", *Political Behavior*, 30 (2008), pp.115-138.

的是，参与式民主理论要继续提供其他民主理论不能提出的参与政策，而且国际上许多政治科学家正通过扎实的经验研究来评估参与式民主制度和实践的效果。（4）对参与式民主理论和新近发展的协商民主理论的勾联，目前学界还存在争议，需要进一步厘定。目前一种倾向是简单地将两种理论区分或者等同起来，没有从公民参与对其内在的联系进行分析，所以，到目前为止，这还是一个需要我们在理论上进行深入辨析的内容。总之，如果说今天参与式民主理论还很薄弱，那么在不久的将来它可能是民主理论和实践发展真正新的增长点。

国内学者对西方参与式民主理论尽管系统的研究较少，但是一直保持着关注。20 世纪 90 年代早期，国内学者就开始关注对西方参与式民主理论。徐鸿武、郑曙村较早介绍了西方参与式民主理论，他们指出，"在当代西方，参与民主思想成了影响极为广泛的思潮。西方社会学家托夫勒把参与民主誉为'21 世纪的民主'，奈斯比特担从代议制民主到共同参与民主制的转变看成是当代世界发展的十大趋势之一"①。20 世纪末期，徐鸿武、郑曙村、宋世明合著的《当代西方民主思潮评析》一书，专辟一节对"参与民主论"进行了评述，介绍了托夫勒等人的参与民主思想。② 陈炳辉的研究则把"从代议制民主论到参与式民主论"列为 20 世纪西方民主理论演化的四个趋势之一，提出"利用计算机、高级的通讯手段，使得公民直接参与政治决定成为可能。公民真正直接参与政治决定的参与式民主理论，越来越成为当代西方民主论的一种重要模式"③。进入 21 世纪以来，更多的国内学者开始关注这一理论，文章逐步增多。综合起来，国内参与式民主理论研究主要包括以下几个方面的视域和主题：

第一，历史性视域：参与式民主理论的发展历史研究。

20 世纪 90 年代早期，国内学者就开始关注西方参与式民主理论，有学

---

① 徐鸿武、郑曙村、宋世民：《当代西方民主思潮评析》，《求是》1994 年第 4 期。
② 参见徐鸿武主编：《民主政治大视野》，北京师范大学出版社 1998 年版，第 104 页。
③ 陈炳辉：《20 世纪西方民主理论的演化》，《厦门大学学报》1999 年第 3 期。

者较早介绍了西方参与式民主理论和发展历史①，对"西方参与民主论"进行了评述，介绍了托夫勒等人的参与民主思想。② 对于参与式民主理论发展历史的研究，国内学者主要有两个研究角度：

其一，民主制度史的视域。早在 20 世纪 90 年代初期，曹沛霖等人在进行比较政府体制研究时，就非常重视西方参与式民主的制度发展和实践。在他们看来，西方现代民主制的发展可以分为代议制民主制、行政集权民主制和参与民主制。随着政府干预社会管理和经济职能的日益增多，权力的容量日益扩大，并且为适应这些新的需要，以议会为中心的代议制政府在内部的权力结构上不得不把议会的权力逐步转移到行政机关。由此，从代议民主制走向了行政集权民主制，从代议制政府走向行政集权制政府。但是，行政高度集权，政府权力空前扩大，因此这就形成两大矛盾。第一，行政高度集权和公民要求更多民主权利自相矛盾……公民自参政要求和行政高度集权的矛盾显得非常尖锐。第二，政府空前扩大的权力与人民权益的矛盾。政府干预和管理社会经济公共事务越广泛，与公民现实利益的矛盾就越多。③20 世纪 70 年代以来，西方国家有些学者却提出代议民主制正在发展成为"共同参与民主制"。曹沛霖等从西方政治体制发展的历史逻辑中分析，认为参与民主代表西方民主制发展的新趋势。④ 曹沛霖等简单地将参与民主制和直接民主等同起来。他们认为，"参与民主制"只是一种直接民主制的形式，它并无法代替之前的民主制度形式。⑤ 曹沛霖等从历史制度主义的分析视角出发，对民主制进行研究，见解深刻独到，具有重要的参考意义。但是，历史制度主义的分析侧重于从参与民主制度发展的角度来进行分析，较少地涉及西方参与式民主理论内在理论逻辑和张力的分析。

其二，民主思想史的视域。这方面的成果主要从参与式民主理论发展

---

① 参见徐鸿武、郑曙村、宋世明：《当代西方民主思潮评析》，《求是》1994 年第 4 期。

② 参见徐鸿武主编：《民主政治大视野》，北京师范大学出版社 1998 年版，第 104 页。

③ 参见曹沛霖、徐宗士主编：《比较政府体制》，复旦大学出版社 1993 年版，第 2 页。

④ 参见曹沛霖、徐宗士主编：《比较政府体制》，复旦大学出版社 1993 年版，第 20 页。

⑤ 参见曹沛霖、徐宗士主编：《比较政府体制》，复旦大学出版社 1993 年版，第 24 页。

历史的角度对西方参与式民主理论进行了解析。近年来，较多的学者梳理了参与式民主理论本身的发展历史，以期厘清参与式民主作为一种理论形态在民主历史发展中的地位。陈炳辉等较为系统地考察了西方参与式民主理论复兴的过程，他们认为，参与式民主理论的发展建立在西方民主发展的危机基础之上。在当代西方国家，自由主义民主无论在理论上还是实践上都在当代西方国家占据了主流的地位。而与此同时，它自身的各种缺陷、各种弊端也明显地凸显出来。虽然自由主义的代议制民主在西方国家占据了主流地位，但是参与式民主理论作为共和主义的一种民主理想并没有消失，并且在20世纪70年代开始复兴，成为当代民主理论的新热点。[①] 参与式民主理论是对西方主流自由民主理论的一种超越。陈尧等也梳理了当代西方自由民主理论的缺陷导致参与式民主理论兴起的历史缘由。当代西方参与式民主理论经历了一个滥觞、形成和发展的过程。从柯尔、阿伦特，到佩特曼、麦克弗森、巴伯有一个清晰的发展过程。[②] 不同的是，他们特别注意到了参与式民主理论和协商民主理论的内在历史联系，从某种意义上来说，协商民主理论是参与式民主理论的新发展，代表西方民主理论的新趋向。[③] 总体来说，到目前为止，国内对于参与式民主理论发展历史的认识已经由模糊到逐渐清晰。

第二，解构性视域：参与式民主思想的阐释与解读。

随着一些参与式民主理论代表人物著作的翻译，参与式民主理论研究还体现为国内有些学者开始对参与式民主理论代表性人物的思想进行阐释与解读，其研究方法主要通过对参与式民主理论代表人物民主理论的解构和重构，深入分析参与式民主理论的内在逻辑和现实张力。

其一，关于佩特曼参与式民主思想的研究。卡罗尔·佩特曼是当代参与式民主理论的主要代表人物。有学者认为，佩特曼的贡献在于，她对参

---

① 参见陈炳辉、韩斯疆：《参与式民主理论的复兴》，《厦门大学学报》（社会科学版）2008年第6期。

② 参见卢瑾：《寻求消极保护与积极参与之平衡——西方参与式民主理论发展研究》，天津师范大学博士学位论文，2009年。

③ 参见陈尧：《从参与到协商：当代参与型民主理论之前景》，《学术月刊》2006年第8期。

与和民主之间的内在联系作出了具有新意的论证……参与和民主能否走出貌合神离的困境依然是一个悬而未决的问题，而对代议民主和参与民主的正确认识则对把握民主的逻辑具有关键的意义。① 佩特曼的另一贡献在于，她从社会建设的角度来审视参与式民主的建构。民主本身需要相应的社会支撑，社会需要创造各种条件让公民参与治理，佩特曼提出的"参与性社会"是理解参与民主理论的核心概念。参与式民主论者是立足于现实生活去阐释民主的，他们认为在这个社会中所有领域的政治体系通过参与过程都可以得到民主化和社会化，同时公民的自由和平等权利也能够得到切实实现。② 这和党的十八大提出的"从各层次各领域扩大公民有序政治参与"的思想是一致的。当然，研究者也清醒地认识到，佩特曼"提出一种参与民主理论，并不意味着否定代议制民主的现实，实际上也不可能……扩大基层或地方的参与活动，其目的并不在于推翻近代以来的代议制民主，而是为了进一步完善民主的内涵"③。

其二，关于巴伯民主思想的研究。巴伯的民主思想在中国受到较大的关注源于《强势民主》一书的出版。巴伯参与式民主思想的特点在于其为参与式民主理论从政治哲学和政府体制的双重层面进行了论证。因此，有学者认为，"在整个参与式民主理论复兴的热潮中，巴伯的强势民主理论令人瞩目"④。巴伯参与式民主理论立基于对自由主义民主的批判，认为西方主流的自由主义民主本质是一种弱势民主。为此他进一步提出了参与民主的强势民主理论，并试图以强势民主去修正、补充弱势民主的缺陷和不足，其"实质就以民主来修正、补充自由的缺陷和不足，通过增添公民的政治参与使自由主义的弱势民主中的民主成分能够变厚、变强"⑤。值得注意的是，巴伯的参与式民主思想对中国参与式民主的发展具有较强的启示意义。其中比较突出

---

① 参见胡伟：《民主与参与：走出貌合神离的困境？——评卡罗尔·帕特曼的参与民主理论》，《政治学研究》2007 年第 1 期。

② 参见张丹丹：《理解参与——佩特曼参与式民主理论研究》，吉林大学硕士学位论文，2006 年。

③ 陈尧：《民主时代的参与》，《读书》2006 年第 8 期。

④ 陈炳辉：《弱势民主与强势民主——巴伯的民主理论》，《浙江学刊》2008 年第 3 期。

⑤ 陈炳辉：《弱势民主与强势民主——巴伯的民主理论》，《浙江学刊》2008 年第 3 期。

的方面是和中国基层民主建设有较强的契合性。有学者侧重分析了巴伯民主理论对中国的借鉴意义，即发挥基层民主的直接参与，提高公民自治水平；扩大公民有序的政治参与；构建共同协商的长效机制，促进公共意志的表达和实现。① 也有学者侧重分析了巴伯对自由民主的批判②，特别注意到公民教育思想以及和其思想公民共和主义的关联性。③

其三，关于麦克弗森民主理论的研究。麦克弗森对资本主义拥占性个人主义和自由主义的关系非常具有独创性。有学者认为，"麦克弗森的重要贡献在于理清了西方资本主义市场社会的伦理基础即拥占性个人主义，揭示了拥占性个人主义在西方资本主义市场社会从兴起到成熟的过程中所发挥的巨大作用。尤为重要的是，麦克弗森发现了 20 世纪自由民主社会的内在困境：拥占性个人主义假设的现实性与资本主义民主无法实现每个人能力最大化之间的背离"。④ 麦克弗森的另一个学术事业就是考察自由主义民主的命运，因为 20 世纪所有的重大问题都是和自由主义民主理论与实践联系在一起的。⑤ 麦克弗森的参与式民主模型的主要构想是，"直接民主只在底层实行。从底层一直到最高层都实行代议制，整个体系是金字塔结构中，任何一个层次上的政策问题或议案都是由一个专门委员会提出来"⑥。

其四，不同参与式民主理论家思想之间关系的研究。如有学者分析了柯尔、佩特曼、巴伯的民主思想和卢梭民主思想之间的区别和联系，认为卢梭在某些概念上、主张上持续影响着后来的参与理论家，甚至成为这些理论

①　参见原宗丽：《巴伯的强势民主理论及其镜鉴》，《理论探讨》2009 年第 2 期。

②　参见钟金燕：《本杰明·巴伯对当代西方自由主义民主的批判》，《贵州工业大学学报》（社会科学版）2008 年第 12 期。

③　参见胡雨：《论本杰明·巴伯的强势民主理论》，《西南石油大学学报》（社会科学版）2009年第 1 期。

④　陈尧：《拥占性个人主义与自由主义民主——C. B. 麦克弗森的政治学说》，《上海交通大学学报》（哲学社会科学版）2004 年第 1 期。

⑤　参见余宜斌：《市场社会与自由主义——麦克弗森对于霍布斯的政治理论的解读》，《理论与改革》2007 年第 6 期。

⑥　余宜斌：《自由主义民主的困境与重建——麦克弗森的政治理论研究》，复旦大学博士学位论文，2007 年。

家发展自己理论体系的基础。① 台湾学者郭秋永以"政治参与"作为民主政治的核心，将巴伯的民主理论和达尔的多元民主理论与亨廷顿的政治发展理论进行比较，试图澄清当前政治学中经验性和规范性的理论困境。巴伯的民主理论是回应自由主义的一种"参与民主"理论。其理论建构始于一个挣脱"哲学俘虏"的基本信念，从而将"政治"设想为一种生活方式、认识论及社会存在，进而推出转化、政治判断、政治谈论以及社会性等论点，终而导出公民身份与民主社群两个要旨。② 也有学者在比较研究的基础上，综合提炼出了参与式民主理论的核心要素，如公民、参与和平等。③

第三，比较性视域：参与式民主和协商民主的关系研究。

20 世纪最后 10 年中，协商民主理论作为参与式民主理论的一种新的发展也再次激发了人们对于自由社会的核心要素即公民自治的理想。协商民主理论延续参与式民主理论公民积极有序参与的理论关怀，致力于公民参与深度和品质的提高，被视为参与式民主理论的新发展，带来了新的理论创新和实践创新。协商民主理论和参与式民主理论之间的关系，国内外学术界还存在一定的争议。比较性研究视域主要是分析参与式民主理论和协商民主理论之间的关系以及发展趋势。就目前国内的研究成果来看，关于参与式民主理论和协商民主理论的关系，主要包括如下两种观点：

第一种观点是将协商民主理论看成是参与式民主理论内在的一部分，即广义的参与式民主理论就包含协商民主理论，这种观点更多是强调了协商民主和参与式民主之间的联系。国外学者乔舒亚·柯亨、詹姆斯·伯曼、马克·沃伦、塞拉·本哈比等协商民主核心作家都承认协商民主是对参与式民主的批判性延伸，是对参与式民主的承袭与发展，二者联系非常紧密。④

---

① 参见萧宜馨：《卢梭对当代参与式思想家的启发——以柯尔、佩特曼和巴伯为分析对象》，台湾大学硕士学位论文，2009 年。

② 参见郭秋永：《当代三大民主理论》，新星出版社 2006 年版，第 129 页。

③ 参见袁建军、金太军：《参与式民主理论的核心要素解读及启示》，《马克思主义研究》2011 年第 5 期。

④ 参见董石桃：《当代西方参与式民主的研究视域》，《湖北社会科学》2010 年第 5 期。

国内学者也从理论形态上进行了考察。如陈炳辉等从时间的跨度上考察了二者的关系，"1970 年帕特曼的《参与和民主理论》成为参与式民主理论兴起的标志，1984 年巴伯的《强势民主》主张以参与式的强势民主弥补代议制的弱势民主的不足。20 世纪 80 至 90 年代以来哈贝马斯的话语民主理论、博曼等人的协商民主理论都积极倡导参与式民主，甚至连罗尔斯、吉登斯也都主张协商民主，从而呈现出参与式民主复兴的理论景观"①。他们认为协商民主理论的兴起就是参与式民主理论的继续兴盛。王锡锌的观点也是类似，尽管他认为协商民主理论是参与式民主理论的发展，但是其从论述的逻辑来看，事实上是把协商民主理论作为参与式民主理论内在的部分。②胡伟同样认为，"参与民主理论在 20 世纪后期的重要发展，是'协商民主'（deliberative democracy）理论的兴起……协商民主肯定了公民对政治生活的积极参与，力图通过完善民主程序、扩大参与范围、强调自由平等的对话来消除冲突、保证公共理性和普遍利益的实现，以修正代议民主模式的缺陷与不足，可以理解为是对参与民主理论的最新诠释"③。陈尧也认为，"参与型民主是一种激发人们公共意识的机制，通过直接参与公共事务和进行公共讨论、协商、妥协，试图复兴人类政治历史上消失已久的公共领域。……参与型民主的这一重要过程及其思想在近年来兴起的协商民主理论中得到了进一步发扬"④。

第二种观点则认为协商民主理论是参与式民主理论的发展，协商民主理论是参与式民主理论的继承和进一步发展，但是协商民主理论是对参与式民主理论的一种超越，而不是简单的隶属，这种观点更多的是强调了协商民主和参与式民主的区别。这种观点认为参与式民主理论和协商民主理论并不

① 陈炳辉、韩斯疆：《参与式民主理论的复兴》，《厦门大学学报》（社会科学版）2008 年第 6 期。
② 参见王锡锌：《公众参与：参与式民主的理论想象及制度实践》，《政治与法律》2008 年第 6 期。
③ 胡伟：《民主与参与：走出貌合神离的困境？——评卡罗尔·帕特曼的参与民主理论》，《政治学研究》2007 年第 1 期。
④ 陈尧：《从参与到协商：当代参与型民主理论之前景》，《学术月刊》2006 年第 8 期。

是简单的继承发展关系，二者同属一种大的理论流派之下，有相似的地方，但是差别也很明显。如刘训练认为，参与式民主理论和协商民主尽管二者有着明显的关联，"参与是协商的前提，没有广泛的参与就无所谓真正的协商；而协商又可以看作是参与的一个重要方面，因为参与的内容不可能仅限于竞争和投票。但是，在它们之间也可以作出一些区分：比如，参与可能更强调参与的数量，即参与领域、机会和渠道的拓宽和增加；而协商可能更强调参与的方式和质量，即在参与数量既定的情况下提高参与的性质、效能等等"①。参与式民主理论和协商民主理论的区别在于视角的不同，前者侧重于实践层面，政治社会学的维度多一些，而后者侧重于理论层面，政治哲学的维度多一些。②显然，这与前者那种认为"在实践上协商民主理论比参与式民主理论更现实"的观点不同。郑慧比较具体地辨析了参与式民主和协商民主的联系和区别，认为二者共同点在于都是对由代议制民主的共同批判中体现对负责任的公民、常态参与、实质平等、公民自治的共同追求。二者的区别则非常明显，在社会背景上，参与式民主产生于相对对立性社会，而协商民主产生于多元社会。在发展策略上，参与式民主较多采取进攻型策略，而协商民主较多采用防守型策略。在实现目标上，参与式民主主要致力于直接民主，协商民主主要还是推崇间接民主。在运行机制上，参与式民主主要是多数决定制，而协商民主是合议妥协制。研究者可能更要做的是在总结参与广度和协商深度之间区别的基础上，初步探索构建"参与性协商民主"的可能性。③

第四，本土化视域：参与式民主和中国民主政治建设的契合性研究。

西方参与式民主理论毕竟只是西方民主土壤的产物，但是，民主政治

---

① 刘训练：《公民与共和——当代西方共和主义研究》，天津师范大学博士学位论文，2006年。

② 参见刘训练：《公民与共和——当代西方共和主义研究》，天津师范大学博士学位论文，2006年。

③ 参见郑慧：《参与民主与协商民主之辨》，《华中师范大学学报》（人文社会科学版）2012年第6期。

的核心问题是公民的政治参与，公民的参与过程是实现民主的根本途径。因此，积极鼓励公民的政治参与，将是贯穿中国所有政治改革的一条主线。随着中国民主政治建设进程的推进，参与式民主理论能够为我们提供良好的理论资源和实践启示。国内关注参与式民主理论研究就是从这个逻辑前提出发，探讨了参与式民主和中国民主发展的契合性和借鉴性。

其一，参与式民主和中国社会主义民主整体发展的契合性分析。这主要包括两个方面的问题。（1）参与式民主和中国民主发展进程的契合性。有学者认为，"参与式民主是当代世界民主发展的一个新的趋向"①，"在代议制民主发展比较成熟的国家，'以参与民主补充代议民主'是普遍接受的思路，但在代议制民主发展不成熟的国家，这种思路需要反过来，就是'以参与民主带动代议民主'。通过扩大公民在社会政治事务中的民主参与，培养民主意识，提高民主能力，走渐进性的参与民主之路，是符合中国国情的民主发展战略"②。（2）参与式民主和中国民主制度结构的契合性。有学者认为，"参与式民主提供了我国社会主义协商民主得以运行的逻辑前提，为我国政治民主向行政民主的拓展提供了价值支撑点"。"参与式民主与我国民主制度结构的耦合关系，具体表现为参与式民主是我国宏观民主制度的价值呼唤和逻辑补充、民主政治体制改革的现实突破口、社会主义协商民主运行的逻辑前提和行政民主运行和成长的现实力量源泉"③。有学者认为，参与式民主对市场经济体制下的中国政治体制改革的作用是"为规范和制衡公共权力运行提供了一种异体性力量，可以有效消解政治体制存在与伴生的问题，从而推动经济发展方式转变"④。

其二，关于西方参与式民主理论对中国当前社会主义基层民主建设的借鉴性分析。基层民主建设是中国社会主义民主政治建设的基础和关键，近

---

①　梁军峰：《参与式民主与中国政治发展的契合》，《学理论》2009 年第 11 期。

②　梁军峰：《中国参与式民主发展》，中央党校博士学位论文，2006 年。

③　张光辉：《参与式民主与我国民主制度结构的耦合》，《东南学术》2010 年第 4 期。

④　张光辉、籍庆利：《发展参与式民主：经济发展方式转变视域下政治体制改革的优选之路》，《求实》2011 年第 11 期。

年来在实践上取得了较多的经验，需要进一步进行推进。有学者提出，参与式民主理论认为通过扩大在基层社会、地方的参与，实现更为广泛的民主，并为更高层次上的民主运作提供条件，这一观点适合了当前中国民主政治渐进发展的路径。参与式民主理论提倡培养积极的公民，倡导公共精神的形成，主张建立一个参与性的社会，对于我国全面建立社会主义民主政治具有重要意义。① 有学者分析了参与式民主理论发展前景，以此为基础探讨了对中国民主发展的启示，认为中国面临着对参与式民主理论借鉴和超越的双重任务②，参与式民主理论对当前中国的基层民主政治参与实践有重要的启示意义，因为中国当前本身有了类似的参与式民主的发展，如中国广泛的基层民主实践等。③ 从社会民主治理的角度来说，有学者指出，就当前的中国社会管理体制改革来说，参与式民主也是中国社会民主治理的现实选择。④ 对于中国可持续政治稳定来说，参与式民主也是一种现实之道。⑤

第五，实践性视域：参与式民主推动民主治理的实践研究。

目前，国内参与式民主理论的一个重点是对中外参与式民主的实践研究，如前所述，近年来，国内外参与式民主实践空前兴盛，实践的丰富性和快速发展，使国内学者不得不进行关注和研究。

其一，对国外参与式民主实践的介绍和研究。预算民主是民主治理的关键环节，参与式民主在预算民主的发展中体现出强大的生命力。参与式预算关注度最高、时间持续也最久的就是巴西的参与式预算案例，国内学者也

---

① 参见梁军峰：《中国参与式民主发展》，中央党校博士学位论文，2006 年。

② 参见陈尧：《西方参与式民主理论及其对中国社会主义民主政治的启示》，《社会主义研究》2008 年第 1 期。

③ 参见卢瑾：《寻求消极保护与积极参与之平衡——西方参与式民主理论发展研究》，天津师范大学博士学位论文，2009 年。

④ 参见万斌、董石桃：《参与式民主和社会主义民主政治建设》，《浙江社会科学》2011 年第11 期。

⑤ 参见张光辉：《参与式民主：实现可持续政治稳定的现实之道》，《中州学刊》2013 年第9 期。

对其进行了一定的介绍和研究。(1) 巴西阿雷格里市参与式预算的基本原则，即主要包括直接民主，超越现有民主，普遍参与，讨论和决定所有预算，不排斥代议制民主的原则，自我管理、自治与开放，团结、自尊与公民权利意识等。① (2) 巴西参与式预算的实践特点和形式。有学者总结了阿雷格里市"参与式财政"的整个运作的几个鲜明特点：公开性、参与性、互动性、制度化。② (3) 欧洲国家的参与式预算的实践及其经验。赵丽江、陆海燕选取了法国、德国与意大利三个欧洲国家的参与式预算实践进行分析。③ (4) 国外参与式预算改革的优化模式与制度逻辑。有学者总结了参与式实践前沿国家的经典模式，主要包括巴西阿里格雷港市的参与式互动模式、印度古吉拉特（Gugarat）的参与式分析模式、乌干达的参与式跟踪模式、印度班加罗尔的"公民报告卡"模式等。④ 国外参与式民主实践的经验无疑值得我们借鉴。

其二，对国内基层参与式民主推动民主治理的研究。近年来，随着公民有序参与的扩大和深入发展，中国国内的参与式民主的实践日益成为学界研究的热点，出现了大量的成果。学术界开始从西方参与式民主理论的角度解读和分析国内的参与式民主实践。如有学者从参与式民主理论的视角出发，对中国村民自治中的"代议民主论"提出理论批评，认为代议民主论在国家层面是优越的，但在微观的村民自治层面却可能与村民自治的直接民主原则发生冲突，从而主张从直接民主原则出发，通过"参与式民主"的程序化改造，重构中国的村民自治制度体系。⑤1999 年，浙江温岭的"民主恳谈"，几年来不断进行制度化、推广、创新的探索。贾西津等就是从西方参

---

① 参见许峰编写：《巴西阿雷格里市参与式预算的基本原则》，《国外理论动态》2006 年第 6 期。
② 参见袁方成：《"参与财政"：国外地方治理的实践创新》2006 年第 6 期。
③ 参见赵丽江、陆海燕：《参与式预算：当今实现善治的有效工具——欧洲国家参与式预算的经验与启示》，《中国行政管理》2008 年第 10 期。
④ 参见王逸帅、苟燕楠：《国外参与式预算改革的优化模式与制度逻辑》，《人文杂志》2009 年第 3 期。
⑤ 参见田飞龙：《参与式民主和中国村民自治》，《行政法论丛》第 11 卷，2009 年。

与式民主理论的角度对其进行了解读分析，将这种模式称为"中国参与式民主的新发展"①。卢剑峰也从参与式民主角度解读了"民主恳谈"的十年历程，认为，"民主恳谈的战略意义在于开启了以参与式民主促法治进步，继而发展宪政民主的政治进程。民主恳谈符合法治精神，是体制内的政治实验"②。也有学者从参与式民主理论角度解读当前国内流行的网络民主实践，认为"网络这种信息传播手段能使人们的参与式民主在更大的范围更普及地、经常性地使用，人们用'电子民主'、'网络民主'等来称呼以网络传播技术为基础的新的共同参与式民主制，它是试图挽救代议政治危机的一种补救办法"③。另有学者探讨了参与式民主在中国政府决策中的适用条件。④ 有学者还开始将西方参与式民主理论引进中国的教育组织决策问题研究。⑤20世纪90年代以来，伴随着"治理"的出现，"参与式治理"这一术语开始被学术界采用。参与式治理可以看作是现代民主理论的深化，是"参与式民主"或"强势民主"的实践，是"参与式"方法在治理领域的运用。⑥ 总而言之，参与式民主在中国基层民主发展等领域已经进行了许多的探索，对推动社会民主治理起到了较大的促进作用。

其三，对中国参与式预算实践的研究。参与式预算也是中国推进民主治理的关键领域，近年来，国内涌现了许多的经验和模式。⑦ 国内学界的研究主要从3个角度进行了解读。（1）经济学角度的解读。如苏振华就是从公

① 贾西津：《中国参与式民主的新发展——浙江温岭民主恳谈会创新模式分析》，中国选举与治理网，http：//www.chinaelections.org/newsinfo.asp？newsid=111914。

② 卢剑峰：《参与式民主的地方实践及战略意义——浙江温岭"民主恳谈"十年回顾》，《政治与法律》2009年第11期。

③ 唐丽萍：《从代议民主制到参与式民主制——网络民主能否重塑民主治理》，《兰州学刊》2007年第3期。

④ 参见赵修华：《参与式民主在公共决策中的适用条件分析》，《重庆工商大学学报》（社会科学版）2008年第10期。

⑤ 参见石路、冯江英：《教育组织决策中的参与式民主》，《现代教育论丛》2006年第6期。

⑥ 参见陈剩勇、赵光勇：《"参与式治理"研究述评》，《教学与研究》2009年第8期。

⑦ 参见胡肖华等：《公共预算中的公众参与模式比较研究》，《湘潭大学学报》（哲学社会科学版）2014年第3期。

共投资效率意义解读浙江省温岭市泽国镇实施的参与式公共预算模式。① 有学者从农村公共产品供给机制角度阐释温岭的参与式预算②，同样侧重经济效率和技术层面的解读。（2）政治学角度的解读。经济学角度解读参与式预算实践侧重的是参与式预算的技术层面，其视野无疑会比较狭窄。更多的学者看到参与式预算对中国政治体制改革的重要意义。参与式预算要充分发挥人大的作用，并以加强人大的作用为核心，调整当前的治理模式。③ "公共预算的改革就是政治体制改革"④。有学者将参与式预算看作为基层民主建设的一个重大切入点。⑤ 也有的学者是从协商民主的角度进行解读，认为温岭市新河镇在实践中不断摸索和创新，是把具有强烈协商民主色彩的"民主恳谈"机制引入了镇政府的预算过程。⑥ "地方层面进行的改革，有助于国家层面的整体的政治体制改革，因为它会为中央政府提供各种经验。"⑦（3）比较视野的解读。有从国内参与式预算实践发展进程的纵向比较⑧，更重要的是从国际参与式预算实践的横向比较。在国际视野的比较研究方面，2009年8月，德国弗里德里希·艾伯特基金会和浙江大学联合举办了题为"亚欧参与式预算：民主参与的核心挑战"的国际会议。会后出版的论文集记录了在欧洲和亚洲这两大洲公民参与方面的最新发展情况，对于参与式预算的比

---

① 参见苏振华：《参与式预算的公共投资效率意义——以浙江温岭市泽国镇为例》，《公共管理学报》2007 年第 3 期。

② 参见祁毓：《当前农村公共产品供给机制创新的一个视角：参与式预算》，《广东财经职业学院学报》2008 年第 7 期。

③ 参见杨子云：《参与式预算推动地方政府治理革新——访世界与中国研究所所长李凡》，《中国改革》2007 年第 6 期。

④ 李凡：《中国地方政府公共预算改革的实验和成功》，载李凡主编：《中国基层民主发展报告 2008》，知识产权出版社 2008 年版，第 111 页。

⑤ 参见章闪、张磊：《我国基层民主建设中的参与式预算》，《华商》2008 年第 3 期。

⑥ 参见王甜、杨加鸥：《地方参与式预算改革的新河经验》，《浙江经济》2009 年第 7 期。

⑦ 陈家刚、陈奕敏：《地方治理中的参与式预算——关于浙江温岭市新河镇改革的案例研究》，《公共管理学报》2007 年第 3 期。

⑧ 参见朱圣明：《从原生到孪生：基层民主政治建设的现在进行时——温岭民主恳谈和参与式预算之比较研究》，《甘肃行政学院学报》2007 年第 3 期。

较研究具有较强的价值。①

综合分析国内参与式民主研究的文献，我们可以大致得出如下的结论：

首先，从研究趋势上来说，国内对参与式民主理论的关注越来越多。根据我们的分析，西方参与式民主理论研究在国内兴起，大概有几点原因。第一，近年来协商民主逐渐成为中国学术界研究的热点之一，十八大提出社会主义协商民主是我国人民民主的重要形式。要健全社会主义协商民主制度，推进社会主义协商民主的发展，需要我们对协商民主的理论问题进行深入研究，而协商民主理论和参与式民主理论有着非常紧密的联系，追溯协商民主理论的渊源，难以回避对参与式民主理论和实践的深入研究。第二，中国新农村建设和基层民主政治的兴盛和发展，利益的多元化使公民参与动力越来越强，促使我们深入思考公民有序参与的相关理论问题，这使中国学者开始关注西方这一很有影响的理论对中国的借鉴意义。第三，2006 年后，这一理论流派代表性人物佩特曼和巴伯等人的著作有了中文译本，从而有力地推动了国内对这一重大理论流派的关注和研究。就目前的研究基础来说，学术界在一些方面取得了较为深入的认识，参与式民主在西方语境下是因自由主义民主无法积极回应政治社会发展现实而提出的一种新型民主模式。参与式民主理论对自由主义民主理论的批判，本质上建立在对其核心概念——政治、参与和平等的剖析和重新解读的基础上。尽管参与式民主并不是一个从根本上代替代议制民主体制的完美理想形式，但在该理论指导下的参与式民主实践方兴未艾在世界众多国家的部分地区和欧盟都取得了一定的成功。而在中国语境下，参与式民主理论对公民参与的信仰与我国人民当家作主的要求在本质上也是契合的，必能对我国建设有中国特色的社会主义民主制度具有有益的启发。参与式民主对中国民主政治发展有着重要的意义，在中国有着广阔的成长空间。参与式民主的理念蕴含着社会主义民主的核心价值追求，它的民主发展思路也为中国民主转型提供了一种基本路径选

---

① 参见［法］伊夫·辛多默、［德］鲁道夫·特劳普－梅茨、张俊华著，［法］伊夫·辛多默等编：《亚欧参与式预算：民主参与的核心挑战》，上海人民出版社 2012 年版。

择，这种路径选择突出了基层民主和党内民主作为中国民主政治发展的突破口有着重要的地位。就当前的中国社会管理体制改革来说，参与式民主也是中国社会民主治理的现实选择。① 可以预见的是，随着社会主义民主政治建设进程的加快推进和公民参与需求的日益增长，参与式民主理论将在中国获得更大的支持和影响。

其次，从研究重点上来说，对参与式民主理论研究在国内还处在起步阶段，多属经验层面的陈述或者简单的理论评议，对于理论的来龙去脉还比较模糊，尚缺乏系统性和全面性。目前比较多的是介绍参与式民主理论代表性理论家的思想，分析和中国民主发展的契合性等问题。就是在已有的研究成果中，也仍然存在许多值得商榷的问题：例如，什么是参与式民主？大都没有一个明确的定义，许多研究者有时将其简单地和源于卢梭的直接民主等同起来，有的将其简单地和代议民主直接对立。什么是参与式民主的实质？有的学者将其简单地界定为人民主权论，而没有结合其产生和发展的背景进行深入系统的分析。此外，关于参与式民主发展的前景，也存在许多不同的争论。这些争论之处，也正是未来研究的重点内容，需要学术界通过进一步研究进行厘清。不过，不管如何争论民主，有一点可以肯定，即"参与"永远是民主发展的核心要素。这一点被包括达尔等民主理论家所强调，"有效的参与"是理想民主程序的五个必需标准之一。②

最后，从研究内容上来说，目前国内主要就参与式民主理论进行专题性研究，研究视域还比较狭窄。关于参与式民主的内在逻辑、参与式民主制度的建构、参与式民主理论和协商民主理论的区别和联系、西方参与式民主的实践逻辑都需要系统深入的研究。这些主题都是未来参与式民主理论研究要着力解决的重要问题。其中最核心的就是要突出对参与式民主理论对"公民参与"问题的阐释和建构。目前国内的研究较少集中地从理论和实践的双重层面系统论述参与式民主理论中"公民参与"这一核心问题，这方面的研

---

① 参见万斌、董石桃：《参与式民主和社会主义民主政治建设》，《浙江社会科学》2011 年第11 期。

② 参见［美］罗伯特·A. 达尔：《多元民主的困境》，吉林人民出版社 2006 年版，第 6 页。

究应该成为中国参与式民主理论的研究重点和方向。公民参与是现代民主政治的核心和灵魂，只有通过公民的积极参与，民主政治才能真正运转起来。我们认为，对中国民主建设的深入研究，扩大公民有序参与是其中的最关键变量。随着中国经济的发展，社会出现了重要的转型：一方面，传统的社会群体如农民群体，参与意识不断增强，利益表达式参与需求不断增长；另一方面，随着社会经济的发展、城市化进程的推进，一些新的社会阶层如私营企业主、新生代农民工等，同样亟须有效的参与渠道来表达自身的利益诉求。因此，未来中国参与式民主重点应该放在探讨如何满足民众政治参与需求和政治制度有效供给中寻求发展和平衡的可行路径上。

本书在马克思主义唯物辩证法的指导下，以"公民积极有序参与"问题为主线，借助文献分析法、比较分析法、历史分析法等方法，通过对国内外现有相关研究成果的收集、整理和归纳，提炼出可供参考的理论资源。与此同时，本书还将努力地运用思辨的分析方法，抓住参与式民主理论的实质，深挖其论点或思想之间的矛盾，回到民主理论的思想体系中，来解答民主理论之间的冲突和不和谐，最终达到公民参与一般理论建构的目的。

文献研究法。本书着重于梳理历史上有关参与式民主理论的研究成果，因此，阿伦特、佩特曼、麦克弗森、巴伯等重要政治思想家的文本就成为本书的主要分析来源。一方面，通过分析主要参与式民主思想家的文本，梳理总结参与式民主的理论内涵、特征和主要观点；另一方面，考察相关思想家对参与式民主理论的评价，以进一步深刻认识参与式民主理论的实质。

历史分析法。"马克思主义历史分析法就是在政治分析中，从历史角度，'对每一特殊的历史情况进行具体的分析'，从而用因果性揭示社会政治在历史的总联系中发展的一般规律，以及它在不同阶段、不同历史环境中的特殊规律。"[①] 本书的论证过程坚持历史主义的态度，即把西方参与式民主理论的

---

① 　张铭、严强主编：《政治学方法论》，苏州大学出版社 2003 年版，第 115 页。

发展放到特定的历史条件中去考察，指出其形成和演进的影响因素，及其进一步发展的趋势和面临的困境。

比较分析法。比较分析法是"通过分析两个或两个以上的政治现象的相同点和相异点，来发现政治现象本质和规律的方法，通俗地说，这种方法就是'同中求异、异中求同'的方法"①。民主有不同的模式，参与式民主的特点必须在与其他民主模式的比较中才能显现出来，尤其是要把它与自由主义民主的区别和联系弄清楚，这是理解参与式民主的关键。

需要说明的是，与自由主义的精英民主理论和多元民主理论不同，参与式民主理论并没有形成完整的理论体系，其观点散见于不同学者的文献中，而且学者之间的具体主张存在一定差异。因此，由于篇幅所限，本书只能选取柯尔、阿伦特、佩特曼、麦克弗森、巴伯等几位分别处于参与式民主理论不同发展阶段的，具有代表性的学者的文献作为主要研究对象，在掌握其理论逻辑前提和立场的基础上，阐述其理论的内在逻辑和实质。

在研究视域上，本书从西方民主理论的纵向发展和横向比较视域中将当代西方参与式民主理论作为一个独立的民主理论流派进行系统和全面的研究，以弥补同类研究的不足。如前所述，目前国内外对于参与式民主理论都属于经验层面的陈述或简单的理论评议，主要集中对参与式民主理论代表性学者的思想进行评述，把参与式民主理论作为一个独立的民主理论流派进行系统研究的成果还较少，研究视域也比较狭窄。当前学术界对于参与式民主理论和古代西方民主理论的联系和区别、参与式民主理论和当代西方其他民主理论之间的联系和区别、参与式民主理论在新时期的重大发展和参与式民主理论对中国民主发展的启示意义都还缺少系统深入的研究，这些都是未来参与式民主理论研究要着力解决的重要问题。对于这些问题的解答只有从西方民主理论的纵向发展和横向比较中才能找到答案。参与式民主理论是在复兴古典西方民主理论的有益元素和批判现代西方自由民主理论的缺陷和不足中发展起来的。因此，从西方民主理论的纵向发展和横向比较研究中，较为

---

① 王惠岩主编：《政治学原理》，高等教育出版社 1999 年版，第 20 页。

准确地给予参与式民主理论以历史定位，才能对参与式民主理论的内在逻辑有较为深入的理解。

在研究思路上，本书抓住"公民参与"这一核心主题，以此为主线，重构参与式民主理论关于"公民参与"的一般理论，辨析清楚公民参与和民主发展的内在联系。毋庸置疑，参与式民主理论本质就是关于公民参与的一般理论。对于公民参与的态度是当代西方不同理论流派分野的核心要素，抓住了"公民参与"这一核心主题，也就抓住了当代西方不同理论流派分野的关键。重构了参与式民主理论关于公民参与的一般理论也就重构了参与式民主理论本身，也就理清了参与式民主理论和其他民主理论流派之间纷争的要素。这对于我们全面深入地认识西方民主理论内部争论至为关键。由于参与式民主理论涉及很多的思想家，当前学术界对于参与式民主理论的研究很多是泛泛的评述，对于参与式民主理论关于公民参与的一般理论很少进行系统的重构。本书从公民参与的主体资格、核心领域、制度框架三个方面重构了参与式民主理论关于公民参与的一般理论认识，辨析了参与式民主理论和协商民主理论的内在发展关系，这对于我们深入认识参与式民主理论以及当代西方民主理论的争论和分歧也许能够提供新的启发。

在研究方法上，本书比较多地借用思想史研究中的"概念"分析法，注重从相同术语的不同概念界定中辨析参与式民主理论和其他民主理论的区别。众所周知，在思想史研究中，我们比较考察基本观念的演变，这种"基本观念"并非是泛泛的，它的核心和基础是一系列的"概念"。观念就体现在一系列的"概念"上，体现在对"概念"的定义上。人们如何在自己的头脑中形成一系列"概念"，如何给这些"概念"作出定义，并且运用这些"概念"来认识和理解现实的世界。正是在这一意义上，思想观念史的研究实际上可以变成为"概念史"的研究。因此，概念分析是剖析不同理论流派观点的有力武器。参与式民主理论作为当代西方的一个重要民主理论流派，其重要贡献其实正是赋予了"参与"以新的内涵和地位，不独如此，参与式民主理论许多主要理论家如阿伦特、麦克弗森、巴伯等本身就是善于在旧概念上发展新内涵的方法来创立自己的理论。因此，本书在研究的过程，比较注重在概念的梳理和比较中来理解参与式民主理论的内在逻辑和深刻内涵，对我们一直习以为常的一些概念如"政治"、"权力"、"财产"等进行梳理和重新界定，试图为我们理解现实民主发展提供新的思维框架。

第一章　参与式民主的基本内涵和兴起背景

第一节　参与式民主的基本内涵①

在当前的政治理论中，相比个体的尊严和权利、权利优先于共善、分配正义的范围和局限等，公民参与问题却相对遭受到冷遇。在当代西方精英主义民主理论中，更多地强调的是公民参与和民主发展的矛盾和对立，亨廷顿曾经突出地阐述政治参与和现代化的矛盾②，最后把稳定性放到了民主价值之上，对广大民众日益增长的参与要求以"堵"代替"疏"，这必然难以真正推动民主的发展。在此背景下，参与式民主理论对于民主是什么以及民主应该如何实现等问题作出了新的解答，形成了具有一定体系的参与式民主理论。和当代西方主流的自由民主理论比较，参与式民主理论对"民主"的特点、"政治"的定义提出了新的不同界定。参与式民主理论认为"民主"本质上是为达成实现共同善的政治决定的制度安排。在参与式民主理论中，"参与"不

---

① 参见董石桃：《寻求民主发展与公民参与的统———一种参与式民主的进路》，《科学社会主义》2010 年第 3 期。

② 日本学者浦岛屿夫曾经对亨廷顿的理论进行过辨析，在日本经验的基础上提出了异议，认为民主发展和公民参与的调和是完全可能的，"日本的经验'对发展理论''最重要的含义'是并不像亨廷顿和纳尔逊主张的那样非富裕者的政治参与会成为阻碍经济法发展的因素"（[日] 浦岛屿夫：《政治参与》，解莉莉译，经济日报出版社 1989 年版，第 50 页）。

仅指代议制的选举参与，更重要的是指公民对于公共事务决策的广泛参与。公民参与的功能关键是教育功能，即"不仅包括政策（决定），也包括每个人的社会能力和政治能力的发展，因此存在着从输出到输入的'反馈'"①。总体来看，参与式民主理论强调了"参与"在民主中的重要地位并对"参与"的内涵进行了新的拓展，即寻求间接参与和直接参与的互补以拓展"参与"的形式，寻求选举参与和决策参与的结合以拓展"参与"的范围，寻求宏观参与和微观参与的统一以拓展"参与"的层次。参与式民主是强调"参与"是人们扩大对自己生活控制的一种方式，其本质是寻求公民参与和民主发展的统一。

一、民主概念的新界定：参与式民主理论的"民主"理念

（一）民主是个体全面发展的基本条件

民主的基本原则和依据是什么？这个问题的解答是民主理论发展的立命之本，但它却被当代西方主流的经验民主理论所抛弃，以致使民主就像无根的浮萍一样失去价值依托，产生哈贝马斯所说的"合法化危机"，而今参与式民主理论家重新拾起并进行深入探讨。麦克弗森对此问题的回答是立场鲜明的，在他看来，民主是个人全面发展的基本条件，民主的最终根本性的原则或目标就是"为社会所有成员平等而自由地发展人性潜能提供条件"②。他认为，民主理论中的基本原则是平等而自由地实现自我完善是每个人的权利，因此，任何一种理论如果要为时代辩护、解释或描述，都必须采纳这样一条标准："即每个人平等拥有充分依据其意愿生活的有效权利。"③而不是"一个人一张选票"。民主和个人自由全面发展密不可分，而麦克弗森认为，"自由主义的核心的伦理原则是个体实现他或她的人性潜能"④。自由主义就

---

① ［美］卡罗尔·佩特曼：《参与和民主理论》，陈尧译，上海人民出版社 2006 年版，第 39 页。

② C. B. Macpherson, *The Real World of Democracy*, Oxford：Clarendon Press, 1966, p.58.

③ C. B. Macpherson, *Democratic Theory*, Oxford：Oxford University Press, 1973, p.51.

④ C. B. Macpherson, *The Life and Times of Liberal democracy*, Oxford：Oxford University Press, 1977, p.2.

是"主张所有人充分发展人性的权利"①。在麦克弗森看来，民主观区分为两种：一种是以当代美国均衡理论为代表的自称是价值中立的民主观；一种则是以密尔为代表的有明确的价值取向的民主观。前一种民主理论名义上是价值中立地服务于所有人的偏爱，但实际上却只不过是服务于市场社会中的某些人，他们是为资本主义市场社会辩护的理论。而现实中的民主政治的不民主的方面体现在它完全背离了密尔所希望实现的人的自我完善与自我发展。从霍布斯的"拥占性个人主义"将人的本质还原为物质最大化，导致如阿伦特所说的"人的目的"的命题不再灵验，人成为经济必然性的工具，"无限的经济生长，以及牺牲公共领域换取私人领域的扩张，成为集体生活的最高目标"②。因而，巴伯极为精辟地写道："民主……只能在有能力胜任的和负责任的公民而不是伟大的领导者的状态中才能得以保全。有效的独裁政治要求伟大的领导者，而有效的民主则要求伟大的公民。"③麦克弗森则不遗余力地倡导民主的根本原则必须回到马克思关于"人的全面发展"理论，必须以每一个人平等地拥有自我完善的权利作为民主的真正原则。"任何伦理学理论，因而也是任何一种辩护性政治理论，无论是唯物主义还是唯心主义，无论是不是自由主义、民主等等，都必须从这样的假定开始：相对于动物而言，人具有独特的潜能。这是一个基本假定，它既是经验的命题，可以大致以观察来证明；也是一个价值命题，从中可以引出权利与义务，而不需要其他价值性的概念。在我们的思想与语言结构中，关于人的描述性陈述中已经具有价值内容。"④

（二）民主是共同体生活本身的基本理念

参与式民主理论不仅把民主当作一种实现个人全面发展和大众利益的

---

① C. B. Macpherson, *Property：Mainstream and the positions*, Oxford：Basil Blackwell, 1978, p.207.

② 蔡英文：《政治实践与公共空间——汉娜鄂兰的政治思想》，联经出版事业公司（台北）2002 年版，第 112 页。

③ ［美］本杰明·巴伯：《强势民主》，彭斌等译，吉林人民出版社 2006 年版，第 121 页。

④ C. B. Macpherson, *Democratic Theory*, Oxford：Oxford University Press, 1973, p.53.

机制，而且把民主当作一种社会理念。作为社会理念的民主是一种生活方式，它远比作为国家形态的民主广泛而深入。作为一种理念，它的实现或者完备势必影响所有的人际关系模式，包括家庭、学校、产业、宗教等。个人是具体的，但个人不是离群的。个人是一个社会的独特成分，在这个社会中，所有的成员都以满意的方式发挥着作用来丰富相互间的经验体会。互动和参与的行为是一个有生命力的民主社会的标记，它提供了个人在其中得以确立的具体环境。在杜威看来，民主的意义并不在于既定的目的，而在于公共生活的方式。参与式民主理论家不排斥专家的作用，但是反对李普曼式的知识论权威主义，反对那种认为人们在政治上的主要任务就是通过种种办法训练，辨认或者挑选符合"护卫者"条件的人。如果按照护卫者统治的观点，大众是没有这个智慧完成这些任务的。具体而言，民主是社会联合体所有层面上的集体合作的实验探寻的生活。这种生活方式为倾听新思想和陌生的观点打开了通道。"民主"理想对于杜威而言便不再是某种抽象的原则，它具体地表现为一种生活方式，也就是"共同生活"的基本体现。它往往以"个体性"的形式而获得体现和发展，并且成为一种渗入到个体生活深层次的观念。民主作为一种道德理想呼唤人们建立起各种共同体，它为每个成员都提供了充分的机会与资源使人们通过参与其中的政治、社会与文化的生活而完全实现其特别的能力。"民主并不是一种对其他各种生活相联的原则的替代物，民主是共同体生活的理念本身……它是一种追求自由生活和充分沟通的名字。"① 这种理念同样得到了巴伯的认可。在他看来，参与式民主就依赖于一种自治的公民共同体的理念。但是值得注意的是，参与式民主理论并没有忽略社会本身的异质性，忽视现代民主的冲突性质、多元主义的社会和公私行动领域划分，而是认为民主作为一种共同体的生活理念，它能够"使公民联合起来的不是同质的利益而是公民教育，使其公民的共同目的和互相行动成为可能的不是他们的利他主义和其他美好的性格而是他们的公民态度和参与

---

① [美]本杰明·巴伯：《强势民主》，彭斌等译，吉林人民出版社 2006 年版，第 145 页。

制度"①。

（三）民主是国家权力良性运行的社会形态

现代民主的主流体制是代议制民主，代议制民主在国家建构的层面比较成功地解决了统治的规模问题，从而大大扩展了公民政治参与的空间，其优越性的地方并不被参与式民主理论所否定。在代议制民主中，国家权力良性运行的关键是解决权力的合法性问题，其主要机制是选举和分权制衡，前者涉及由权利产生权力，后者涉及权力制约权力。由此可见，代议制民主的重点是从国家层面解决权力运行的问题。但是，代议制民主体制下国家权力运行仍然存在自身难以解决的内在矛盾和困境，使得其实施往往产生反民主的后果。柯尔指出，"代议政治在最好的时候也产生许多不利的地方，产生了惠特曼所说的'被选举人的无止境的大胆妄为'和卢梭所说的'一切整体的衰退倾向'"②。代议制下的国家权力运行可能存在两重困境：一方面，这样一种所有者与代理者的分离实际上暗含了两者之间的冲突与不一致的可能性；另一方面，即使代理人与代表具有高度的思想觉悟与责任感意识，同时又受到有效的激励、监督和制约，代表本身仍然具有其限度，因为代表所呈现的只会是一种单一的意见、立场和认识。代议制民主困境的终点就是参与式民主理论的起点，在参与式民主理论视野中，国家权力的良性运行仅仅靠代表制和分权是不够的，还必须从社会状态的性质来看待民主的内涵。从国家权力良性运行来看，民主不仅仅是政治体制的问题，而且是标识一个国家权力良性运行的社会形态。对于代理人权力的异化，参与式民主强调的是"以社会制约权力"，即市民社会中的公民个体、社会团体以及承担社会责任的大众传媒，利用现代政治过程提供的各种途径，综合运用意见表达、决策参与、舆论监督、公众评议、沟通协调、选举咨询等多种方式，实现对国家权力的参与式制约。在佩特曼看来，国家和社会之间并不是像当代自由主义者所认为的那样界限清晰，国家权力也并非永远是不偏不倚的力量。事实

①　[美] 本杰明·巴伯：《强势民主》，彭斌等译，吉林人民出版社 2006 年版，第 145 页。

②　[英] 道格拉斯·柯尔：《社会学说》，李平沤译，商务印书馆 1959 年版，第 68 页。

上，就公共权力的本质而言，具有自我扩展的倾向，所以权力应该受到广泛社会力量的制约。① 而柯尔认为，国家权力的良性运行，必须重视社会团体的职能，"只有一个办法可以避免我们现在的议会政治这种方式的无补实用，那就是给每一种只能寻求一种团体和代表的方法，给每一种团体和代表团体寻求一种职能。换句话说，真正的民主政治不应在单独的无所不能的议会中去寻找，而应当在各种调节的职能代表团体这种制度中去寻求"②。

二、参与内涵的新拓展：参与式民主理论的"参与"理念

参与式民主理论的一个重大理论贡献是对"公民参与"内涵的扩展，即从形式上，从间接参与向直接参与扩展；在范围上，从选举参与向决策参与扩展；在领域上，从宏观参与向微观参与扩展。总体来看，参与式民主理论的"参与"概念带有综合性的特征，即主张间接参与和直接参与、选举参与和决策参与、宏观参与和微观参与的统一。正如赫尔德指出的，参与式民主理论家是"试图将自由主义和马克思主义传统中的一些见解结合起来并加以重塑"③。因此，尽管参与式民主的"公民参与"内涵有所侧重，但是却带有综合性的特征。

（一）参与形式的新拓展：寻求间接参与和直接参与互补

民主理论家们一般普遍将民主区分为两种：直接民主与间接民主。所谓直接民主，就是人民直接参与政治活动，参与公共事务的管理，参与公共事务的决定；所谓间接民主，就是代议制民主，是人民通过选举自己的代表来行使国家权力，管理社会的公共事务。这两种民主类型的区分实际就是由公民参与的两种形式——直接参与和间接参与决定的。按照国内某些学者的看法，直接民主是假民主，是间接民主的敌人，二者势不两立，主张间接民主就必然排斥高调的直接民主。事实上，直接民主与间接民主并不像有的国内学者所说的那样截然对立、水火不容，而是互补的。间接民主由公民定期选

---

① 参见孙永芬：《西方民主论史纲》，人民出版社 2007 年版，第 245 页。
② ［英］道格拉斯·柯尔：《社会学说》，李平沤译，商务印书馆 1959 年版，第 70 页。
③ ［英］戴维·赫尔德：《民主的模式》，燕继荣等译，中央编译出版社 2006 年版，第 247 页。

举产生一定数额的代表组成议会，集体讨论决定国家有关重大事项。它是社会发展的必然产物，克服了直接民主时空上的局限性，是迄今为止最为有效的民主形式。但是，由于科学技术的发展、社会变革的日趋加速和普通公民素质的提高，人们的参与需求也随之增加。同时，本来就没有完全实现人民统治理想的代议制日益暴露出许多缺陷。在现代社会中，间接民主弊端的克服需要发展公民的各种直接参与形式。因此，公民直接参与公共事务的直接民主制有着广泛的发展空间，在理论上也得到人们前所未有的关注。

参与式民主理论关于"公民参与"的内涵扩展首先就体现在对公民直接参与公共事务意义的重视。参与式民主理论萌芽时期的学者较为激进地批判间接民主，推崇公民直接参与。例如，柯尔否定传统代议制，主张以鼓励积极参与的职能民主制代替之。同样，阿伦特也批判传统代议制，把参与提升到人的境况的高度，主张公共领域中的积极参与，提出委员会制民主。巴伯则认为，自由公民的直接参与才能避免代议制的诸项缺失，它是由公民自己来决定自己的命运与公共事务。但是，我们并不能因为参与式民主推崇公民直接参与公共事务，而把参与式民主和直接民主简单地等同起来。其实，两者之间还是存在差异的。巴伯曾经把直接民主又分为统合性的民主（Unitary Democracy，UD）和强势民主（Strong Democracy，SD）。在统合性的民主中，公民个体通常将自己融入集体，也就是说通过自我放弃而获得政治认同。这种直接民主往往只有集体没有个人，容易成为一言堂的民主。而参与式的"强势民主"则是一种公民自治的体制，通过公民持续的直接参与、互动、协调来化解冲突。两种直接民主的比较如下表：

两种直接民主的比较

维度 ＼ 类型	统合性民主	强势民主
政治类型	共识	参与
价值	一元化	行动
制度偏好	象征性的	平民主义的

维度 ╲ 类型	统合性民主	强势民主
公民态度	积极主动的一元化的	积极主动的中央集权化的
政府态度	中央集权的积极主动的	中央集权化的积极主动的
"独立根基"伪装为	集体主义的公益	无独立根基的

资料来源：根据巴伯的著作修改，参见［美］本杰明·巴伯：《强势民主》，吉林人民出版社 2006
　　年版，第 172 页。

　　值得一提的是，参与式民主重视公民直接参与在现代民主发展中的重
要意义，并不意味着他们完全否定间接民主，而是主张以直接民主来弥补现
代代议制民主制的弊端，将公民的直接参与间接参与统一起来。佩特曼明确
提出参与式民主并不完全否定间接民主，并认为自由主义民主的许多核心制
度，包括竞争性政党、政治代表和定期选举等，都将是一个参与性社会不可
或缺的组成因素。同样，麦克弗森的参与式民主模式是一种"基层采用直接
民主，基层之上采用代议制民主的金字塔体制"①。托夫勒也不认为代议制可
立即抛弃，他认为间接民主和直接民主两种制度都有优点，因而"可以把直
接的公民参政，与'代议制'结合起来，形成一种半直接民主的新制度"②。
参与式民主发展到协商民主阶段，也体现出直接民主与间接民主的结合。可
以说，参与式民主既复兴了古典民主的直接参与理想，又承认了间接民主的
合理性。其"公民参与"的内涵体现了公民直接参与和间接参与的统一和
互补。

　　（二）参与领域的新拓展：寻求选举参与和决策参与的结合

　　如前所述，在当代西方占主导的自由主义民主理论看来，民主并不是
人民自己"当家作主"，而是为了达到政治决定而采用的一种方法和制度安

---

① C. B. Maepherson, *The Life and Times of Liberal Deooeray*, oxford：oxford University press,
　　1977, p.108.

② ［美］阿尔文·托夫勒：《第三次浪潮》，朱志众等译，生活·读书·新知三联书店 1983
　　年版，第 498 页。

排，"在这种安排中，某些人通过争取人民选票取得作决定的权力"①。对民主方法而言，选举是关键性的。因为大多数人能够通过选举来控制他们的领导者，使领导者因担心失去职位的惩罚而予以确保，从而让领导者对非精英的大众要求作出反应。民主过程中的"平等"主要指平等的选举权。因此，民主理论的参与就是选举参与，其"唯一的功能是起保护作用，保护个人免受当选领导者的独裁的影响，保护公民的个人利益"②。然而，对积极参与的民主理想怀有特殊情感并保持坚定信念的人们，却一直不能心甘情愿地接受对于民主的如此狭隘的理解。他们认为民主不仅仅意味着四年或五年一次的自由选举，还应该意味着普通公民能够直接参与公共决策。

参与式民主理论认为，公民参与不仅仅指公民参与投票，还应该包括公民对于公共决策的参与。它不仅要求公民民主地选择政府领导人，而且，还要求公民积极、民主地参与决策过程，通过平等对话、共同协商的方式形成合法性的公共政策。在佩特曼看来，工业领域中的"参与"就必须是一种在一些事情中的参与过程，这里主要指决策活动中的参与，其关键之处在于，这种"参与"概念否定了名义上决策是属于管理者的特权，工人没有影响力的决策理念。也就是说，参与式民主理论认为，工业领域中参与的根本内涵就是赋予普通工人对于企业决策以影响力。③ 巴伯认为，代议制民主和强势民主的区别在于，前者只强调公民的选举参与，只允许人民投票选出符合选民胃口的代表来替人民做事，就好像一群人在餐厅里协商、选择符合他们嗜好的菜单，但是这个菜单的内容与做法却是早由他人所配好的，顾客除了被动地接受外没有其他选择。而强势的参与式民主则主张一群人在餐厅里一起设计菜单和食谱，再交由厨师烹调或自己动手，尽可能地满足更多顾客

---

① ［美］约瑟夫·熊彼特：《资本主义、社会主义与民主》，吴良键译，商务印书馆 1999 年版，第 395—396 页。

② ［美］卡罗尔·佩特曼：《参与和民主理论》，陈尧译，上海人民出版社 2006 年版，第 12—13 页。

③ 参见 ［美］卡罗尔·佩特曼：《参与和民主理论》，陈尧译，上海人民出版社 2006 年版，第 65 页。

的不同口味。也就是说，选举参与只是相对静态地表达个人偏好的行为；而决策参与则是动态的，参与者可以提出自己的想法来影响决策。正因为如此，参与式民主以公民参与决策作为民主的核心价值，把具有不同利益诉求的公民群体之间的平等协商作为实现民主价值的一个主要方面或环节。"如果我们想要真实世界中我们称之为民主的体制成为更为真实的民主，我们则需要设法去推动它们朝着协商模式的理想迈进。那这个理想民主是什么呢？当决策是通过公开讨论过程而达成，其中所有参与者都能自由发表意见并且愿意平等地听取和考虑不同的意见，这个民主体制就是协商性质的。"① 当然，参与式民主推崇公民决策参与并不是完全否定公民选举参与的重要性，而是强调民主发展中仅有选举参与是不够的，除此之外我们还应该大力推进公民的决策参与。

（三）参与层次的新拓展：寻求宏观参与和微观参与的统一

早期倡导积极参与的思想家大多主张"参与"在国家基本制度上进行整体突破，即强调的是"政治参与"。在自由主义民主理论看来，民主首先是一个政治概念，民主本质上就是政治民主。萨托利认为，"作为一种方法，一种程序的政治民主，必须先于我们可以要求于民主的其他任何基本成就而存在"②。自由主义民主理论只强调政治意义上大范围的宏观民主，因而其参与的概念仅仅指"政治参与"。而参与式民主理论不仅关注宏观层次，更强调以团体和工厂为中心的小范围的微观民主，认为民主应该从微观开始，然后逐渐向上扩展，实现"自上而下"和"自下而上"的双向循环。因而，参与式民主的"参与"概念不仅仅包括宏观的"政治参与"，还包括微观领域的"社会参与"。

参与式民主理论认为民主发展的关键不是作为上层建筑的国家机器，

---

① ［美］戴维·米勒：《协商民主不利于弱势群体?》，载［南非］毛里西奥·帕瑟琳·登特里维斯主编：《作为公共协商的民主：新的视角》，王英津等译，中央编译出版社2006年版，第139页。

② ［美］乔万尼·萨托利：《民主新论》，冯克丽、阎克文译，上海人民出版社2009年版，第23页。

民主的根本动力之源在于社会。和马克思主义国家理论一样，参与式民主理论同样认同社会决定国家，而不是国家决定社会。参与式民主理论认为，个人应当接受一些在国家政治过程之外的民主"训练"。在参与式民主看来，一个民主政体如果存在的话就必须存在一个与之相适应的社会，因此参与式民主的重要目标就是要建立参与性社会。为此，民主的发展不仅应该重视国家基本制度中的"政治参与"，更需重视社会公共治理中的"公民参与"。柯尔认为民主原理不仅应运用于社会行动的特殊领域如人们所熟悉的"政治领域"，而且也应当运用于任何一种社会行动的领域，特别是像运用于政治事务领域那样充分运用于工业和经济领域。同样，佩特曼把政治的概念扩大到整个社会，探讨参与在实践层面的可行性，主张公民积极参与到与"人民生活息息相关的领域"。民主政体的基础是建立一个参与性社会。所谓"参与性社会"是指"其所有政治系统皆已民主化，而在社会各个领域中皆可通过参与，进行社会化"的一种社会。[①] 麦克弗森认为，参与式民主中必须存在相当程度的微观民主，金字塔的底层是工厂、地方社群及工作场所等"有限网络"，在这个网络内实行公民直接参与决策。巴伯也强调微观层次的"参与"在公民教育和促进公民能力的发展方面具有不可替代的意义。

总之，参与式民主理论的"参与"内涵显然超越了传统的狭隘的宏观"政治参与"，而将"社会参与"也纳入到公民参与的范畴。当然，参与式民主理论重视社会参与的价值并不是否定自由主义民主理论"政治参与"的意义，只是参与式民主的"政治"概念要广于自由主义民主理论。参与式民主理论的"政治"概念，不仅包括宏观政治，而且包括微观政治。正如佩特曼所说，"在参与民主看来，政治不仅限制与通常所指的全国性政府或地方政府"，"像工业这样的领域本身就应该被看作是政治体系"[②]。

---

① 参见［美］卡罗尔·佩特曼：《参与和民主理论》，陈尧译，上海人民出版社 2006 年版，第 65 页。

② ［美］卡罗尔·佩特曼：《参与和民主理论》，陈尧译，上海人民出版社 2006 年版，第 39 页。

三、参与价值的新发展：参与式民主理论的"参与功能"理念

（一）公民教育

如前所述，参与式民主理论将民主的首要原则回归到启蒙思想家和马克思所说的"人的全面发展"，公民参与的教育功能正是民主意涵中的基本原则"人的发展"的根本保证，这注定了"参与"在民主中将占到突出地位，尤其首先要彰显和重视公民参与的教育功能。佩特曼认为，对政治的参与能够促进人类的发展，提高人们的政治效能感，减少人们对于权力中心的疏离感，培养人们对公共问题的关注，有利于形成一种积极的、能对政府事务具有敏锐兴趣的公民，从而有助于一个参与型社会的形成。佩特曼吸收了卢梭和密尔的民主思想。我们知道，密尔反对任何专制政体，其所依据的理由就是专制政体处处为人们作决定，无形中弱化、瘫痪了人们的能力，"但人类的行动范围受到认为的限制后，他的感情就必然变得褊狭和萎缩，行动是感情的源泉，如果不让一个人为国家去做任何事情，他就不会关心它"①。换言之，公民唯有亲自参与实践，在讨论、判断、裁决的过程中，他的能力才会有所增进。政府在商业活动中的作用不是最重要的，主要的是政府对人们思想的重大影响，用来判断政治制度好坏的标准，是这些制度促进社会中精神进步的程度，包括人们知识、品德、实践活动和效率方面的进步。因而，只有在一个大众的参与制度背景下，我们才可以看到一种积极的具有公共精神的性格得到培养。在这里，我们又一次看到参与式民主理论家们的基本断言，在个人、个人品质和心理特征和制度类型之间存在互动和关系，以及断言负责人的社会行动和政治行动主要取决于人们在政治上采取行动的那种制度。因此，佩特曼提出，"一旦建立了参与制度，这是非常重要的，这一制度将自我维持下去，因为如果这一制度成功运作，对于单个公民所要求的特定品质就是那些参与过程本身所形成和培养的。公民个人参与的实践越频繁，他就越有能力参

---

① ［英］约翰·密尔：《代议制政府》，汪瑄译，商务印书馆 1982 年版，第 44 页。

与"①。"参与民主理论集中围绕着主张个人和他们所处的制度无法割裂开来考虑的观点而建构起来……参与民主理论中的参与功能是教育功能,包括心理方面和民主技能、程序的获得。这样,就不存在关于稳定参与制度的特殊性,通过参与过程的教育功能,参与制度可以维持下去。参与活动发展和培育了这一制度所需的品质,个人的参与越是深入,他们就越具有参与能力。"② 这也是为什么阿伦特这么重视公民"行动"的重要原因,在她看来,公共领域的形成及其构成"公共生活"的特质在于行动者愿意从事公共理性的探讨、沟通,彼此分享与了解个别的观点与利益——即使它们彼此相互冲突,并依据此公共理性讨论的程序,把个人或党派的"私利"转化成一种公共性的目的。③

(二) 共同体整合

首先,公民参与的整合性功能主要体现在它提升了单个公民的"属于"他们自己的社会的归属感。这种整合性当然需要一系列的因素,例如社会基本经济的平等意味着富人和穷人之间没有破坏性的分裂,没有人像卢梭在《爱弥尔》中所批评的那个人,但问到他的祖国是哪一个时,他回答道,"我属于富人"。更重要的是参与过程本身的经历,以及参与过程所导致的复杂结果,不管是对于个人还是整个政治体系。这种参与使个人与他所在的社会链接起来,使社会成为一个真正的共同体。④ 在巴伯的强势民主中,公民参与的重要形式是"对话式讨论",这种形式就具有良好的整合性功能,原因在于,"对话回应了无穷无尽的人类经验,并尊重整体人类视角的合法性,它服务于许多声音而不是一种声音,它获得了充分的不确定性而不是有限的

---

① 〔美〕卡罗尔·佩特曼:《参与和民主理论》,陈尧译,上海人民出版社 2006 年版,第24 页。

② 〔美〕卡罗尔·佩特曼:《参与和民主理论》,陈尧译,上海人民出版社 2006 年版,第39 页。

③ Arent,"Conrern with Politics in Recent European Philosophical Thought",(1954) in *Hannah Arent*,Essays in Understanding:1930-1954,pp.442-443.

④ 〔美〕卡罗尔·佩特曼:《参与和民主理论》,陈尧译,上海人民出版社 2006 年版,第26 页。

透明度。它创造一种共性的感觉，而不是整齐划一的感觉；它还要创造一种有志于将上百条不同观点的线索编制一条毯子的互惠互利"①。这种公民参与毫无疑问有助于建立友谊和培养感情，有助于编织一种有活力的共同体。其次，公民参与的整合性功能还体现在它能够培养公民的政治效能感。"政治效能感"是参与式民主理论家构建参与民主的一个关键词汇，它起到了沟通参与和民主关系的桥梁和纽带的作用。参与和政治效能感之间的关系在参与式民主理论中被描述为一种感觉，即个人的政治行动确实，或者能够对这种过程产生影响，因而值得去承担个人的公民责任。具有自主效能感的人比那些缺乏的人更可能参与政治生活。佩特曼认为，"参与民主理论意味着可以从参与活动中形成民主化，即充分参与所必要的心理效应"②。参与式民主关于公民参与提升政治效能感的认识也被实证研究所检验。阿尔蒙德和维巴通过对美国、英国、德国、意大利和墨西哥的实证研究发现，这五个国家在政治效能感和政治参与之间存在着一种积极的关系，尽管在地方层次上比在国家层次上人们的政治效能感水平更高。研究同时发现，在美国和英国，政治效能感的水平是最高的，因为这些国家在地方的政治参与活动中存在着最多的制度所规定的机会。③

（三）国家权力制约

公民参与和控制之间紧密相连，这种控制体现在对国家公共权力的社会性控制，其重点不是国家层面的分权与制衡，而是市民社会对国家权力的制约。在参与式民主理论看来，政治体制上的权力制约权力和法律意义上的权利制约权力固然有着重要的意义，但是对整个社会发展来讲，这主要是一种消极的权力制约方式。参与式民主理论主张一种"以社会制约权力"的途径，这种自下而上的权力制约方式更好地体现了民主基础的扩展和民主制度

---

① ［美］本杰明·巴伯：《强势民主》，彭斌等译，吉林人民出版社 2006 年版，第 216 页。

② ［美］卡罗尔·佩特曼：《参与和民主理论》，陈尧译，上海人民出版社 2006 年版，第 69 页。

③ 参见 ［美］卡罗尔·佩特曼：《参与和民主理论》，陈尧译，上海人民出版社 2006 年版，第 145 页。

的完善。实际上，没有公民的持续性的参与和监督，没有一个稳定的、成熟的市民社会，国家层面的权力制衡方式就会缺乏现实的力量和社会基础，也就难以真正发挥有效的作用，公共权力就难于在现实中切实保证其公共性，而公民的自治权利与自由就难免被侵害。换言之，公民要真正实现自己在私域中的消极自由，就必须首先或有机会在政治活动中行使积极的自由。正如贡斯当所言，"现代自由的危险在于，由于我们沉湎于享受个人独立以及追求各自的利益，我们可能过分容易地放弃了分享政治权力的权利"，而"政治自由是个人自由的保障，因而也是不可或缺的"①。贡斯当的这种担忧不幸在第二次世界大战以及之后的极权主义中出现。这就是阿伦特所看到的，现代性的力量使人们专注于"谋生"，从积极参与的公共空间中剥离出来，由此削弱了公民参与的功能。在这个过程中，劳动动物的胜利，意味着私性个体的胜利，也意味着人的政治性的消退。作为其结果，人的自由不再是积极地参与政治的自由，而是消极地防备国家之侵害的自由。因而，参与式民主理论强调人的多样性与每个公民或社会群体利益需求的独特性，因为"每个人或任何一个人的权利和利益，只有当有关的人本人能够并习惯于捍卫它们时，才可免于被忽视"②。这也是为什么佩特曼为卢梭的自由思想辩护的原因，在她看来，"《社会契约论》中的参与制度并不构成对自由的威胁……卢梭观点的真正含义是非参与性制度才是对自由的威胁，使得自由变得遥不可及——人无往而不在'枷锁'之中"③。传统政治由于很大程度上局限于国家政治生活领域，科层系统自身自然层封闭的自足状态，政治实践呈现为科层主义的自上而下的统治。而随着现代市民社会的发展和参与式民主的兴起，公民积极有序地参与到公共生活中，可以使得政治实践由单纯的元化行为转变为政府和公众、科层力量和社会力量共同参与的双向过程，实现公民对国家权力真正有效的控制。

---

① ［法］贡斯当：《古代人的自由和现代人的自由》，商务印书馆 1999 年版，第 41—46 页。
② ［英］约翰·密尔：《代议制政府》，汪瑄译，商务印书馆 1982 年版，第 44 页。
③ ［美］卡罗尔·佩特曼：《参与和民主理论》，陈尧译，上海人民出版社 2006 年版，第 25 页。

第二节　参与式民主兴起的实践起源[①]

一、经济性起源：经济发展中的公民认同危机

(一) 经济增长与不平等加剧

当代西方参与式民主理论兴起于 20 世纪六七十年代，这首先跟西方经济发展及其产生的矛盾有着密切的关系。从这个层面看，美国政治理论家利普赛特关于经济发展和民主化的关系理论有着一定的合理性。[②] 第二次世界大战后至 20 世纪 70 年代初的 30 年内，西方国家经济出现了空前的繁荣。统计资料显示，在 1950 年至 1973 年间，欧美发达国家的经济年均增长率是先前和随后时期（1820—1970，1870—1913，1913—1950 以及 1973—1979）的两倍之多。到 1959 年，美国、日本、联邦德国、英国、法国的国内生产总值分别为 2848 亿美元、173 亿美元、361 亿美元、288 亿美元，而到了 1970 年时，则分别剧增到 9854 亿美元、2035 亿美元、1855 亿美元、1244 亿美元、1409 亿美元。1952—1965 年，德国的国内生产总值和国民收入的年平均增长速度保持在 9.8% 左右，创造了"经济奇迹"。西欧的国民生产总值平均增长率由 20 世纪 50 年代的 4.4% 增至 60 年代的 5.2%。第二次世界大战后，执世界经济之牛耳的美国经济持续增长，进入富足社会。有学者指出，"发达国家的经济增长超越了先前的所有历史时期，'黄金时代'似乎已经到来"[③]。但是，经济的高速增长并没有消除固有的矛盾，尤其是经

[①]　参见董石桃：《当代西方公民参与运动的系统性起源》，《宁夏社会科学》2014 年第 10 期。人大复印资料《政治学》2015 年第 2 期全文转载。

[②]　参见 [美] 西摩尔·马丁·利普塞特：《政治人：政治的社会基础》，商务印书馆 1993 年版，第二章。

[③]　Donald Sassoon，*One Hundred Years of Socialism*，*The West European Left in the Twentieth Century*，London：Fontana Press，1997，p.191.

济的不平等随着经济的增长也愈加严重。经济学家罗宾逊因此将西方国家的贫困问题称为是"富裕中的贫困"现象，他认为战后 25 年中，财富的增加和贫困并驾齐驱，"但经济在上层继续进行时，愈来愈多的家庭在下层则被驱逐出来。虽然财富增加了，但绝对的贫困却增长了"①。这些问题和矛盾反映了西方物质上极度饱和的状态中仍然面临着深刻的危机。更为严重的问题是，这种经济不平等的趋势在 20 世纪 70 年代后有着恶化的趋势。这种趋势在社会底层的变化尤其明显。在英国，1980 年，总人口中最穷的 10% 占有可支配收入总额的 4%。20 世纪 90 年代末，他们所占的份额进一步下降，占总人口 1/3 强的穷人只占有 3% 的可支配收入。零就业家庭所占的比例相对偏高。1997 年的相对贫困水平是 20 世纪 60 年代的 2 倍，是 20 世纪 70 年代后期的 3 倍。② 在美国，从 1968—1994 年，美国最富有的 20% 家庭年均收入从 7.3 万美元增加到 10.5 万美元，扣除通货膨胀因素后增加了 44%；而最贫困的 20% 家庭的年均收入只从 7202 美元增加到 7762 美元，仅增加了 7%。据统计，1994 年占人口 25% 的上层阶层在全美总收入中所占份额为 44.6%，而占人口 25% 的最低收入阶层在总收入中所占份额只有 4.4%，1995 年美国家庭收入的基尼系数是 0.421，属贫富差距悬殊的范围。③20 世纪 60 年代之后，富人们开始大把大把地将钱送给一些保守主义组织，这些组织支持自由放任主义的经济政策、减税、削减社会支出，这进一步恶化了经济不平等。新的经济不平等，破坏了资本主义制度内部的团结，使传统的自由民主制度得以建立的社会共识出现裂痕，出现对自由民主制度认同的危机。"人人都感到了根本性变化带来的结果，即使自己的工作目前看来还是稳定的。担心未来和感到毫无保障的情绪正蔓延开来，撕裂着社会的内部结构。"④ 至

----

① 　[美] 琼·罗宾逊：《经济理论的第二次危机》，《现代国外经济学论文选》第一辑，第 13 页。

② 　参见 [英] 帕特里克·戴蒙德、安东尼·吉登斯：《新平等主义：英国的经济不平等》，余呈先、温敏编译，《马克思主义与现实》2007 年第 4 期。

③ 　参见胡连生：《当代西方发达国家的贫富差距》，《科学社会主义》2001 年第 2 期。

④ 　[德] 汉斯－彼得·马丁、哈拉尔特·舒更：《全球化陷阱：对民主和福利的进攻》，张世鹏译，中央编译出版社 1998 年版，第 143 页。

为重要的是，这种经济不平等推动着底层人民开始积极参与到实际政治生活中来，为自己寻求经济上地位的改观而努力。总之，随着经济不平等的加剧，平等主义和公民参与的压力在增加，允诺和期望之间的鸿沟甚至更为加宽。

（二）科技发展与人的境况异化

"人的境况"是阿伦特用来表述对西方现代性内在困境的一种忧思。科技的发展对现代人的境况的异化尤其突出。战后资本主义的经济繁荣是工业生产的迅猛发展的结果，但是生产中新技术、新工艺的广泛采用，在大大提高了劳动生产率的同时，也不可避免地带来了诸多的不良后果。一方面，科学技术加深了人的异化，造成人的压抑。科学技术成为生产生活中一种决定因素，个人在庞大的机器面前和自动化程序面前无力感空前增加。技术的进步也取消了个人在创造财富和从事服务时自由作出决定的需要，个人逐渐变成生产消费品的奴隶和附属品。而且，生产出来的产品越多，个人受制于科学技术和产品的程度就愈强。自动化和机械化不仅在工厂中，而且在家庭里用人与机器的联系代替了人与人的联系，在粗放的手工劳动基础上培养起来的人与人之间的深厚感情丧失殆尽。这些被马尔库塞称为"科学技术对人的'攻击性'"的现象，使许多人在工业社会中感到一种难以言状的压抑，致使他们对传统的经济思想——生产至上、效率第一等等——表示怀疑，甚至对整个科学技术本身丧失了信心。同时，各种毁灭人类的新式武器的相继问世以及世界范围内的核竞争，把一层浓重的阴影笼罩在人们的心头。"越来越多的人（其中也包括科学家）有这样一种想法：面对着科学应用的混乱局面以及当前制造威力越来越大的毁灭手段的严重威胁，对科学工作加以限制是否会更好一些。这些人论证说，要使社会进步与社会道德适应技术飞跃发展的时代，这需要时间。""对我们来说，技术革命进行得太快了，要是能把这一革命停止住（如果可能的话），以使我们的思想和理解力能迎头赶上，那倒是一件好事情。"① 另一方面，科学技术的发展也造成了环境的污染和生态

① ［美］乔治·惠勒：《美国自动化经济问题》，厉以宁等译，世界知识出版社 1964 年版，第 43—44 页。

平衡的严重失控。自工业革命以来的 200 多年间，由于人类对生态环境的大规模破坏，环境问题日益突出。第二次世界大战之后，环境问题已经是世界发达国家面临的最严重问题之一，20 世纪五六十年代开始，各种公害事件频频出现，如洛杉矶光化学烟雾事件、伦敦烟雾事件、日本水俣病等。尤其从 20 世纪 50 年代掀起的新一轮技术革命的狂澜以来，急速发展的生产力对自然资源的滥用更加严重，对于生态环境的破坏作用更大，从而造成了更加严重的生态后果。正如加尔布雷斯指出的那样，战后环境污染问题的蔓延，是由技术发展引起的社会"丰裕"而带来的必然社会失调现象，"财富越多污染就越严重，将成为西方社会发展的必然趋势"①。生态环境的恶化促使人们对国家的经济发展政策产生了广泛的不满，对政策的合法性也产生了质疑。人们发现，工业发展造成的环境恶化已经直接侵害到自身的生活环境，再也不能消极地面对生态危机，而是要积极行动起来，环境保护首先成为公民直接参与的重要领域。60 年代后期，全球生态环境问题成为西方发达国家公众关心的热点。到了 70 年代，生态政治运动的目的也已从单一化向多元化趋势发展。而到了 70 年代末 80 年代初，生态政治运动已发展为环保、和平、女权运动的多元全球性群众政治运动。公民政治参与行为生态化是政治环境生态化的必然要求。一方面，生态环境问题及生态危机的出现不自觉地促进了公众的政治参与，政治参与主要通过政治选举、投票、公众对生态环境保护宣传活动等方式影响政府环境政策和促使政府加强环境管理；另一方面，公众政治参与又对生态环境的保护有着促进作用。

（三）经济发展和消费社会的异化

进入 20 世纪以来，经济发展导致了西方社会从以生产为主导的社会转向了以消费为主导的社会。它导致了社会生活方式的革新，并引发了整个社会价值观的断裂、冲突和震荡。首先，消费成为联结经济与文化的社会活动，铺天盖地的消费产品不仅构成了资本主义文化工业体系的重要部分，也日益主宰着社会日常生活中的行动。其次，消费直接影响到社会的分层结

---

① ［美］加尔布雷斯：《丰裕社会》，徐世平译，上海人民出版社 1965 年版，第 178 页。

构。通过不断升级的商品消费，人们重新调整社会关系，进行着社会关系的再生产。一个基本的事实是，西方社会的中产阶层迅速膨胀，社会的阶级构成与格局发生了很大变化。最后，消费模式的变革也引起社会精神气质的全面转变。对商品的无止境的追求，导致了消费主义伦理的滥觞。它强调花销和占有，不断破坏着强调节约、俭朴、自我约束和谴责冲动的传统价值体系。消费主义作为一种价值观念和生活方式，其本质不在于满足"需要"，而在于不断追求难于彻底满足的"欲望"，它所表征的是人们被煽动的消费激情和被刺激的消费欲望，所代表的是一种意义的空虚状态以及不断膨胀的欲望和消费激情。① 第一个把发达资本主义社会本质特征明确地指认为"消费社会"的，是法国马克思主义日常生活批判学派创始人列斐伏尔。他在 20 世纪 60 年代首次提出，现代社会是一个"消费受控制的科层制社会"。"消费受控制的科层制社会"概念之要义是，新资本主义发展与统治的重心已经从生产转向消费。按照列斐伏尔深入而细致的洞察，"消费受控制的科层制社会"之主要现象特征包括以下几个方面：（1）日常生活的碎片化、神秘化；（2）这是一个欲望被制造、被引导的心理躁动世界；（3）符号——想象的"假装"成为"现实"；（4）形形色色的时尚或流行的符号体系，成为控制现代日常生活世界的最高物神。② 一言以蔽之，现代社会不复是一个"贫困的但有风格的生活世界"，或者一座"巨大的工厂"，而是一个被"餍足型"消费逻辑所引导着的，也就是可怕的"时尚"这种生产消费周期所牵引着的、焦虑不安的文化心理世界。在异化的消费中，人是不会真正健康快乐的。在消费社会中，人们贪婪地吞食着一切可消费之物，精神的、物质的，追求着不受限制的消费及其带来的愉悦。事实上，这是一种扭曲的幸福观，这个堆积着各式各样商品的貌似繁荣的社会并没有给人们带来真正的快乐。经济发展导致的西方"消费社会"的异化产生的最大后果就是公民对资本主义"市场万能"的质疑，对西方的现代化进行全面反思，这是资本主义

---

① 参见莫少群：《20 世纪西方"消费社会"研究述略》，《淮阴师范学院学报》2005 年第 2 期。

② Henri Lefebvre, *Everyday Life in the Modern World*, Princeton：Princeton University Press, 1975, p.79.

国家最根本性的认同危机。人们开始从"商品拜物教"中醒悟过来，致力于重新从日常生活的角度反思公民个人的生活方式和模式。

二、政治性起源：政治发展中的自由民主危机

当代西方合法性危机集中体现在自由民主的危机，主要表现在代议制民主的合法性危机、官僚统治的扩张性危机、专家知识的公信力危机。公民参与从本质上来说是对于这些政治合法性危机的一种回应。

（一）代议制民主的合法性危机

建立在投票原则上的传统的代议制民主制度在西方国家确立后差不多100多年的时间内一直被认为是现代民主的唯一的不可替代的模式。这一制度安排曾经有效地解决了幅员广阔的复杂社会如何实施选举和投票的问题。但是自第二次世界大战以来，代议制民主的缺陷越来越受到人们的关注，而到了20世纪六七十年代，这种缺陷更加日益明显，人们开始全面反思代议制民主的合法性危机，寻求解决的方案。代议制民主的合法性危机主要体现在三个方面。（1）议会内政党竞争关系的危机。在代议制民主中，议会是最核心的环节，而对于议会而言，政党是议会不可分离的一部分，议会政治从本质上讲就是政党政治。议会审议和批准法律草案，批准财政预算和决算，对政府进行监督，批准政府的人事任命以及行使某些选举职能等，都离不开政党活动。但是第二次世界大战后，西方议会内政党竞争关系遭遇到前所未有的危机。首先，西方国家的政党（尤其是主要执政党）作为阶级之间政治斗争的产物，代表某个阶级对国家实行阶级统治的传统作用有所削弱，主要执政党之间的阶级界限逐渐模糊不清。政党为少数精英和政治家把持，其对各阶级的民意代表功能已经虚化。其次，政党在选举中的作用在下降。现代媒体的出现和介入从根本上改变了政党政治的传统运作方式。选民对政党候选人的认识和判断自觉或不自觉地受到媒体偏好的影响。最后，选民对政党的信任和忠诚度大幅衰减，政党对选民的吸引力减弱。这与各国政党体制僵化、执政党政治腐败、党内分裂、治理国家无方等因素密切相关。在英美两党制下，由于执政党通过小选区多数代表制（相对多数而非绝对多数代表

制）当选，不能保证始终代表多数民意，常常出现得票数不过选民总票数的半数的政党当选或执政的情况。如1945年以来，英国没有一个执政党在议会选举中获得超过选民票数一半的选票。① (2) 代议制政府和公民关系的危机。这种危机主要体现为代表和选民的关系危机，背离了民主原本的人民主权的基本价值：一是尽管周期性的选举可看作是对被选举人的限制，但是代表在一段时间内扩展权力，使公民的声音在以公民的名义进行的决策中越来越不重要；二是政治上的边缘群体在这种决策程序中缺乏参与，这意味着他们的利益和观点经常被排斥在程序之外，或得不到充分的表达；三是经济力量和影响的不对称反映在政治领域中，减弱了作为代议制民主基础的政治平等；四是代议制民主中的社会选择机制不仅受到战略的操纵的影响，而且把偏好看作是固定不变的；五是现存的政治代议制并不是为鼓励公民的参与和检验偏好而设计的，它导致全体选民中道德和政治水平的下降，以及对公共事务的嘲讽态度的普及。② (3) 代议制议会权力和行政权力关系的危机。随着资本主义的发展，代议制政府内部权力结构慢慢地发生了重大的变化，内部固有矛盾不断尖锐，突出地表现为议会权力和行政权力的矛盾。随着资本主义向垄断化过渡，政府只管"法律和秩序"已经不能保证资本社会运动的正常远行。因此，政府作为总资本家"终究不得不承担起对生产的领导"。它在保证资本主义再生产的外部条件的同时，还要在社会再生产内部的一切领域、一切环节上发挥作用，政府干预和管理社会经济事务的职能日益增多，权力的容量日益扩大，并且为适应这些新的需要，以议会为中心的代议制政府在内部的权力结构把议会的权力逐步转移到行政机关。③ 到了20世纪60年代，这种趋势更加清晰，西方学术界称英国的民主是"首相民主"，德国是"总理民主"，美国总统则被称之为"帝皇般的总统"，作为代议民主

---

① 参见唐晓、王为、王春英：《当代西方政治制度》（修订版），世界知识出版社2005年版，第161页。

② 参见 [南非] 毛里西奥·帕瑟林·登特里维斯主编：《作为公共协商的民主：新的视角》，王英津等译，中央编译出版社2006年版，第19—20页。

③ 参见曹沛霖、徐宗士：《比较政府体制》，复旦大学出版社1993年版，第9页。

最核心的权力机关——议会权力被虚化，西方国家由此变成沃尔多所说的"行政国家"，由此产生了我们后面所述的"官僚制的扩张性危机"。

（二）官僚统治的扩张性危机

官僚制是工业文明时代的产物，它较好地适应了人类社会从农业文明过渡到工业文明所提出的要求，包括行政体系在内的整个社会的官僚制化是工业文明时代的必然选择。但是官僚制的内部存在着不可祛除的痼疾，进入20世纪六七十年代后，这些痼疾不可避免地日渐显露，尤其突出的是和民主的矛盾日益紧张。(1)官僚制的扩张导致了我们上述的对民主机构的威胁。现代国家公共事务管理的高度技术化、复杂化和专业化的趋势，使现代国家民主机构的许多立法权不得不转移给官僚制机构代为执行。这样，官僚机构就越来越多地垄断了对国家公共事务的决策权和管理权，而民主机构却相对削弱。在国家政体的权力结构中，政治权力出现了向行政官僚机构严重倾斜的趋势。这种趋势打破了国家政体内部民主力量与权威主义力量之间的力量均势，扭曲了国家权力运行的正常机制。这就必然会导致民主力量的削弱和官僚制独立性的进一步加强，甚至于有可能摆脱民主机构的监督与控制。(2)官僚制的扩张导致集权主义的泛滥。现代民主政治赋予了公民政治主体的地位，倡导公民参与、主权在民。然而，在官僚制中，由于强调集权主义，强调下级对上级在职务上的绝对服从，从而抑制了员工的积极性和创造性。而官僚制对官员队伍的专业化和专家治国的强调，更是将"理性无知"的社会民众排斥在政府行政之外，从而在某种程度上剥夺了基层成员的民主参与权利，使行政失去其民主特质。(3)官僚制的扩张导致了责任缺失和功能失调。在官僚制模式中，政务官是政党轮流坐庄，代表了不同的利益集团。而执行政策的文官不直接对民众负责，官员只要遵循组织内部按部就班的各种规定，就会沿着职业发展的设计前景稳步上升，而不必担心外部群众的意见会影响自己的升迁，从而导致他们对政策执行的结果评估漠不关心。这种封闭性使政府系统逐渐退化为脱离环境、脱离群体、只顾自己利益的特殊集团。而民众难以了解政府部门的内情，也无力对政府行为进行制约，从而造成政府与民众的脱节，互动机能失调，造成政府的较差的回应性和低效率。① （4）官僚制的扩张造成了对公民个人民主权利的僭越和侵犯。随着官僚机构权力的不断扩展，现代国家的官僚机构拥有了越来越多的搜集、保存、监控各种社会和私人信息的技术和权力，对社会组织和个体成员的自主权、自由和隐私权产生了无形的渗透和侵犯，而这都涉及民主的本质，构成了对民主的侵犯和伤害。（5）官僚制的扩张加重了人民对政府的依赖性。现代官僚机构以关注民生的名义向公众提供各种公共服务，人民是愿意接受的。但是，官僚机构通过控制这种服务的供给，实际上却增大了他们的权力，扩大了他们的影响力。同时，人们也越来越依赖于这种服务。福利国家政策就是一个最好的例证。在实行福利国家政策的国家中，越来越多的人在越来越大的程度上需要依靠政府提供的这些资源来维持自己的生活甚至是生命，因此越来越多的人要依附于负责配置这些资源的官僚机构。② 公民对政府的依赖性越重，公民自治能力的提升就越不可能，由此导致政府集权更严重，形成恶性循环。

（三）专家知识的公信力危机

在代议制民主的框架下，公共决策的原则一般为，公民把决策权力交给选民代表，选民代表在专家和技术人员的帮助和建议下制定公共政策。但是随着社会变得越来越复杂，西方民众对专家越来越质疑，专家知识遭遇到公信力的危机，公众对专家知识的质疑主要体现在五个方面。（1）对专家决策动机的质疑。一般民众相信，帮助政府决策的专家在激励动机上也同样会首先考虑个人的职业发展和经济安全。一项决策制定必须是基于理性及对该问题的专业知识，决策应该是综合考虑历史发展历程的结果，然而实际上，如果面临着与专家个人经济利益和职业发展的矛盾时，专家也要在风险和实现目标的价值之间进行计算和选择。人们预期，专家在他们自己个人生活中只能承受一定程度的风险和不确定性，因此，多数情况下，政府决策会受到专家个人利益考虑的影响。（2）对专家知识无限性的质疑。在社会越来越复

---

① 参见彭新武：《官僚制：批判与辩护》，《福建论坛》（人文社会科学版）2009 年第 5 期。

② 参见张剑玉：《官僚制与现代民主政治》，厦门大学博士学位论文，2007 年。

杂的今天，任何专家都不可能是"通才"。毫无疑问，专家知识的"无限性"在今天再也不会被接受。民众相信，专家知识优势也会显现它的有限性。就算是最好的专家，在今天的社会也不一定能洞察到潜在的和既有的社会问题并提出解决的办法。政府在执行那些缺乏科学保障的专家委员会的提议方案时显得越来越困难。（3）对专家确保社会发展可持续性的质疑。对许多专家来说，是否能够运用一定的技能促进"经济发展"持续性进行乃是一个日益迫切的压力。对专家来说，将他们的角色定位和实质性的经济发展目标相联系，实际上是有利于他们自己的。通过促进经济发展的做法，他们帮助了经济精英，并使自己高度地"可市场化"，他们由此可以获得更大实际利益。但是，环境保护和社区的可持续发展的根本目标常常和经济发展的目标是相悖的。① 因此，很多专家并不是综合性地考虑社会的可持续发展，而是和强势人群联合起来，在促进经济发展的时候将社会的可持续性发展抛弃。（4）对专家能否关注社会公平的质疑。20 世纪 60 年代以来，有一种信念在西方国家获得了越来越多的认可，那就是认为由于社会等级和经济地位的悬殊，西方社会已经相当危险了。在美国城市中不断发生的泛文化革命、种族骚乱就是明证。但是某种程度上，专家作为精英群体的一个组成部分，在现存的政治结构下往往会以牺牲弱者和无权无势者的利益为代价来关照富者和当权者。（5）从公民自身来看，随着教育和信息技术的高度发展，今天的普通公民未必就真的像一些政治家和专家所以为的那么无知。1950—1975年，美国各大学的招生人数增长了 347%，英国增长了 472%，法国增长了586%。到 1992 年，69% 的美国人把电视作为主要的政治信息来源，而随着因特网的普及，普通公民能够及时掌握大量的政治信息。② 公民有时完全有能力对公共行政提出独到的见解和有用的建议。③ 因此，从某种意义上讲，

---

① 参见 ［美］理查德·C. 博克斯：《公民治理》，孙柏瑛等译，人民大学出版社 2005 年版，第 114—115 页。

② Dalton, R., *Citizen Politics* (2nd edn), New Jersey: Chatham House, 1996, p.25.

③ 参见史玉春：《参与民主在法国》，载蔡定剑主编：《公众参与：欧洲的制度和经验》，法律出版社 2009 年版，第 164—165 页。

专家们必须和其他公民合作以弥补他们的不足，同时消除专家知识的公信力危机。

三、社会性起源：社会发展中的社会运动兴起

当传统的政治参与受到削弱的时候，非传统的参与行为却迅速扩张，公民采取直接行动成为公民社会日益突出的特征。各种社会运动的兴起推动了公民参与的实践发展，最终也推动了公民参与运动的发展。

（一）新左派运动中公民参与的兴起

20世纪五六十年代的新左派运动在欧美社会兴起，这场运动给处于"黄金时代"的资本主义带来了极大的震撼，不仅打碎了战后资本主义和谐共识的假象，甚至影响到了资本主义统治的连续性和稳固性。在运动的高峰期——法国的"五月风暴"就直接导致了该国政权的更迭。正是新左派运动开始直接推动了公民参与运动的产生，使参与式民主的理想广为流传，也使得新左派运动的影响得以不断扩大。新左派运动作为一种世界性的现象最早发轫于英国，早期主要是知识分子在其领域内的思想文化批判运动，他们向老左派提出挑战，要求适应新时代的需要积极更新社会主义的理论和实践。进入20世纪60年代后，随着民权运动、反越战运动以及学生运动的迅速崛起，新左派运动开始超出英国的界域，席卷美国和欧洲大陆。此时的新左派运动已经不再局限于单纯的理论批判，而发展成为一场实际的政治文化反抗斗争和民主运动，青年学生成为运动的主要力量。在运动中，形形色色的学生团体和组织成立起来，并产生了广泛的影响力。其中最具代表性和影响力的是美国的"学生争取民主社会组织"（简称SDS）。1962年，SDS制造了一次最具影响力的社会事件，在休伦港集会并发表了一份长达62页，在此后5年间刊行超过10万份的《休伦港宣言》，该宣言被称为"新左派的第一篇宣言"①。该宣言以4/5的篇幅对美国现行的制度和社会进行了分析，指出

---

① Massimo Teodori (ed.), *The New Left：A documentary History*，London：Jonathan Cape Thirty Bedford Square，1970，p.163.

美国的病症就在于社会的不平等、不公正，普遍的非正义现象严重危及着美国的社会理想并损害着民主的机体，官僚主义和庞大的技术社会体制使得个体的自由精神被淹没在深刻的无权意识下的无能为力的状态，冷战的恐怖战略平衡更让个人感到自身的渺小和无助，这些都与真正的民主理想差之甚远。因而他们主张更广泛的参与式民主制，"我们寻求的作为一种社会制度的个人参与式民主制，是由两个主要目标决定的：一是个人参与那些决定他的生活特性和方向的社会决策；二是社会被组织起来，旨在鼓励人的独立性，并为他们的共同参与提供手段"①。参与式民主是新左派运动的核心理念，其斗争目标之一就是要求同当代西方官僚化和集中化的统治形式进行抗争，以恢复民主理念的价值目标和道德标准。在新左派那里，参与式民主社会不是通过激进的或暴力式的社会政治革命，而是经由统治的政治、经济体系改革以及市民社会的更新来实现。他们主张恢复黑人和移民劳工的公民权，呼吁对官僚化、权威化的议会和政党组织进行改革，倡导由公众集体决策重要的社会问题等。新左派还积极将参与式民主的理念积极付诸实践。在《休伦港宣言》发表之后的几年时间里，SDS 成员纷纷走出象牙塔，在北部城市的少数民族聚居区进行实践参与式民主的宣传活动。他们积极呼吁公民参与，倡导不仅要参与政府决策，也要参与包括学校、基金会等在内的各种组织，这些事件活动，极大地推动了参与式民主理念的流行和传播。在实践中，参与式民主的思想方法不仅激发了大量的政治行动，而且通过相关民主问题及其解决方案的提出，极大地丰富了运动本身的实践经验。当然，新左派运动的参与式民主并不是一项系统化的理论设计，它只是提出了一些原则性的、抽象的构想，新左派运动本身也存在着一些缺陷。但是，新左派运动有力地推动了西方政治理论重新思考如何运用参与的方法来解决民主政治理论及其实践中存在的问题，同时也推动了社会的多元化与基层参与民主的参与过程，促使了社会参与全面制度化。

---

① 　[美] 雅各布斯·兰多编：《新激进派》，1966 年英文版，第 155 页。

（二）新社会运动中公民参与的实践

20 世纪 70 年代后，新社会运动异军突起，成为当代西方最显著的社会政治现象之一。作为一种动员了广泛社会力量的群众性运动形式，新社会运动在客观上对当代西方社会结构和政治生态的演变产生了巨大的影响。新社会运动和传统社会运动相比，在斗争主题、组织形式、参与力量以及价值取向上都有大的改变，它在很大程度上继承了新左派运动的参与式民主理念，同时也使之得到深化和拓展。新社会运动和新左派运动相比，参加者范围更广，其主要的支持者是新中间阶级、部分传统中间阶级（农场主、店主、工匠等）以及那些处于劳动力市场之外的"外围人群"（学生、家庭主妇和退休人员）。①20 世纪 70 年代中期以来，西方社会危机不断，矛盾重重。结构性失业、劳动危机、社会福利国家危机、生态环境危机、民主权利危机等，社会矛盾和问题在各个层面上展现出来。因此，新社会运动将其斗争触角延伸至社会矛盾的各个方面。新社会运动的组织形式既包括城市社会运动、环境或生态运动、女权运动、同性恋解放运动、和平运动等运动形式，也包括争取动物权利、反堕胎运动、消费运动等形形色色的日常抗议运动。新社会运动在政治上反对集权性、等级性以及职业取向的科层体制，尤其要求变革资本主义代议制的民主结构。在新社会运动看来，当代西方的代议民主实质是政党斗争，它极大地限制了公民参与国家和社会治理的权利，从而导致公众对参与政治活动存在一种"特别强烈的厌恶情绪"。自由扩大规模参与的范围，推动公民直接参与，才能唤起人们对政治参与的热情。新社会运动支持政治权力的分散化，主张在发展基层和地方民主参与，倡导建立自助团体以及合作模式的社会组织，号召人们自己组织起来，增强责任感并掌握自己的生活等方面都具有参与式民主的特色。新社会运动在价值诉求上强调人的自主性，反对官僚化等级结构的统治和压迫，抗议政府对生产活动的管制和干扰，倡导认同政治，主张"个人即政治"，要求摆脱个体压抑回复个体自

---

① Neson A. Pichardo, "New Social Movement：A Critical Review", *Annual Review of Sociology*, Vol. 23, 1997, pp.416-417.

由的日常生活。在实践上，新社会运动已经融入西方政治体系，并且经常地参与政策制定、实施和决策机构；而有的新社会运动甚至直接作为政党参与国家政治权力的角逐，例如 20 世纪 80 年代以来的绿党在欧洲的迅速崛起以及在美国各地方层面的突出成就，反映了新社会运动发展方向上的重要变化。新社会运动是重构自主性公民社会的具体表现，它在政府规制和国家干预之外拓展了集体行动空间，目的在于建立奥菲所说的"非制度化政治"①。新社会运动的兴起使国家与公民社会的界限不再泾渭分明，它使政治领域与非政治领域相互融合。它在私人领域和国家权威之间营造了中介性的公共领域，使社会力量可以在相对独立的空间发挥作用。新社会运动也改变了人们对私人行为和公共行为的二元划分，使不同于市场行为和政府行为的"非制度化政治"成为处理集体事务的备选机制。如果说以国家为中心的统治模式仍处于"老政治"的范畴，那么新社会运动则重新定义了现代政治的内涵，标志着"新政治"的诞生，它呼唤"公民社会内部的政治行动"②。

（三）反全球化运动中公民参与的拓展

随着全球化的蔓延，作为其对立力量的反全球化运动也迅速发展起来。自 1999 年美国爆发反对世界贸易组织的大型抗议以来，反全球化运动参加的人数越来越多，影响越来越广。从运动的主流来看，反全球化运动所反对的，并不是反对全球化本身，而是新自由主义全球化的推进方式及其带来的消极后果。作为新社会运动延续的反全球化运动也积极推动着参与式民主的当代发展。反全球化运动对当代公民参与运动的发展主要有两方面的意义。（1）极大地推动了现实西方国家正视并尝试运用参与式民主的方法来解决民主发展中的危机。反全球化运动的一个重要主张就是认为全球化与民主法制以及社会道德和价值观之间存在悖论。在反全球化人士看来，一方面全球化的发展与西方传统的政治体制、社会结构和治国理念发生了尖锐的碰撞，造

---

① Claus Offe，"New Social Movements：Challenging the Boundaries of Institutional Politics"，*Social Research*，Vol.52，No.4，1985，p.845.

② Claus Offe，"New Social Movements：Challenging the Boundaries of Institutional Politics"，*Social Research*，Vol.52，No.4，1985，p.850.

成了矛盾的激发，进而加剧了资本主义民主的危机；另一方面，经济全球化并不是人们民主选择的结果，更多的是市场经济、商业目的、战略和策略的推动。政府所作出的关于自由贸易协定、一体化等经济政策并没有经过全国性的讨论和民主投票，民众屈从于受到商界和媒体精英利益驱使的大众宣传计划。而这种非民主的过程却以民主的面孔出现。全球化实际上成为服务于精英集团的工具。"全球化逐步削弱民主，部分是由于无法预料的结果，同时也是因为抑制劳动力成本和削减福利国家要求主导市场的少数群体建立起对国家的牢固的控制，同时削弱国家对大多数群体的要求进行回应的能力。"[1] 全球化使市场处于主宰地位，造成了个人主义、消费主义的盛行，从而在很大程度上破坏了休戚相关的各种社会关系，如家庭、邻里、社区和村庄等。面对全球化运动的指责和抗议，西方国家不得不深入思考如何运用参与式民主的方法来解决民主发展过程中的危机。[2] 通过扩大参与来补充、完善代议制民主，如增加政府的透明度、争取更多的人参与到政府决策中来。以世界银行为例，在缓解贫困改革方案的决策过程中，世界银行开始邀请一些非政府组织或弱势群体代表参与讨论，并共同参与政策的制定。[3] 反全球化运动客观上有利于推动自上而下的民主改革，推动了公民参与的实践。（2）推动了非政府组织的社会存在和影响。反全球化运动针砭全球化带来的时弊，填补了当前国际政治运动的空白，成了对现存制度和各种问题不满的发泄口，工会组织、环保组织、人权组织、无政府组织、反战组织、妇女组织、学生组织和一些地方性组织，几乎所有活跃的 NGO 都多多少少地与反全球化具有某种联系，NGO 成为反全球化中举足轻重的"超级力量"。[4]NGO 非官方、非赢利的特点，决定了它代表的既不是国家利益，也不是公司企业，而是国际民间社会的立场，被称为"世界的良心"的代言人。它基于社

①　Edard S. Herman, "The Thrzoa of Globatisation", *New Polidcs*, vol.7, No.2（new series）, whole No.26rWinter 1999.

②　参见于海青：《论当代西方参与民主》，中国社会科学院博士论文，2006 年。

③　参见世界银行：《2000/2001 年世界发展报告》，中国财政经济出版社 2001 年版，第 185 页。

④　参见李丹：《NGO、反全球化运动与全球治理》，《东南学术》2006 年第 1 期。

会道义、良知及公平、公正等价值取向，支持人民运动，促进人人参与制度环境的形成，主张共创平等民主的未来。这与反全球化运动反对贫富分化、环境恶化、民主退化、文化同化，要求平等、民主、公正、和谐的愿望不谋而合。发达国家的 NGO 在反全球化运动中相当活跃，它们是许多反全球化活动的参加者、支持者。如绿色和平组织、国际地球之友、大赦国际、牛津饥荒、救济委员会（乐施会）、全球贸易观察、公司观察、救助平民的金融业务征税联合会等。这些组织的正义性、公益性与反全球化运动对现存全球秩序的抗议、对社会鸿沟的不满相得益彰，客观上推动了 NGO 参与全球治理的进程。显然，作为得到西方参与式民主实践的主要组织载体，非政府组织的壮大对于参与式民主的发展具有重要的意义。

第三节　参与式民主的理论渊源①

一、古典民主共和理论

当代西方参与式民主理论的源头可以追溯到古代西方民主理论，从一定意义上说，当代西方参与式民主理论是古典民主的参与思想在新的历史条件下的复兴和发展。从理论源头看，古典民主理论的形成，与古典民主政治的实践有着密不可分的关系。最为突出的古雅典民主政治体制在经过梭伦和克里斯蒂尼改革后最终确立，而在伯里克利时代进入极盛期，实现了各阶层较为广泛的参与。在古雅典，从形式上说，公民涉入公共事务不会来自等级和财富方面的障碍（当然奴隶是被排除在公民之外的）。公民掌握主权，也即最高的权威，以实施立法和司法职能。公民的广泛参与是雅典民主的突出特征，"在我们这里，每一个人所关心的，不仅是他们自己的事务，而且也

---

①　参见董石桃：《公民参与和民主发展的内在关联——一项思想史的考察》，《南京政治学院学报》2014 年第 6 期。

关心国家的事务：就是那些最忙于他们自己事务的人，对于一般政治事务也是也熟悉的"①。伯里克利那篇纪念阵亡将士的演说自豪地描述了雅典民主的特征而被广为流传。对古希腊民主政治事件研究得最为透彻和深入的无疑是亚里士多德。在古典民主理论中，亚里士多德的民主理论成为当代西方参与式民主理论的重要渊源。

（一）公民参与和政体

亚里士多德的民主思想是在分析政治制度的基础上建立起来的，体现了实践哲学的意涵。亚里士多德认为，要研究政治体制，考察各种政体的实际意义及其属性，就应该首先确立"城邦"的本质。政治家和立法家的一切活动或行为显然全都同城邦有关，而一个政治制度原来是全城邦居民由以分配政治权利的体系。而要阐明城邦的本质，首先必须从政体的构成要素——公民开始。（1）公民的本质。公民的本质至今仍然是一个重大的理论问题。亚里士多德在西方历史上首先对此进行了深入的研究。在当时，有的人将公民按照人民居住的地方来界定公民，就像现在以国籍来做界定公民一样。有的人按照法律上的权利来界定公民，比如说享有诉讼权等。也有人按照其父母是否是公民来界定。但是在亚里士多德看来，这些方式对公民的界定都是不充分的，对公民的界定应该寻求一种纯粹的、完整的定义。亚里士多德对公民的定义是，公民是"凡得参加司法实务和治权机构"的人们。② 公民在一般意义上是指一切参加城邦政治生活轮番为统治和被统治的人们。③ 合符这种条件的人就是一个单纯意义上的公民。这里说的参与行政统治，既包括有任期制的官员，也包括没有任期制的官员，既包括陪审员，也包括公民大会的成员也就是所有参与政治事务的人们。亚里士多德认为，这是一个适用于所有政体的公民定义，尤其适用于民主政体。可见，民主政体的一个底线特征就是公民享有政治参与权，最明显的特征就是城邦的最高权力掌握在公民的手中。（2）政体的本质。在亚里士多德看来，政体的含义就是负责对城

---

① ［古希腊］修昔底德：《伯罗奔尼撒战争史》，谢德风译，商务印书馆2008年版，第149页。

② 参见［古希腊］亚里士多德：《政治学》，商务印书馆2008年版，第114页。

③ 参见［古希腊］亚里士多德：《政治学》，商务印书馆2008年版，第157页。

邦各种官职，尤其是最高官职的某种制度设置或安排。简言之，政体就是政府。政体有多种形式，因为政府就有很多种。政体从本质上来说就是共同体的统治方式。人是天生的政治动物，人对共同生活的追求是天生的、必然的。人要生存和发展，一定会在共同利益的驱使下聚集起来，在共同体中享有自己应得的美好生活，这就是亚里士多德所说的"人是天生的政治动物"。政体作为一种统治方式一定要符合人的这种本质，所以，无论哪种统治方式都要着眼于公共利益。如果完全以统治者利益为依归，那么政体就会蜕变为专制和独裁的政体。这也是为什么亚里士多德将区分正常政体和变态政体的根本标准界定为公共利益的原因所在。因此，亚里士多德的政体在具体内涵上包含两层含义：一是政体的外在表现，即是城邦最高权力的安排，也就是政体的形式；二是政体的内在含义，则是城邦公民的权力分配体系，即内容。以此为出发点，划分政体的依据就是城邦最高权力的结构形式及最高权力的分配体系。由此，我们可以看到，民主政体的基础就是公民的公共利益。而严格意义上的公民，则是城邦的政治生活中享有参与权的人。

（二）公民参与和民主

亚里士多德的政体理论很明显是偏向民主的。在他对公民和城邦本质的论述中，已经蕴含了最基本的民主原则。城邦是平等自由公民的共同体，城邦是公民的组合，而公民是具有城邦政治生活参与权的人，或者说是主动而积极参与城邦公共事务的人们。在亚里士多德的理念中，城邦的本性是公民的组织，也就是城邦的本质中内含着民主，没有民主就没有公民，没有公民就没有城邦政治。因而，城邦的政治生活应该让全体公民参与。"依据公正的原则——无论从政是一件好事或者是一件坏事——正也应该让全体公民大家参与政治；安排好执政者轮流退休，并使他在退休后和其他同等的自由人处于同等的地位。"[①] 亚里士多德归纳了古代民主政体的基本特征：（1）公民按照平等原则参与城邦的生活；（2）政治决策遵从多数原则；（3）城邦的

---

① ［古希腊］亚里士多德：《政治学》，商务印书馆 2008 年版，第 46 页。

公职对所有的人开放。亚里士多德有着明显的民主倾向性，同样是变态政体，他认为平民（民主）政体要强于寡头政体，在三种变态政体中，最劣等的是僭主政体。当然，亚里士多德所说的民主政体，并不是我们今天所说的包含所有阶层的人民统治，而是接近于民众政体。平民政体的优势主要体现在，"在许多事例上，群众比任何一人又可能作较好的裁断。又，物多者比较不易腐败。大泽水多则不腐，小池水少则易朽；多数群众也比较少数人不易腐败。单独一人就容易因愤懑或其他任何相似的感情而失去平衡，终致损伤了他的判断力；但全体人民中不会同时发怒，同时错断"①。民主政体中公民参与因此有着十分重要的意义。为此亚里士多德批判了两种观点。（1）对否定平民参政的观点进行了批判。他指出，如果城邦的大批贫苦民众被排除在政权之外，只有义务而没有权利，就等于在城邦内树立了很多敌人，城邦不可能是稳定的。（2）批判了苏格拉底和柏拉图的"专家治国"论。他指出，群众的集体智慧不一定逊于政治家的个人判断力。"假如群众不是很卑贱的（带有奴性的）人们，则就个别而言，他的判断力不及专家，但当他们集合起来，就可能胜过或至少不比专家们有所逊色。"②他认为，技术不等于技术评判。"在某些技术中创作者不一定是最好的批判家，当然更不是唯一的评判家。这些技术作品，在没有学习这门技术的人们看来，也是可以识别的而加以评判的。"③另外，出身高贵不等于技能娴熟，同样，出身卑微不等于没有技能。如果以某些长处或者财富多寡为由而分配不等的政治权力，那么每个人的长处各不相同，又怎么计算呢？因此，在亚里士多德看来，民主政体首先要维护公民参与的正当性，并探索公民参与的有效途径。

（三）公民参与和共和

亚里士多德的政治学研究的根本目的是找出最优良的政体。在他看来，世上完美的政体是没有的，每种政体都有着不同程度的缺陷，所以只能从实际出发选择缺陷最少的政体来治理国家。什么是缺陷最少的政体呢？亚里士

① ［古希腊］亚里士多德：《政治学》，商务印书馆 2008 年版，第 163—164 页。
② ［古希腊］亚里士多德：《政治学》，商务印书馆 2008 年版，第 146 页。
③ ［古希腊］亚里士多德：《政治学》，商务印书馆 2008 年版，第 147 页。

多德认为是共和政体。但是即使是共和政体在不同的国家也不是完全一致的，而是有着倾向性的差别。如前所述，亚里士多德在寡头政体和平民政体中，自身的倾向性是民主。"似乎把治权寄托在与少数好人（贤良），毋宁交给多数平民，这里虽存在着一些疑难，其中也包含某些道理，看来比较可取的制度。就多数而论，其中每一个别的人常常是无善足叙；但当他们合而为一个集体时，却往往超过少数贤良的职能。"① 因此，亚里士多德所主张的政体实际上包含着较多民主因素的民主共和政体。他的这种倾向性源自其对公平正义的向往。在他看来，正义的要旨是平等，但必须以城邦共同利益为执政目的才能实现。在政体上，既要照顾到平民的利益，同时也要照顾到富人的利益，亚里士多德的"共和要义"也就是"阶级共和"，即所有阶级的公民都拥有平等的参政权。这种共和政体的特征主要有三：共和政治的价值特征首先是兼顾所有不同的阶级阶层的利益；共和政体的执政特征是政治权力对全社会成员的平等开放，政治统治权由社会不同的阶级共同掌握；共和政体的行事特征是按照法律来处理公共事务和社会纠纷，即以规范的、和平的方式处理阶级之间的利益冲突和社会成员之间的纠纷，或者说以中庸的原则处理利益冲突和社会纠纷。可见，亚里士多德共和政体的核心精神，就是社会利益的不同阶级共享，体现在组织结构中，就是不分贵贱，凡公民都享有平等的政治参与权，而政治决策必须指向城邦的公共利益，而不是某部分执政阶级的利益。这就是政治主体的共和。亚里士多德开创了古典共和的意涵。为了保证这种共和的状态，需要推动各个阶层公民平等参与权的实现，使公共权力不能集中到某一阶级的手中。为此，必须最大程度上培养各阶层，尤其是平民阶层的公民德性，公民的理想德性就是用理性来指导人的行为，利用理性来达致良善。城邦的良善需要善良的公民，善良的公民需要建立在理想的公民德性基础之上。而理想的公民德性培养需要两个条件：一是教育，需要对青少年进行有效的公民教育，把教育当作一种重要的治国之道；二是为公民的参与提供好的渠道。公民德性在于他既能出色地接受统

---

① 　［古希腊］亚里士多德：《政治学》，商务印书馆 2008 年版，第 143 页。

治，又能体面地受制于人，公民必须习知和投身这两个方面，这也意味着自由参加行政统治的人才是公民。

二、发展型共和主义民主理论

随着城邦制度的衰落，曾经作为时代象征的古雅典民主精神迅速湮没在中世纪专制的漫漫长夜，直到 13 世纪之后的文艺复兴以及 17、18 世纪的启蒙运动时期，闪烁着理性精神的民主主义才以新的面目重放异彩。这一时期从理论上对人民直接参与公共事务作出系统阐释和论证最有力者是以卢梭为代表的发展型共和主义。[①] 他在对雅典民主制度进行概括和总结的基础上形成的相关的公民直接参与公共事务的思想，为当代西方参与式民主理论提供了最重要和最直接的思想资源。正如卡拉姆指出的，"当代西方参与式民主理论家几乎无一例外地都要援引卢梭的著作，尤其是他的《社会契约论》"[②]。佩特曼将卢梭视为早期参与式民主理论的卓越代表，"在他的理论中，参与不仅仅是一套民主制度安排中的保护性附属物，它也是对参与者产生一种心理效应，能够确保在这种制度运行和在这种制度下互动的个人的心理品质和态度之间具有持续的关联性"[③]。

（一）公民参与和经济基础

卢梭对公民参与理论最大的贡献也许是较早地重视公民参与的经济基础。后世的学者往往都是从单一的角度来理解卢梭的民主理论，将其视为乌托邦式的民主理论。事实上，卢梭的民主理论有着扎实的唯物论根基。

[①] 本书此处和下一节借用了赫尔德对共和主义和自由主义的分类法。赫尔德共和主义和自由主义都不是一个简单的统一体。我们可以根据其体现的政治自由和政治参与的不同方式。从最广泛意义上来说，发展型共和主义理论家强调的是政治参与对作为人的公民的发展的内在价值，而保护型共和主义理论家强调的是它对于保护公民的目的和目标即他们的人身自由的工具意义。

[②] Frank Cunningham, *Theories of Democracy*: *A Critical Introduction*, London and New York: Routeldge, 2002, pp.123-124.

[③] ［美］卡罗尔·佩特曼：《参与和民主理论》，陈尧译，上海人民出版社 2006 年版，第 22 页。

（1）认为公民的不平等参与根源在于经济不平等。在《论人类不平等的起源和基础》中，卢梭发现人类社会不平等的起源的根本在于经济上的财产基础。私有财产的出现正是人类社会不平等产生的真正根源。卢梭对不平等发展的辩证研究表明，在社会形成之初，国家形成之前，财富不平等是首先出现的；然后是随着政府和法律的确立，出现了统治者和被统治者，才有了政治上的不平等；最后政治不平等借助国家的暴力机器，建立国家专制权力，将各种不平等固化，才产生广泛的社会不平等。在这种辩证发展的过程中，经济条件的不平等是根本的原因。也就是说，由于经济条件的不平等，公民不能平等地参与国家政权，从而导致国家走向专制，政权过度腐化，人们失去自由，最后人们只有通过革命这种特殊的形式来推翻专制的统治，使社会恢复到平等的状态。（2）公民参与需要相应的经济条件作为保障。卢梭认为，公民参与民主制度的建立需要特定经济条件与之相适应。卢梭倡导一个由农民组成的小规模的社会，即倡导一个在经济上平等和独立的社会，这种社会不是要求绝对的平等——事实上，卢梭认为，人们在自然禀赋上的差异是不可能消除的——要通过建立民主制度来实现经济公正，消除两极分化。因此，卢梭认为，财产权是不可侵犯的，如果经济上不需要依附别人，公民就不必害怕形成自己的判断，因为在这种情况下，公民能够发展和表达观点而不用担心自己的生计受到威胁。卢梭认为，理想的社会状态是，"没有人富裕得足以去购买另一个人，也没有人贫穷到不得不出卖自己"。基本的条件是每个人都拥有一些财产，财产是公民最神圣的权利，因为财产给予公民个人的保障和独立是公民政治平等和政治独立所以来的必要基础。如果这些条件得以满足，公民们作为平等和独立的个人就能够集合在一起。也就是说，公民的经济条件是公民参与的根本前提，没有一定的经济条件，公民的平等参与和政治独立是不可能实现的。（3）经济平等是防止派系争端的必要条件。卢梭认为，自由经济状况广泛相同，才能防止因利益的巨大差异而引发有组织的派系争端，这种派系争端必然破坏公意的形成。但是，卢梭并不是人们有时所认为的那种绝对平等的倡导者；他清楚地认识到，平等"绝不是指权力与财富的程度应当绝对相等；而是说，权力将终止暴力，非凭借权威和法律的美德而不得行使"①。

（二）公民参与和公民教育

如前所述，卢梭关注的一个重要问题是社会制度和政治制度对人的心理影响，特定的制度培养了公民的个性品质，一个国家的体制和优良的公民精神有着较大的关联。卢梭认为，如果"国家的体制愈良好，则在公民的精神里，公共的事情也就愈重于私人的事情。私人的事情甚至于会大大减少的，因为整个的公共幸福就构成了很大一部分个人幸福，所以很少有什么是再要个人费心寻求的了。在一个政绩良好的城邦里，人人都会奔向大会去的；而在一个坏政府之下，就没有一个人愿意朝着那里迈出一步了，因为没有人对于那里所发生的事情感兴趣，因为人们预料得到公意在那里是不会占优势的，而且最后对家务的操心吸引住了人们的一切。好法律会使人制定出更好的法律，坏法律则会导致更坏的法律。只要有人谈到国家大事时说：这和我有什么相干？我们可以料定国家就算完了"②。"一旦公共服务不再成为公民的主要事情，并且公民宁愿掏自己的口袋，而不愿本人亲身来服务的时候，国家就已经是濒临毁灭了。"③ 所以，卢梭的理想制度旨在通过参与过程的作用推动个人的负责任的社会行动和政治行动。在这一过程中，个人知道"每个人"一词必须运用于他自己。他发现，如果要想得到其他人的合作，他就不得不考虑比他自己眼前的私人利益更为宽泛的事务，他应知道，公共利益和私人利益是结合在一起的。参与决策活动的结果是，个人接受了教育而学会区分他自己的冲动和欲望，他既学会了如何成为一个私人公民，也学会了如何成为公众人物。同时，卢梭相信通过这一教育过程，个人将最终发现公共领域的要求和私人领域的要求之间很少或不存在冲突。一旦建立参与制度，这是非常重要的，这一制度将自我维持下去，因为如果这一制度成功运作，对于单个公民所要求的特定品质就是那些参与过程本身所形成和培养

①　[法] 卢梭：《社会契约论》，何兆武译，商务印书馆 2008 年版，第 69—70 页。
②　[法] 卢梭：《社会契约论》，何兆武译，商务印书馆 2008 年版，第 120 页。
③　[法] 卢梭：《社会契约论》，何兆武译，商务印书馆 2008 年版，第 119 页。

的。公民个人参与的实践越频繁，他就越有能力参与。通过参与过程所积累起来的富有人情味的效果为民主参与制度本身提供了重要的辩护。①

（三）公民参与和人民主权

与霍布斯、洛克的主权学说相比，卢梭的主权学说特色鲜明。他完全抛弃君主而将人民完全纳入政治生活之中；与洛克的自由主义不同，卢梭不仅让人民参与选举，更让人民参与整个政治过程。卢梭一再强调，无论在权力归属上，还是在权力行使上，人民都是不可或缺的、不可替代的主体。人民是国家真正的主人。因此，卢梭强调公民参与是保证人民主权实现的途径。首先，人民对政治的积极参与，是民主国家存在的前提。"服从法律的人民就应当是法律的创作者：规定社会条件的，只能是那些组成社会的人们。"按照卢梭的观点，人们的自我管理本身就是目的，因此，必须创建一种为人民参与公共事务提供机会的政治秩序，才能确保人民主权的实现。正是基于这种想法，卢梭对代议制提出了质疑，认为那不是真正的民主，他说："凡是不曾为人民所亲自批准的法律，都是无效的；那根本就不是法律。英国人民自以为是自由的；他们是大错特错了。他们只有在选举国会议员的期间，才是自由的；议员一旦选出之后，他们就是奴隶，他们就等于零了。"②尽管卢梭的观点或许有些偏激，但是这反映了一个重要的真理，即没有公民参与肯定不是民主的。其次，只有全体公民积极主动参与国家运作过程，才能产生公意。卢梭还以人民在大会上制定法律为例来说明公意的产生，他说："每个人在投票时都说出了自己对这个问题的意见，于是从票数的计算里就可以得出公意的宣告。"③他还强调，没有经过人民充分讨论而产生的多数，就不能算是公意。也就是说，卢梭认为，公共意志必须通过人民的充分表达和讨论才能反映出来。再次，参与提升了个人对社会的归属感。卢梭指出，个人实际上的自由以及他对自由的感受，通过决策过程中的参与

①　参见［美］卡罗尔·佩特曼：《参与和民主理论》，陈尧译，上海人民出版社2006年版，第24页。

②　［法］卢梭：《社会契约论》，何兆武译，商务印书馆2008年版，第125页。

③　［法］卢梭：《社会契约论》，何兆武译，商务印书馆2008年版，第140页。

而得到提高，因为参与赋予了他一定程度上对自己的生活和他周围的环境进行控制的能力。此外，参与过程确保了没有一个人或团体是另一个人或团体的主人，所有人都同等地互相依靠，平等地服从法律。由此，卢梭认为参与能够提高个人自由价值，通过这一过程可以使个人成为自己的主人。从这个意义上讲，在直接民主国家中，由于人民是国家的真正主人，他们都有高度的政治积极性。在那里，人民对国家的服务是自觉的、主动的、不用花钱购买的。另外，在民主国家里，由于人们积极关心并参与国家的政治活动，国家的管理机构，即行政机构就会大大精简，行政机构的行为愈少，则行政机构也就愈好。

三、发展型自由主义民主理论

在卢梭之后，对西方参与式民主理论产生重要影响的是自由民主的奠基人约翰·密尔。与多数自由民主的倡导者一样，密尔的自由民主理论也强调个人自由的至高无上，也倡导发展代议政治，但与此同时，密尔民主理论与古典自由民主理论不同的地方在于，他热烈地倡导公民对公共事务的积极参与。也许正因为如此，密尔在西方思想史上的定位时常出现一些变化。有的将其称为公民自由主义者，有的称其为共和自由主义者，有的甚至将其定位为共和主义者。不过，从西方思想的整体源流来看，赫尔德对其"发展型自由主义"的定位是较为准确的。正因为密尔民主理论的"灵活性"，也为我们分析代议制政府理论和参与式民主理论之间的差异提供了绝好的范例。

（一）公民参与和代议政体

密尔认为，理想上最好的政府形式就是主权或作为最后手段的最高支配权力属于社会整个集体的那种政府。在这里，每个公民不仅对最终的主权的行使有发言权，而且，至少是有时，被要求实际上参加政府，亲自担任某种地方的或一般的公共职务。"显然能够充分满足社会所有要求的唯一政府是全体人民参加的政府；任何参加，即使是参加最小的公共职务也是有益的；这种参加的范围大小应和社会一般进步程度所允许的范围一样；只有容许所有的人在国家主权中都有一份才是终究可以想望的；但是既然在面积和人口超过一个小市镇的社会里除公共事务的某些极次要的部分外所有的人亲自参加公共事务是不可能的，从而可得出结论说，一个完善政府的理想类型一定是代议制政府了。"① 这种政府之所以理想，就在于它符合上述两个际淮：第一，在于它比任何其他政体更有利于提供良好的管理。即考虑到"政府通过社会各种成员现有道德的、智力的积极的能力促进社会事务的良好管理到何种程度，以及它在改善或败坏这些能力方面的效果如何"②。而密尔更为强调的是第二方面，即对人们思想的最大影响，也就是这些制度在促进人们精神方面进步的程度，包括人们知识、品德、实践活动和效率方面的进步。为什么这种政府会有这些优越性呢？密尔认为这是下述两个原理（或原则）所决定的。"第一，每个人或任何个人的权利和利益，只有当有关的人本人能够并习惯于捍卫它们时，才可免于被忽视。第二，从事于促进普遍繁荣的个人能力越大，越是富于多样性，普遍繁荣就越能达到更高的程度，愈是广泛普及。"③ 在密尔看来，代议制政府最突出的好处，就是通过鼓励公民参与公共事务和公共职务，能够提高他们的智力和道德水平，能够造就公民积极自助的性格，而这种性格对于人类的普遍利益和国家的繁荣昌盛是必不可少的。在密尔看来，一个政治体制的良善与否，不仅系于该社会人们的素质，更重要的，还在于该体制是否能经由各自制度的安排，规划让公民得以亲身参与，并由此培养和陶冶一种公共情操。代议制政体运行的必要条件和最终目的都是要通过推动公民的积极参与来改善公民的德性和能力。我们可以看出，密尔的代议制政体理论和后来代议制民主的发展是不同的。后来的民主理论更多的是强调代议制政体的管理功能，有的甚至将代议制政体简化为"精英选择的机制"，密尔所突出强调的第二种功能却存在日益衰微的状况，在密尔的民主理论视野中，这些主张无疑是一种民主理论的倒退。而参与式民主理论恰恰对密尔所强调的公民参与的教育功能重新展开了思考。

---

① ［英］J. S. 密尔：《代议制政府》，汪瑄译，商务印书馆 2008 年版，第 55 页。
② ［英］J. S. 密尔：《代议制政府》，汪瑄译，商务印书馆 2008 年版，第 43 页。
③ ［英］J. S. 密尔：《代议制政府》，汪瑄译，商务印书馆 2008 年版，第 44 页。

（二）公民参与和公民精神

密尔认为，自由在一个大众的参与制度背景下，公民积极的公共精神和性格才能得到培养。密尔主张代议政体，但对任何形式的专制政体，甚至认为好的专制政体为害远甚于坏的专制政体。原因在于专制政体处处为人们作决定，无形中软化、瘫痪了人民的能力，而当人类的行动范围受到人为的限制后，他们的感情就必然变得褊狭和萎缩，行动是感情的源泉，如果不让一个人为国家去做事，他就不会关心它。换言之，唯有让他亲自参与实践，在讨论、判断、裁决的过程中，他的能力才会有所增进。密尔将参与所具有的教育作用很大程度上等同于卢梭所指的教育功能。密尔所处的时代，还只有 8% 的全国人口具有选举权，因此他大力呼吁向劳工阶级和妇女开放选举权。他认为，随着参政权的不断扩大，相应的公民精神也应该有所提升。原因在于三个方面。首先，每个人都是自身权力和利益的唯一可靠的守护者。其次，平等的自由对性格的激励有着莫大的作用。如果说思想和言论自由是社会、文化得以进步的前提要件，那么昂扬的个体性则是进步的源头活水，在政治场域中其道理也相仿。最后，民主政治的发展必须避免疏离、冷漠的不断滋长。在一个号称民治的政治中，凡是没有投票权以及没有希望获得投票权的人，不是变成永远不满的分子，就是感到社会的一般事务与他无关，那些事物由别人为他管理，他除了服从法律外没有过问法律的权利，除了作一个旁观者外也与公共利益和事业无涉。① 因此，唯有让每个人与他人一样，享有公民权，自由才能对性格发挥最大的激励作用，而如果更进一步，让每个公民都有机会偶尔或轮流担任某些社会事务，使其性格获得实际的训练，则对其感情和观念必然有所裨益。"由公民参与社会事务，纵然只是偶然的参与，也会对其道德教育大有帮助。因为在从事这类社会任务时，他要衡量的不是他自己的利益；在遇到几种对立的主张时，他要根据个人偏好以外的准则去作决定；每一个场合都要运用那些依据共同利益为基础的准则……他

---

① 参见张福建：《参与和公民精神的养成》，载许纪霖主编：《公共性和公民观》，江苏人民出版社 2006 年版，第 252—253 页。

会从心里感受到他是社会的一分子，凡有益大家的事就对自己有益。在缺乏公共精神教育的地方，个人所处的社会地位既然无足轻重，他们除了服从法律和听从政府外，也极少感到对社会负有什么责任。"①

（三）公民参与和地方民主

密尔深切地体会到，一切改革的成败利钝，绝非建立一项制度、颁布一道法令就可以奏效，我们最需注意的是人们，包括治者、被治者、议员、选民等是否具有相应的素质。如果这一切都还存在缺陷，那么我们如何去培育和唤醒那样的素质？密尔主张代议制政体，但是他非常清醒地认识到代议制政体的内在缺陷。而在商业精神弥漫，个个唯"挣钱"是上的社会中，公共精神、公民精神的不足和匮乏尤为明显。而在广土众民的国家中，直接民主已经难以实施，此时如何培养公民精神？上述密尔所说的公民教育如何落实？密尔的答案是，应当赋予劳动阶级在地方层次上最大程度的参与机会，这样他们就可以发展出必要的品质和技能来评价代表们的活动，监督代表从而使之更加负责。密尔非常推崇地方民主发展以及公民精神的两个典范——美国的市镇自治和古雅典民主。托克维尔的《论美国的民主》对密尔的思想有过很大的影响，他曾经专门发表书评，盛赞该书的慧眼独具，尤其向往美国新英格兰地区的市镇精神。他大篇幅地引用托克维尔的论述道："新英格兰的居民依恋他们的乡镇，因为乡镇是强大的和独立的；他们关心自己的乡镇，因为他们参加乡镇的管理；他们热爱自己的乡镇，因为他们不能不珍惜自己的命运。他们把自己的抱负和未来都投到乡镇上了，并使乡镇发生的每一件事情与自己联系起来。他们在力所能及的有限范围内，试着去管理社会，使自己习惯于自由赖以实现的组织形式，而没有这种组织形式，自由只有靠革命来实现。他们体会到这种组织形式的好处，产生了遵守秩序的志趣，理解了权力和谐的优点，并对他们的义务的性质和权利范围终于形成明确的和切合实际的概念。"② 密尔认为，就如同托克维尔指出的，地方民主是

---

① 　张福建：《参与和公民精神的养成》，载载许纪霖主编：《公共性和公民观》，江苏人民出版社 2006 年版，第 253 页。

② 　[法] 托克维尔：《论美国的民主》，董果良译，商务印书馆 1999 年版，第 81—82 页。

全国民主的学校，也是确保全国民主的安全阀，人们唯有经过地方自治的参与学习，他们的思想、能力才能得到适当的锻炼，而更重要的是人们能够养成一种民主的习惯。① 而这一切光靠间隔几年才投一次票，公民在日常生活中也没有养成习惯，而其思想和道德也没有得到锻炼。另外，密尔对古雅典的民主制度也是非常推崇的。他认为，雅典民主不止是一部宪法、一套制度，更是一种生活方式。就希腊思想来说，除非和人民性格和生活方式相搭配，没有一部宪法能够贯彻，要有民主就要有民主的人及民主的生活方式。和贵族式的古罗马共和不一样，古雅典民主制里面每一个职位和荣誉对每个公民是开放的。雅典制度的运作形式形成了日常的政治教育，对此密尔赞道：相较于现代国家，人们还没有想到用什么类似的办法来教育他们的政治家。雅典民主的旺盛精神，使大众每个个人情感和利益都心向着国家，每个人都视国家的自由和伟大为个人首要考量的原则。② 总之，密尔认为，如果人民还没有在地方层次上准备好参与，全国性的政府的普选和参与是没有用的，正是在地方层次上人们学会了如何管理自己，只有在地方层次上参与的教育功能才能得到真正的体现。③

四、马克思主义民主理论

当代西方参与式民主理论和马克思主义民主理论也有着较深的渊源。赫尔德曾经指出，参与式民主理论一个主要原因是对"马克思对于政治理论遗产的不满的结果"④。参与式民主理论很大程度上是在批判和继承马克思主义民主理论的成果基础上发展起来的，因而，马克思主义民主理论也是参与式民主理论的主要理论来源。

---

① 参见［英］J. S. 密尔：《密尔论民主与社会主义》，胡勇译，吉林出版集团有限公司 2008 年版，第 19 页。
② 参见张福建：《参与和公民精神的养成》，载载许纪霖主编：《公共性和公民观》，江苏人民出版社 2006 年版，第 249—251 页。
③ 参见［美］卡罗尔·佩特曼：《参与和民主理论》，陈尧译，上海人民出版社 2006 年版，第 29 页。
④ ［英］赫尔德：《民主的模式》，燕继荣等译，中央编译出版社 2006 年版，第 241 页。

(一) 公民参与和市民社会

在马克思之前的各种民主理论，最大的局限性就是以国家决定社会为哲学基础。从这种唯心史观出发的种种民主理论，大多都充满着"国家崇拜"的强烈色彩，强调国家的伟大作用和丰功伟绩，将国家美化为超阶级的社会共同体和上帝意志的产物。这一点在黑格尔的政治哲学中达到顶点。黑格尔首先明确提出国家和社会的二元化状况，从哲学上高度总结了国家和市民社会的不同规定性。他从绝对理念发展的不同阶段出发，将"国家"神圣化，把国家看成是凌驾于一切"个别"和"特殊"之上的伦理的整体，认为国家是绝对精神发展的普遍领域，是普遍性和普遍利益的表现，而市民社会则被看成是绝对精神发展的特殊领域，是最为理念的国家所具有的想象的内部的活动。黑格尔看到了国家和社会的分离，但是却从唯心史观的立场出发，得出了国家决定社会的错误结论。马克思辩证评价了黑格尔的这一思想："黑格尔把市民社会与政治社会分离看出是一对矛盾，这是他较深刻的地方。但错误的是：他满足于只从表面上解决这对矛盾，并把这表面当作事情的本质。"[①] 在批判黑格尔逻辑学的基础上，马克思把黑格尔颠倒的历史观又重新颠倒了过来，得出"市民社会决定国家"的结论。在马克思看来，他通过重新认识真正的主体，并追溯其在国家中被"对象化"的过程后，认为："黑格尔的论点只有像下面这样解释才是合理的：家庭和市民社会是国家的构成部分。国家材料是'通过情况、任意和本身使命的亲自选择'而分配给它们的。国家公民是家庭和市民社会的成员"，"家庭和市民社会是国家的现实的构成部分，……它们是国家的存在方式。家庭和市民社会使自身成为国家。它们才是原动力"[②]。"市民社会决定国家"这一历史观的确立为马克思主义民主理论奠定了哲学基础，具有十分重要的价值。(1) 人民是国家的主人。马克思这里的人民概念，更多指的是劳动大众。他在批评黑格尔将市民社会等级作为社会的基础时，指出，必须对市民社会的等级进一

---

① 《马克思恩格斯全集》第 1 卷，人民出版社 1956 年版，第 338 页。
② 《马克思恩格斯全集》第 3 卷，人民出版社 2002 年版，第 11 页。

步加以分析，"丧失财产的人们和直接劳动的即具体劳动的等级，与其说是市民社会中的一个等级，还不如说是市民社会各集团赖以安身和活动的基础"①。因此，从黑格尔的君主制转向民主制，这是马克思在批判黑格尔时的必然结论。只有人民成为国家的原则时，才能真正地消除市民社会与国家的二律背反。如果人民成为了国家的主人，那么，国家的权力就必须回归到市民社会中，对国家的批判就必须转向对市民社会的批判，这是马克思思想发展中的重要转折。（2）公民参与和人民民主。旧的民主传统主张国家决定社会，其逻辑结果必然是国家作为社会利益的代表和主宰，国家控制着社会的一切。而从社会决定国家这一前提出发，则必然要求社会作为国家的主人，社会主宰国家。其重要表现就是，人民大众直接参与国家生活管理，控制和制约国家的权力及其活动。在马克思看来，民主制的关键在于，个人和市民社会先于国家而存在而不是相反，人民有权利参与和支配国家政治生活，并在这个过程中求得自己的存在和发展。

（二）公民参与和生产关系

马克思主义的一个基本出发点是，认为"人的本质不是单个人所固有的抽象物，在其现实性上，它是一切社会关系的总和"②。在马克思看来，这种社会关系首先来自于生产实践的生产关系。因为人首先是一种物质存在，一切人类历史的第一个前提也即一切历史的第一个前提，是人们为了能够创造历史，必须能够生活。生产关系是人们在物质生产关系过程中结成的相互关系，核心是生产资料所有制形式，即生产资料归谁所有、归谁支配。对生产资料的占有，在法律上就表现为财产权，这种对物的关系必然要表现为一种人与人之间的关系。恩格斯指出，私有财产关系的出现产生了国家和民主的需求，也就是说，国家是源于界定和保护私有财产的发展的暴力机构，民主是源于对有产者私人财产权的保护的国家权力的运转规则，随着财产关系的演变，国家和民主也要发生相应的变革，以适应变化了的财产关系。恩格

---

① 《马克思恩格斯全集》第3卷，人民出版社2002年版，第100页。
② 《马克思恩格斯文集》第1卷，人民出版社2009年版，第501页。

斯说，"一切所谓政治革命，从头一个起到末一个止，都是为了保护一种财产而实行，都是通过没收，或者也叫作盗窃（另一种财产而实行的），因而，民主必然体现着财产原则"①。在马克思主义民主理论看来，民主的发展和经济基础，尤其是与财产关系有着重大的关联。而作为民主核心的公民参与其实也是以特定的经济关系为前提。以此为依据，马克思主义对现代资产阶级民主进行了透彻的批判，在恩格斯看来，"现代代议制民主共和国虽然已经不再正式讲什么财产差别了，但这并不意味着民主的财产原则已经发生了变化。因为，在这种国家中，财富是间接地但也是更可靠地运用它的权力的，其形式是一方面是直接收买官吏，另一方面是政府和交易所结成联盟"。② 所以，任何民主都只是占有生产资料的阶级的民主，同时意味着对不占有生产资料的阶级的专政。列宁指出，"任何民主，和任何政治上层建筑一样，这种上层建筑在阶级消灭之前，在无阶级的社会建立之前，是必然存在的，归根到底是为生产服务的，并且归根到底是由该社会中的生产关系决定的"③。资产阶级国家的民主，虽然在民主形态上标识着民主的普遍性，但是在实际过程中，由于现有的生产关系，大部分的公民缺少或者不具有实际参与政治的能力。公民参与和民主发展的关系，必须从实际的生产关系和财产关系进行透视。马克思主义民主理论认为，只有从生产关系的角度，我们才能准确地把握各种民主的内在的本质，才能清楚地认识到各种民主的实际主体，才能彻底地揭露笼罩在民主之上的一切虚假性。

（三）公民参与和社会治理

马克思的民主观，是一种强调个人、市民社会和国家相统一的社会参与观。他认为民主是一种国家体制，同时更重要的是，民主也是一种社会治理体制，民主应该扩大公民直接参与管理国家事务和社会事务的范围。（1）社会治理和公民直接参与。马克思曾经强调，无产阶级民主形式的选择是立足于能够促进人民直接参与、政府廉价和廉洁、社会自治等，以增进民

---

① 《马克思恩格斯全集》第 4 卷，人民出版社 1995 年版，第 113 页。
② 《马克思恩格斯全集》第 4 卷，人民出版社 1995 年版，第 173 页。
③ 《列宁全集》第 40 卷，人民出版社 1990 年版，第 273 页。

主价值目标的实现。马克思认为，为了建立国家权力为民所有、国家权力受民制约的真正民主共和国，无产阶级国家政权在组织形式方面的建设应该应用人民代议制、选举制、任期制、负责制、撤换制、人民监督制等民主基本形式。马克思晚年通过对古代氏族社会的考察，认为原始社会公共管理机制是民主的，"氏族这种组织单位在本质上是民主的"①。作为一种社会治理方式，民主就是通过一定的规则与程序来规制政府权力和凝聚公众意见，让人民实现对于社会的管理和参与，并按照大多数人的意愿控制和决定公共活动。马克思还曾经把民主作为共产主义者同盟和国际工人协会的根本组织原则。在这些意义上，民主是一种有效的社会治理方式、决策机制和组织体制；通过民众参与和民主监督，可以促进公共权力得以制衡，也可以促进组织机构高效廉洁运转。（2）未来民主和公民参与。马克思对未来的社会中人民主权如何实现进行可预测，考察了人民民主实现的形式——直接民主制。他指出："黑格尔认为民主要素只有作为形式上的要素才能纳入国家机体，因为国家机体无非是国家的形式主义而已。确切地说，民主要素应当成为在整个国家机体中创立自己的合乎理性的形式的现实要素。"②马克思认为，在未来的民主制之中，直接民主的形式应该包括两个方面的内容：一是公民普遍参与立法，二是扩大选举和被选举权。（3）公民参与和民主监督。在民主政体中，如何反对滥用权力，实行权力制衡、权力制约，是一个古老而常新的问题。要解决这个问题，马克思指出必须强化人民的参与权与监督权。在《法兰西内战》中，马克思提出的"巴黎公社原则"的核心内容就是人民监督制。他高度评价了巴黎公社所实行的普选制、监督制和随时罢免制，认为它们是为了保证"人民主权"原则的真正实现，所采取的一系列防止集立法和行政大权于一身的公社委员变社会公仆为社会主人的革命措施。马克思的民主理论并不是像有的学者所误读的那样排斥代表制，而是强调尽可能地扩大公民参与的范围和深度，从而推进社会有效的治理。

---

① 马克思：《摩尔根〈古代社会〉一书摘要》，人民出版社 1965 年版，第 76 页。
② 《马克思恩格斯全集》第 3 卷，人民出版社 1995 年版，第 144 页。

第二章　公民参与的主体资格：参与式民主的公民资格理论

公民参与的主体是"公民"，而表现出来的行为乃是建立在"公民资格"的内涵之上。从原初意义上来说，"公民"是指一个城市的居民、镇民、自由民，而公民资格则是公民的某种性质或状态。① 公民除了是一个自然人之外，他还是一个"社会人"、"政治人"。在现实政治、社会生活中，公民资格的取得来自于其所处的社会与国家所赋予的地位。成为一个国家的成员就意味着拥有这个国家的公民资格，意味着有权利参与到这个国家的政治、社会、经济和文化生活的方方面面。因此，扩大公民有序参与和确保公民行使权利是密切联系在一起的。长期以来，从公民主体角度对权利问题本身进行的系统讨论并不充分，而从公民诸权利的协调发展角度来分析公民参与的路径及其对民主建设的作用也相对缺乏。事实上，公民参与是民主政治实践的起点，而参与的基点在于公民资格所蕴含的权利。参与的主体是公民，因此参与式民主理论的复兴必然伴随着公民身份的重塑。参与式民主的公民资格理论更多地贴近共和主义的传统，认为公民资格并不是单纯的法律维度，而是兼具政治性、社会性和道德性，而其最重要的表现方式是通过公民的参与来实践和检验公民资格的具体内涵。在参与式民主理论看来，公民参与的主体权利基础建构必须要重建公民基本权利的理念，扩展公民的政治参与权，拓展公民的经济权利基础，同时还要推进公民精神的培育和养成。

---

① 参见许文杰：《公民参与公共行政之理论与实践》，台湾政治大学博士学位论文，2002 年。

第一节　公民基本权利的重建

一、市民权利理论批判

自由主义民主理论的基础是建立在其独特的公民权利理念上的。自由主义公民权利的构成要素在马歇尔的理论中得到过非常清楚的阐释，马歇尔以社会学家的身份提出公民资格的三要素，首先即分析了公民权利这一要素，"公民的要素由个人自由所必须的权利组成，包括人身自由，言论、思想和信仰自由，拥有财产和订立有效契约的权利以及司法的权利"①。马歇尔还认为，公民权利的形成历史阶段在于资本主义得到广泛发展的 18 世纪。很显然，自由主义的公民权利观念是建立在资本主义市场经济发展基础上并与之相伴始终的。其历史也许可以追溯到更早的 12 世纪，西方商业的发展导致资本主义的逐渐兴起，城市的复苏产生了由商人转化而来的市民概念，这是自由主义公民权利观念的最早源头。这种根源于商业发展的"市民"权利是自由主义公民权利的核心价值。换言之，自由主义公民权利本质上就是一种"市民权利"理念的张扬和发展，这贯穿于从古典自由主义到当代自由主义发展的始终。"市民遵循自由主义的经济逻辑"②。毋庸置疑，自由主义的"市民权利"观念对资本主义市场经济的发展和私有权利观念的兴起起了很大的作用，但是这种"市民权利"观念自身存在着难以克服的疑难和缺陷，这些缺陷在当代西方世界得到了全面的显现——它腐蚀了任何意义上的共同体，将市场交易的规则扩大到人类的所有领域，推动了人们放弃政治活动，选择退避到一个完全私人的世界，一个对公共物品完全冷漠的世界。正

---

① ［英］T. H. 马歇尔：《公民身份与社会阶级》，载郭忠华、刘训练主编：《公民身份与社会阶级》，江苏人民出版社 2007 年版，第 7 页。

② ［英］巴特·范·斯廷博根编：《公民身份的条件》（译者序），郭台辉译，吉林出版集团有限公司 2007 年版，第 7 页。

是基于上述原因，参与式民主理论家对自由主义基于"市民"观念的公民权利理论进行了全面的反思和批判。

（一）市民权利的拥占性

"拥占性"概念来源于麦克弗森对自由主义民主基本社会假设的批判性总括。在他看来，自由主义"市民权利"的根本特征体现在其"拥占性个人主义"上，这是自由主义社会的基本伦理原则。17世纪以来，自由主义民主的基本前提就是凸显市民权利的个人主义"拥占性"。麦克弗森把自由主义民主理论的源头追溯到霍布斯。正是他抛弃了传统的社会、正义与自然法概念，从没有联系的、相互独立的个体推导出这些个体之间存在着对于权力永无休止地竞争，因而导致可怕的战争状态，并最终推导出政治义务理论。而后，霍布斯的理论中渴求权力的个人主义在洛克的理论中成为渴求物质财富的个人主义。洛克的理论主张将追求物质财富的最大化作为个人的基本目标。

麦克弗森认为，霍布斯与洛克的政治理论中存在着的"市民权利"的理论前提是一种拥占性个人主义。这种个人主义有这样几个特征：（1）人之所以是人就在于他具有独立于他人意志的自由；（2）这种自由意味着不受他人意志的支配，同时也就意味着在建立与他人的关系时，必须是个体自愿的；（3）个体在本质上是他自身人格与潜能的占有者，与社会或他人无关；（4）尽管个体不能转让他的全部人格，但他可以转让他的劳动潜能；（5）人类社会就是由一系列市场关系所构成的；（6）由于构成人的本质的就是独立于他人意志的自由，所以每个个体的自由能正确地被这样一些义务与规则所约束，这些义务与规则对于保护其他人的同样的自由是必要的；（7）政治社会就是一种人类的制度安排，来保障个体人格与财产的安全。因而也就是维持个体之间的交换关系。这些个体被视为自身人格的占有者。① 这种权利观念把个体看作他自身人格的占有者，或自身潜能的占有者，与社会无关，对社会不承担任何义务。这种个体即不是处于某种道德关系之中的，也不是某

---

① C. B. Macpherson, *The Political Theory of Possessive Individualism*：*Hobbes to Locke*，London：Oxford University Press，1962，pp.263-264.

种社会中成员，而是他自身的拥有者。

拥占性的市民权利造成整个社会呈现出一种原子化的状态，市场社会的竞争和分化必然产生阶级对立和分化。在这种理念的导引下，市民社会的成员就大致分成了两类：一类是占有了财产的人，他们是市场体系中的成功者，是拥有充分理性的人，所以是市民社会的完全成员，拥有选举权与被选举权，享有充分的政治权力来决定政府的产生与更替；另一类是没有财产的人，他们是市场体系中的失败者，他们的理性不充分，所以他们属于不完全成员，不享有政治权力，他们只能接受现成的政治安排。①

（二）市民权利的功利性

市民权利的另一特点是其突出的功利性，这也是自由主义随着资本主义市场经济发展在理论上产生的新的论证进路。这种论证进路以边沁为代表，对自由主义市民权利进行了新的理论演绎。边沁抛弃了早期自由主义者霍布斯和洛克从自然权利对市民权利的合法性进行论证的思路，直接从市民的"功利性"出发对市民权利进行合法性论证。因此，在边沁的理论中，根本性的观念是功利，而不是所谓的自然权利，天赋权利是毫无意义的空话。功利主义的基本原则是："判断社会好坏的唯一理性的、可以被接受的标准就是最大多数的最大幸福。幸福被界定为个体得到的快乐与痛苦之间的差额。在计算整个社会的总幸福时，每个个体只能作为平等个体来计算。"② 这样，衡量社会的好坏就在于是不是有助于实现更多的功利，而不是保护个体的权利。

边沁认为，如果对权威的反抗是有用的，则我们就有权利反抗，否则我们就应顺从。"根据他所能做出的最好的推算，反抗的时机便是，反抗可能带来的灾难（指对整个社会而言），在他看来少于服从可能带来的灾难的时候。这个时候，对他来说，也就是对每个具体的人来说，便是反抗的时机。"③ 同样道理，如果社会对个人财产权的认可对这个社会是有利的，我们

---

① 参见余宜斌：《自由主义民主的困境与重建》，复旦大学博士学位论文，2007 年。

② C. B. Machpherson, *The Life and Time of Liberal Democracy*, Oxford：Oxford University Press，1977，p.25.

③ ［英］边沁：《政府片论》，沈叔平译，商务印书馆 1995 年版，第 212 页。

就应有这种权利，否则社会可以对此不予承认。自由或权利并不是作为最高的目的而具有价值的，自由也不是达到幸福的最重要的手段。边沁认为，对于实现幸福而言，法律体系比自由更重要。

边沁的权利理论全面彰显了市民权利的功利性原则，这种原则体现了资本主义市场社会的本质，但是其根本的问题在于，权利完全变成市场"功利"的附属物。正如麦克弗森指出的，边沁的基本逻辑是，"每个人总是保护自己的私人利益，总是无休止地追求个人快乐或效益或功利的最大化，快乐的最大化就转化成物质财富的最大化，或者说权力的最大化。这必然导致个体之间的冲突。因此，从他所处的时代抽取出来的假定被当作普遍有效的命题，即绝大多数人总是处于生存水平上下，对他们而言，害怕死亡的本能，而非追求获利，成为推动经济活动的充足的动力。为了让这个动力充分有效，则需要保证财产的绝对安全。于是，在立法的四个基本目标当中，安全成为最重要的目标，绝对优先于平等目标。"① 市民权利的功利性实际上唯一关注的是资本市场社会的经济理性，将财富最大化作为最终的目标。这样权利广泛含义被缩小为一切以市场经济的财富获取为依归，除此没有其他内容，权利的范围不是扩大了而是空前缩小了。

(三) 市民权利的私域性

自由主义倾向于将公民定位于市民，对于市民来讲，最为重要的是其私人利益的维护，或者更准确地说是将公民定位为一个市场社会中的一个"消费者"，这些消费者往往被赋予小人物的品质，正如巴伯指出的，"在一系列的电影形象中，人们被描述成贪婪的、自利的、贪得无厌的生物，……消费者是具有很大的理由献身于各种不重要的目标的动物。他所珍爱的自由是那些平庸的需要拴在一起。他运用具有抉择能力的天赋来增加他的选择权，同时也改变世界的物质状况，但是他从来就没有改变他自己，也没有创造出与其同类伙伴亲密和谐的社会"②。将公民仅仅看成是消费者将存在危

---

① C. B. Machpherson, *The Life and Time of Liberal Democracy*, Oxford：Oxford University Press，1977，p.33.

② [美] 本杰明·巴伯：《强势民主》，彭斌等译，吉林人民出版社 2006 年版，第 23—24 页。

险，正如希特指出的，"如果公民身份仅仅被看作一系列保护个体作为消费者的权利，以防止私有经济或私有化所造成的各种问题，那么保护和改善真实公民身份的核心权利需要也就将消失殆尽"①。

作为完全私域性的公民除了对上述"拥占性权利"和"功利性价值"的追求之外，另一个根本价值就是消极自由的价值。柏林的自由理论曾经集中阐述过这种消极自由价值的追求。消极自由是指，一个人能够不被别人阻碍地行动的领域，就是"不存在强制"，强制某人就是剥夺他的消极自由。对个体能够施加这种强制的可以分成内在于个体的因素与外在于个体的因素。其中只有外在于个体的强制才是与消极自由相关的。但是来自于个体内在的那些诸如欲望、情感等因素对于个体所造成的阻碍则不在考虑之中。在来自于外在的阻碍因素中，只有国家、社会与他人的强制才与消极自由相关，而来自于自然界的因素则被排除在外。因而，在所有能够施加强制的因素中，只有来自国家、社会与他人的强制，并且是对于身体的强制，才构成对消极自由的侵犯。这种对于身体的、物质性的强制越多，则自由就越少。市民权利理论中将公民定位为消费者，其最大的危险就是如何避免阿伦特所警告的"最终没有一个世界对象能逃过消费的吞噬而不被毁灭？"② 此种状况的危险在于，"这样一个社会被不断增长的繁殖力带来的富足搞得眼花缭乱，沉浸在一种无休止运转的平稳过程当中，它就不能认清自身的空虚"③。而柏林的所谓消极自由观由于仅仅防范那些来自直接的身体方面的强制，即锁链、奴役等，没有考虑到那些占有社会生产资料或生活资料的人对其他人的强制。这种消极自由不承认社会的政治与经济制度对绝大多数人的自我实现所构成的阻碍作用。在麦克弗森看来，由于柏林的消极自由否定了来自社会制度方面的阻碍，所以他的消极自由概念太狭隘，太不符合时代潮流。④ 在

---

① ［英］德里克希特：《何谓公民身份》，郭忠华译，吉林出版集团有限公司 2007 年版，第 8 页。

② ［美］汉娜·阿伦特：《人的境况》，王寅丽译，上海世纪出版集团 2009 年版，第 95 页。

③ ［美］汉娜·阿伦特：《人的境况》，王寅丽译，上海世纪出版集团 2009 年版，第 96 页。

④ 参见余宜斌：《自由主义民主的困境与重建》，复旦大学博士学位论文，2007 年。

阶级社会中，所有的统治关系虽然或许不是由统治阶级有意设置的，但总是由统治阶级千方百计加以维护的。柏林把这种统治关系排除在强制之外是完全不合适的。由于柏林的消极自由没有考虑到阶级社会中的阶级对立所形成的统治关系，所以他的消极自由概念是极其狭隘的。总之，在参与式民主理论家看来，自由主义对公民权利的辩护是消极的，而不是积极的，"除了自私自利的交易外并没有设想出公民身份的制度安排"①。

二、公民基本权利的重建

参与式民主理论家对自由主义公民权利理论的缺陷有着非常清醒的认识，因而，他们对其"市民权利"辩护的本质批判是较为深刻的。当然，值得强调的是，这并不是说，参与式民主理论家对自由主义推动公民权利发展的积极意义是完全忽视的。相反，他们对资本主义在反对封建社会过程中为现代公民权利的建构贡献非常重视。但是，他们的问题意识更是面对当前西方社会的，因而，更为聚焦的是当前西方社会资本主义发展和公民权利的内在紧张和矛盾。这种冲突本质上体现在希特所说的"身份体系和契约体系之间，在社会正义和市场价格之间，存在着内在的冲突"②。或者如特纳指出的，"资本主义的动态特征正是政治与经济在社会公民身份领域彼此争斗的表现"③。公民权利模式代表着国家由地位平等的公民所组成，他们享有相同的权利，并且仅仅由于这些权利的相应义务才与国家发生联系，但是，资本主义把经济关系和市场规则放在所有的价值之上，将"经济人"和"消费者"的资本主义"市民"人性假设延伸到社会、政治、文化的所有领域，这无疑会带来严重的问题。事实上，在实践中已经产生了不容忽视的消极后果，如对平等、正义、公平、公共性的破坏、阶级新的分化，人与人之间逐渐加深的隔阂等。这些问题正是参与式民主理论家反思自由主义公民权利理

---

① ［美］本杰明·巴伯：《强势民主》，吉林人民出版社 2006 年版，第 25 页。

② ［英］德里克希特：《何谓公民身份》，郭忠华译，吉林出版集团有限公司 2007 年版，第 14 页。

③ Tuener, *Citizenship and Capitalism*, London：Allen&Unwin, B.S. 1986, p.12.

论的出发点，也是他们重建公民权利理论的着力点。

（一）公民权利的发展性

参与式民主理论对公民权利的重建首先回归到马克思所说的人本身全面发展这一核心命题，即民主社会的根本使命是推动人的全面发展，而不仅仅是经济的增长和财富的积累。公民权利首先要确保公民具有公平向上发展的空间，因此，参与式民主理论家将公民权利的本质看成是一种"发展性权力"，即增加公民"个体运用与发展自身潜能的能力"。这种人的本质性潜能包括"理性理解能力，道德判断能力，行动能力，艺术创造能力，友谊与爱的能力，情感活动能力，有时包括宗教体验能力"①，而不仅仅是物质创造能力。麦克弗森从自由主义开创者之一的霍布斯那里发现了自由主义公民权利存在两种权力观：一种权力观是把权力看作是个体满足其需要的一切手段，另一种则是认为权力是个体通过控制别人来满足自己需求的能力。麦克弗森把后一种权力定义为榨取性权力，即一个人运用他人的潜能的能力，是榨取他人的潜能的能力。这种榨取性权力导致当代自由主义民主社会当中，我们的所有潜能都尽可能地转化为物质或商品了。这是资本主义市场社会的内在需要。在这种社会类型中，所有的一切潜能都必须转化为可以交换的商品，否则就不会在这个社会中生存。榨取性权力观是经验主义民主理论的理论基础，但存在着严重的不足。因此，麦克弗森主张回到霍布斯所界定的第一种权力观上，即将权力看作是一个人获得他所想要的一切东西的能力。不过，麦克弗森对这种权力观作了进一步的修正。他提出了一个在道德上更为可取的权力观，即发展性权力观。

公民权力是实现公民权利的保障，发展性的权力观必然导致一种发展性的权利观。事实上，对公民权利发展性的重视，在古典政治哲学中就已经存在，只是自霍布斯以来，随着资本主义市场社会的发展，它就渐渐被榨取性权力所掩盖，直到密尔以后才重新出现在政治理论当中。麦克弗森认为如果要理解 20 世纪的政治形势，就必须借助于这种权力观才能重新认识公

---

① C.B. Machpherson, *Democratic Theory*, Oxford: Oxford University Press, 1973, p.54.

民权利的本质。如前所述，在当代世界中，不断地出现或大或小的政治运动。在西方自由主义民主社会中，先后出现了女权运动、环保运动、共同体运动、工业民主运动、黑人与学生运动等。当代政治理论家们由于仍然局限于从原子式的个体出发来思考问题，所以无法理解这些运动。这些运动所追求的权力是这样两种权力的混合：一是作为控制他人的能力的权力，增加他们在财富分配中的份额；二是作为实现与发展其潜能的能力。他们认为当代社会不能满足这一点。他们把当代社会称为"消费社会，资本主义，帝国主义，技术专制，官僚专制，性别专制，或简言之，异化社会"①。在非自由主义民主社会中，这种发展性权力也成为他们的民众反对自由主义民主社会的基本工具。他们对自由主义民主社会的批判最终归结为认为自由主义民主并不能充分实现与发展人的潜能。在当代西方社会中，民众所要求实现的民主不再仅仅是一种政府体系，而是一种社会类型，是一整套包含了个体之间的关系的复杂的社会体系。这一原则要求一种人性观，即密尔所主张的那种实现、发展自身潜能的人性观，而非消费的人。我们只有深刻认识公民权利这种推动人全面发展的特性，才不会仅仅将公民权利看成是通过有效的控制手段来获得财富的增长。

（二）公民权利的目的性

如前所述，自由主义市民权利观倾向于从功利的角度来看待公民权利，因而体现的是一种韦伯所说的工具性价值，一种扩展了的工匠、贸易商人以及资产阶级所要求的公民权利。这些阶级可能只是追求其纯粹工具性的经济利益，如同实现最佳效益的途径出于纯粹手段——目的的理性思考一样，严格考虑自我利益的取向可能会很盛行。这种权利观的最大问题就是没有将权利本身包含在目的考虑中。参与式民主理论家反对这种完全工具性的公民权利观，认为公民权利应该是一种目的性权利。民主理论应该以目的性价值作为前提预设，麦克弗森写道，"任何伦理学理论，因而也是任何一种辩护性政治理论，无论是唯物主义还是唯心主义，无论是不是自由主义、民主等

---

① C.B. Machpherson, *Demoeratic Theory*, Oxford：Oxford University Press, 1973, p.50.

等，都必须从这样的假定开始：相对于动物而言，人具有独特的潜能。这是一个基本假定，它既是经验的命题，可以大致以观察来证明；也是一个价值命题，从中可以引出权利与义务，而不需要其他价值性的概念。在我们的思想与语言结构中，关于人的描述性陈述中已经具有价值内容"①。

阿伦特同样非常强调公民权利的目的性，在她看来，政治行为的价值不在于达成实用性的协定，而在于它能实现每个参与者公民的主体性，锻炼他的判断辨识能力，并在与他人的关系和共同行为中成为群体有效成员。另外，阿伦特还强调，如果我们仅仅将权利看成是公民在市场中自由交换和追求物质财富的权利，那么我们如何看待政治上边缘群体和社会弱势群体——比如说无国籍者的权利保护呢？因此，阿伦特在《极权主义的起源》中强调，那些被纳粹剥夺了公民和政治权利的人们，并不能以"自然权利"或"人生而平等"来保护自己。他们被排除在政治群体之外，毫无权利可言。他们要为自己的自然权利辩护，首先需要有为自然权利辩护的权利，这种权利被阿伦特称为"拥有众多权利的权利"②。这种权利本身具有目的性，其内核是人在由于自己的行为（活动）和意见而受到别人的判断关系系统中生存的权利。换言之，对某个政治体的归属的权利，即成为某个政治体成员的权利。这种权利的"发现"，意味着实际地保障人权的政治权力是不存在的，公民权利不仅仅具有实效性。当然，参与式民主理论家公民权利"目的——权利"框架既坚持了权利的内在价值，也承认权利的践行必然有其工具价值。这就好比阿马蒂亚森指出的，"目的——权利的体系允许基于权利的考虑包容在目的本身中（因此允许它直接运用于结果评价中），但这没有否定工具考虑的运用"③。一方面，权利具有压倒一切、不可抗拒的力量目的性价

---

① C. B. Machpherson, *Democratic Theory*, Oxford：Oxford University Press, 1973, p.53.

② Hannah Arendt, *The Origins of Totalitarianism*, New York：Harcourt, Brace, Jovanovich, 1973, pp.296-297.

③ Amartya Sen, "A Positive Concept of Negative Freedom", in E.Morscher and R.Stanzinger (eds), *Ethics：Foundations, Problems, and Applications*, *Proceedings of the 5th International Wittgenstein Symposium*, Vienna：Holder-Pichler-Tempsky, 1981, pp.48-49.

值；另一方面，权利又可以作为促进其他目标的一个好手段。因此，参与式民主对于公民权利目的性价值重建批判性传承了康德等启蒙思想家的理念，使现代公民权利理论更为丰满。

（三）公民权利的公共性

参与式民主理论家从人性的角度出发，反对将人的权利仅仅定位在保护个人的财富和私利。他们认为，公民权利还具有公共性的内涵，即公民个人在公共生活中彰显自身独特性的能力。在阿伦特看来，人当然不能在不满足肉体基本需求的情况下生存；阿伦特认为这是自然性的"必然性"的要求。只有动物才是在普遍的必然性支配下，无论何时何地是彼此相同的。但人之为人，恰恰在于人毕竟不止是动物，因而能在公共生活中展现出与他人不同的独特性。这不是说参与式民主理论家没有完全忽视公共生活之外还有私人生活。一个在公共空间以外的人，仍可以拥有私人的生活，在私域中生活，从事生产、进行创造：比如从事科学发明、增加个人财富、建立私人的亲密关系等。这意味着，没有公共生活的私人生存也是可能的，没有"自由人之平等关系"的人也可以在浪漫主义的激情、同情或者博爱中体验到"人性的完满实现"。但是，阿伦特同时也指出，将公民权利完全私域化，它将带来这样的一种诱惑：不去面对自己可能被世界排斥的可悲现实，反而从真实的世界及其公共空间转到一种完全隔绝的私域性的生活中。这种私域性的公民权利容易忽视一点，即同情或博爱，作为激情来自对人们在其中受到"非人"对待的世界的憎恨，它可以给那些处于被剥夺地位的苦难者或说"被侮辱和损害者"带来温暖，但这种温暖感，不过是"已经失去的、共同且可见的世界的心理替代物"，而"这些替代物又局限于不可见的领域之中"。阿伦特的意思很明确，即公民权利如果仅仅是关注个人需要的满足，那么就容易和公共利益发生冲突，容易造成强势者对弱势者权利的漠视，而弱势者则会产生对这个世界的憎恨。

当然，值得最多关切的，还是那些因以功利主义的眼光来看多余无用就被驱逐和排斥的人。在社会中，总是存在着由于功利主义而对某些群体的歧视，导致其在实际上失去维护其权利的机会。在阿伦特看来，这是一个严重的社会问题，因为这些"经济上多余无用、政治上漂泊无依"的弱势者被置于如此黑暗的境地：他们在肉体上仍然存在，在社会关系上却已经死亡，任何人都不再关心其生死，其顺从和反抗也不再具有任何意义。相比之下，一个被压迫和侮辱的人，如果仍可追求不受奴役之自由，并且追求自由的正当性仍能得到承认，其境况就不算悲惨。甚至一个没有行动自由的人，如果仍未丧失在其狭隘生活中进行创造的可能性，比如奴隶，如果仍在世界上拥有一个地位——哪怕是最悲惨的地位，比如在押罪犯；都比这种"多余的人"要好一些。因此，公民权利最糟糕的处境不是来自法律上的无权，而是法律的空壳化、政治上被忽视、公共空间的失去以及人与人之间社会关系的异化。

参与式民主理论家继承了康德关于权利公共性的看法。在康德看来，权利体现的是一种人和国家的多维关系，而所有这些权利的本质形式就是公共性："凡是关系到别人权利的行为而其准则与公共性不一致的，都是不正义的。"① 这条原则在康德看来"像公理一样具有不可证明的确切性"，而且是很容易运用的。事实上，这条原则确实是关于正义原则和规范最为直观而有效的标准。作为理性存在者，人与人之间的关系虽然因为共同体，比如社会——国家的阻隔而生分，但是，后者同样提供了消除这种隔阂的可能性，这就是国内的公民权利（法）和国际权利（法）；而在这里人们可以看到，权利乃是使隔阂成为通途的契机。② 因此，阿伦特认为，成为独特的人肯定并不在于那些受必然性支配的活动中。只有在对自由的实践之中，人才有可能表现出独特性。"成为独特的人"所意味的，只能是实践自由，即通过彰显公民权利的公共性来实现社会关系的和谐，通过公民社会和公共领域的培育来实现公民权利真正的发展。

---

① ［德］康德：《历史理性批判文集》，商务印书馆 1991 年版，第 139 页。
② 参见韩水法：《权利的公共性与世界正义》，《中国社会科学》2005 年第 1 期。

第二节　公民政治参与权的拓展

在公民资格中，第二项重要权利就是公民的政治权利，政治权利根本来说就是参与政治过程的权利，这一点西方的各种理论流派不存在大的分歧，这也是马歇尔的公民资格理论框架如此广受关注的原因之一。但是关于公民政治参与的具体特质、内容、地位，却存在着很大的争议，这也是划分各种理论流派的关键视角。参与式民主理论对公民政治参与更是有着自己独特的思考，这种思考立基于对"政治"概念本身的重新反思，将公民政治参与作为新"政治条件"的一种回应，主张在范围和深度上拓展公民的政治参与权，以推进民主的发展。

一、政治的条件：政治概念再思考

"政治"概念问题是理解公民政治权利问题的关键。某种程度上，一切关于政治合法性的纷争，无论是学术性的，还是政治性的，都根源于政治概念的规范性分歧。参与式民主理论对于公民政治权利的理解也来源于对"政治"概念的独特理解。参与式民主理论家反对"政治"概念的工具性解释，工具性的"政治观"将政治当成人类生活不得已的"必要之恶"，把政治仅仅当成社会经济利益的一种功能，因而，人类政治活动总是服从于某种既定的"历史进程"和"历史必然性"。这种"政治"观无疑存在着很大的缺陷，在实践中也造成了诸如极权主义的悲剧。因此，参与式民主理论家从人的境况和人的存在方式出发对"政治"本身进行了深刻的反思，认为"政治"概念不能局限于国家主权的决断、政府的管辖或者行政之技术，而应从以人为本和公民的视角出发思考政治的内涵。就此而论，政治不是特别指向"政治家"的作为，而是指一般人在其身后世界中对公共事务的关心，以及透过实际言行的践履，跟其他人相联结，共同实现公共事务的具体理念。政治就是人们的一种存在方式和生活形式，它并不是居"庙堂之高"的主权宰制和支配意义上的命令和服从关系，而是身份平等的公民之间横向的对话关系。此种"政治"，应该具有如下的条件：

（一）政治的行动性

参与式民主理论家认为政治首要的特质是"行动"。巴伯认为"政治领域是首要的和最重要的人类行动领域"①。在阿伦特的政治理论中，对"行动"的强调贯穿始终。何谓行动呢？阿伦特将行动界定为"开创新局的能力"，行动唯一是不需要以物或者事为中介，直接在人们之间进行的活动。② 不像劳动或者制造——这两者是可以由人孤独地进行的，行动必须产生于人际之间，通过人们的言行沟通来完成，因此它所对应的是人的"复数性"，而"复数性"是一切政治生活的特有条件，不仅是充分条件，而且是必要条件。这种"复数性"就是多元性——世界不是由一个模子式的人构成，而是由各种不同的芸芸众生组成的。巴伯同样将行动界定为公民的一种开创能力，不过他指的是公民非常具体的政治行为，"行动是指建造和关闭医院。开始和结束战争，对公司征税或者免税，发起或者延迟某项福利计划，换言之，即在物质世界中（或者不做）某些通过物理方式限制人类行为，改变环境或者改变世界的事情"③。综合起来，在参与式民主理论中，行动的内涵大致包括两个方面的内容：一是公民个人真性之展示，一是与他人的对话沟通。前者重点在行，后者重点在言，行动是"言行合一"的统一体。行动是政治的首要特质。（1）行动是人的主体性之彰显。人能够行动，体现了人与动物的区别。行动是人的"第二次降生"④，每一个行动都意味着一个新的开端。行动具有展示性特质⑤：通过

---

① ［美］本杰明·巴伯：《强势民主》，彭斌等译，吉林人民出版社 2006 年版，第 150 页。

② 参见［美］汉娜·阿伦特：《人的境况》，王寅丽译，上海世纪出版集团 2009 年版，第 1 页。

③ ［美］本杰明·巴伯：《强势民主》，彭斌等译，吉林人民出版社 2006 年版，第 150—151 页。

④ Hannah Arendt, *The Human Condition*, Chicago and London：The University of Chicago Press, 1998, p.176.

⑤ Hannah Arendt, *The Human Condition*, Chicagoand London：The University of Chicago Press, 1998, p.180.

行动，个人在他人面前展示自己的独特性"我是谁"，而不是"我是什么"。"我是谁"揭示的是个人的唯一特性，表明的是自己的身份；而"我是什么"揭示的个人的能力、禀赋、才干，乃是不同的人可能共同拥有的。行动同时是互动，它也是与他人的一种沟通交往；而行动又是一个动态的概念，它可以随时随地发生改变。（2）行动是人类自由的实践，它使人类开创局面成为可能。这种行动仅为政治领域所独有，因之不能以功利、后果、道德标准来衡量，它或许具有一种符号的意义，只是一种自由公民存在的标记。而政治就是使伟大言行得以展示并成为共同体的集体记忆的一种活动。（3）行动可以避免使"政治"成为抽象的真理和正义的附属物。政治的议题通常事关整个共同体之存续，事关公民的权利、自由、幸福之事。政治的议题的关键是作出选择，这种选择不能交给静态的制度，也不能完全交给精英们某种纯粹的知识和预先给定的假定，而是需要公民的行动和协商。总之，"政治是行动，同时也是关于行动的"①。

（二）政治的公共性

政治描绘的是一个行动的领域，但是并非所有的行动都是政治的。只有那些公共的行动才是政治的。这里的"公共的行动"通常指那些由公众来从事的，同时又具有公共后果的行动。"政治所描绘的是我们的领域"②。对于政治的公共性，巴伯曾经举过许多生动的例子来说明。比如说，在社会生活中，决定是否用黄金填补牙洞是一个特殊的权威主体从事的私人选择行动，而且这种行为只会受到牙病患者个体的关注，因而不是政治的行动。但是决定黄金是否成为货币本位则是一个带有明显公共后果的公共选择行动，因而必须经过恰当组成的公共权威来决定。"公共性"的概念也不是固定的，公共的行为不仅要从其后果上来衡量，还要看其是否是一个共同体整体的事务，"在我们——共同体、人民、民族的情况下，无论其后果如何，这些行为必定是公共的"③。公共性是和私人性相对而言的，以私人领域和公共领域

---

① ［美］本杰明·巴伯：《强势民主》，彭斌等译，吉林人民出版社 2006 年版，第 151 页。
② ［美］本杰明·巴伯：《强势民主》，彭斌等译，吉林人民出版社 2006 年版，第 151 页。
③ ［美］本杰明·巴伯：《强势民主》，彭斌等译，吉林人民出版社 2006 年版，第 152 页。

的合理划分为前提。将私人性纳入政治议题之中，或者用政治的手段来解决私人性的问题，只会酿成诸多的悲剧，这在中外历史上有过许多的前车之鉴。阿伦特的《论革命》中一个颇为著名而明确的观点就是，政治问题与社会问题不能混为一谈。政治革命、政治生活中只能以政治自身的目标——自由为目标；而不能以政治之外的目标（如贫困问题的解决）为追求。她指出，法国大革命的问题就在于试图将社会问题以政治的方式去解决。阿伦特认为，这种做法不仅危险而且极为有害；相反，美国虽然存在社会歧视、奴隶制等严重的社会问题，但建国者们坚持追求政治原则，故而成功地为美国人民的自由奠定了宪政基础。① 因此，政治的公共性体现在它致力于重点解决关于政治生活的开展、维系等相关的问题，例如宪法、权利、自由、政治制度等。自由主义者尽管也承认公私领域的划分，但它强调政府存在的理由是保护私人利益，政治活动不过是人们直接或间接地追逐私人的、市民社会的利益博弈的过程。自由主义者未必不关心公共福利，但是自由主义本身显然缺乏为公共福利、公共责任辩护的理论资源，这与自由主义理论缺乏政治概念的"公共性"是内在地相联系的。参与式民主理论处于西方共和主义的理论传统中，这一理论传统以承认政治的公共性为前提，并号召人们主动承担公共责任，为公共世界的建设作贡献，做一个合格的公民。当然，阿伦特并非把一切事物都视为政治事务，但她肯定了真正的政治必定具有公共性这一命题。

（三）政治的商谈性

政治的商谈性首先体现在公民审慎选择的自主意志上。参与式民主理论认为，在政治的舞台上，谈论行动也是谈论选择——关于审议、决定和决策的选择。因此，那种冲动的、专断的和没有经过深思熟虑的行动并不是政治行动。巴伯认为，如果行动是政治的，就必须能够产生深思熟虑和慎思审议，必须能够产生自由的和有意识的选择。所以，参与式民主要求公民的行动必须建立在理性的基础之上，反对那种无序性的、非理性的公民行动。

---

① Hannah Arendt, *On Revolution*, London: Penguin Books Ltd., 1990, p.68.

这要求公民具有自主的意志，并且负责任地行动。"任何人都可以成为一位行动者，但是只有公民才可以成为政治的行动者。"① 依据这个标准，"群众"看起来也不能算作是公民——即使当他们能够投票表决的时候也不能算是公民。因为在这个过程中，他们不一定经过了理性的、审慎的思考而行动。同理，乌合之众不是选民，暴民不是公民群体，他们的行动不是经过理性的审议而发出的，产生的只有破坏性而没有建构性，他们的行动并不属于参与式民主所提倡的"政治行动"。其次，政治的商谈性体现在政治冲突的解决上。政治是由冲突引起的。马克思曾经指出，在任何政治背景下，冲突都必须有所限制，否则，一切人反对一切人的战争将使得社会化为乌有。对于"政治应该成为化解冲突的方式"这一点，自由主义和共和主义并不存在观念的分歧。但是对于如何化解冲突，两者之间却存在着争议。自由主义者通常是通过追求某种外在的确定性来化解冲突，他们通常怀有为人类追求确定性的抱负，对某种可能促进"科学的"、"理性的"或者"自然的"解决各种政治冲突的假定存在绝对感兴趣。因此，有的理论家从理论上寻求一种外在的确定性来解决冲突，如康德的绝对命令和罗尔斯的正义原则；有的理论家从外在的自然法传统中寻求确定性，如洛克和美国的司法审查传统；有的理论家从自然主义的绝对权利理论中寻求确定性，如霍布斯和诺齐克等。在每种情形中，哲学都被要求提供某些外在于政治过程并可以解决各种政治问题的规范。然而对于这种过程而言，其后果往往是软弱无力的。这种解决冲突的理论传统，最大的问题是外在的确定性追求是脱离于人类生活的实践现实而产生的虚构前提，它不能够将对具有理性的行动者的需要和对形而上学的抽象原则需要区分开来。当今美国法学以政治过程取代形式推理及其产生的抽象原则的趋势就是一个绝佳的例子。② 参与式民主理论家认为，政治条件是由具体的历史、环境和情境造成的。面对变革社会中利益与价值的根本冲突，我们并不能寻找那种外在的形而上学的抽象确定性，而是依靠公民自身自主

---

① ［美］本杰明·巴伯：《强势民主》，彭斌等译，吉林人民出版社 2006 年版，第 154 页。

② 参见［美］本杰明·巴伯：《强势民主》，彭斌等译，吉林人民出版社 2006 年版，第158 页。

地、审慎地作出负责任和合理地选择来解决冲突，需要公民理性的、平等的商谈和讨论来化解冲突。这种方式更加贴近公民的生活现实，正如巴伯所言，人们大多数时候毕竟"只希望正确地行动，而不是知晓确定性；只希望合理地选择，而不是科学推理；只希望克服冲突和取得短暂的和平，而不是去追求永恒；只希望与他人合作，而不想达到道德的统一；只希望系统地表述共同的事业，而不想去消除所有分歧。政治是当形而上学失败时人们所做的事；政治并不是将形而上学具体化为宪法"①。

二、公民政治参与：作为政治条件的回应

每种政权，甚至专制政权，都需要以某种形式来对待治下的人民的行动，重视治下人民的行动特征。参与式民主理论认为公民有序政治参与在直接回应现实政治条件的各种两难困境中具有独特的优势。参与式民主理论甚至干脆将现代政治定义为"参与模式的政治"②。这是因为，现代社会问题的解决，已经无法用一种统领一切的原则来解决政治冲突，公民的自主性也日益增强。此时，需要将相互依赖的私人性个体转化为自由公民，并且将部分的私人的利益转化为公共利益，从而解决政治冲突。

（一）政治参与和政治行动

政治参与本质上就是前面所述的政治行动。行动理论从一般性的理论层面为公民政治参与提供了理论支持，公民政治参与则是政治行动的具体内容和特征。巴伯曾经辨析了两者之间的密切联系，他说，"在强势民主中，行动是其首要的美德，而参与、委托、义务和服务——共同审议、共同决策和共同工作——则是其特征"③。可以说，公民政治参与是政治行动的外在体现，是对政治行动性的回应。首先，公民政治参与彰显了人的行动天性。亚里士多德在《大伦理学》中认为，人首先是通过行动来界定的。伏尔泰和卢梭尽管在其他观点上相去甚远，但是在关于人的行动天性看法上却如出一

①　［美］本杰明·巴伯：《强势民主》，彭斌等译，吉林人民出版社 2006 年版，第 159 页。
②　［美］本杰明·巴伯：《强势民主》，彭斌等译，吉林人民出版社 2006 年版，第 160 页。
③　［美］本杰明·巴伯：《强势民主》，彭斌等译，吉林人民出版社 2006 年版，第 161 页。

辙。伏尔泰写道："人天生来为了行动就如同火花生来就是为了向上飞舞一样。不做任何事情就等同于人不存在。"① 而卢梭写道，"人生来是为了行动和思考，而不是为了反思"②。阿伦特追随古典共和主义的传统，认为人天生就有政治参与的倾向，为落实这种倾向，人应当自发地行动，参与政治。据此而论，政治参与并不像近代民主理论家所说的，只是一种保障私权的或者民权的必要手段，而是根本来自人的天性。正如麦克弗森所指出的："行动自身是令人快乐的并且是有效用的概念，在功利主义的生活观念中已经荡然无存。"③ 参与式民主理论认为，政治参与是对人行动天性的一种彰显，是人对自我存在的一种实践和肯定。因此，参与式民主理论政治参与权利观带有一种本体论和目的论的特点，它从人的存在论角度出发，为公民政治参与提供了一种古典而又现代的理论支持。其次，公民政治参与对政治行动的回应还体现在，它是公民落实政治行动的最佳选择。这是因为，公民政治参与权利能够赋予每个公民去成为政府事务的参与者之权利，去行动以被观看的权利，而不是去行动作为鲁迅笔下阿 Q 式的作为旁观者、起哄者的权利。巴伯认为，在强势民主中，"政治是公民们行动，而不是为了公民们行动"④。参与式民主理论的这种政治参与权利观集中体现了它对民主实现条件的看法，即民主不是任何形式的教条，它的实现不是掌握在少数的精英手中，而是自我在作为理性公民而参与政治的行动中。正如科恩指出的，"民主的命运主要掌握在其成员自己的手中，这既是民主的弱点，也是民主的优点。当政权最终取决于被治者的参与时，确定民主成败的是他们集体形成并表现出来的智慧"⑤。民主和专制的区别主要体现在公民政治参与权利的实现程度。在专制政体中，统治者垄断了行动的权利，使臣民丧失了公共领域，只能埋

① Voltaire，*Pihilosophical Letters*，No.23（Indianapolis：Bobbs-Merrill，1961）.

② Jean-Jacques Rousseau，"Preface to Narcisse"，trans. Benjiamin R. Barber and Janis Forman，*Political Theory* 6，4（Novernber 1978），p.13.

③ C. B. Macpherson，*The Real world of Democracy*，London：Oxford University Press，1966，p.38.

④ [美] 本杰明·巴伯：《强势民主》，彭斌等译，吉林人民出版社 2006 年版，第 161 页。

⑤ [美] 科恩：《论民主》，聂崇信、朱秀贤译，商务印书馆 2007 年版，第 5 页。

首一己的私业，因此，专制的本质不是使人们的福利减少（有时在短期内，专制政体甚至还为人民带来了有所增加的福利），而是它必然剥夺了公民参与政治事务的自由，以及因此为参与而经验到的公共快乐。

（二）政治参与和公共选择

此处的"公共选择"概念不同于布坎南式的经济学"公共选择"，恰恰相反，经济学的"公共选择"是建立在"经济人"的假设基础之上的，公共选择的前提是从私人狭窄的利益出发而作出的选择。正因为如此，在西方传统的经济学逻辑中，人们根本无法摆脱"搭便车"的悖论，也无法摆脱奥尔森"一条道走到黑"的集体行动逻辑。颇具讽刺意味的是，经济学的"公共选择"恰恰是以完全的"非公共性"而告结束，它也是片面地将市场逻辑扩展到政治领域中的不良后果之一。参与式民主理论则反对纯粹的"经济人"假设，认为，现实生活中公民政治并不一定完全是为了私人利益而进行讨价还价——这只是政治参与的一项功能。更为重要的是，公民参与政治也是展示自我的过程，是人们在公共论坛上进行"再现式思维"表达个人对公共问题的见解，作出判断的过程。在这个过程中，公民的政治参与实质是对政治公共性的回应，而不是将政治完全拖到私人利益的泥沼中。阿伦特就相信人们参与政治生活时有可能（并不必定）超越阶级的、派系的、族群的偏见。人们不但可以为了个人或者党派利益而声张，而且也可以从多个角度去思考问题，对公共事务发表渴望获得他人同意的执中持平的见解，然后再作出参与式民主意义上的"公共选择"。所以，参与式民主理论认为，公民政治参与能够制造一种合理地进行公共审议和公共决策的能力，达到佩特曼所说的公民教育的作用。在这里，参与式民主理论同时还拒绝了西方两种传统的观点。一种是还原论的观点。这种理论形式一般致力于将社会问题还原成某种抽象的概念体系，通常认为某种个人阶级、种族和社会运动是其行动的唯一决定因素，或者将人性的特质还原成类似动物的自然属性，人们成为一种纯粹追求物质利益的生物性存在，这在如前所述的霍布斯所开创的自由主义传统中颇为常见。在还原论式的逻辑下，公民的政治参与只具有私人选择的市场交易性，而不具有公共选择的"公共性"。另外，参与式民主理论也拒绝那种将抽象的共同体置于优先于个人的位置并且使个人从共同体中寻求自身意义与目的的合作主义和集体主义神话。① 参与式民主理论一般不将抽象的共同体置于优先于个人的位置，而是认为公民要通过参与政治过程，平等地进行审议，达成共识，从而形成和谐的共同体。和谐共同体的创造只是政治活动的首要任务②，不是任何既定的先在的原则，这就避免了社群主义所具有的统合性导致的专断危险。参与式民主理论认为，公民参与政治过程需要公民自身之间的互动，需要公民的自主同意，从而形成"公共空间"，通过公共性的"移情"来创造公民构成的共同体。这样，公民通过参与政治将共同体、公共善、公民身份变成了民主制度体系中相互依赖的部分。

（三）政治参与和政治协商

参与式民主理论通常将公民政治参与看成一个公民平等地就公共问题进行协商和讨论的过程。因而，从本质上来说，参与式民主理论将公民政治参与看成是对政治商谈性的回应。也正是由于这一点，参与式民主理论开启了 20 世纪末西方协商民主理论的兴起。协商民主理论是参与式民主理论的进一步发展。在参与式民主理论中，公民政治参与作为政治商谈性条件的回应主要体现在如下两个方面。（1）政治参与作为政治行动的外在体现，本身蕴含着政治沟通和政治协商的含义。如前所述，阿伦特的政治行动理论实际上包含着"行动"和"言语"两个部分，前者是政治参与中的个人真性展示；后者指政治参与中的对话和沟通。正如邓特里弗所指出的那样，阿伦特的行动理论"包含着两种行动模式：表达型行动和沟通型行动，而批评者几乎总是关注前者而牺牲后者"。对阿伦特行动观批评的诸多观点，大多对阿伦特行动理论中的"沟通性"有所忽视。事实上，阿伦特本人尤其强调政治参与中"言"和"行"的统一，甚至在某种意义上来说，阿伦特对政治参

---

① 参见［美］本杰明·巴伯：《强势民主》，彭斌等译，吉林人民出版社 2006 年版，第161 页。

② 参见［美］本杰明·巴伯：《强势民主》，彭斌等译，吉林人民出版社 2006 年版，第162 页。

与的协商性更为重视。这是因为，阿伦特看到，大多数行动都是以言说的形式进行的，"不管怎样，没有言说相伴，行动就不仅仅失去了它的揭示特质，而且失去了它的主体。从这个意义上来说，无言的行动不再是行动，因为没有行动者；而行动者，业绩的实践者，只有在他同时也是话语的言说者时，才是可能的"①。阿伦特对言说和行动重要意义的重视，实际上就是为了表明，公民政治参与过程中公民平等协商的重要性，从本质上来说，它是对政治商谈性条件的回应。(2)政治参与对政治商谈性的回应，体现在对多元价值的自主平衡和决策合法性的建构上。如前所述，参与式民主理论认为政治商谈性的存在是基于现代社会价值多元化的特征。精英民主理论希望通过代议制的聚合机制来平衡多元价值。在那里，价值的选择是在各种选项中进行挑选并且给予胜者合法性的同意，这种机制有它的优势。但是其最大的缺陷体现在，由于缺乏讨论的过程，最后的决策往往缺乏公共意见的融入，它容易导致决策要么是伪装为公共规范的私人价值，要么是表示一种已经被政治过程所揭示的预先存在的共识，在这两种情况下，公民选举中的政治参与度没有实现合法性的任务。参与式民主理论则认为，公民政治参与的过程关键是使得各种偏好和意见接受公共审议与公共判断的考验来获得合法性，这些偏好和价值并不是由某种独立于公民生活的外在规范、前政治的真理或者自然权利来决定的，而是由公民通过某种程序的政治协商来决定的。由此观之，没有持续的政治协商就没有参与式民主理论所推崇的那种政治合法性。在参与式民主理论看来，投票固然重要，但是投票往往是表达个人偏好的静态行为，而政治参与应该回应政治的商谈性，公民参与政治是一个动态的过程。在这个过程中，公民可能通过协商而改变其看待世界的方式和思维方式。巴伯曾经对此有过比较，他写道："投票令人想到一群人在自助餐里关于他们作为一个全体购买什么食品符合他们的个人口味进行讨价还价。强势民主政治则让人想到，在自助餐厅里，一群人为了创造一种为所有人所共享的并且取代他们想要讨价还价的相互冲突着的私人口味的公共口味，创造新

① ［美］汉娜·阿伦特：《人的境况》，王寅丽译，上海世纪出版集团 2009 年版，第 140 页。

的菜单，发明新的菜谱并实验新的调料。"① 所以，公民政治参与过程中，至关重要的并不在于纯粹的和简单的统一，而在于参与分享的公民的能动的统一。这些公民通过对他人价值的认同和移情的过程富有想象力地将自己的各种价值重构为公共规范。

三、民主发展和公民政治参与权的拓展②

在资本主义的发展历史上，现代国家的建构确实有着较大的积极意义。在马克思看来，资本主义的发展是通过资本主义的国家建设来推动的。但是这种单一强调主权国家层面的"政治"概念，在当代出现了很多的问题，最大的问题莫过于斯金纳所说的"公民的自由转向了国家权威的垄断形式"，结果作为个体手段的政治，越来越把个体变成了手段，作为公民行动的政治，越来越变成公民无法控制和反而被其控制的力量，这就是西方自由主义"政治"的异化。参与式民主理论重新思考了"政治"概念和政治的条件，发现了西方传统自由主义"政治"概念的褊狭，它将政治局限在远离公民实际生活的主权建构中。在参与式民主理论看来，要克服这种危机，必须重新看待"政治"，同时重新看待公民政治参与权利的内涵，从范围和深度上拓展公民的政治参与权利。

（一）公民政治参与权利的扩展

公民政治参与权利的扩展，主要体现在公民政治参与的范围扩展上。公民政治参与范围有多大，这是全面评价该社会民主时的最大问题。科恩曾经提到，"在何种问题上人民的意见起决定作用，以及对人民意见的权限的限制，根据这些就可确定该社会民主的范围。范围愈广（只要是共同有关的问题），民主的实现就愈充分"③。衡量民主的范围时，我们可以根据国家权力的层次分为两级：第一级是最高权力范围，第二级是有效权力范围。公民

---

① ［美］本杰明·巴伯：《强势民主》，彭斌等译，吉林人民出版社 2006 年版，第 165 页。
② 参见董石桃：《公民政治参与权和政治发展——一种参与式民主的反思与构建》，《青海社会科学》2016 年第 5 期。
③ ［美］科恩：《论民主》，聂崇信、朱秀贤译，商务印书馆 2007 年版，第 14 页。

对于国家最高权力，难以直接控制，只能通过代表来实现。代议制民主主要关注的是最高权力的控制和运行问题，代议制民主的"政治"概念表述的是国家主权和国家宏观政治问题。在代议制民主中，公民政治参与主要限于几年一次的投票参与，在其他时候，主权国家更愿意看到的是消极而不参与的公民，而不是积极主动参与的公民。因此，代议制民主中公民政治参与权利是狭义的，主要限于选举权利和获得公职的权利，这在马歇尔自由主义的公民资格理论中得到过较为充分的论述。

如前所述，参与式民主理论对于"政治"概念的界定并不仅限于国家宏观层面的政治。由此，在民主的发展上，参与式民主理论认为，尽管民主在很多情景中都被理解为一种国家宏观政治制度，但这决不是民主的全部含义。作为政治制度的民主关注的主要是选举，但是在选举的间隙，人民的参与权不应当处于休眠状态。他们需要通过各种各样的、持续性的参与行动，来影响、管理、控制与他们的生活密切相关的事务。民主既是一种静态的制度安排，又是一种动态的行动过程，是一种生活方式。因此，参与式民主理论不仅重视宏观层面代议制民主中公民政治参与可能存在的片面和缺陷，同时致力于在微观政治层面来弥补代议制民主的缺陷，即通过扩大公民在社区公共生活、社会团体等范围内的公共决策的公民政治参与，来切实增加公民有效权力的范围。参与式民主理论认为公民政治参与具有广阔的领域。环境保护、基层自治、社区治理、公共决策等领域，都需要引入有序的、有效的公民参与。

佩特曼强调，在参与理论中，"政治"不仅仅限制在通常所说的全国性政府或者地方政府。在参与理论中，"参与"又一次指在决策过程中的（平等）参加。① 参与式民主理论所强调的政治平等指公民在影响公共决策结果方面的权力平等，这和精英民主理论对于政治平等的界定是不同的，这是源于参与式民主理论对"政治"的概念远比精英民主理论的"政治"概念

---

① 参见［美］卡罗尔·佩特曼：《参与和民主理论》，陈尧译，上海人民出版社 2006 年版，第 39 页。

丰富。在参与式民主理论家看来，代议制制度的存在不是民主的充分条件，"因为要实现所有人最大程度的参与，民主的社会化或'社会训练'必须在其他领域中进行，以使人们形成必要的个人态度和心理品质"①。要做到这一点，必须扩大公民政治参与的范围，不能仅仅将公民的政治参与限于精英民主理论所说的几年一次的投票参与。

（二）公民政治参与权利的深化

公民政治参与权利的深化是关于民主的深度问题，科恩认为，民主的深度是由参与者参与时是否充分，参与的性质来确定的。② 因此，公民政治参与权利就不仅仅涉及参与范围的扩大问题，还涉及参与的实际效果和性质问题，前者主要关注的是公民政治参与的领域问题，后者则是主要关注公民政治参与的质量问题，二者互为依托，对推进民主的发展进程都不可或缺。代议制民主解决了大型社会规模下的民主难题，投票是有其实际需要的。在代议制民主中，投票权及其使用是衡量参与深度的水准基点。但是，如前所述，投票只是参与的一种形式，很容易识别，不过，常常是表面性的识别。我们知道，公民投了一票，有助于确定采取何种行动，但充分的参与则包括投票行为以前的很多活动。民主社会中起作用的成员会积极参与社会的思考，投票不过是思考的最后一步。他们会提出可供选择的行动方案，抨击或维护别人的提案，调查或回报有关社会公益的问题，或者以各种方法影响其他社会成员的意见等。很明显，投票只是社会成员参与的一个方面。

今日社会最需要的不是在法律形式上扩大公民政治参与权利，比如法律形式上赋予公民普选权，但是实际公民却对政治决策没有任何影响。这样久而久之，公民或者可能是冷漠对待政治，或者是暴动冲击已有的政治合法性。今日民主发展最需要的是提高公民政治参与的质量，使之更加有效。因此，参与式民主理论认为，理想的民主不应仅仅是在两个竞选的人间选择一人就算参与了社会管理，而应该是在他们力所能及的范围内识别问题，提出

---

① ［美］卡罗尔·佩特曼：《参与和民主理论》，陈尧译，上海人民出版社 2006 年版，第 39 页。

② 参见［美］科恩：《论民主》，聂崇信、朱秀贤译，商务印书馆 2007 年版，第 21 页。

建议，衡量各方面的证据和论点，表明信念并阐明立场，促进并深化思考。"如果一个社会不仅允许普遍参与而且鼓励持续、有力、有效并了解情况的参与，而且事实上实现了这种参与并把决定权留给参与者，这种社会的民主就是既有广度又有深度的民主。"①

相比精英主义民主理论，参与式民主理论更为重视公民政治参与权利的实际效果问题，注意从公民政治参与质量上深化公民政治权利。首先，参与式民主理论认为，公民参与权必须是"充实的"、可实现的，而不是停留在理念和规范宣示层面上的。参与式民主理论强调平等自由的参与权的重要性，不仅是因为以这种参与权为基础的民主更能达成正当决策，也不仅是因为这种参与权保障了决策过程的民主正当性，还因为这种参与权能培育和历练公民美德。其次，参与式民主理论注重公民政治参与和政治商谈性的共契，注意通过参与者之间真诚、理性的讨论，提升民主的质量，使决策不仅仅是"意见的聚合"，不仅仅是程序上的"多数决定"，而是有质量的、理性的决定。巴伯和阿伦特等人的这些观点开启了后来协商民主理论的核心观点，即参与式民主理论不止强调高度的参与性，它更强调高度的协商性。再次，参与式民主理论强调的是一种理性的参与。在精英民主模式中，最主要的参与方式是投票。而在参与式民主中，最主要的参与方式是无偏私的、理性的协商，尽管投票依然是必要的。参与式民主的核心理念促进政治公共性的彰显：在公共对话中，一切论证都应受到尊重，以共同福祉为基础的更好论证的力量，是决定公共生活质量的关键。

第三节　公民经济权利的发展：以财产权为核心②

公民的经济权利对于公民资格的发展来说，就是基础性的，也是核心

---

① [美] 科恩：《论民主》，聂崇信、朱秀贤译，商务印书馆 2007 年版，第 22 页。
② 参见董石桃：《西方民主视域中的财产权——一项观念史的考察》，《湖北社会科学》2016 年第 10 期。人大复印资料《政治学》2016 年第 11 期全文转载。

性的。在当代世界，人们的生活呈现出愈来愈"经济化"的趋势，因而所谓"非经济"面向的人类活动就更加受到经济活动的组织方式及运转规律的左右，这也是马克思致力于从经济活动来探索资本主义发展内在秘密的原因。事实上，如果人类要为自己寻求更加人道的出路，必须不断地反思那些被多数人毫不质疑地接受的经济单元和制度，必须重视经济和政治之间的互动关系，并且找出可能的改善之道。鉴于此，参与式民主理论要致力于推动公民参与和民主发展的良性互动，不可忽视的一点是公民经济权利对民主发展的影响。它并不像有的自由主义者批判的那样，将公民的经济权利排除在政治研究的视域之外。参与式民主理论对于公民经济权利的关注是以财产权为核心的。它认为，财产关系有着独特的重要性，财产关系的形式既决定了经济活动的范围与结构，也影响了特定的政治价值如自由、平等和正义在特定社会中的存在面貌。不同的财产关系或财产制度就会形成不同的经济构造，也就赋予了公民不同的经济权利。此外，财产权利和民主同样密切相关，麦克弗森指出，"不仅是民主的发生过程，即使是民主的当前处境与未来，都和财产关系的问题有着紧密的关联。因此，从财产的角度来检视民主理论的基本假设，乃是十分重要的"①。财产权对于公民参与也是基础性的，它是公民自由行动的稳定性来源。在参与式民主理论家中，麦克弗森和阿伦特都对西方的公民财产权进行了透彻的研究，对我们具有十分重要的启示意义。

一、公民财产权观念的历史变迁：内容和价值的转变

财产虽然是一种关于物质所有权归属的关系，但是，也隐含着浓厚的政治性。从本质上来说，"财产是人与人之间的政治关系"②。财产制度是人所创造出来的，同时也是社会或国家担保和富于强制力的，和任何其他制

---

① C.B. Machpherson, *The Rise and Fall of Economic Justice*, Toronto：University of Tironto Press, p.38.

② C.B. Machpherson, "The meaning of Perperty", in C.B.machpherson ed., *property*, Toronto：University of Tironto Press, 1978, p.4.

度一样，财产制度也是为了一定的目的而在人与人之间创造的特定的关系。同时，"财产既是一种制度，也是一种概念，而随着时间的推移，财产的制度和概念就交互影响"①。不同的政治理论对于何种理想的政治社会是可欲求的，有着不同的判断，因而就会有不同的财产观念，并要求落实不同的财产制度。当然，不同的财产制度也并非完全出于政治理论的创造，更为常见的是，不同的政治理论往往在为不同的财产制度辩护或者使之合理化。这样一来，财产概念往往变得非常复杂，就像一座冰山一样，外表单纯，其实复杂无比。财产首先是历史性概念，随着历史的演变而发生不同的变化，人们对于财产的理解以及财产本身的意义随着时代的不同而有所改变，其改变的方向是顺应着一个社会的支配阶级对于财产制度所应该达成的目的、期待和想法相接近的。今天我们理所当然认可的财产观乃是一种历史的产物，同时也可能是应该被重新改造的历史产物。

现在普遍为人所接受的财产权，都是私人财产权，排斥他人的使用权或收益权。"这种排他性的私人财产权观念是如此深入人心，以至于像公共财产这个概念常常被看作是一个有语病的词。"② 在今天，人们往往习以为常地认为财产就是一项人们所拥有的东西或者事物，但是事实上，这并不是财产的原始意义。财产的原始意涵是一种权利，"一种可以使用某种事物或从某种事物取得利益的强制性宣称的权利"，而不是一项事物，财产被窄化成一种事物乃是 17 世纪资本主义发展起来之后的现象，"是随着资本主义社会关系的兴起而出现的"③。

从财产观念的发展历史来看，17 世纪以前，追溯至亚里士多德，所有的理论家都不把财产权仅仅当作私人财产权，而是认为它既包括私人财产

---

① C.B. Machpherson，"The meaning of Perperty"，in C.B.machpherson ed.，*property*，Toronto：University of Tironto Press，1978，p.1.

② C.B. Machpherson，*Demoeratic Theory*：*Essays in Retrieval*，Oxford：Clarendon Press，1973，p.123.

③ C.B. Machpherson，*Demoeratic Theory*：*Essays in Retrieval*，Oxford：Clarendon Press，1973，p.124.

权也包括公共财产权。历史表明，17 世纪以前的社会对于私人财产权十分熟悉，同时对于公共财产权也十分熟悉，而且对于二者的地位还存在不少争议。"他们对于私人财产权的关注就像对于政治理论的关注一样古老。这并不让人意外，因为只有私人财产权的存在才使财产权成为道德问题。"① 在历史上，政治理论家们对于私有财产的态度并不是十分一致，柏拉图攻击私人财产权与统治阶级的好的生活不相容；亚里士多德则认为它是充分运用人的潜能所必需的，同时也是更有效的使用资源所必需的。早期的基督教对于私有财产并不给予正面的评价，奥古斯丁认为它是对人类原罪的惩罚和部分补救。中世纪的一些异端主义者与宗教改革家攻击它，而阿奎那为它辩护，认为它和自然法相符。

事实上，在 17 世纪之前，公有财产还占据着十分重要的地位。早在中世纪即普遍存在着国家财产和公有财产，国家财产是国家专有财产。在当时的理论家看来，公有财产乃是一种最纯粹的财产形式，其起源较其他财产形式更为久远。因此，早期理论家们认为公共财产权是人类原始时代所固有的。总之，在近代以前的法律及理论中都承认公有财产的存在，其主要形式有公园、寺庙、市场、街道、公共土地等。现代政治理论家中最早的伟大理论家布丹，他于 16 世纪末期为现代私人财产权作出强有力的辩护的同时，仍主张必须存在一些公共财产权，他甚至指出，"缺乏公共财产权就不会形成共同体意识，因而也就不会产生持久的国家"②。私有财产的存在价值就是使人们更能够领会公共财产的可贵。

从财产权的论证理路来看，17 世纪以前，理论家为财产权作辩护的理由大致分为这样两种。"一是亚里士多德认为财产权的功能在于确保个体能够表现人的本质。二是奥古斯丁认为财产权的功能在于它是对人的罪恶本性的抵消。这二者为财产权的存在所提出的理由都是，为了充分理性的个体，

---

① C.B. Machpherson，*Demoeratic Theory：Essays in Retrieval*，Oxford：Clarendon Press，1973，p.125.

② C.B. Machpherson，*Demoeratic Theory：Essays in Retrieval*，Oxford：Clarendon Press，1973，p.125.

而不是为了奴隶或农奴。"① 这两种辩护有一个共同点：即都主张财产权是手段，而不是目的。麦克弗森指出："在亚里士多德、格林的学说中，财产权是充分实现公民或个体潜能的手段；在卢梭、杰弗逊那里财产权是自由的前提；摩尔、乌托邦社会主义者、马克思则对无限制的私有财产权进行批判。所有这些理论家们都主张财产权是手段，而不是目的。"② 总之，17世纪之前的财产概念一直接近财产权的本意：（1）从内容上来说，财产的概念包括两部分：一是公有财产，一是私有财产；（2）从财产的价值来说，17世纪之前的人们强调的是，财产是人们发展的手段而不是目的，因而财产权一般被视为一项收益的权利，无论其形式是劳务、产品还是货币，而不是一项对物的权利，当然更不会是视为物本身。

从西方财产观念的历史演进来看，只有在17世纪之后，财产的观念才发生了巨大的改变，财产的内容被窄化为私有财产。麦克弗森指出，"当我们（西方社会）进入了充分发达的资本主义市场社会中，那种公共财产权观念才真正从人们的视野中消失了"③。也因此，休谟把财产定义为一项个人拥有的排他性性的权利，主张政府主要职能在于保护财产。随着资本主义市场经济的兴起，财产越来越被看作是物本身，而不是一项权利。随着土地与资本越来越多地进入市场，它们就越来越容易被视为财产本身，进入市场交易的是资本本身，而不是权利。当财产权越来越多地被看作物本身的时候，物与权利之间的区别也越不清楚了。国家也越来越多地保护个体的这种绝对的对物的权利，接受并保护这种绝对排他的财产权。

在参与式民主理论家看来，17世纪之后的资本主义政治理论家不仅将财产权的内容等同于私人财产权，而且还将财产对人的价值从手段转变成目

---

① C.B. Machpherson, *Demoeratic Theory：Essays in Retrieval*, Oxford：Clarendon Press, 1973, p.129.

② C.B. Machpherson, *Demoeratic Theory：Essays in Retrieval*, Oxford：Clarendon Press, 1973, p.125.

③ C.B. Machpherson, *Demoeratic Theory：Essays in Retrieval*, Oxford：Clarendon Press, 1973, p.125.

的，以一种前资本主义理论家所不曾使用的方式来为这种资本主义市场社会的财产权辩护。洛克财产权理论的核心内容就是，"财产权制度的主要功能是作为一种社会所需要的劳动的刺激物。它的基础是在个体对于自身劳动潜能的占有当中。每个个体都在他的劳动当中拥有财产权。每个人的劳动都排他性地属于他自身。这两条假定之中就引申出排他性财产权观念。由于他的劳动只属于他自身，他所掺加入劳动对象中的物也就属于他所有"①。这种观念一直被继承下来。此后，在资本主义的理论范畴之内，个人的劳动和土地、产品、资本一样都变成市场中可以自由交换的商品，都是个人的"私有物"，财产权建立在劳动之上，财产权的功能就在于保障个体享用自己劳动成果。在此，"人的身体变成了一切财产的结晶"②，财产转化为占有。这样一种财产权是一种排他性的、可转让的个体的权利，它是资本主义社会的产物，也是自由主义民主理论的经济权利基础。

二、自由主义民主的财产权观念：主张和困境

如上所述，自由主义的财产权理论是从 17 世纪发展起来的，他的特点是尽力将所有的东西都私有化，如此将公民经济权利的核心——财产权也尽力窄化为私有财产；将财产等同于物，而不是权利；其主要目的是最终将人的劳动也私有化，变成跟产品一样可以在市场上自由交换的商品，这也是马克思所发现的资本主义发展的秘密之一。自由主义的长处在于此，其弱点同样由此而生。自由主义理论认为私有财产是个人所有权的必然延伸，自洛克以来，人拥有自身，因此其自身的劳动所得也归其所有。洛克的"劳动价值论"成为自由主义公民经济权利的核心。这一方面具有进步意义，它有效地促进了人类自由的保障；另一方面，也将人类从封建社会的等级制中解放出来，获得了在市场中"游泳"的相对自由，大量的劳动力在市场中的流动推动了资本主义的发展。但是，在自由主义的成就中，仍然存在着令人忧虑的

---

① C.B. Machpherson, *Demoeratic Theory*: *Essays in Retrieval*, Oxford: Clarendon Press, 1973, pp.129-130.

② [美] 汉娜·阿伦特：《人的境况》，王寅丽译，上海世纪出版集团 2009 年版，第 81 页。

缺陷。马克思对此有着深刻的洞见，人们从封建制的等级制中解放，但是随着资本主义的发展，人们又陷于市场的"牢笼"，人们梦想的在市场中"自由游泳"并不是现实，市场并不是人们想象的"权力"的真空，它也远不是人们想象的是"天然的平等派"。甚至在自由主义的内部，学者们同样也意识到自由主义公民经济权利的悖论，当代自由主义者贝奇勒对此有着贴切的表达："政治自由显然地依赖着私有财产，但财产造成了不平等，而不平等又危害到自由。"①

（一）自由主义民主财产权的基本主张

如前所述，自由主义民主的财产观是随着17、18世纪以来的资本主义发展逐渐形成和确立的。自由主义民主财产观的内容主要包括三个方面。(1)认为财产等同于私有财产，即一种排除他人的使用特定事物或者从特定事物中获得利益的个人权利。从16、17世纪开始，国家中越来越多的土地和其他资源变成私有财产，随着社会的运转而无条件地自由转换，一直延续到今天。现代自由主义民主的公民财产权利相比封建社会时代的公民经济权利，在两个方面是绝对的权利：一是处置或者交换的权利，一是使用的权利。这种权利行使的条件都是根据权利拥有者在市场社会中的竞争力来确定的。这当然都是资本主义市场经济运作所需要的财产权利。(2)认为财产是一种对于物的权利，而不是关于收入的权利。事实上，后者乃是历史更为久远的观念。麦克弗森指出："在前资本主义的英格兰，财产权一般被视为一项收益的权利，无论其形式是劳务、产品还是货币，而不是一项对物的权利，当然更不会是视为物本身。"② 此时财产的主要形式是土地，这种不动产是不可转让或处置的，所有者所拥有的权利仅限于从土地中获得收益。另一项主要财产形式就是特许公司，国家允许其垄断，所有者的权利也仅仅是收益权。随着资本主义市场经济的兴起，财产越来越被看作是物本身，而不是一项权利。于是旧的受限制的对于土地的权利就被不受限制的权利所代替。而原先

---

① Jean Baechleer, "Liberty, Property and Equality", in *Pennnock and Chapman*, op. cit., p.269.

② C.B. Machpherson, *Demoeratic Theory：Essays in Retrieval*, Oxford：Clarendon Press, 1973，p.127.

的特许公司的垄断经营者的那种商业中收益的权利也转变成对于资本的权利。随着土地与资本越来越多地进入市场，它们就越来越容易被视为财产本身。[1]（3）认为财产的主要功能在于对个人劳动的刺激和诱导。如前所述，在资本主义市场经济发展之前，财产的合理性论证在于财产可以帮助人们实现其他更高的价值，财产的功能是手段性的，本身并不是目的。例如，亚里士多德认为私有财产之所以合理，是因为它可以帮助人得以展现其人类的本质，它是公民追求至善的生活的手段。奥古斯丁认为私有财产使人能够节制以及调和原罪的本性。阿奎那则相信私有财产有助于维持人与人之间的和平和有秩序的关系。但是市场社会确立以后，随着劳动属于个人所有的观念成为主流，即劳动价值学说的确立。个人的劳动成为财产的一般性基础。每个人在自身的劳动中获取自身的财产权。个人就像拥有资本、土地一样拥有自己的劳动，这也是一种排他性的私有财产权。财产权的功能就在于保障个体享用自己的劳动成果，否则劳动者就缺乏必要的动力，社会功利也不会得到最大化。这种新的财产观，一方面促进了生产活动的发展，另一方面则是维持和开展新的市场关系所不可或缺的。这种新的财产观也和传统的财产观截然不同。上述自由主义民主的财产观念包含的三个特点也间接地说明了为什么资本主义和自由民主之间存在着如此密切的血缘关系。那是因为资本主义与自由主义民主是同样的财产观在经济面向和政治面向不同侧面的反映。[2]这样的财产观乃是资本主义市场社会发展的产物。同时它所提供的经济基础也促成了自由主义民主在 19 世纪的兴起。

（二）自由主义民主财产权观的困境

在参与式民主理论家看来，自由主义民主的财产观存在诸多的困境。麦克弗森认为，自由主义民主的财产观是一种过于狭隘的财产观，这种狭隘性一方面导致自由主义民主在当代呈现出许多的弊病，另一方面也阻碍了自由主义民主的改良。自由主义民主的公民财产观的主要困境体现在四个方

---

[1] 参见余宜斌：《自由主义民主的困境与重建——麦克弗森的政治理论研究》，复旦大学博士学位论文，2007 年。

[2] 参见许国贤：《马克弗森》，（台北）东大图书出版公司 1993 年版，第 138 页。

面。（1）自由主义民主财产观的基本矛盾在于，它既要经历去保障其财产观所型塑的公民财产权及财产制度，又要努力去维护每个人都能享有使用及发展其各自的人类能力的平等、有效的权利，这势必导致公民私有财产权和公民平等发展能力之间巨大的张力。因为，自由主义民主的财产观透过市场的运作之后，形成了所有权日益集中于少数人手中的现象，极少数的人剥夺了绝大多数人的实现其人类能力的机会，即极少数人从绝大多数人那里获得了权力的净转移。① 其结果最后是每一个人发展其人类能力的平等的有效的权利落了空。平等有效的权利只是沦为一种形式的平等，其真正的情况是实质的严重的事实不平等，所以，财产作为一种促进人本身全面发展的手段的权利，却没有给予大多数人，对大多数人来说，财产的平等是形式的，作为一种成为每一个公民所需要的权利却被否定掉了。（2）自由主义民主财产观中内含着两种难以调和的关于人的概念的矛盾。自由主义民主一方面认为人是效益的消费者，欲望的极大化者（奠基于狭隘的财产观之上）；另一方面又认为人是其自身能力的履行者、运用者和发展者（奠基于其平等有效权利观念之上）。但是，如前所述，这两种关于人性的理念本身存在难以调和的矛盾。自由主义民主关于人的概念的预设也反映在其财产观的困境之上，影响到自己的经济政治和运作，导致社会矛盾难以调和。（3）自由主义民主财产观的困境还体现在财产手段性和目的性之间的矛盾。如前所述，在 17 世纪之前，西方的主流理论都认为，财产是人赖以生存和发展的手段，而不是目的。从霍布斯开始，自由主义开始将财产本身视为一种目的。这种将财产视为目的的见解到了功利主义时代达到顶峰。在自由主义——功利主义的传统里，私有财产本身的积累成为一种目的，社会发展的目的则变成功利的极大化，而测量功利的标准则是物质财富的积累程度。财产的极大化和积累本身的目的性成为资本主义价值观的核心。资本主义的合理化也建立在这种目的性的公民财产观之上。这种目的性的财产观势必和人本身的全面发展形成极大的张力。财产目的化之后，势必导致将人本身手段化，即人本身成为资本

---

① C.B. Machpherson，*Liberal-Democracy and property*，pp.199-200.

主义财富积累的一种工具，任何关于人本身全面的追求都容易被抛弃。这也就是马克思所说的人本身最后被异化成一种工具。这是资本主义的悖论，也是其自由主义意识形态的悖论，而集中的体现就是自由主义民主的财产观的狭隘性。(4)自由民主财产观导致阿伦特所说的"社会"的胜利，即随着消费社会的扩张，造成原本属于私人领域的物质在生产向公共事务的提升，严重地破坏了人们公共生活的前景。阿伦特对于西方财产观历史发展的认识接近于麦克弗森。阿伦特从17世纪之前的政治理论家的思想中获取灵感，也认为，公民财产权本质来说应该是一种手段而不是目的，公民私有财产权有着存在的必要性，原因在于，它联系着必然王国和自由王国，是人们被允许进入政治生活的主要前提条件，有着非常特别的客观意义，它表明一个人在世界的某个具体地方拥有自己的位置。"财产首先是世界内的一块领地，私人的东西可以藏在里面，免于公共领域的侵犯。因此，财产始终与公共世界有联系。"① 但是随着资本主义的发展，自由主义民主的财产观将财产的概念窄化了，严格来讲已经不是原有的财产概念，而是变成一种"财富"的概念。财富和财产的区别在于，财富缺乏财产的持久性和稳定性，财富的性质是无休止地扩张和积累，它是一个无节制地扩充占有物的过程，财富积累的过程就是市场社会自身的目的，人们在无限制的财富扩充中实际上也容易成为占有物的奴隶，成为必然性的奴仆。和麦克弗森一样，阿伦特认为自由民主的财产观维护的是一个资本无限制扩张的市场社会逻辑，无穷的积累和无穷的占有相互依存，这将对共同世界的稳定性造成严重的后果。持续的占有和积累破坏了过去手段性意义上的财产，它是对实实在在存在的有用事物的真正破坏，它们被分散到生产和消费过程之中，积累的动机由此获得了自己的外衣。自由主义将财产目的化为"财富"的危害可能是双重的：一方面使人们容易在生物性的劳动中与公共世界隔离开来；另一方面，财富扩张的逻辑发展可能导致最后人们的"私人"藏身之处也无可能，因为当私人财产和资本财富的积累发生冲突时，私有财产最终可能成为积累需求的牺牲品。在

---

① ［美］汉娜·阿伦特：《人的境况》，王寅丽译，上海世纪出版集团2009年版，第83页。

市场社会中开辟一块逃避公共世界的"净土"在理论上和历史中都被证明是不可能的。阿伦特在对自由主义民主财产观的分析中十分深刻地区分了作为人们自由行动稳定基础的私有财产和作为资本积累的财产（自由主义民主的财产观）。它表明，参与式民主理论并不是反对公民的私有财产权，而是反对将公民私有财产权窄化为一种财富性的逻辑。

三、民主社会的财产权：参与式民主理论和公民财产权的扩展

综上所述，自由主义民主的财产观虽然在西方历史上扮演了解放生产力和推动社会发展的进步作用，但是随着资本主义市场社会的进一步发展，在当代已经面临着诸多的困境，尤其是它无法回答好财产权如何为改善当前人类生活和处境的服务的问题。因此，参与式民主理论家认为，"现在已经是需要一种新典范的时候了，在新的典范里，我们能够期望去解决旧的典范所谓能解决的难题"[1]。麦克弗森认为，推动民主进一步深入发展的关键是改变自由主义民主既有的狭隘的财产权理论，他认为，"一种真正的民主理论的修补，一种适当的自由理论的获取，以及这两者在实践上的落实，都需要对财产的理论与实践做全面而新的检视"[2]。因此，在参与式民主理论家看来，要重建一种深化民主发展的财产权理论，其重点在于，扩大而不是缩小公民财产权的内容，财产权不仅仅限于一种劳动的权利，而是一种包含着公民政治权利和社会权利在内的经济权利，成为人们自由生活的前提，使个人能够更加人道地生活，帮助人们切实提高生活本身的质量。

（一）公民财产权作为一种政治权利的分享

在自由主义民主的财产权理论中，个人的劳动被视为个人价值体现的途径。但是，这种"劳动价值论"不能解释当代社会新的发展和人们生活方面的新需求。随着社会生产力的发展和技术的进步，人类劳动的必要性也将大为降低，对于劳动手段的不被他人排除的个人权利就不再那么重要了。而

---

[1]　C.B. Machpherson, *Liberal-Democracy and property*, p. 201.

[2]　C.B. Machpherson, *Demoeratic Theory*: *Essays in Retrieval*, Oxford：Clarendon Press, 1973, p.121.

且，随着技术经济的发展，西方发达国家已经为人们设立"最低年收入"或者设立"排斥收入税"以给予人们收入上的保障。因此，在生产力高度发展的当代社会，公民财产权将从一种劳动的权利转变为追求生活质量提升的权利。"在我们所能设想的丰裕社会中，充分人性的生活，即一种实现和享受人的潜能的生活的手段的重要性将会增加，而仅仅满足于充分消费的生活的重要性将会下降。"① 在当前社会，"关键性的问题就不再是如何提供充足的生活所需的手段，而是如何为一种全面发展的生活来提供合适的质量与种类的物质。即关键性问题在于生活质量本身。这个问题必然要求一种控制大量生产资料的财产权。如果可以设想这样一个极端的自动化的社会，其中人们不再需要为生活而不得不劳动，那么财产权将不再是得到工作机会的权利，而是控制大量的生产资源的权利，而这样的财产权就不再仅仅是一种经济学概念了，它具有政治意义与政治性质。财产权，作为一种个体权利的财产权，作为一项个人权利本质上将成为个体参与政治权力的权利"②。因为只有参与了对生产的控制，才能确保好的或自由的生活。

参与式民主理论在此由强调劳动生产转向了分配正义，即"经济民主"的理念，它要求在一个国家的经济体系的安排中，对工作、收入与财富进行符合正义原则的分配。参与式民主理论认为，分配正义本质上是一种公民经济权利，但是从更深层次挖掘，它也是公民的一种政治权利。经济和政治紧密相连，公民只有参与了政治体系，分享了政治权力，实现了自身的利益诉求，才能实现自身财产权上的公正待遇。正是在这个意义上，参与式民主理论家麦克弗森认为公民的财产权利应当被看作是一种政治权利。如此一来，财产权再次归属于政治权利。当财产权的内涵扩展为一种政治权利的时候，政治权利本身也就延伸为经济权利，于是政治权利就会变成最重要的财产权。政治与经济不再完全分割成两个独立存在的领域。就像黑格尔的否定之

---

① C.B. Machpherson, *Demoeratic Theory：Essays in Retrieval*, Oxford：Clarendon Press, 1973, p.140.

② C.B. Machpherson, *Demoeratic Theory：Essays in Retrieval*, Oxford：Clarendon Press, 1973, p.139.

否定规律一样，财产权的再次回归并不是简单的重复过去，而是在更高层次上的回归。如果说 17 世纪以前的财产权是服务于少数人的自我完善，那么此次回归则是服务于所有人的自我完善。由于财产权本身必须服务于更高的价值目标，即所有人的自我完善，所以必须消除过去服务于资本的需要，不再成为刺激经济增长的动力。随着这个最根本的目标消除之后，也就消除了一部分人向一部分人进行的权力净转移的过程。

（二）公民财产权利作为一种社会权利的扩展

在参与式民主理论看来，公民的财产权利也应该是一种社会权利，即人们追求一种理想的社会关系，要求一种社会类型的权利，以此来实现每个个体都得到自由生活。参与式民主理论从马克思那里获得了关于财产权本质的洞见，即认为财产权本身就是一种人与人之间的社会关系，事实上，包括财产权在内的所有的经济关系都是一种人与人之间的关系。随着人类社会科技的发展，人类摆脱物质性限制的潜力愈来愈大，财产就应该逐渐由原来的对于物质收入的权利提升到对于非物质收入的权利，即提升到对于生活品质的享有的权利。为此，参与式民主理论认为，民主社会的公民财产权利应该树立这样的信念，那就是人不仅仅在物质生活手段上拥有财产，更要求在他的生活本身，在推动其潜能的实现上拥有财产。从这个角度来说，如果财产权要保持一种作为实现充分人性的生活的意义，它将不得不变成一种这样的权利，即必须变成"一种对于一整套社会关系的权利。对于一种社会类型的权利，它就必须包括不仅仅分享政治权力，以此来决定社会类型，而且包括一种对于一种社会类型的权利，以实现充分而自由的生活"①。麦克弗森甚至认为，从某种意义上来说，财产权也是一种人权。在一个财产权受到高度重视的时代，如果将财产权视为人权的核心内容，将使人权得到优先的保障，因此，如果人们要求生活品质的权利不仅仅停留在抽象的人权层次，而是涵盖到财产权的范畴，将会对人权的保障带来好处。② 如果我们实现了这种意

---

① C.B. Machpherson, *Demoeratic Theory: Essays in Retrieval*, Oxford: Clarendon Press, 1973, p.138.

② C.B. Machpherson, *The Rise and Fall of Economic Justice*, p.84.

义上的财产权，我们就又回到了前资本主义市场社会的财产权观上了，即一个人拥有财产不仅仅拥有的是生活的物质手段，而且是他的生活本身，是在他所有潜能得以实现的过程中的生活本身。如前所述，在 17 世纪之前，"财产权"一词要比以后任何时期的意义都宽泛。政治理论家们在 17 世纪讨论人的财产权时不仅仅包括他对于物与来自物的收益权，而且包括他的生活、他的人格、他的能力、他的自由、他的婚姻方面的情感、他的尊严与名声等，并且物质性财产或许要比其他类型位置更低。甚至一直到洛克为止，财产还是人们的一种广泛性意涵的社会权利，当洛克与他的同时代人谈论财产权的时候，他们的财产权包括了个体的人格、生命与自由，以及个体所占有的财物。这种意义的个体财产权是财产权的原初意义，它包括了所有的人权。

事实上，参与式民主理论提出的这种公民财产权利观念在 20 世纪的西方实践中已经成为一种趋势。20 世纪中叶以来，人们对于财产权的看法已经远远超出了自由主义民主理论的狭隘的财产观范围，财产如 17 世纪以前那样被视为一项收益权，而不是对于特定的物的权利。伴随着物质的极大丰富，以及保险业的兴起，越来越多的人已经拥有了这样的一项收益权；福利国家本身也创造了一些新的财产形式，并广泛地加以分配，福利国家的民众所享受到的这些财产都可以视为收益权。马歇尔的"公民身份和社会阶级"理论集中关注的就是公民社会权利的平等性问题，可以看作是对于当代西方公民财产权利变化在理论上的一种回应。他的论文发表于 1950 年，正是英国福利制度刚刚诞生，社会权利无法逆转之时。作为一名社会自由主义者，马歇尔在某种程度上意识到了自由主义民主财产观造成的社会不平等对于社会秩序以及相应对于公民身份实践可能造成的障碍。因此，他主张以税收来促进社会权利，以此弥补经济不平等所带来的不良影响。① 然而，马歇尔在提出其观点的时候，没有充分注意到他所处时代社会权利维持所必需的条件

---

① ［英］T. H. 马歇尔：《公民身份与社会阶级》，载郭忠华、刘训练主编：《公民身份与社会阶级》，江苏人民出版社 2007 年版，第 23 页。

和利害关系。另外，来自民间的对政府的民主压力日益增强，劳工对于工作权的要求表现了其重新审察劳动手段和生活手段的平等有效权利的迫切性，而环境保护意识的提升，使人们认识到空气和水等环境资源被认为是全民的公有财产，公共财产的保护问题再次被提起，这对于传统自由主义民主的狭隘的私有财产观都是极大的挑战。这些都可以看作是参与式民主理论公民财产观对于自由主义民主财产观的发展。当然，参与式民主理论不是要求彻底抛弃自由主义的财产观，而是要求一方面维持私有财产的既有格局，因为私有财产对于人的全面发展本身具有基础性的意义；另一方面，则要求有效地扩展私有财产的内容，即有效地转化私有财产既有的狭隘性，以期使私有财产不再限于自由和平等的矛盾中。正如许国贤所言，"自由主义是以私有财产来保障自由，但麦克弗森则企图使私有财产保障自由，亦能兼顾有效而非形式的平等"①。

这种财产占有的民主实质上是一种兼顾效率与公平，符合正义原则的治理体制。诺贝尔经济学奖获得者詹姆斯·米德和政治哲学家约翰·罗尔斯也曾经对此作出了深入的阐释。詹姆斯·米德认为，"财产占有的民主是通过制度设计将社会的财产所有权尽可能地分散化，使每个人都能拥有一定比例的财产性收入，弥补经济效率所要求的低工资的劣势。这不仅有利于充分就业，而且有利于劳动密集型产业的扩张和非商业活动的繁荣发展"②。罗尔斯则认为，财产占有的民主目标在于将"社会作为自由平等公民之间的公平合作体系"的理念体现于基本制度之中。③

一种扩展的财产权理念对于中国克服贫富两级分化、实现社会主义的共同富裕目标也具有重要的现实意义。众所周知，中国以马克思主义为指导，一直以来并未像西方自由民主那样将财产权仅仅窄化为私有财产权，但

---

① 许国贤：《马克弗森》，（台北）东大图书出版公司 1993 年版，第 137 页。

② ［美］詹姆斯·米德：《效率、公平与产权》，施仁译，北京经济学院出版社 1992 年版，第 29 页。

③ 参见［美］约翰·罗尔斯：《正义论》，何怀宏、何包钢、廖申白译，中国社会科学出版社 1988 年版，第 233 页。

是中国的公共资产，比如国有企业资产，对于提高效率和公平的成效还存在较大障碍和问题。随着市场经济的进一步发展，中国公共资本转为私人资本的进程一定程度上加快，这种方式尽管可能对提高经济效率有益，却存在公共资产转入少数私人手中，让少数人暴富，成为寡头的风险。为此，如何通过平衡财产权的公共属性和私有属性，带来权力的民主分享，无疑是中国当前和今后面临的重大问题，正如皮凯蒂所言，"眼下在中国，公共资本似乎占国民资本近的一半左右（据估算约占 1/3—1/2）。如果公共资产能够保证更为均等地分配资本所创造的财富及其赋予的经济权力，这样高的公共资本比例可以促进中国模式的构想——结构上更加平等，而对私人利益更加注重保护公共福利的模式。中国可能在 21 世纪初的现在找到了公共资本和私人资本之间良好妥协与平衡，实现真正的公私混合所有制经济，免于整个 20 世纪期间其他国家所经历的种种波折、朝令夕改和从众效应"①。

第四节　公民精神的养成

　　公民精神是现代政治文化中最重要的组成部分，参与式民主理论除了对于公民各种权利重视以外，尤其注重公民精神的养成。在他们看来，公民精神是民主发展的内在动力，如果缺少公民精神，共和国就会变成一个私人利益的卑微集合体，而国家也就变成了依赖私人利益结合成的空洞的法人团体。因此，培育公民精神是推动民主发展不可或缺的内在因素。关于公民精神的内涵和价值、公民精神的构成维度以及公民精神的养成，参与式民主理论都给我们带来了诸多的启示。

一、公民精神的内涵与价值

　　什么样的公民才是好的公民？公民精神实质上就是对此问题的一种追

---

①　［法］托马斯·皮凯蒂：《21 世纪资本论》，中信出版社 2014 年版，"中文版自序"。

问，这种追问带有浓重的规范色彩。李维在他的著作中曾经以两个故事为例作了说明。第一个是关于布鲁托斯的例子。布鲁托斯是新罗马共和国的执政官，他的几个儿子牵涉进了一场企图复辟君主制而失败了的政变阴谋中。面对自己儿子的案子，布鲁托斯陷入了一种可怕的困境：作为执政官，他负有公正判决，并亲眼见证他们被鞭笞和斩首的责任。最后，他没有退缩，选择了作为一种公民的责任，尽管可以明显看到其作为一名父亲所受的煎熬。另一个例子是关于辛辛那提斯的故事。他在履行一段公职后过着一种简朴的生活，但是一场重大危机出现了，他被委任执掌为期 6 个月的最高政治权力和军事权力。他不辱使命，打败了敌人，并且在主政 15 天后主动辞职，重归稼穑，淡漠权力和财富的诱惑。① 这两个故事实际上反映了西方古典传统中对于良善公民的定义，它和一种悠久公民精神传统相连，即无论自私具有多么大的诱惑力，它都必须为无私的公民责任让路，这就是公民典型的标志。参与式民主理论基本延续了西方共和主义对于良善公民进行追问的传统，他们认为，自由主义民主过于关注不受干扰的自由和个人权利，而在培育引导人们承担责任的公共美德以及切实提升公民理性思维能力方面着力过少，忽略了公民精神对民主推动的内在动力作用，这将对公民资格的内在品质造成危害。个人权利最终只会形成巴伯所说的浅薄的、防卫性的公民身份，这种公民身份对于权利赖以建立的政治共同体的维持不会有多大的帮助。因此，参与式民主理论对公民精神的养成进行了新的反思。在他们看来，公民精神的内涵本质上是表征公民内在品质的一个范畴，它由两个基本维度构成：一是公民美德，它是公民精神的道德维度；二是公民理性，它是公民精神的心灵维度。

公民精神的第一个维度体现在对于公民美德的强调上。这源于参与式民主理论对于政治公共性的重视。就公共性而言，其含义有两重：一是政治所谓公共事务必须公开地当众进行；二是"公众"不仅仅是指一群人，而且还是一个有其自身的要求和所考虑的事情的生活方面或领域，即使它与私人

---

① Livy, *The early History of Rome*, Harmondsworth：Penguin, 1960, p.2, 5.

的方面或领域不太容易区分。某件事情之所以是公共的，就是因为它使得人们作为一个共同体或政治体的成员而卷入进来，是因为人们出于共同的关怀而参与进来，这种关怀使他们越出其私人生活。阿伦特相信，公共生活将人们拉出其私人世界，并将人们牵引在一起，它激发人们的天资和才干，进而将他们聚合到共同体中，当然，也同样会存在诸多的冲突。从公共性的这些方面出发，参与式民主理论重视法治的意义。因为个人自由形式只有在一个自由的国家中，在法律之下，才能得到保障。自由来自法治，法治使公民能够独立于他人的专横意志。但是公民资格必定不止于此，真正的或正确的公民资格还要求对于公共利益的责任承诺和对于公共事务的积极参与，也就是说，它要求公民美德。法律对于公民资格的建构来说是必需的，但是必须不等于充分，它还需要道德方面的补充。假如公民资格仅仅是一个法律地位的问题，那么，我们就无法在好公民和坏公民，或真正的公民和那些仅仅是名义上的公民之间作出区分。总之，公民精神需要一个道德的维度，是因为在公民精神概念中存在着一些衡量评判的标准，这种评判标准和核心是强调公民精神的公共性追求。好公民是一个具有公共精神的人，他将共同利益置于个人利益之上。他会认识到，公民身份既是一种权利，同时也是一种责任。一个好公民在受到呼吁时会承担起这些责任。当然，他也不会总是被动地等待别人发出的呼吁。相反，他们会主动地参与公共事务，将在这一事务中扮演一个见识广博明达、富有公共精神的角色。

公民精神的第二个维度就体现在公民理性的建构上，它是公民精神的心灵之维。"道德在本质上表现为主体对客体是否符合自身需要和利益所产生的情感体验。"① 公民道德作为一种情感性的体验最终还需要公民理性链接，才能推动公民有序地参与公共事务，促进民主发展。现代性的哲学认为，人是理性的存在物，人的实践和认识的基础在于主体的力量和价值。参与式民主理论认为，没有公民理性这个前提，就难以有民主。阿伦特对公民理性作了恰当的论述。她对公民的自我治理和基本理性能力有着忧虑，但是

---

① 万斌：《万斌文集》第三卷，杭州出版社 2003 年版，第 155 页。

绝不是完全的悲观。在她看来，政治尽管要抵制始终存在着的借助并通过抽象的一般去统治个别的威胁，但是政治又必须包含理性。民主社会的发展必须依赖公民理性的发展和养成。他们必须能共同制定目标原则，并且能将这些原则贯彻到实际行动中去，以确定哪些符合规定，哪些不符合规定。社会成员具有理性是民主的前提，如果不具备理性，就绝无可能通过参与来实行自治。

二、公民精神的美德基础

如前所述，公民精神首先体现在对美德的重视。但阿伦特在论及政治世界的维系的基础上，她重点强调了人的美德，即公民德性的重要性。作为参与式民主理论的代表性人物之一，阿伦特认为真正的政治生活得以展开的前提条件之一就是公民美德。作为一个好的公民，应该具有如下的优秀品质：

（一）勇气

政治的基础在于公民自由行动，通过在公共事务中的参与展示自己的风采，同时承担公共责任。那么这种行动如何可能呢？尤其在黑暗时代，在极权主义的恐怖氛围中，公民此种行动如何可能？在自由主义民主理论的逻辑中，这也许是一种奢望和幻想，可是世界的黑暗又如何得以打破呢？人类难道只能永远待在极权主义的黑暗中不求黎明的到来？阿伦特的回答是公民的行动是可能的，它的基础在于一种独特的公民精神——勇气。

事实上，勇气作为一种公民品质在西方的政治理论传统中源远流长。亚里士多德、西塞罗、马基雅维利和卢梭都将勇气视为公民的重要美德之一。在古希腊，勇气是公民首要的政治美德，只有那些有勇气的人能够获得完全的成员身份。这是因为，人们离开家庭，投身城邦的事务，这就需要勇气。在家庭领域中的一个人主要关心自身的生命和生存。进入政治领域，就得准备冒生命的危险，对生命过分的珍爱势必阻碍自由，导致最终受奴役。由此，勇气便成为人们追求自由的重要前提和基础。这也是对"生命诚可贵，爱情价更高，若为自由故，两者皆可抛"的最早阐释。亚里士多德因此将勇气视为人们追求美好生活的重要道德基础。在西塞罗那里，公民的美德包括正义、勇气、节制以及审慎，勇气是四主德之一。而到了马基雅维利那里，美德则包括勇气、节制和审慎，即捍卫自由的勇气、维持自由政府的节制以及把公民生活和军事行动导向最佳结果的审慎，勇气尤其受到马基雅维利的推崇，他呼吁人们勇于为政治共同体的自由与幸福而奋斗。到了卢梭那里，勇气更是和爱国联系在一起了，它对于政治兴旺和国家成功具有根本的意义。

当然，在西方传统共和主义的政治理论中，勇气更多的是包含着一种尚武爱国奉献的意思。勇气是一名爱国公民必须持有的品质。阿伦特一方面继承了西方传统共和主义对于公民勇气的赞赏，另一方面也进行了现代性的转换。阿伦特认为，勇气作为政治首要之美德，它是一个高尚的词汇，勇气是政治行动的基础。她说："勇气，我们依然认为它对这种行动来说不可或缺，丘吉尔曾称之为'人的品质的首要部分，因为正是这一品质保证了所有其他人的生存'，它并不是满足我们个人意义上的生命的力量，而是为公共领域的特定本质所要求之德行。我们的世界，因为它先于我们而存在，在我们生命终结后继续存在，所以我们不能单单考虑低层次的个人生活以及与之相连的利益；这样，公共领域与我们的私人领域尖锐地存在着。"在私人领域中，在家的荫护下，一切服从于也必须服务于生活过程的安全。离开家的四壁所提供的保护性安全，进入公共领域，需要的乃是勇气，勇气使人从担忧中解放出来而获得世界的自由。由此，勇气的重要性体现在它使个人由私而公，成为公民，也正是因此世界得以维系。如果人们都安于一己私利，政治生活的展开便成为问题，但面对着类似极权主义的政府营造的黑暗时代时，没有勇气、没有抗争、没有参与政治生活的动力，那么世界也将难以维系。勇气的价值体现在对于政治危机的挽救中，毕竟政治危机的挽救不是某一个英雄人物所能做到的，它更需要广大公民对于挑战邪恶、维护自由的勇气。

（二）宽容

如果说公民的勇气使政治行动和实践成为可能，那么还有一个问题没有解决，那就是如何面对政治行动的后果问题。人的行动或者说公民参与政治的行为一方面具有开端性，它能开创以前所未有的新局面；而另一方面，行动也具有一定的不可逆转性和不可预见性，即人们的行动一旦作出，便会造成一定的既成事实，它无法挽回，犹如覆水难收。也就是说，公民参与本身也具有一定的风险性，比如可能在某段时间内造成一定的波折。面对公民参与的这种可能存在的风险，我们是不是就如精英民主理论家所主张的那样将公民参与限制起来呢？参与式民主理论家反对这种消极的态度，而是从人类更高的潜能中寻求解救之道。在阿伦特看来，人类其实具有两大独特的潜能，它们是公民精神的重要构成部分：一是宽容；一是承诺。他们分别对应于人类行动的两大特性，即不可逆转性和无法预期性。它体现的正是人类的两种公民德性，即"恕"和"信"，它们是维系政治世界不可缺少的公民德性。宽容对应的是公民行动的不可逆转性，它是公民精神的重要组成部分。公民行动本身是一个中性的概念。行动本身的目的是彰显公民自我，但是其后果却具有风险性，甚至可能对他人有害。我们如何对待公民行动可能的不良后果呢？如果凡事都求一个绝对的正义，以德报德，以恶报恶，那么人类势必进入一个冤冤相报的循环而无法打破，政治世界可能会遭到毁灭。只有宽容才可以帮助人类跳出这种循环。南非等地的经验也表明，极端年代过去之后，在正视历史真相的基础上实现和解，是社会重建的一个重要政治构成因素。

在阿伦特看来，公民的宽容精神具有四个特性。（1）宽容是公民的一种责任。过失是人们在日常生活中常有的事情，是公民行动在一个关系网内不断建立新关系的本性使然，因此它需要被宽容，被放下，以便使人们可以从他们在无知状况下所做的一切中解脱出来，使生活得以继续下去。人们只有通过不断的相互宽容，才能从对其行动的不可逆性的担忧中解脱出来，才能没有心理负担地进行自由行动。只有保持相互的宽容，人们才能在犯了错误后重新开始探索，回复到一个新的起点。由此人的生命延续成为可能，公共世界的维系成为可能。当然，值得强调的是，这些理由并不适用于犯罪和有意作恶的极端行为。（2）宽容可以让宽容者和被宽容者都从行动的后果中解脱出来。宽容的对立面是报复。"报复是以反作用的方式对最初的过失所实施的行动，由此人们不但没有结束第一次错误行为的后果，反而被这个过程所束缚，使得包含在每个行动中的反作用链一环接一环地无休止地进行下去。"① 报复纠缠于已经发生的行动，实际是过去行动的延续，没有终点，也没有希望。只有宽容可从这个循环中跳出来，它标志着重新开始的，摆脱已有行动后果的限制，从而使人重新获得了自由。（3）惩罚是有临界点的，宽容是摆脱这种重负的唯一道路。对于公民行动的一些危险性，我们也许可以用惩罚来阻止它再进行下去，但是，人类的有些行为是无法惩罚的，惩罚有着它的临界点。比如第二次世界大战后，人们有把德国人等同于战犯。但是惩罚所有的德国人是不可能的，即使可以也只是体现了"强权即公理"的获胜。惩罚某些战犯其实也只有象征意义，极权政体之下，每个人都是牺牲品。德国人，包括战犯个人无力为极权主义承担责任。而且若论及极权主义之恶的责任者，人人其实都脱不了干系。因此，极权主义的罪行其实是人类无法惩罚的。人们只能依赖宽容，才能摆脱重负，所能够做的只有积极行动地开始重建工作。当然，宽容不是忘记历史，而是勇敢地面对过去，承担责任，着眼未来。（4）宽容根源于人类"爱"与"尊重"的情感。只有"爱"这种情感才可以促使人们宽容，因为只有爱才对于某人毫不保留地接受，无论他过去做过什么事情都愿意宽容他。"爱是彻底无世界的"②，只有爱才有宽容的理由。尊重则是一种"政治之爱"，是一种既非亲密也非封闭的"友谊"，它是从置于我们之间的世界空间的距离中产生出的对他人的敬意。尊重通常包含着对他人所做之事的谅解。

（三）守诺

承诺作为一种稳定性的力量在西方有着悠久的传统，最早可以追溯到罗马的法律系统，人们可以在协议和条约的不可侵犯性中发现承诺的稳定性力量。承诺是对于公民行动不可预见性的解救之道。公民行动的不可预见具有双重性质。一方面，不可预见性在于"人心灵的黑暗"，即人心叵测，人

① ［美］汉娜·阿伦特：《人的境况》，王寅丽译，上海世纪出版集团 2009 年版，第 187 页。
② ［美］汉娜·阿伦特：《人的境况》，王寅丽译，上海世纪出版集团 2009 年版，第 188 页。

基本上是不可靠的，谁也无法保证今天的人明天会怎样。参与式民主理论家并不是盲目的"人性善"信仰者，他们认为，没有不变的人性。另一方面，人类理性具有局限性，对于个人及他人行动的后果，人们不能做充分的预期，这可以说是人类自由的代价。社会是人类关系的总和，人是复数性的。在一个由平等者组成的共同体内，每个人具有同等的行动能力，这样汇聚而成的行动结果是人们不可能预见到的，人的群体行动的后果是任何个人都难以把握和难以掌控的。承诺的重要性在于它能平衡人类行动的这种不可预期的后果。因此，自古罗马以来，大量的契约理论都证明了，承诺的权力都处于西方政治思想的核心。①

　　承诺是公民精神中的一种"信"的德性。人们通过作出承诺并履行承诺，从而克服如前所述的公民行动不可预见性中"人心叵测"和"理性有限"的"双重黑暗"。阿伦特曾经写道："只有当人们之间存在着信任，言行的冒险才有可能。信任——很难形成，但却是最基本的——存在于一切人的人性的那部分。舍此，行动便不能作出。"② 公民的承诺精神本质上来说就是一种契约精神。通过对美国立国过程的考察，阿伦特发现了两种力量：一种是行动的力量。人们积极参与政治革命，为自由而奋斗，从而导致革命的成功和权力的形成。但是仅此是不够的，最难的问题还是保持公共权力和自由的延续，这只能依靠人类的承诺能力。新的权力必须从契约中产生和延续。人们之间，联邦之间通过联合与承诺、结盟和立约使公共权力得以继续保存，构建了一个人们藉以栖居的稳定的世界结构。未来是一个不确定的汪洋大海，个人的未来也好，民族和国家的未来也好，都是带有不确定性的。那里不可预见的事情可能从各个方面发生，承诺和同意提供了面对此种未来的稳定性。因此，现代公共权力必须立基于契约之上。

　　但是，阿伦特提醒人们注意，17 世纪有两种契约的概念，一种是单个

---

① 参见［美］汉娜·阿伦特：《人的境况》，王寅丽译，上海世纪出版集团 2009 年版，第189 页。

② Hanna Arent, *Essays in understanding* (1930-1954), edited by Jerome Kohn, New York, San Diego, London: Harvourt Brace & Company, 1994, p.23.

人们之间订立的契约产生社会，另一种是人民与其统治者之间订立契约产生合法政府。这两种契约间的区别在于，前者是实在的，人们相互间订立契约，由此连接在一起形成共同体，它的基础是互惠规范，并预设了平等，其实际内容就是承诺，它的实际结果就是古罗马时代的"社会"联合体。它就是那个参与其中的人们的力量聚合起来，创设了一个新的权力结构，一个小型的共和国。后一种契约则是自由主义意义上的契约。即一个既定社会与它的统治者之间订立的所谓社会契约。在此契约中，人们并没有获得一个新的权力，而只是重申了他原有的权力，他们之间并没有通过承诺结合在一起，而只是表达了同意被政府统治。很显然，前一种契约是人们之间横向的承诺，是生活世界的承诺，是平等的承诺，更具有原初的意义。后者很大程度上是自由主义的一种理论虚构，是一种政治理论策略。人们同意接受政府的统治，这种契约不一定是平等的契约，也是远离人们实际的生活世界的。

三、公民精神的理性之维

公民精神不仅需要以公民美德为基础，还需要公民的理性思考、理解和判断，这是公民精神的心灵之维，是公民精神的理性基础。在参与式民主理论家看来，理性并不是思想家或者哲学家的专利，像哲学家一样，常人也会沉湎于抽象的思想和感情。政治哲学和政治生活不应该是两个不相干的或者截然分离的领域，从某种意义上来说，哲学家和公民的处境是相同的。普通公民理性会存在不足，但是，在参与式民主理论家看来，这种不足并不是公民自己的错，很多时候正是因为公民参与不足，也就是说"民主不足"所造成的。所以，面对公民的理性不足，正确的做法是思考怎样让公民过上真正的公共生活，提高公民的理性思考、理解、判断能力，而不是压制公民参与，使公民理性更加萎缩。

（一）思考

参与式民主理论家阿伦特曾经对公民理性作了恰当的论述。在她看来，公民理性的确立首先来自于公民思考能力的提升。在对极权主义进行系统反思的过程中，阿伦特发现，面对纳粹统治的罪恶要求，最愿意并能够抵制这些要求的人不一定是那些在道德问题上见识高超、训练有素的人；相反，那些善于独立思考与判断，并因此乐于批判性地看待事物的人抵制最坚决。也就是说，面对独裁统治，那些不是盲目服从的公民首先是具有相应的思考能力。而那些对独裁统治盲目服从的人，比如说艾希曼，并不是因为他们本身具有邪恶的心灵，恰恰相反，他跟平常人是一样的，邪恶后果的产生，是由于他"心不在焉"造成的。这种"心不在焉"的一味服从根本原因是他的"无思"，即对政治行为本身没有自己的思考。"无思"就是内心对话的缺失。它使人不能从自己的内心听到反对作恶的声音，进而他听不到来自他人的反对时，每个人都臣服于相信别人所说的和所想的一切。从艾希曼的审判中，阿伦特发现，极权主义本质上是一种"平庸的恶"，原因首先在于那些服从者的"无思"，将一切问题交给专家，自己只做一个没有任何思考的服从者，这也是西方现代性最具危险性的后果——它产生了大量的"无思"之人。阿伦特曾经忧心忡忡地写道，"邪恶是由心不在焉造成的。无论如何，问题不能再交给'专家'，好像思维是被专门化的科学垄断似的，例如，高等数学"①。

　　思考是公民的一种理性，而不是智性。阿伦特像康德一样区分了智性（intellect）和理性（reason），前者是认识和知识的源泉，后者是思考和理解的动力，它本质上延伸到了所知晓的范围之外。智性和认识相关，理性和思考相关。思考和认识不同。认识只是为人们提供了一种知识或者某方面的技能，思考是对意义的追寻。思考活动是一种政治过程，虽然它通常也涉及许多与政治无关的事情。但我们思考时，我们关注的是政治家的行为或正义的意义。认识不足以成为真正行动的基础。能够成为人们真正行动基础的是思考。极权主义的发生和发展表明，知识（包括道德规范知识）与智性都不一定能够筑起反抗罪恶的屏障。大量的精英和专家并没有对极权主义保持警惕和有效的反抗，这不是因为知识和智性的缺陷，而是思考能力的缺陷。

---

① 　[美]汉娜·阿伦特：《精神生活》第一卷，姜志辉译，江苏教育出版社2006年版，第13页。

　　在西方传统中，思考和政治或者哲学和政治是截然分开的。思考往往被看成是少数哲学家的能力，是少数人具有的"高贵品质"，它追求的是爱和智慧，和政治无关，因为政治是多数人的事情。这形成两大错误性的认识。一种是认为思考本身往往是徒劳的，无结果的。苏格拉底式的思考并不能带来一种最终确切的结果，对某件事情意义的追寻并没有确切的答案，这也是科学主义对哲学思辨的批判。因此人们还不如懒散地、不假思索地遵守。或者是坚持既定的规则的反面就行，因为如果既定的某个准则无法获得某种意义的支持，那么就应该坚持它的对立面，或者干脆不要规则。这就容易导致玩世不恭的虚无主义。汉森认为，虚无主义是一种反教条，是因袭主义的另一面。① 他认为面对世事，进一步的思考没有必要，规范和意义的探寻没有任何结果。这种认识在那些拥有"高贵品质"的精英中也广泛存在。另一种是认为多数人是不能思考的，对于多数人来说，他们只要知道去遵循既定的规则就行。人们没有必要也没有能力对既定规则的内涵加以检讨。对普通公民来说，社会规则是一种外在的约束，人们只要知道遵守就行，它和人民的内心价值没有具体的关联。这种认识的危险在于，没有经过人们内心价值法则检讨而接受的法则不是稳固的，很容易为新的法则取代。极权主义统治者轻而易举地就颠覆了西方道德的基本戒律就是例证。缺乏思考的大众、玩世不恭的虚无主义导致了对意识形态的热情，对统治性道德法则照搬照抄式的拥护导致了机械自动的行为。

　　公民思考如何可能？或者说思考的基础是什么？阿伦特认为在于"公民意识"。个人身份是两位一体的，"我"既要为自己而存在，也要为他人而存在。这是人自我存在的条件，意识就是连接这两者的，使二者和谐的条件。意识使公民思考成为可能，因为它所包含的我（me）与自身（myself）之间的分裂是内部对话的本质。思考就是个人的一种内部对话，思考的内容差异就是意识所造成的差异。意识就是思考的"家园"，在这里我与自我进

① 参见［加拿大］菲利普·汉森：《历史、政治与公民权：阿伦特传》，刘佳林译，江苏人民出版社 2004 年版，第 279 页。

行交流，我检讨事物，从外部的世界"回家"，面对自我这个伙伴，进行盘点和审判，实际上它就是良知或者良心。因此，思考是人的一种自然需要，它根本不是少数人的"高贵品质"，而是人人始终具有的能力。但是，西方现代性的发展导致了一种不良的后果，那就是有一些人，可能还很多，他们从不"回家"，或者无"家"可归，他们从不停下来思考。这些人甚至包括有的科学家、学者等。只要他回避与自我的交流，他就不能思考，这并不在于知识的多寡。那些不能对自己的言行进行检讨的人不会关心甚至没有必要注意他们是否自相矛盾，他们对犯罪也无动于衷，因为罪行差不多立即就会遗忘。简言之，他们没有动机也能够去作恶，并且毫不犹豫。所以，现代世界关键是克服和防止公民意识的异化，推动所有人都去思考。思考不创造价值，但是在极端时期，思考的全部政治意义和道德意义就会彰显。

（二）理解

公民精神心灵之维的第二项要素为"理解"。理解"是人生存的一种特别方式，因为每个人都需要与世界和解，他作为一个陌生者降临到这个世界上，又因为其独一无二，所以始终是一个陌生人"①。人们在社会关系中，应该要做到有意义地和睦相处，达成一致的意见，这是实现社会团结的要素，也是政治的核心要素。社会团结实际上是通过人们表明他们的处境是共同的来实现的，因此，团结包含着解释的环节。世界是多元的，人们经常要去表达并解释他们自身及其他人的意图，这只有通过讨论和一致的意见才能加以解决。在极权主义以后的时期，我们所面临的一个最起码的任务就是，应对多元社会中不同人的立场、利益诉求，这个任务中的核心内容就是"理解"。理解是公民精神的核心要素之一。公民"理解"最大的特点就是和现世性相连，并使意义的产生成为可能。阿伦特在论述历史与科学时曾经雄辩地描绘了当代的意义危机，而从根本上说这是理解的危机。我们赖以解释实际事物的科学知识无法提供这样的意义，它自身要获得意义，就必须回到阿伦特所说的"初始理解"上来。理解肇始于我们在世界上与他人的共处，因此它既

---

① Hanna Arent，"Understanding and Politics"，*Partisan Review*，XX/4，July，1953，p.377.

先于知识又后于知识。

和思考一样，理解和知识是不同的。虽然理解有赖于知识，但是知识并不能简化为理解。理解不止是初始的理解，还是"真正的"，即批判性的、自我反思的。但是，科学与"严密的逻辑性"密不可分。现代社会中，后者实际上主宰着整个社会生活。这种主宰无疑存在着潜在的危机。这是因为，逻辑性独立于世界及实际经验之外，它所产生的内在的一贯的"真理"经常无须人及社会的确认。这样简化为逻辑运作的思想容易失去了与固有意义的现实的一切的联系，成了静态的、空洞的。仅仅是逻辑性的思想容易导致意义的匮乏，它和意识形态有着紧密的联系，后者常常用逻辑代替常识作为自己的研究手段。我们每个人都有逻辑思维能力，但正因为它完全是个人头脑中的一种活动，逻辑就是非现世的且不能生产意义。对意义的追求遭到了服务于逻辑目的的手段的制约，这就是科学本身不能解决理解危机的原因所在。科学本身不能解决意义的问题，科学主义面对新奇的极权主义问题完全束手无策，极权主义并不缺少逻辑，而是缺少政治的"意义"。

理解和思考既有区别也有联系。理解和思考紧密相连，他们都出自于我们与我们所创造的但却不能绝对主宰的世界和解的需要。他们都需要人类心灵保持自身与万物之本质间进行无止境的对话。但是二者间在与行动的关系方面存在较大的区别。思考构成行动得以发生的条件，而理解则是行动中的思考。如果说思考指的是主观的客观性方面——作为有意识的个体我们如果需要一种现世性的孤独进行我们那独一无二的两位一体的对话，那么理解则指的是客观的主观性方面，及作为具体的个体，我们与像我们一样独特的人们打交道的方式。思考更多是从现实世界暂时退出，理解则包含着与这个世界打交道，并与现实世界保持着距离，而不是被现实世界湮没。对于公民理性来说，思考和理解都很重要。

公民理解能力如何可能？它的基础是什么呢？在阿伦特看来，它在于人类独特而天赋的品性：同情心。人类的这种天赋，既"迥异于伏案活动也迥异于感伤"，既"不只是方式也不只是感情"，因此它和法国大革命中的怜悯是相对立的。人类的同情心禀赋本质上是一种想象力，它是一种昂扬的理性。想象使我们既能够在自身与事物之间造成距离——没有这种距离，事物将由于太近而无法把握其意义，同时又在各种现象的深渊之间架起一道桥梁。这种在事物之间既造成距离又在相互之间架起桥梁的做法就是理解的一部分。我们作为当代人而生活，团结在一起的能力是基本保证，而"只有我们理解其作用时，我们才是当代人。如果我们想在这个世界安家，甚至以在这个世纪安家为代价，我们必须投身于与其本质进行漫无止境的对话之中"①。

（三）判断

公民理性中的第三项要素就是"判断"，它是公民精神能力中最具政治性的，因为它在显现领域把什么是政治的思考化为现实，判断的独特品质使它既能够替人思考，又能够判别"对"、"错"、"丑"，这是一个人向自己展示他是"谁"的独特的特征，为的是能够在公共空间里显现在别人面前。阿伦特认为，判断的能力乃是现代公民必须具备的能力，舍此，政治世界便不能维系。思考指向的是过去，意志指向的是未来，而判断则指向现在。判断力让我们能对我们世界中的事物作出裁决，同时又尊重这个世界。在参与式民主理论家看来，判断力被认为是一种"扩展的精神能力"，一种设身处地站在他人角度思考的能力，一种进行"代表性思考"的能力。判断还具有对道德及美学进行鉴别的能力，它能用来制止作恶。除此之外，判断还要求旁观者对发生的事情作出评价。判断的品质使公民既能政治地思考，又能表达我们实际上这样做的原因。它既是哲学的又是政治的，既是个体的又是集体的。在极权主义运动中，暴民与精英的一度联手正反映了公民政治判断能力欠缺的严重后果。民主社会的核心特征之一就是能够为公民的判断力提升提供渠道和条件，"如果人们不运用判断，而是以整齐的合唱来谈论政府的行动，这便是一种政治不健全的症候；从这种观点来看，当政治家呼唤这种齐唱，试图杜绝争论和意见分歧时，他们便是独裁者"②。

阿伦特从康德关于审美判断的思想上获取了灵感，从对康德审美判断

---

① Hanna Arent，"Understanding and Politics"，*Partisan Review*，XX/4，July，1953，p.392.

② ［美］杨－布鲁尔：《阿伦特为什么重要》，译林出版社 2009 年版，第 123 页。

的批判中阐述了公民判断能力应该具备的基本属性。（1）公民的判断力是一种"扩展的精神能力"。"扩展的精神能力"指的是"站在别人的地位上思想"①。这种思维方式通过超越完全个人私利出发的局限性，站在他人立场考虑问题，通过扩展的精神而求得与他人的契合。正因为如此，判断超越了个人的限制。判断需要他人在场，在作出判断时，个人必须把他人的观点考虑进去。判断要变得有效，则必定依赖于他人的出现。与公民精神能力相比，判断尤其需要在与他人交往当中来磨炼。② 这包括向他人请教、从他人角度观察事物、与他人交换意见、说服他人、使他人同意等。总之，公民只有积极参与到公共生活中，与他人积极交往，其判断能力才能得到提升。（2）判断力与人的想象力相连，是一种再现式（或代表性）思维的过程。阿伦特曾经写道，"当我思考一个问题时，我心目中列出的人的观点越多，我越能够想象如果我处于他们的位置我将作何感想，我的再现式思考的能力就越强，最后的结论即我的意见也就越有效"③。这种再现式思考的过程也即换位思考。一个人即使在单个状况下进行政治判断，他也是想象他人在场，与他人对话。这样一来，一个判断作为一个意见出现在世界上时，它既加入也反映了这个世界上意见的多样性。（3）公民判断要求具有相对的公共性，它诉诸的标准乃是一种共通感。共通感强调的是一种感觉机能，它"假定每个人都有和我自己一样的感官"④，由此相互之间可以交流产生共通感。自由主义民主理论强调的是不同个人之间有不同的感觉，它的缺陷是否定了人们之间感觉的可交流性。现代科学诞生后，人们之间共通感的缺失日益加重，因为现代科学证明：感觉不可信，感觉是骗子！⑤ 培根就说，"人类理解的最大障

① ［德］康德：《判断力批判》，宗白华译，商务印书馆 1964 年版，第 138 页。

② 参见 ［美］杨－布鲁尔：《阿伦特为什么重要》，译林出版社 2009 年版，第 115 页。

③ Hannah Arendt, *Between Past and Future：Eight Exercises in Political Thought*，New York：The Viking presss，1968，p.241.

④ Hannah Arendt, *Lectues on Kant's Political Philosophy*，edited and with an Interpretive Essay by Ronald Beiner，Chicago：The University of Chicago Press，1982，p.69.

⑤ Hannah Arendt, *Between Past and Future：Eight Exercises in Political Thought*，New York：The Viking presss，1968，p.55.

碍和扰乱还是来自于感官的迟钝性、不称职以及欺骗性"①。科学主义思潮对人类社会带来了灾难性的后果，极权主义运动就提出：常识皆不可信，一切皆有可能，人们不要相信自己的感觉，社会要做的事情是用自然科学理论改造社会，以生物实验改变人性。这是科学主义在社会政治领域的翻版。阿伦特指出，随着社会共通感的丧失，现代社会违背常识的现象时有发生，共通感的丧失导致了人的判断力的衰退。② 现代人往往不再相信自己的眼睛，而是宁愿违背常理之事。公共性政治的复兴，必须要重视人们之间共通性的重建。从人的自发性、多样性等境况出发，引导人们在共通感的基础上合作共处，以构建美好和谐的政治生活。

---

① ［英］培根：《新工具》，许宝骙译，商务印书馆 1984 年版，第 26 页。
② Hanna Arent, *Essays in understanding (1930-1954)*, edited by Jerome Kohn, New York, San Diego, London: Harvourt Brace & Company, 1994, p.314.

第三章　公民参与的基础领域：参与式民主的市民社会理论

在当前各种民主化理论中，市民社会都处于重要地位。人们逐渐认识到发育到一定程度的社会组织是民主化的前提，也是民主制度健康运作不可或缺的因素。在参与式民主理论看来，民主意味着公民广泛的参与，而公民参与又植根于市民社会这块土壤，市民社会是公民参与的基础领域。因而，民主的发展必须注重研究并培育社会资本，避免让公民的政治参与和民主政治成为一个空洞的、抽象的政治字眼。参与式民主理论家们并没有形成一个统一的、共识性的"市民社会"概念。一般认为，协商民主理论家哈贝马斯的公共领域概念比较全面地吸收和概括了参与式民主的市民社会概念内涵，即市民社会是独立于国家的私人领域和公共领域。从具体构成来看，参与式民主理论的"市民社会"既包括各种社会团体，还包括经济领域的工业工厂，以及人们自主交往的公共领域，这些都是公民参与的基础领域。参与式民主理论认为，只有通过这些领域中公民主动参与公共利益的行动，忠实地履行其公民资格，彰显公民社会中权利与义务的平等性、认知的共识性、行动的动态性、行为的自主性、利益的公共性以及参与的实践性，民主才能不断获得新的发展空间。

第一节　社会组织与公民参与 ①

在参与式民主理论看来，社会组织兴盛是民主政治发展的基础，公民参与的基础领域首先是社会组织。对这方面较早进行深入阐述的是 20 世纪上半期英国费边社会主义后期的主要领导人道格拉斯·柯尔。他从理论上分析了民主的真实含义，对代议民主制的弊端进行了深入辨析，主张积极的公民权，提出真正的民主制应是一种鼓励积极参与的职能民主制，阐述了社会组织对推进公民参与和民主政治发展的重大意义，对我们无疑具有重要的启示意义。

一、代表制度的扭曲和代议制民主的缺陷

在我们这个时代，几乎人人都讲民主，几乎人人都是"民主主义者"，各种各样的社会制度和学说都借民主政治的名义来维护。在这种情况下，"民主"一词的含义是多元而复杂的。但是，在西方主流的民主理论中，民主基本都是等同于选举民主或者代议制政府，似乎这就是民主的全部内容。参与式民主理论显然不满这种状况，他们对代议制的弊端有着清醒的认识，认为代议制民主在民主的发展历程中虽然贡献巨大，但是它并不是民主的终点，而是新的起点，它本身存在着很大的缺陷，需要新的民主理论来矫正和改变。作为参与式民主理论的早期代表，柯尔认为代议制民主中代表制度的扭曲主要体现在如下两个方面：

（一）代议制民主中"代表"企图在一切议题上代表他人

代表及其代表性是民主理论的核心问题，现代的任何民主理论都必须直面"代表"问题，这是因为我们的背景是在规模庞大的民族国家，而非卢

---

① 参见董石桃：《社会团体和国家治理职能优化——基于道格拉斯·柯尔民主思想的探究》，《中共南京市委党校学报》2016 年第 4 期。

梭般试图将国家拉回到小国寡民中去。作为参与式民主理论的先驱者之一，柯尔也无可避免要处理"代表"问题。毕竟在现代民族国家中，人口规模和土地规模都已经超过了直接民主的可行范围。因此，现代民主发展必须承认代表的必要性，这也是代议制民主对现代民主发展的重大贡献。"代表"是现代民主制度中不可缺少的核心因素。参与式民主理论并不否认代表的重要性，并不是说直接民主才是真正的民主。在社会团体的管理中，也不是任何事务都是每个成员直接参与，也需要"代表"的存在。规模比较大的或者目的比较复杂的社会团体，不得不给它的一些成员分派工作和任务，并给予权力和一部分权限，以便实现共同的目的。比如，它必须选举出一个秘书、一个主席、一个财务和执行委员会等，并授权给这些人按一定的方法和一定的范围代表该团体进行活动。就是在规模比较小和地方性较浓的社会团体中，社会团体的工作可以掌握在全体成员的手中，但当它变得过于庞大或者过于分散，以致不便于大家都经常关心社会团体的工作的时候，它的详细的管理工作便主要是交给人数较少的成员、职员、委员或"代表"去执行。而到了最大和最复杂的团体，比如国家中，更是需要将一切实际工作都交给代表去进行——这也是代议制民主的代表理论。总之，在社会团体和国家的治理中，代表不可缺少。卢梭式的直接民主或者否定一切"代表"的存在是不可能的。

代议制民主的问题不是因为它存在"代表"，而是因为其"代表"的方式存在着问题。在代议制民主中，"代表"一旦选举出来以后，他就能够在所有的问题和议题上代表他人进行利益诉求。这在柯尔看来是荒谬的，因为代表在一切议题上代表他人是不可能的。我们代表他人只能做到在某些问题或者某些观点上代表他人，而无法做到在所有事务上代表他人。在代议制民主中，代表方式不啻使"代表"成为"人"的代表，而非某人在某议题上"观点"的代表，这无疑是错误的。柯尔认为，"不能把人当作一个人来代表，这个事实看来是如此地明白，以至于难以理解为什么有许多关于政体和民主政治的学说还要以它为依据。每个人是一个意识和理智的中枢，是有自觉能力的意志，是最后的实体"。就"代表"本身来说，他是一个意志的实体，而被代表者又是众多独立而不同的意志实体。"一个人的意志如何能够代表许多人的意志呢？一个人如何既是他自己同时又是许多人呢？如果他能够的话，这倒是一个奇迹；但是，把我们的社会制度建筑在假设的奇迹上，实在是一个危险的尝试。"① 真正的代表像真正的团体一样，总是特殊的和有职能的，绝不是一般的和概括一切的。他所代表的，决不是个人而是一群人所共有的一些目的。建立在个人可以完全由他人代表这个思想上的代议制民主理论，是一种存在缺陷的学说，西方社会中个人和社会权利的矛盾从根本上来说与此存在着一定的关联。所以，在任何议题上，公民若缺乏直接的参与机会，便必须委托和自己立场、观点相同的人为代表，公民因此需要无数位代表，代表他发表在教育、外交、税赋等不同议题上的不同看法，而非像代议制民主那样可以由一位代表来代表其选民在所有议题上的立场。

（二）代议制民主无法给予选民充分的控制权

代议制民主中代表的第二个问题是代表一旦选出来以后，选民往往无法控制代表。公民缺乏切实有效的监督代表的机会，公民自身没有发言的机会和权利，凡事都必须透过代表为之。由此观之，柯尔认为，代议制民主实际上是失败的。代表实际上取代了被代表的人，被代表者在此制度中沦落为被统治者。他们每次的选举实质上是选举自己的"统治者"。柯尔的这种观点实际上承继了卢梭的对代议制民主中代表的疑虑。我们知道，代议制民主还没有形成气候的时候，卢梭似乎已经预见到代议制民主中"代表"制度存在的危险。他在《社会契约论》中有一段名言："一旦公共服务不再成为公民的主要事情，并且公民宁愿掏自己的钱口袋而不愿本人亲身来服务的时候，国家已经是濒临灭亡了。需要出征作战吗？他们可以出钱雇兵，而自己呆在家里。需要去参加会议吗？他们可以推举议员，而自己呆在家里。由于懒惰与金钱的缘故，他们便终于有了可以奴役自己祖国的军人和可以出卖自己祖国的代表。"② 卢梭还提醒当时的英国人，"他们只有在选举国会议员的

---

① ［英］道格拉斯·柯尔：《社会学说》，李平沤译，商务印书馆1959年版，第69页。

② ［美］卢梭：《社会契约论》，何兆武译，商务印书馆2008年版，第119页。

时候是自由的，议员一旦选出之后，他们便是奴隶，他们就等于零了"[1]。代表制度的核心环节是考虑如何确保公民对代表的有效控制问题，"一个大型的民主社会，首先需要一个公正的、其目的在于充分而且准确反映人民意志的代表制度"[2]。但是，在代议制民主中，人们除了选举之外，并没有非常有力的途径对代表进行有效控制，这就造成公民意志经常被自己的代表所扭曲，或者被少数代表所利用，这就是柯尔等参与式民主理论家对代议制民主不满的原因。

在代议制民主中，公民参与最多不过是在投票时参政，这也是公民控制代表的唯一有效环节，但是一旦投完票，接着就是"代表们"的统治，而自己则拱手让出了参政的机会。在代议制之下，选民在投完票之后，就不再作为一个团体而存在了，只有在下次选举时，他们才又作为一个团体而出现。也就是说，投完票后，"除了人家统治他以外，便无事可做了"[3]，公民在两次投票选举之间缺乏其他的途径制约代表的选择。因此，柯尔认为普选权只是民主的必要条件而并不是民主的充分条件，他提出："普选权并不是民主，也不是民主的什么保证。它当然是民主的自然手段之一，但它和民主迥然不同。民主指人民拥有权力，而不只是指形式上有权表示，在那些能把自己推到前台的权利要求者中，谁应当拥有权力"[4]。由于公民无法有效控制代表，结果造成代议政治要么是无能的，要么是独裁的。西方代议制政治最根本的弊病在于它企图使议会、议员"无所不能"，而实际上他们在许多问题上却"无所能"。因其标榜"无所不能"，故致使国家滥用职权，干了许多不该由国家干的事情，甚至严重地侵犯了个人的自由权力；因其实际上"无所能"，故又导致国家的"失职"，该做的事情不做或没有做好。因此，柯尔认为，在代议制民主中，"由投票箱构成的民主"并不能完全实现真正的政

---

[1]　[美] 卢梭：《社会契约论》，何兆武译，商务印书馆 2008 年版，第 125 页。

[2]　[美] 科恩：《论民主》，聂崇信、朱秀贤译，商务印书馆 2005 年版，第 81 页。

[3]　[英] 道格拉斯·柯尔：《社会学说》，李平沤译，商务印书馆 1959 年版，第 74 页。

[4]　[英] 道格拉斯·柯尔：《费边社会主义》，夏遇南、吴澜译，商务印书馆 1984 年版，第 105 页。

治平等，由普选权所反映的公民之间的平等只是形式上的，它掩盖了政治权力实际上不平等分配的事实。

二、社会组织的公民参与职能

在对代议制民主的核心制度——代表制度的弊端进行深入反思后，柯尔提出以倡导积极参与的职能民主制来代替它。这种职能民主制以人人能参加的社会组织为基础，推动公民积极有序地参与社会公共事务的管理。每一个成员都能充分了解并能参与决定自己所在社会组织的事情，而不是完全让别人来代表自己。社会组织是民主发展的基础，它是公民参与的主要领域和渠道。

（一）社会组织使公民的多元意志有多元的表达渠道

如前所述，代议民主制度出现的扭曲首先体现在代表不能发挥确实的代表功能——代表公民表达观点，反而在相当程度上取代了公民，以代表自身的意志假装为公民全体的意志，使公民在服从法律时，不像卢梭所说的那样服从自己的意志，而是服从他人的意志，成为完全受制于人的"被统治者"，这是民主的异化。如何改变这一状况，使代表身份"名实相符"呢？柯尔认为必须切实推进公民社会的发展，充分发挥社会团体的参与职能。

柯尔是当代西方较早探讨公民社会建构的社会主义理论家。对社会组织职能的重视根源于他的社会理论。在柯尔看来，社会力量的主要研究对象不能像传统政治学那样，仅仅局限在对国家行为的研究，而要转换视角，注重对市民社会建构的研究，马克思主义认为，是社会决定国家，而不是国家决定社会。因此，古典政治学将国家看作是社会意识的体现和代表，国家的行为被看作是人在社会中的行动，国家和个人的关系被看作是社会理论首要的，差不多是唯一的问题，这是存在偏差的。国家本质上是一个强制力的实体，从国家行为出发，也即从社会中人的强制力开始思考问题，它容易造成国家宰制社会，进而违背个人的意志，侵犯个人的合法权益。柯尔认为，社会整体上是一个职能结构，它是一个由许多不同的社会组织所构成的复合体，而这些多元的社会团体又是因为各自成员的意志结合的。和卢梭一样，柯尔认为，个人之所以加入社会组织，其目的是实现个人的利益和福祉。因此，由多元社会组织构成的社会，其最基础的价值应该是人类价值，即社会必须能够满足不同社会组织成员的个人利益，并且允许个人有充分的自我实现的机会，否则便违反了社会组织成员的意志。柯尔指出："每向民主政治接近一步，就使人们愈加明白，社会的现实的和合法的基础是建筑在它的成员的意志上的。以暴力和法律为根据的学说，在一个专制独裁的社会中也许可以长期不为人们看出它的缺点；但民主的意识，甚至贵族的意识，一经出现，它就不能够再存在下去了。"①

柯尔将社会看成是一个由多元社会组织构成的整体，每个社会组织有着不同的职能，反映着成员不同的利益和意志。由此，在民主政治中，代表并不是代议制民主所说的"全能的代表"，而是"职能的代表"，即人们可以根据自己的需要和意志表达需求选择参与职能不同的社会组织，在这些职能不同的社会团体中选择自己某个方面意志表达的代表。社会组织因此具有了整合和代表公民个人意志的职能。这种"职能的代表"不会宣称它能用一个人的意志代表许多人的意志，它承认只代表公民某方面的利益和意志，这正是社会组织具有的公民参与职能。在很小的社会中，例如古代的城市国家中，人们可以直接参与政府决策，对社会组织的需求也许是很有限的，但是在社会变得很大很复杂时，各种类型的社会团体的需要将随之增加，它是保持一个社会和谐稳定发展，保护个人权益的基础。现代代议制民主将议会视为无所不代表的团体，宣称在一切事务中均代表所有的公民，但在实际事务中它谁也没有代表，它容易受腐败事物的影响，尤其是财政寡头的影响。因此，柯尔认为只有一个办法可以避免议会政治的"代表"缺陷，那就是充分发挥各自公民社会组织的职能，使之成为公民表达自己多元意志和利益的渠道。

（二）社会组织使公民对代表能够实现有效的控制

柯尔认为，民主政治必须首先理解为不同社会组织的职能代表调节制

---

① ［英］道格拉斯·柯尔：《社会学说》，李平沤译，商务印书馆 1959 年版，第 6 页。

度。如前所述，代议制民主在选民和代表间的关系上存在着重大的缺陷，它不能保证选民对代表实现有效的控制。选民和代表间的关系问题是现代西方民主政治思想的经典理论问题。被选举的人一经被选之后，是照他自己的意志办事呢，还是在每件事情上都尽可能地听从他的选民的指示？这个几百年来都争论不休，其中最核心的辩论发生在"选举的代表和委派的代表"这一争论中。"选举的代表"理论认为，选民必须对代表进行严格的控制；而"委派的代表"理论认为，代表们是作为"某种程度的委托人"，而不仅仅是所在选区的选民的传声筒或者"尾巴"，代表不能完全受选民偏好的控制。[①]柯尔认为，"选举的代表和委托的代表"之间的争论是一个历史难题。一方面，想使被选人仅仅只作为一个代表始终是办不到的。在许多问题上要用指示来约束代表，不只是不适宜的，而且也是不可能的，因为预料不到的情况和复杂的事情是经常发生的。即使是没有别的原因，纯粹的代表也必定是失败的，因为代表们经常在等待指示，以至于什么事情也办不成，接连错过最好的行动的机会。另一方面，如果坚持不受选民的指示或意见的纯粹的代表，那就接近于虚伪的代表了，因为尽管在有限的范围以内，他总归是用一个人的意志来代替多数人的意志。

如何保证选民对代表的有效监督但又使代表有必要的自主性呢？柯尔认为，这只有充分发挥社会组织的参与职能才能有效解决。在代议制民主理论的框架内，对代表们实现民主的控制，首要的困难是选举人投过票以后他们就不再作为一个团体而存在了，一直要到下次举行新的选举，他们才又作为一个团体而出现。任何的人或团体都不留下来给被选人以经常的指导和批评。结果，被选人要么在选举的时候便得到充分的指示，而这在情况已有变化时，即将产生难以应付局势的困难；要么他就做一个十足的代表，一切按自己的意见办事。只要选民团体在被选人任职期间没有继续存在和活动，对代表控制的左右为难的情形便始终存在。如果代表们由长期存在的各类社会

---

① Anthong McGann，*The Logic of Democracy*，The University of Michigan，2006，pp.142-143.

组织所产生，那么这种情形也许会有所改观。代表有社会组织产生，那么在他任职期间，社会组织就可以不断地对他提出批评和意见。代表和他所在的社会组织联系紧密，时时沟通，能够充分代表该社会组织的共同的意志。同时，社会组织在任何时候都可以罢免不称职的代表，因为代表本来就属于社会团体的一员。在民主政治中，我们必须保证代表进行有效的工作，毕竟我们不能在现代社会中抛弃代表而代之以"老百姓"控制任何事务。在柯尔的职能民主理论中，选民通过社会团体这一中介，能够对代表进行有效的监督和控制。被选人是一个选举的代表而不是一个被委派的代表，他通常是按照批评或者建议办事而不是按照指示办事，在保持选民和代表间有效联系的前提下，优秀的代表也将获得广阔的活动范围。

（三）社会组织能够推动公民积极参与公共事务管理

柯尔认为，民主政治的含义不是人民群众对政府的消极的同意。民主政治的含义是积极的公民权而不是消极的公民权，是每一个人不仅有作用于国家的，而且有作用于与他的人格和环境有关系的社会团体的机会。有些人说，社会的结合在于人民群众的消极的统一，抱这种看法的人将会两头落空。如果需要由人民群众来证明社会秩序是正当的话，那么，就需要他们采取主动的方式而不采取被动的方式。换句话说，如果我们以人民群众的态度来做我们社会学说的基础，则我们势所必然地将要求这种态度应当尽可能地明朗和肯定。[①] 因此，若要促进团体、社会的利益，政府不能以被统治者的默示或者是消极的同意为满足，还应该要让公民进行自我管理，让公民有权力决定与自身密切相关的或引起其关心的议题。毕竟每个不同的身份、不同的职业的人都会有他们的独特关怀、立场，也唯有他们自己才会明白什么是对自己最好，什么是自己想要的。民主政治的发展需要公民积极参与并全面地表达自身的意志，而公民参与公共事务的主要载体之一就是各类社会团体的兴盛和发展，社会团体发展能够推进公民积极参与公共事务的管理。

一个和谐稳定的、组织良好的社会应该是这样一种社会：不仅社会的制

---

① ［英］道格拉斯·柯尔：《社会学说》，李平沤译，商务印书馆 1959 年版，第 73 页。

度建设比较完备，而且成员们的意志表达也是积极的，都能够通过组成这个社会的各种社会组织和制度渠道进行利益诉求和意志的表达。政治文明建设的目标应该是尽可能做到让每个利益相关者充分地参与制定的决策，而不是少数精英代替人们进行独断的决策，这才是真正的民主政治，而要做到这一点，首先必须充分发挥社会组织的参与职能。当代西方的精英民主理论一般否认这一点，他们认为，人民在选举过代表之后，除了让人家来统治他以外，便无事可做了。民主除了选举之外，似乎没有其他的内容了。参与式民主理论家反对这种看法，柯尔主张，社会资本的建设、社会组织的发展，意味着一般的人能够经常参与和他直接相关的那一部分社会事务的管理，他对这一部分的社会事务有充分的了解。一个人在议会的选举时不知道投谁的票好，或者不知道如何估计他的议员的工作，这是可以原谅的，因为今天的议员并不是为了要他办理一件明确的事情而选举的；相反，他们是漫无目的地被选举出来办理可能发生的事情的。但是，一个职能的社会组织却是有确定的工作需要办理，他的职责和目标是确定的。成员和社会组织的联系也是非常紧密的。因此，人们更容易把握这些贴近自身的具体事务。总之，社会组织的发展可以使每一个人都有机会按照他自己的能力和旨趣做一个积极的公民。选举只是民主的一个组成部分而不是全部，选举代表了人们的一次意志表达和利益诉求，但是人们的意志表达和利益诉求在一段时间内并不是只有一次就够了，而单个个体的意志表达和利益诉求往往又是微弱和无力的。因此，只有通过发展各种不同职能的社会团体，让人们能够根据自己的需要选择参与不同的和自己切身利益相关的社会团体，这样人们的政治参与热情也许会得到提高，公民不再是冷漠和消极的公民，而是转变为积极主动的公民。

三、公民参与社会组织的实现与优化

社会团体在推动公民参与方面具有重要的作用，但是要使公民参与社会组织成为现实，还需要其他的一系列条件，柯尔认为这需要实行分权治理的原则，彰显社会组织的公共服务精神以及优化国家的调节职能。

（一）实行分权治理的原则

作为早期的一个参与式民主理论家，柯尔的理论以肯定公民参与为出发点，实际的制度也应便利公民参与，让公民尽可能地参与公共决策。但是，现代社会和古代社会不同，现代社会国家规模庞大、人口众多，这一切似乎和公民参与的原则格格不入。在现代社会中，公民积极参与各类社会团体如何可能？柯尔认为首先要注重实行分权治理的原则，当然这种分权治理不仅仅限于国家层面的三权分立，而是包括中央与地方、国家与社会以及社会组织内部治理多层面的分权治理。

分权治理原则的实现体现在中央和地方的分权。中央和地方的分权模式主要有三种：第一种是严格意义上的联邦制，这种制度下，所有的权限都根源于地方，它们将一定的权力交给中央，同时把未转移的权力掌握在自己的手中；第二种是分权制或者集权制，这种制度下，权力根源于中央，中央将一定的适宜地方行使的权力分配给地方；第三种是混合制的，中央和地方依据宪法，各自保持自身特殊的权力，如英国和加拿大。柯尔偏向于第三种中央和地方的分权模式，他尤其强调，中央和地方间的分权不能仅仅按照权力本身来分，而应按照权力对职能的关系来分。从本质上来说，中央和地方间的分权不是联邦和分权的问题，而是正确地分配社会职能的问题。① 适合中央政府实施的职能由中央政府执行，适合地方政府实施的职能由地方政府执行。柯尔认为，推进社会良好的治理，尤其要注重地方感情的培育和公民参与的方便。地方政府不能一味地追求大，而是要根据政府服务社会的职能发挥的成效来确定。实际上，地方政府最好能够小到公民能够加以控制的程度，同时又要成为社会生活和情感的实际单位。"对真正的民主政治来说，这样一种情感和表达的较小的中心其重要性也不亚于在现今的条件下掌握了大部分行政工作的大团体的。"②

分权治理的原则还体现在国家和社会之间的分权以及社会组织内部分

---

① ［英］道格拉斯·柯尔：《社会学说》，李平沤译，商务印书馆 1959 年版，第 105 页。
② ［英］道格拉斯·柯尔：《社会学说》，李平沤译，商务印书馆 1959 年版，第 108 页。

权治理的实现。国家和社会的分权主要体现在国家重视社会组织的独立性，不是通过强制的方式而是通过调节的方式协调国家和社会组织以及社会组织间的关系。而社会组织内部的分权治理则主要体现为社会团体内部的民主管理。柯尔在论述"自由"的概念时说道，自由包括"属于个人以个人身份享受的自由和属于与个人有关的团体与制度的自由"。二者相互补充，不可缺少。个人自由是简单的对外的，即保证个人免于不正当的干涉；社会的自由既是对外的也是对内的，它主要是人们参与社会组织的自由。在这个前提下，一方面保证社会组织一定的独立性，在合法职能范围内自由行动，这其实是体现了国家和社会关系分权的具体实现；另一方面，社会组织内部必须自治和民主。公民志愿参与各种社会团体，同时在社会组织内部管理中有着表决权，对于社会组织的领导人有着罢免权等。个人自由和社会自由互相依存，"个人自由的最好保证是在每一种团体中有活跃的民主，对被选人和官吏之超出他们所代表的职能的行为进行尖锐的批评。比起任何其他的社会来，由许许多多这样的团体所组成的社会更少有理由会产生专制或者使个人的自由在社会组织的压力之下趋于消灭"①。

（二）彰显社会组织的公共服务精神

实现公民积极参与社会团体，推进民主的进一步发展，还须彰显社会组织的公共服务精神。在柯尔看来，现代工业社会存在一个相当严重的缺陷，那就是它的制度运行结果将每一个人都变成了与商品无异，一切以金钱和货币来衡量价值的大小。在这个物化的过程中，每个人开始自己的工作、制造商品的过程全部由外在的物性价值来衡量，失去了公民内在的责任感、荣誉感、道德感等维度。由此导致产品的品质不是优先考虑的目标，生产速度、商品数量、机械化、自动化成为生产的信条。于是工人们不再有任何社会责任感，他们忘却了为"公共服务"才是生产的目标。

公共服务精神的彰显需要从各类社会组织的重建中寻找。柯尔特别考察了西方中世纪的同业公会组织，当时的同业公会组织主要是由手工业者组

① ［英］道格拉斯·柯尔：《社会学说》，李平沤译，商务印书馆1959年版，第121页。

成，但仍然包含着其他具有社会、教育、慈善目的的团体。由各行各业的独立制造者、销售者组成的同业公会，它们不干涉成员的经营管理，但是对各个行业进行独立的"管制"。这些管制的内容不是其他，而是对该行业人员所设下的行动和职业守则、纪律。基尔特同业公会灌输成员对自己所生产物品的责任感，不允许次级瑕疵商品流入市场，并且反对哄抬物价，借此设下职业守则。同业公会教育自己的成员从事自己的职业时，应该秉持着良心从事生产，为社会提供有益的公共服务。社会也会因为该行业的良好产品、公正价格、为公共服务的精神，从而对该行业及其所有成员保持敬意。如此一来，同业公会的"管制"不仅仅在"限制"成员，也是在向他的成员提供安全感，让他们在社会中享有被肯定的地位。

柯尔的用意当然不是"恢复周礼"，复归中世纪的同业公会，而是在大型工业社会中倡导复兴社会团体的公共服务精神。柯尔所设想的社会由不固定的功能性社会团体构成，不同职业的公民以不同身份加入生产、消费、教育、公共卫生等各类社会团体，他们履行不同的社会功能，关注不同的社会议题，直接参与公共事务的运作。彰显各类社会团体的公共服务精神，一方面，可以推进各个行业的自主管理、健康运行，获得大众的认可；另一方面，公民在参与这些社会团体的过程中，不再是单纯地将货币、金钱等外在物性的价值作为唯一的衡量价值，而是将社会责任感、服务公众、提高品质也作为主要的衡量价值，从而提高公民的内在素质，为民主的发展奠定良好的基础。值得一提的是，这种公共服务精神的培育，不能从强迫中得来，而必须在拥有自由的人在自由的环境中，所作出的审慎理性决定，才有可能重现中古时期的职业道德。

（三）优化国家的调节职能

公民参与社会组织的实现，还需优化国家对社会组织的调节功能。从本质上来说，也就是要处理好国家和社会的关系问题，这也是柯尔社会理论中的核心内容之一。柯尔认为国家是社会当中最大和最持久的制度，在现代社会中，国家的职能几乎是万能和无限的，因此，我们尤其要谨慎处理好国家和社会之间的关系。柯尔认为，国家对社会的影响手段主要有两种：强制和调节。强制的手段主要有三种：一是影响一个人的金钱或财产，如罚款；二是直接影响一个人的行动自由，即直接限制一个人的机会和自我表现的范围；三是直接影响一个人的身体，即限制他的行动的权利，拘留他、监禁他直至消灭他。调节则不是用上述强制的手段，而是通过职能的合理划分、规则的制定、协商的方法等协调国家和社会之间以及社会组织之间的关系。

柯尔反对滥用国家的强制职能而主张优化国家的调节职能。他指出，"强制是社会混乱的结果，之所以需要他，不是因为人类天生的邪恶，而主要是因为人类在现今的社会条件下找不到他们适当的社会服务的范围，不明了他们在社会中的权利和义务。如果我们把社会这个屋子安排得井井有条，使人们更容易了解他们适当的社会服务的范围，我相信，对强制的需要将逐渐消失"①。推动公民社会的建设和社会组织的健康发展，需要切实优化国家对社会组织的调节职能。各种社会服务团体，如教育、公共卫生类社会组织既与社会整体相关，运作结果更直接关系到社会的盛衰。因此政府应该代表公民全体，承担各种社会组织之间协调、沟通的责任。当然，值得强调的是，国家对社会团体的关系的调节，不是高高在上地协调各功能团体的运作，这种协调只是强迫。只有让相关行为者自己参与其中，为他们提供一个对话、协商、沟通行动的平台，公民也可以选择代表进入沟通平台，表达地方、地区的公民观点。柯尔认为，在地方治理中，政府除了协调各种社会组织关系，推动公民参与公共事务之外，还要承担其他五项职能：（1）在众多需要支出的消费服务中，进行地方资源的配置；（2）对不同功能的社会组织的争议进行裁判；（3）决定不同社会组织功能的界线划定；（4）负责城市整体规划的方案制定；（5）掌握必要的强制性"警力"。由此观之，柯尔的社会理论中，国家的调节职能至关重要，其调节的根本在于发挥各个社会组织的职能和自主性，而不是越俎代庖，任何事情都由自己来管理，这一点和20世纪后期兴起的"治理"理论不谋而合，显示出柯尔社会理论的前瞻性和深刻性。

---

① ［英］道格拉斯·柯尔：《社会学说》，李平沤译，商务印书馆1959年版，第121页。

第二节　工业民主和公民参与①

除了社会团体之外，参与式民主理论认为公民参与的基础领域就是作为市场经济重要组成部分的工业领域，持这种观点的主要代表是佩特曼。

一、工业领域中"参与"的含义

（一）工业领域中"参与"的三种宽泛定义

佩特曼认为，尽管"参与"的概念在管理学中得到了广泛的应用，但是学者们却很少对这一概念进行具体的分析，即使提出了有关的定义，很多也是不确切的。管理学家麦克格雷格曾经指出，"参与是人类关系研究领域出现的最容易被人们误解的一个概念"②。麦克格雷格曾经归纳了工业领域中"参与"较为典型的三种定义：第一种"参与"的定义基本上是指在合适的条件下创造出人们影响与他们有关的决策的机会；第二种"参与"的定义是指雇员而不是管理者在影响他们的工作的管理决策中发挥积极作用的过程；第三种定义认为"参与"是指组织中下级由下至上的行使权力的过程，这一过程被他们和上级认为是合法的。这种定义强调的是由下至上的权力运行过程。

管理学者利克特在麦克格雷格的基础上进一步分析了上述三种"参与"定义的特点。他认为麦克格雷格的归纳中包含着一个"参与"活动的连续统一体，一个从"少量参与"到"普遍参与"的连续统一体。"少量参与"指下级对管理者决策可以提出质疑；在连续统一体的另一端指"大量参与"，即上级与其他的替代人选，因而普通雇员可以在他们中进行选择，雇员可以

---

① 参见董石桃：《工业领域中参与的可欲与可能——基于佩特曼民主理论的阐释》，《广东行政学院学报》2016 年第 5 期。

② ［美］卡罗尔·佩特曼：《参与和民主理论》，陈尧译，上海人民出版社 2006 年版，第 64 页。

影响组织决策者的选择，而不仅仅是少数的决策。由此，利克特提出的这一"参与"连续统一体覆盖了相当广泛的领域：从"很少参与"——"雇员们很少能够获得信息，不管是关于目前的形势还是未来的发展"到"下级和领导者形成一个整体，运用对团体最有效的方法来处理和解决问题"①。

佩特曼认为上述三种"参与"的定义都太为宽泛，在广泛的权威性结构下，这些宽泛的"参与"定义在组织中一般的管理问题分析中几乎无所不能，会掩盖关于分析工业民主的有关问题。因此，我们要对工业民主中的参与问题进行分析，必须在上述定义的基础上，对"参与"的概念进行严格的分析和界定。

（二）工业领域决策过程中"参与"的严格定义

在对工业领域中参与的严格界定上，佩特曼排除了工业领域中"参与"宽泛定义的情形：个人仅仅是参加团体的活动；个人在影响他的决策得到实施前仅仅被告知有关的消息；个人出席一个会议但没有影响力。这一界定表明，在参与式民主理论看来，工业领域中的"参与"主要指决策活动中的参与。也就是说，参与式民主理论认为，工业领域中参与的根本内涵就是赋予普通工人对于企业决策以影响力。在日常生活中，我们都是在广义上使用"参与"这一术语，它涵盖了几乎任何最低程度上的交往发生的情况，仿佛只要有团体活动存在，工人的"参与"就存在了，这种宽泛的"参与"定义对于分析工业民主没有任何实际的意义。而在上面关于"参与"的严格定义中，这种广义的定义是被排除了的。

不仅如此，佩特曼还像利克特一样进一步分析了"参与"的连续谱系，不过和利克特不同的是，佩特曼是从工人"参与"决策的影响力角度进行系谱分析的。从个人参与决策的影响力程度来看，她将工业领域中决策的"参与"谱系分为"假参与"、"部分参与"、"充分参与"三个层次。第一种参与形式是"假参与"。在许多管理学家看来，参与不过是能够有助于取得企业所有目标中的许多管理方法中的一种，因为参与在提高企业效率上是有效

---

① Likert, *New Patterns of management*, Mcgraw Hill, New York, 1961, p.243.

的，所以，参与是企业管理中的一种决策方法，很多时候也是管理者运用于说服员工服从决策的一种方法。在这种情况下，往往实际上并没有在决策过程中发生参与活动。领导者尽管不只是告诉员工有关决定的内容，而是让他们对某一决定进行一定的质疑和讨论；但是在这个过程中，人们不是在决策过程中主动地参与，而是通过让领导者或者管理者采纳特定的建议来创造一种参与的氛围。这种"参与"，很大程度上是一种说服的技巧，而不是一种决策的方法。第二种"参与"形式是"部分参与"。它是指在管理者和工人之间，工人们可以参与并且影响决策，但是他们是处于永久的服从者地位的"工人"，最后的决策的"特权"掌握在处于管理地位的上级手中。这里的"部分"仍然是从工人对于决策的影响力来说的。部分是因为，个人没有决定政策结果的平等的权力，只能在有限的范围内影响决策，这种"参与"可以参照弗兰克等人的观点，将其定义为，"双方或者多方在决策过程中相互影响，但最终的决策权只在于其中的一方"①。部分参与可以在管理活动的任何层次上实行。第三种"参与"形式是"充分参与"。这种参与形式指决策团体的每一个成员都有平等地享有决策结果的权力过程，在这种情况下不存在具有不平等决策权的双方。在企业管理的低层次参与中，这种形式也是广泛存在的，比如在煤矿业和汽车业的集体合同中，这些个人团体事实上是在没有管理者领导下作为一个自我管理的团体而进行生产的，他们每天生产活动的工作流程可以自己决定。和部分参与一样，充分参与也可以在管理活动的任何层次上实行。佩特曼认为，只有对工业领域中的"参与"进行严格的界定并且进行深入的系谱分析之后，我们才可能进一步讨论工业领域中参与和民主发展之间的关系。

二、工业领域中的参与和公民政治效能感的培养

参与式民主理论认为，个人应当接受一些在国家政治过程之外的民主

---

① ［美］卡罗尔·佩特曼：《参与和民主理论》，陈尧译，上海人民出版社 2006 年版，第 67 页。

训练，这是民主发展的基础。现代民主理论和实践的发展表明，民主政治的发展需要从参与活动中培养一种积极的心理品质，产生人们所知的政治效能感或者政治能力感。这种心理品质是链接非政府权威结构参与和政治国家民主参与的中介因素，正因为如此，非政府权威结构中的参与对民主发展具有十分重要的意义。而在各种非政府权威结构中，工业领域具有关键的地位，因此，工业领域中的公民参与对于公民政治效能感的培养也就具有独特的意义。佩特曼的基本理论逻辑可以概述如下：

（一）非政府权威结构中的参与可以培养全国层次上参与所需的政治效能感

政治效能感是指公民个人的一种心理感觉，即相信个人的政治行动确实，或者能够对政治过程产生影响，因而值得去承担个人的公民责任。研究发现，这种政治效能感涉及个人在处理各种事务方面的自信。佩特曼认为，这种信心的获得，至少部分地可以通过参与过程逐渐积累起来。人们的效能感不是天生的，而是在日常生活中参与公共事务积累起来的。一个政治冷漠的人不太可能会培养起这种政治效能感的心理品质。如果我们将国家结构视为一种政府性的权威结构，那么它的民主化并不是凭空产生的，在民情或者民众的心理基础上来说，它需要在非政府权威机构的管理中去培养。佩特曼相信，非政府权威结构中的参与可以培养全国层次上参与所需的政治效能感这种心理品质。

阿尔蒙德和维巴的名著《公民文化》一书可以为上述论点提供有趣的证据。他们发现一个人如果在政治领域之外，有机会参与广泛的社会决策，他同样可能在政治决策中参与。而且，非政治决策活动中的参与赋予了一个人在从事政治参与时所必需的技能。同样的研究也可以在成年人和儿童的心理品质中反映出来。研究发现，个人在非政府的权威结构中的经历可以解释儿童时期和成年时期在效能水平方面的差异。在调查的五个国家中，记忆中有过在家庭和学校的参与机会和政治能力方面的高得分有着关联，在更高层次上享有参与机会的影响尤其重要。受教育水平的高低影响着参与的机会，从而影响着个人政治效能感的高低。中产阶级的儿童最有可能在政治效能感得分高，我们知道中产阶级的家庭最有可能提供给他们的孩子在家庭权威结构中的参与机会，而个人阶级的家庭倾向于权威主义的作风，或者显示出非连续性的权威模式。

（二）工业领域中的参与对于公民政治效能感培养起着最关键的作用

佩特曼论证了非政府权威结构中的参与对于培养公民在全国层次上的政治效能感和推动民主的发展有着十分重要的意义。那么，在非政府权威结构中，哪个领域中的参与又是最关键的呢？佩特曼的答案是"工业领域"。在她看来，一个人的心理品质尽管在儿童时期就出现了差异，但是，成年后的经历则更为关键。阿尔蒙德和维巴在五个国家中的调查数据也表明，在相对现代和多样化的社会体系中，家庭和学校中的社会化，政治参与方面的训练是极其有限的。对公民政治效能感的发展起着关键意义的是一个人在工作场所中参与的决策活动的机会。现代社会容纳最多人群的工作场所也就是工业领域，因此，工业领域决策的参与机会就对培养和发展全国层次上的参与所要求的政治效能感起着关键的作用。

工业领域中决策的参与机会具有关键的地位，还体现在它可以延伸到家庭的参与机会提供中来。成年人在工作场所不同的权威机构中的经历也解释了他们的孩子身上发现的不同的政治效能感水平。那种社会地位较低、在工作场所中没有自治权、受到别人指挥没有能力控制他们自己的父亲，被发现更具有侵略性和更为严厉，即他们不能提供一种参与性的家庭环境。也就是说，工作经历影响了成年人的政治效能感的发展，然后又可以通过成年人影响到其家庭的氛围，影响到下一代能否具有民主发展所需的心理品质的培养。一个专制的家庭往往将培养出专制的下一代，一个民主的家庭可以为下一代的民主心理品质的培养奠定良好的基础。从这个意义上来说，工业领域中决策的参与机会对于民主发展心理品质的培养有着关键的作用。

有一种观点认为现代社会，工人们的闲暇越来越多，闲暇已经成为工人们希望和能够得到心理满足的最重要的领域。因此，就政治效能感的发展而言，闲暇或许可以替代工作的关键地位。这种观点是否正确呢？佩特曼的回答是否定的，工人闲暇的增多并不意味着工业领域中的参与不再居于关键地位。其原因在于三个方面。（1）尽管闲暇和工作都可以影响到人们的心理态度，但是两个领域中有着重要的差异。"闲暇"一词涵盖了许多活动的领域，其中包括爱好等，与工作活动非常类似，但它们在活动的背景方面不同。闲暇活动通常不涉及任何东西的生产，它是消费，这种活动及其背景是完全不同的。而我们所指的工作，是那些潜在地涉及个人关于集体事务、企业事务乃至社会事务的活动，其活动方式与闲暇时间的活动方式和地位通常是完全不同的，工作不仅意味着它提供了大多数人在世界中社会地位的主要决定因素，或者提供了个人"全部时间"所从事的活动，那些属于"公共性"的活动，以及与更大的社会及社会经济需要紧密相关的活动。（2）工业领域中的权威结构对工人的"闲暇"性质有着影响。那种缺少参与的工业结构中，工人在工作中通常容易沮丧，这种情绪可以延伸到闲暇领域，导致"工人们其他部分往往杂乱无章"①。有时个人宁愿在工作中"消磨时间"，也不会积极地去追求所谓的"闲暇时间"，因而，是工作结构决定个人闲暇的质量，而不是反过来。（3）总体来看，在可以预见的将来，工作仍然将占据大多数人的大部分生活时间。在闲暇时间内积极参与的通常是那些社会经济地位较高的团体。对大多数社会经济地位较低的人来说，工作占据他们大部分的时间，他们并没有足够的条件在闲暇中积极参与公共事务。因此，工业领域中决策的参与机会对他们来说就显得非常关键了。

（三）工业领域不同的权威结构对公民政治效能感有着重要影响

在西方管理学界，对于工业领域中不同的权威结构和不同的技术对那些在其中工作的工人产生的影响曾经较为关注。佩特曼认为，这些研究可以证明工业领域不同的权威结构和公民政治效能感的水平高低的关系。20世纪60年代，管理学家布劳纳曾经比较研究美国印刷业、纺织业、汽车业和化工业中劳动分工、工作组织和技术过程对工人心理特征的影响。研究发现，不同的企业环境条件对于构成政治效能感基础的个人信心和心理特征有着重要的影响。20世纪60年代，美国的印刷业主要还是手工操作，工人对他自己的工作有着较高的控制权。在管理上，有着较高的、内在化的工艺标

---

① Friedmann, G., *The Anatomy of Work*, Heinemann, London, 1961, p.113.

准和责任机制，工人享有不受外部控制的较高自由。研究发现，这个行业工人的心理特征表现为一种体现强烈的个人主义和自主性的社会个性，他们普遍坚定地支持社会中公民权的观念，同时具有较高的自尊和自我价值感。类似的发展也可以在化工业中找到，在美国的化工业中，工人可以通过在运行和维护连续的工作过程中体现一种集体责任。每组工人对他们的工作程序和方法具有控制权，这些工人主要通过内部的自我约束进行工作研究表明，这有利于形成一种自尊和自我价值感。①

除了技术方法特征之外，工业组织中的劳动分工细致程度也对工人的个性心理特征有着重要的影响。当代西方管理学家从组织效率角度出发，倡导建立一种不会损害雇员精神健康与效率的权威结构和工作组织。阿吉里斯认为等级官僚式的工业组织模式未能满足个人自尊、自信和自我成长等方面的需要。这种权威结构不仅仅影响到底层的个人，而且迫使管理人员也隐藏自己的感情，很难发展出在有效的管理活动中所需要的人际关系方面的能力和信心，这样反过来又提高了组织的僵化的程度，进一步加深了对普通员工身心的有害影响。由此造成现代工业领域中的普通工人发现他处于一个很少能够控制的、缺乏创新精神的工作环境中。这将使工人们经历一种自我控制和自我责任感的下降。一段时间的经历积累可能影响雇员对自己的评价、他的自尊、他对生活的满意度以及对他自己工作意义的评价等。② 然后，这种心理状况又会扩展到人们的政治生活中去。

三、推动工业领域中的参与，促进工业民主发展

综上所述，参与式民主理论认为个人与政治有关的态度很大程度上取决于他的工作环境中的权威结构，这一观点有着坚实的事实依据。尤其是，工业领域中的参与对于公民政治效能感的培养起着关键的作用。正是因为这

---

① 参见［美］卡罗尔·佩特曼：《参与和民主理论》，陈尧译，上海人民出版社2006年版，第67页。

② 参见［美］卡罗尔·佩特曼：《参与和民主理论》，陈尧译，上海人民出版社2006年版，第67页。

一点，佩特曼的民主理论研究集中关注的是工业领域中公民参与的可欲性和可能性。可欲性已经有了相当的依据，那么工业领域决策中的参与如何能够实现呢？工业领域应该如何按照扩大工人参与的模式组织起来呢？这当中有着哪些阻碍呢？这些是佩特曼进一步深入思考的问题，她的思考为工业民主的发展提出了方向，同时也将一些更大的难题留给了后人。

（一）以工业领域中较低层次的参与为基础

佩特曼认为，在较低的管理层次上，普通工人有着广泛的参与需求，美国重工业工人一半以上希望在他们所从事的工作中享有发言权。战后英国工人大多数的罢工都涉及那些与"控制"有关的问题。这些罢工一方面试图使管理命令和权威服从于工人们一致同意的民主原则；另一方面也反映了工人们要求更多的民主和工业领域中参与的个人权利的内在压力。[①] 而且，工人参与决策不太会导致企业的低效率，恰恰相反，工人们的参与会激发出创造性和忠诚。工人参与很少带来生产能力的下降，通常是增加或者没有影响。现代企业对于推动工人们的参与也有着极大的热情。晚年的达尔受参与式民主理论的影响，也不断地修正多元民主理论，提出"完全可以把民主延伸到经济生活中去"[②]。当然，这些参与还限于技术和管理方法的改善等，在佩特曼看来还是一些低层次的部分参与，但是这种低层次的部分参与也是相当可贵的，它对于发展政治效能感是相当有利的。因此，工业领域中的参与首先要以低层次的参与为基础。

工作扩大是工业领域中参与的一种初步形式，它是朝向参与的第一步。根据一位管理学家的观点，当工作的内容增加，这项工作就被"扩大"了。工作扩大的一个典型例子是一个关于流水线上女工重新组织的例子，重组后她们从事九项操作，而不是一项，由她们自己进行监督，这在一定程度上使她们得到了心理上的一种责任感和成就感。实验发现，工作扩大这种参与形式会产生有益的结果，重要的是它对参与者产生了心理影响。

---

① 参见［美］卡罗尔·佩特曼：《参与和民主理论》，陈尧译，上海人民出版社 2006 年版，第 53 页。

② 包雅钧：《罗伯特·达尔经济民主思想述评》，《经济社会体制比较》2006 年第 3 期。

集体安排是工业领域参与的另一种有效形式。这一转移的方式通常是订立集体合同，工人们作为一个团体，共同遵守纪律，接受集体支付的工资，将事先达成的分配方案再重新分配到工人。这其中还包括工人们和雇主的集体谈判，这种方式如今延伸到广泛的领域，赋予工人新的权力。在集体合同中，工人们对决策过程能够广泛参与，这种方式提供了一种自然的保障。更重要的是，它增强了工人们的信心，工人毫无保留地运用他们的技能，将工作按照最适合工人的方式进行部署，而工作的部署是工人们自己进行的。

参与式的领导风格也可以推进工业领域中的参与。这种领导风格很少向下属施加压力，允许雇员有活动的自由。工人们更自由地发挥他们的创造性，在有关他们的工作方面可以进行更多的决策，更自主地执行这些决策。实验表明，参与式的领导关系比权威的或者自由放任的领导关系更富有效果。这种民主形式中，参与对雇员的心理因素产生了影响，提高了团体的士气、团体成员对任务的满意度和兴趣等。马克格雷格在《企业中人的一面》和利克特的《新管理模式》中的理论，都是建立在参与式领导风格所具有的优越性有关证据基础之上的。

（二）推动工业领域中高层次参与的发展

低层次的参与对于发展政治效能感是非常重要的，但是，佩特曼的探索显然不满足于此。她认为，要促进工业民主的发展，还必须推动工业领域高层次参与的实现。迄今为止，佩特曼的参与式民主理论主要是从政治效能感的角度来分析工业领域中参与的必要性。事实上，除此之外，还有两点需要进一步深入分析：首先，我们还没有办法了解不同的参与形式的有效程度，因此，取得最大的心理效果也许需要更高层次的参与；其次，尽管有证据表明政治效能感对于政治上积极的公民参与是必要的，但是还不清楚它是否是充分条件。参与式民主理论突出的一点是重视参与的教育功能，而政治效能感只是参与的教育功能的部分体现，而不是全部体现。密尔和卢梭就强调了参与对人们观点和利益的扩展，强调理解私人利益和公共利益之间的关系，而且强调公民参与的经历将有助于人们熟悉民主程序和学会政治民主的技能等。由此可见，参与式民主理论中参与的教育功能包含着非常丰富的内容。从这个意义上说，我们要充分发挥参与的教育功能，除了以工业领域中低层次的参与为基础之外，还需推动高层次参与的发展。从工业民主发展的角度来看，只有在高层次上参与才能提供给个人在工业领域的集体事务管理中的经历，才能使人了解企业决策对更大范围的社会环境和政治环境的影响。

为分析工业领域中高层次参与实现的可能，佩特曼考察了英国工业民主的三个例子，以此来作为其理论的验证。第一个例子是格兰西金属公司。在该公司，参与通过在公司每一个部门中选举产生的工人理事会实现。理事会建立的基本原则是，工厂组织结构中的每一层次在理事会中都要有代表。这样，每个理事会由该部门的重要管理者、一个高级代表、两位中级职员、三位办事人员和其他人员，以及七位来自一线工人中的车间代表组成。理事会每月定期开会，任何一位成员都可以提交一项议程。理事会是制定政策的组织，其主要任务是起草政策文件和安排工作秩序。除了引入选举产生的参与性理事会之外，格兰西金属公司另一项尝试是将管理者和工人的角色地位和双方的关系予以明确化和系统化。这种较高层次上的部分参与的组织形式明显适合于英国的工业领域，它有可能让雇员参与所有的决策活动。第二个例子是路易斯股份公司。该公司组织设计的最高目的就是确保公司所有成员最公平地分享公司收益、知识和权力。这在一定程度上满足了参与式民主理论家提出的参与所要求的经济平等的条件。委员会是该公司参与活动开展的主要组织。总部委员会有140名成员，四分之三由选举产生，其余是由高级管理人员组成。在下属部门委员会中，普通合伙人的代表性更加充分，普通成员的比例大约达到了一半。当然，合伙人实际上是否可以更多地行使他们的参与性权力，还存在着疑问。第三个例子是巴德联合公司。该公司在正统的权威结构中进行了更深入的变革，使工人们的参与机会得到增加。公司的主要立法机构是公司大会，一般每季度举行一次，公司的每一位成员均享有投票权。公司大会的权力包括同意、修改或反对公司的经营活动，有权力批准任何一万英镑以上的投资项目，有权批准由公司的公共委员会和董事会提出的普通股利润的分配方案。公共委员会是主要的执行机构，由12名成员组成，其中9名由选举产生，2名由董事会指定，另一名由公共委员会提名，董事会批准，代表地方社区。除此之外，公司内部还存在几种参与的渠道。当然，研究表明，在上述三个例子之间，普通工人对于低层次的参与更有兴趣，这样是不是说工业领域中高层次参与的探索是多余的呢？佩特曼的回答是否定的。对于政治效能感的培养，低层次的参与也许足够，但是转向更广泛的参与教育功能，更高层次的参与就非常必要了。普通工人对于高层次的参与还不足，原因不是他不需要，而是在目前的工业权威结构之下，普通工人受到的更多的是"服从的训练"，长期以来，缺少参与的工人在观念上和技能上还没有完全为参与做好准备。

（三）以民主化为方向修正工业领域中的权威结构

如上所述，对现存的工业权威结构稍作调整，对于公民政治效能感的发展是必要的。在探讨了工业领域中低层次参与和高层次参与的必要性和可行性问题之后，接下来的一个最核心也是最难的问题是，工业领域的权威结构是否可以实现民主化？毕竟参与不等同于民主本身。佩特曼提出了工业民主概念的三个问题。一是工业企业所有权是不是永久的完全不可替代的？二是管理者是否必须由每个企业的所有员工来选举产生，并且可以罢免？或者说，建立一种直接的民主体系，让所有员工享有管理活动的决策权？三是工业民主是否仅仅意味着由工会来扮演反对派就够了？这些都是难以回答的问题，佩特曼并没有给我们提出明确的答案，但是有一点可以明确，我们可以以民主化为方向来修正工业领域权威结构，促进公民间的经济平等。工业领域中参与的目标是以工业领域为关键，推进参与性社会的建立，最终促进民主的发展。

民主政治的建设不是空中楼阁，它必须以参与性社会为基础，否则即使有所谓的民主制度建构，也是建立在沙滩之上，一触即倒。既然政治不等于"政府"，而是包含着社会在内，那么工业领域也是一种政治体系，民主化的进程也就不仅仅是政府结构的民主化或者说仅仅是代表制和选举，而是包含着工业民主化的必要性在内的。正因为如此，佩特曼以南斯拉夫的工业民主为案例分析了工业领域民主化的可能性。南斯拉夫的社会政治和工业组织形式类似于柯尔所说的参与性社会的描述，企业由选举产生的个人委员会管理，个人实行自治管理制度。南斯拉夫是工业民主可行性的一种有益探索，尽管已经成为历史，但是给了我们充分的理由认为，以民主化为方向来修正工业领域的权威结构是可能的。当然这还存在着较大的困难，也相当复杂。

　　以民主化为方向来修正工业领域权威结构，一个核心的问题是如何处理经济平等和经济效率的问题。事实证明，在企业中引入民主化改革，对于企业的经济效率没有产生明显的、严重的阻碍因素。恰恰相反，参与性的制度释放了工人们身上所蕴藏着的能量和创造性，并且由此提高了效率。而且，佩特曼认为，即使是工业领域中的民主决策带来了一些低效率，也不意味着就应当放弃工业民主主动的探索，因为在参与式民主理论看来，经济效率的目标不能用来排斥参与对人性的影响，即参与对人的心理品质的有益作用。这个问题也就是后来达尔所探讨的财产权利和经济民主的问题。达尔出色地证明了，私有产权的论证并不能说明无限地获取私有财产就是正当的。它仅仅证明，积累少量的资源，尤其是生命、自由、追求幸福、民主过程等基本且必要的资源是正当的。人们及其代表有权利以民主式决策来决定企业应该怎样被拥有和控制以实现民主、公平、效率的价值。而且所有权并没有赋予所有者任意的企业控制方式，任何一部文明都规定了一个私有老板决不能因他是老板就可以恣意地对待员工。① 以民主化为方向来修正工业领域权威结构和经济效率、财产权利并非不能兼容，而是需要我们不断地进行新的有益探索。

第三节　公共领域和公民参与②

　　公共领域是衡量一个社会民主化水平的根本尺度之一。"透过公共领

---

① 参见包雅钧：《罗伯特·达尔经济民主思想述评》，《经济社会体制比较》2006 年第 3 期。
② 参见董石桃：《公民参与和公共领域建设——基于阿伦特民主思想的阐释》，《成都行政学院学报》2016 年第 4 期。

域，思考民主之道"，这句简要的表述，可以大致概括当代西方政治哲学关注的一个主流话题。在参与式民主理论看来，民主不仅存在于选择精英的游戏中，它一定在其他领域还有自己的施展空间，熊彼特那样的机械的民主方案窒息了任何可能的其他空间。参与式民主理论是一种比现实主义民主更具规范性、比古典民主更具现实性的民主理论，它试图在竞争性精英统治与全体公民直接控制公共事务之外寻找可能性。这个可能性就存在于公共领域之中。尽管公民全体直接参与公共事务决策在技术上是不可行的，但这并不否认公民参与本身的重要性。而且，在构成大型社会的各种小共同体中，公民参与技术的可能性并没有被排除。因此，在精英民主理论困顿的地方，参与式民主扬帆起航，认为个人应当接受一些国家政治过程之外的民主训练。除了工业领域之外，这种重要的训练场所就是公共领域。本节侧重以阿伦特的公共领域理论为中心，阐释公共领域和公民参与的内在关系。

一、公共领域的基本特性

对于公共领域的研究，是西方哲学家最为关注的课题之一。参与式民主理论家汉娜·阿伦特对公共领域的论述开启了当代西方公共领域理论的新发展，后来被哈贝马斯等承袭和拓展，在 20 世纪末形成了公共领域理论研究的高潮。迄今为止，公共领域并没有一个公认的、明确清晰的定义，而阿伦特对公共领域的论述具有承前启后的意义，是我们研究公共领域和公民参与关系的起点。归纳起来，阿伦特认为公共领域具有如下的特性：

（一）公开性

阿伦特认为，"公共"一词首先意味着最大程度的公开性。公共领域是人们展现自己的地方，显现对人们来说就构成了存在的意义。显现就是指我们耳闻目睹他人，同时也被他人耳闻目睹。人类生活中的任何力量，比如说心灵的激情、精神的思想和感性的愉悦，如果没有转化为一种公共显现的形式，它的存在仍然是不确定的，仍然是阴影般的存在。私有的东西无论如何伟大也不能成为公共的东西。私人的亲密关系也许可以丰富人们主观感情和私人感觉的范围，但是，即使将私人魅力扩展到所有人，也不意味着可以化私为公，也不构成一个公共领域。相反，私人魅力的极端强化，往往以牺牲对世界和人的实在性的确信为代价，往往意味着公共性的隐退。因此，我们的存在感觉要显现出来，必须依赖于公共领域的存在。只有公共领域存在，才使"他人的在场向我们保证了世界和我们自己的实在性，因为他们看见了我所见的，听见了我所听见的"①。公共领域是一个由人民透过言语及行动展现自我，并进行协力活动的领域。当然，这并不意味着私人关心的事情是无关紧要的，恰恰相反，人们生活中许多至关重要的东西只有在私人领域中才能保存下来，比如爱情。爱情不同于友谊，爱情一旦公开展示，就被扼杀或变得黯然失色了，爱情具有内在的非世界性，爱情如果被用于政治目的，就会变成虚假的或者扭曲的了。由此看来，阿伦特并不是像有的学者所说的那样不重视个人隐私权的保护，而是反对私人空间过度强化对于公共空间公开性的危害。

（二）共同性

在阿伦特看来，"公共"一词还表示世界本身对我们所有人来说是共同的，并且不同于我们在它里面拥有一个私人处所。作为共同世界的公共领域既把我们聚在一起，又防止人们之间进行非理性的相互倾轧。值得注意的是，公共领域的这种共同性是具有政治性和公共性的，而不是局限在某一社会团体内部的原则。阿伦特以基督教社团的原则作了说明，基督教社团为了将一群丧失了对共同世界兴趣，感到他们不再被一个世界联系和分开的人们团结起来，从而将全部人类关系都建立在博爱的基础之上。可是这种博爱往往是高度选择性的，很多时候仅限于圣徒之间。基督教社团要求其成员应当像同一家庭中的兄弟那样彼此联系，这种共同体生活的结构模仿家庭成员之间的关系，而我们知道家庭成员关系是非政治，甚至是反政治的关系。一个公共领域绝不可能在家庭成员之间形成，因此也不可能在基督教社团生活中发展起来。只将"共同"限于某一组织内部是危险的，它不会导致公共领域的形成，而是仅仅限于对私人生活的模仿，其巨大的危险甚至会导致某种反

---

① ［美］汉娜·阿伦特：《人的境况》，王寅丽译，上海世纪出版集团2009年版，第33页。

世界性。

（三）恒在性

公共领域是具有潜在世俗性的永恒领域。公共领域和世界作为一种事物共同体完全依赖于公共领域的恒在性。恒在性表述的是公共领域在时间跨度上的特性，它展现了阿伦特独特的历史观。在她看来，人们如果没有潜在的对不朽的希望，就没有政治，也就没有共同世界和公共领域。共同世界是与我们的前人和后代共同拥有的世界。正是由于公共领域的公开特性，使人们的生活能够公开展示出来，才能够让历史在时间的流逝中被挽救出来，包容下来，并使其熠熠生辉。人的生命不能不朽，不朽的只能是事功，而事功只有在公共领域中公开展示。这一点和中国古代士人追求的人生价值——"立德、立功、立言"三不朽异曲同工。个人生命之不朽只有公共领域能够永恒延续，通过公开性才能够得到保持。人终有一死，但公共领域的永恒性为人们对永生的渴求成为可能保留了空间。我们常说历史是人民群众创造的，但是人民具体创造了怎样的历史，如何创造了历史，只有以公共领域的恒在性为前提。现代公共领域在现代丧失就在于人们对永生的本真关怀的几乎彻底丧失，与此同时对永恒的形而上关怀彻底丧失。认为永恒形而上学之关切只是属于哲学家和沉思生活，不在我们当前考虑范围之内。在现代条件下，无人能真正地永生。这对公共领域的恒在性是一种严重的打击。

（四）多元性

公共领域是在多样性和同一性的统一中获得其现实性的领域。首先，公共领域是多样化的存在。阿伦特指出，"公共领域的实在性依赖于无数视角和方面的同时在场"[①]。私人生活无论怎样变化，也只是一个人各种观点或角度得到复制或延长。其次，公共领域是同一性的存在。这表现在，虽然每个人有不同的立场，但是他们却总是关注着同一对象。如果对象的同一性不再能被观察到，那么无论是人的共同本性，还是大众社会非自然的顺从主

---

① 　[美] 汉娜·阿伦特：《人的境况》，王寅丽译，上海世纪出版集团 2009 年版，第 38 页。

义，都不能抵挡共同世界的毁灭。这种事情通常发生在极端孤独的情况下，在那里任何人都不能跟其他人取得一致，通常在暴政下就是如此。但是值得注意的是，同一性不等于一致性。在暴政下，我们看到所有人突然都作出一模一样的行为，仿佛他们是一个家庭的成员，每个人都在复制和传播他邻居的观点。这种情况是一致性而不是对事物共同本质思考的同一性，这时候人被彻底私有化了。同一性必须以多样性的存在为前提，否则就容易变成暴政下的一致性。

二、公共领域和公民参与

公共领域的本质是政治公共领域，形成公共领域的必要条件是公民的积极主动参与。公共领域与自由行动是同一事物的不同表达，即公共领域既是行动的前提，又是行动的结果，更是个人存在必不可少的条件。

（一）公共领域为公民彰显自我提供了有效的空间

公共领域的这种功能与公共领域的公开性、共同性是分不开的。一般认为，阿伦特的民主理论试图恢复古典共和主义，恢复公民社会的理想。对于古典共和主义，阿伦特的解释是，它的突出特性表现在两种活动或生活领域的区分：一种是政治实践的领域；另一种则是家庭和经济活动，包括劳动生产与制造或技术，这也是亚里士多德的政治理论中深入阐述过的问题。依照这种区分，政治实践的领域不是经济生产、消费的以及工艺技术制造业的场所，而是人们参与公共事务实践的场所。阿伦特认为，古希腊公共领域的形成有着独特的条件，即在家庭和经济社会非平等的基础上另立一个由法律所规约的政治平等的空间，古希腊的公共领域建立在奴隶制家族经济基础之上，并且由法律进行严格的规约。有了法律的规范，人的言行表现与交互的关系才有一定的界限与取向。对于古希腊人而言，在人的言行开始行动之前，必须确立一个公共空间，建立一个结构，这个政治公共领域就是古希腊的平等政体。

阿伦特对古希腊公共领域的重视绝不是要回归古希腊式的公共领域，而是突出古希腊公共领域为公民参与政治公共生活，展示优异、良善的公民美德的重要意义。徐贲认为，"英雄行为和普通人参与，阿伦特公民观的这两个方面都很重要"①。帕里克（Bhikha C. Parekh）曾指出："参与性政治创造和维持一种英雄式政治所必须的环境，而英雄式政治则感召和鼓励人们积极参与公众生活。"② 无赖政治是英雄式政治的反面。无赖政治和政治冷漠形成恶性循环，无赖政治中容易出现恶劣市场中的"劣币驱逐良币"，即政治场域中越不讲道德，就越遭有德之士的厌恶和逃离；有德之士越不参与和远离政治，无赖政客就越有恃无恐。因此，阿伦特的公共领域理论并不特别排斥精英的参与，相反她非常重视精英参与和大众参与的协调性。

阿伦特希望公共领域是公民彰显优异公民精神的主要空间。在公共领域中，每一个人不断地以他的言行与所有其他的人区别，透过他的独特的言行与成就表现他个人的优越性。换言之，公共领域就是保留人的个体性，也只有在公共领域内，人才可能表现他真正的、无可替代的身份，正因为有这样一个自我表达的机会，以及处于热爱这个使自我表现成为可能的整体，个人才志愿承担这个共同体之司法、国防与行政管理的负担。这种优异或美善的实践是属于公共领域的，在私人领域中，人是无法表达行动的优越性的，因为优越性表示突出与区别，优异与否的展示，需求他人在场的见证，而这种在场的见证需要一种公共的形式，由公众来证实言行的实在性，判断这些言行的价值。

阿伦特把公民参与公共领域展示的美善言行与道德良知、悲悯、动机之诚意进行了区分，这种美善言行具有公共美德的含义，它表现在自治、勇气、与人为善的友谊、公道、宽容等原则上。这些美善的行为内在于政治的实践，不是公民参与外求的目标，因此，值得注意的是，在公共领域中，公民参与追求卓越并不是求得凌驾于他人之上的支配的意志力。它是通过公民在公共领域中平等竞争所展现出来的。

---

① 徐贲：《阿伦特公民观述评》，《二十一世纪》2002 年第 2 期。

② Bhikhu C. Parekh, *Hannah Arendt and the Search for a New Political Philosophy*, London：Macmillan, 1981, pp.177-178.

（二）公共领域为公民互为主体的沟通提供了条件

公共领域对公民参与的这种意义与公共领域的恒在性和多元性是分不开的。公共领域是公民相互的言语的沟通、说服、协商形成的多重认知观点互动的网络，这种公民互为主体的沟通，首先体现公共领域是一个"以意见取代真理、从意见中掌握真理"的领域。阿伦特认为政治生活中，人们有着多重的利益表达和诉求，通常各种利益表达纷杂并陈，但是这些利益表达意见并没有绝对的是非对错，政治场域中的利益纠纷多数主要属于"人民内部矛盾"，因此，只能以说服和教育的方式来争取众人支持，以达成行动的共识，而不能简单粗暴地强制人们意见统一并服从。当然，在公共领域中，每一个人所表达的意见都只是一种看法，需要通过自由、平等的协商和对话而达成对事实的认识和坚持。而要达到这一目标的前提就是尽量让人们"说真话"，即要坚持实事求是。否则，政治决策就会偏离正确的方向。公共领域由人们基于不同利益的表达意见所构成，这些意见必须交流沟通，如此我们才能对共同所处的世界有比较完整的了解，也才能在各种意见之中重视和认真对待每个人的特殊性，而不贸然而粗暴地用集体的名义去侵犯个人的特殊性。

其次，公民在公共领域的互为主体的沟通还体现在政治权力的型塑上。韦伯曾言："政治就是指争取权力或影响权力分配的努力。"① 因此，政治合法性的证明至关重要。而在阿伦特看来，政治是人们进行沟通，对多元利益的表达进行协调和分配的途径。政治的本质是人们对于公共事务的参与和处理。政治权力无须证明为合法，政治权力的本质就是公共性。任何时候，当人一起共同行动时，权力就形成，权力若有其目的，这目的并非工具性的，而是内在于政治实践。公共领域公民互为主体的沟通为政治权力的合法性奠定了扎实的基础。阿伦特认为，"政治实践（或行动）的根本在于：人所有能力中唯一需要人之多元性的是政治实践（或行动）；政治权力的构成在于：

---

① [美] 汉娜·阿伦特：《公民不服从》，载何怀宏编：《西方公民不服从的传统》，吉林人民出版社 2011 年版，第 142 页。

人所有属性中唯一能应用于世界性（或人间性）的空间乃是政治权力，由这样的空间，人彼此相关联，透过立下与遵守承诺建立制度之根基中，人结合在一起。在政治领域中，这可能是人最高的能力"①。公共领域为人们这种互为沟通的能力提供了施展的空间，也为权力的型塑提供了基础，行动的主体透过言辞、沟通、说服的过程，但行动主体依此过程达成协同的一致行动的意愿时，在这些行动主体的如此结社中，就自动形成了足以开创群体生活之新局面的能力。

三、参与式民主和公共领域的建设

和当代西方主流的自由主义不同，阿伦特从每一公民都有义务和责任维护共同体的角度来理解参与政治的"公民美德"，公共领域一方面为公民参与提供了空间和条件；另一方面，公共领域则必须通过公民积极的参与来维持和发展。总体来看，要推动公共领域的建设，阿伦特认为有几个问题是非常重要的：

（一）公民异议权的保障

公共领域的建设首先在于保障公民的异议权。异议权即是人们的表达权。从苏格拉底和梭罗的反抗行为上，阿伦特发现，支撑一个公民保持异议的道德基础是良知。在公共领域里，良知往往被当成了一种意见，这种意见的效力还要取决于人数；只有当许多人的良知达成了共识并付诸行动时，它才成为公众舆论的一部分，才具有了政治的意蕴。一个公民的良知也许没有很大的社会效应，但是众多公民的异议确实形成一种政治舆论，影响深远，它就是中国传统所说的人心向背。人心向背才是决定政治大势的根本因素。毛泽东说，人民群众才是真正的英雄，公众舆论是人心向背的一个表现指征。政治体制的崩溃总是先于革命的爆发，这种崩溃最鲜明的征兆就是政府权威的日益削弱。而政府权威的日益削弱的重要表征就是公民对政府合法性的怀疑、公众舆论对政府作为的诸多不满。公民的不服从并不是革命意义上

①　转引自蔡英文：《政治实践与公共空间》，新星出版社 2006 年版，第 107 页。

的根本反对现有政权，而是正常舆论的表达。如果在宪法和法律中为公民不服从或者说公民异议权确立有效的渠道和途径，公民的意见挤压就不会演变为激进式的革命。因此，公民异议权的保障就需要为公民的政治参与提供充分而畅通的渠道，实现公民政治参与和政治制度化的统一。

公民异议权的保障其实还涉及政治领域中的一个重大难题——公众舆论和法律的相容性问题。公众舆论和法律相悖时，是维持法律的稳定性，还是支持公众的意志？在阿伦特看来，这二者是可以统一起来的，法律的精髓在于公民们的一致同意，民主参与本身是法律合理性的重要前提。即使是作为少数，制宪者也必须考虑到如何维护那些持异议的少数者的权益。因此，一方面，作为社会成员的普通公民具有守约的责任，公民首先要履行遵守法律的责任，这是公民之间对既定规则保持诚信的一种能力，在阿伦特看来也就是一种"承诺"的能力，可以使未来变得可预见、可信赖。另一方面，就一个国家的政治制度来说，必须为公民意见和意志的表达提供充分的渠道，并根据公众的舆论来适时修改和调整过时的法律规则。

（二）公民结社能力的培育

公民结社能力的培育对公共领域的建设至关重要，托克维尔《论美国的民主》指出过结社对于公共生活的重要，阿伦特深受托克维尔影响，自然也很看重结社，并把它视为抵制多数人暴政的一种保证。她认为，当人们掌握了结社的技术和艺术，如果社会公共生活有需要，人们就能够组建一些自愿性的社团；这种自愿性的社团不是政党，而是临时性的社会组织，它追求的是短期公共服务目标，一旦达到目标就自行解散。我们不能小看这种短期的组织性行为，它其实是公民结社能力培养的重要途径。

阿伦特认为，代议制政府在许多方面已试图抵制公民的实际参与，受到政党体制弊端的影响，西方的主要政党已出现了官僚机构化的倾向，"这使得它们除了党派机器以外，不代表任何人"①。在这样的政治危机背景中，

---

① [美] 汉娜·阿伦特：《公民不服从》，载何怀宏编：《西方公民不服从的传统》，吉林人民出版社 2003 年版，第 146 页。

回归共和主义的结社权传统，打破代议制民主的专制性危机，自愿结社权就格外重要，它对于制度的失败、人的不可靠性等具有补救和预防的作用。这是因为，在某种意义上，人是脆弱的，他（她）很容易倾向于默许不公平行为。历史反复证明，没有社团参与的人民更容易成为顺民。顺民像羊群一样被强权驱赶着，是专制政治的工具。顺民被断绝生计之后，就会成为暴民，揭竿而起。顺民的欲望被蛊惑之后，企图去做王侯将相，夺天下，做人上人，也会变成暴民。在官僚体制之下，官场无限地自我繁殖，会吸干民脂民膏，顺民具有失去生计而成为暴民的必然性。顺民是潜在的暴民，制造顺民就是在制造暴民。因而，很多时候，阻止人民结社实际是在制造社会强势，形成社会弱势。社会的强势和弱势是十分不稳定的，摧枯拉朽的狂风常常起于青萍之末。因此，制造顺民、推行愚民政策其实就是在给自己储存炸倒自己的炸弹。古代封建国家在迫使农民温顺的同时，也是在制造埋葬王朝的农民暴动。

（三）公民横向权力的发展

如前所述，阿伦特对于权力的界定迥然不同于西方现代主流的权力理论。在她看来，权力是使公共领域得以存在的东西，公共领域是潜在于行动和言说的人们之间的显现空间，"只有在言行未分裂，言谈不空洞，行动不粗暴的地方，在言辞不是用来掩盖而是用于揭露显示，行动不是用来凌辱和破坏，而是用于建立关系和创造性的现实的地方，权力才能实现"[1]。在此，阿伦特所要表达的理念是，权力的形成与运用在于，行动的主体通过言辩、沟通和说服的过程，但行动主体依此过程达成协同一致行动的意愿时，就自动形成足以开创群体生活之新局面的能力。在阿伦特看来，权力的指向不应该只是纵向的监督和控制，还应该是水平横向向度的，是一种相互的限制和约束。权力跟势力、暴力的本质差别在于，后两者都与言说、共同、说服无关，它们也与自愿的联系和合作无关。在一个充斥势力和暴力的社会中，公共领域是难以建立起来的，现代社会的危机从理论上来看，正是由于一种单

---

① ［美］汉娜·阿伦特：《人的境况》，王寅丽译，上海世纪出版集团 2009 年版，第 157 页。

一错误的权力观所造成的，这种权力观的根本缺陷在于缺少任何规范意义，对于引导社会健康发展无益。专制的突出特点就是建立在孤立的基础上，孤立本身就是公民横向权力的拓展缺少条件。专制君主通常孤立于他的臣民，臣民由于相互恐惧和怀疑而相互孤立，从而，"专制不是各种政府形式之一，而是违背了人的复数性这一根本特质，专制不仅在公共领域这一方面，而且在整体上阻碍了权力的发展；换言之，专制生成着无权，正如政治体生成着权力一样"①。没有公民的横向联系、沟通和言说，没有公民横向权力的拓展，对于公共领域的建设是一种严重的打击。

　　阿伦特致力于从公民横向权力的拓展上思考公共领域的建设。在她看来，公民横向权力维护了公共领域和显现空间，它本身也是人造物的活力源泉，因为人造物如果不是作为言说和行动的背景，不是与人类事务、人际关系网和它们产生的故事有关，就缺少终极存在的理由。在公民横向权力产生中唯一不可缺少的物质要素，是人们的共同生活。只有在人们如此密切地生活在一起，以致行动的潜能始终在场的地方，权力才与他们同在，因而城市的建立的确是权力最重要的物质前提。可是，今天的城市建设很多地方是存在缺陷的——公共事务缺少足够的公民参与，缺少共同体的社区建设，这使城市不能为公民横向权力的拓展提供足够的空间，也使公共领域的建设失去了最重要的物质基础。因此，推动公共领域的建设必须重视城市社区共同体的建设，这对于处在快速城市化进程中的中国来说同样格外重要。

---

① ［美］汉娜·阿伦特：《人的境况》，王寅丽译，上海世纪出版集团 2009 年版，第 159 页。

第四章　公民参与的制度框架：参与式民主理论的制度构想

　　参与式民主不仅是一种理想，也是民主发展可供选择的一种路径，因而，它也面临着如何运作的问题，即如何制度化为一种民主运作的模式问题。"政治民主不只依存于经济与社会条件，也依存于政治制度之设计。"①任何民主理论要和现实民主实践链接起来，都必须通过切实可行的制度设计并努力将其付诸现实。参与式民主理论对于具体的制度设计同样非常重视，"强势民主需要一系列在邻里和国家两个层次上涉及个人进行共同讨论、共同制定决策和形成政治判断以及共同行动的制度"，"强势民主起源于吸引人的理论传统，但是它缺乏令人信服的现代实践"②。为此，参与式民主理论要超越专家统治论，克服专家和技术官僚的勾结危害，引入公共商议，就必须在很大程度上发展出一套机制，在现代复杂的各种政策议题中引入商议、透明性和责任性，将公民参与的发展要求建立在一个较少以国家为中心的、更具适应性和风险管理能力的、更易被接受的制度中。

　　事实上，参与式民主理论兴起以来，受到了自由主义民主论者激烈的批评，这些批评者最核心的就是质疑参与式民主在现实中的制度化问题。参与式民主理论要回应这种批评，必须要将其公民参与的理念"置于一种其实

---

① March, J.G. and Olsen, J. P., *Rediscovering Instituons：the Organiazational Basis of Politics*, New York：Free Press.1989, p.734.

② ［美］本杰明·巴伯：《强势民主》，彭斌等译，吉林人民出版社 2006 年版，第 306 页。

践的现实潜力可以得到评估的制度框架中"①，使这些制度经得起生存能力、实用性以及理论连贯性的考验。事实上，参与式民主理论的制度设计并不是像有的自由主义民主论者所指的那样脱离现实。相反，他们的公民参与制度设计同样努力地向现实和可操作性靠拢，努力地具体处理现代社会中公民参与的各种障碍，努力地为未来的民主发展提供一套系统的制度改革方案，而不是一种零碎的、个别的、彼此不相关的制度修改。参与式民主的制度设计应该被理解成对代议制政府弊端的补足，它反对那种全面行政主导的政策制定模式，推崇一种交互式的政策制定形式，努力地为公共商议发展出新的制度技术、义务和合法性，以及更好的预期和适应能力。本章将以麦克弗森的参与式民主模型、阿伦特的委员会民主制度和巴伯的强势民主制度为代表，剖析参与式民主理论关于公民参与制度的具体构想。

第一节　参与式民主模型

参与式民主理论家麦克弗森曾经构建了一种金字塔民主模型并把它作为参与式民主制度化的构想，系统而仔细地剖析他的探索理路，我们也许可以发现参与式民主制度化的可能路径。

一、均衡式民主模型及其批判

在麦克弗森看来，20世纪西方的自由民主理论主要是美国的经验主义民主理论家们完成的。20世纪40年代以来，在熊彼特、达尔等人的持续努力下，政治理论对民主的理解发生了一次重大变革，古典的以人民主权为基础的民主理论受到严厉批评，同时其伦理理想也被彻底扬弃，取而代之的是强调事实描述与市场类比的新的民主模型，麦克弗森称之为"均衡式民主模型"。均衡式民主模型试图从公民理性假设出发，构建一个既有描述功能又

① ［美］本杰明·巴伯：《强势民主》，彭斌等译，吉林人民出版社2006年版，第307页。

有合理化功能的民主模式。20 世纪上半叶以来，均衡式民主模型在西方民主理论中基本占据了主导性的地位，有着一大批的追随者，著名的如亨廷顿、萨托利等人。麦克弗森则对均衡式民主模型进行了深入的辨析，发现了其存在的严重缺陷，这也是他构筑参与式民主制度模型的起点。

（一）均衡式民主模型的内容

麦克弗森认为，准确来说，均衡式民主模型应该被称为是一种"多元主义—精英主义—均衡式民主"的民主模式。多元主义体现在它认为现代民主体系所必须对应的是一种多元社会，即社会成员分别同时从属于各个不同类型的社会团体；精英主义体现在它赋予那些社会集团的精英在政治过程中以主要作用，少数精英才是政治过程的主要推动力，民主主要地乃是由一般公民选择出政治领导人的过程；均衡主义体现在它主张民主过程作为一种体系可以维系一种在政治产品的供求之间的平衡的体制。[①] 这种民主模式主要包括三个方面的内容。（1）民主简单地讲就是一种选择政治精英以组成政府，并且赋予政府以合法性的程序而已，民主与社会的性质无关，也与道德价值无关。"公共利益"在事实上并不存在。（2）民主的选择机制就是通过选举在政治精英之间通过政党进行选择，选民们的任务就是产生政府。选民的政治角色不是决定政治事务，而是选择代表来代替他们作决定。在民主政体中，选民投票的首要作用是产生政府。"这点可以是选举一整套官员的意思……如果我们只考虑全国性政府，可以说产生政府实际上等于决定领导人是谁。"[②]（3）这种民主模式反对扩大公民参与，认为公民参与本身并无价值，甚至也不是获得更强的、更高级的、更多的社会意识的一种手段。熊彼特强烈批评卢梭和马克思等人著作中提出的更多参与的民主设计，认为民主的目的就是满足人们现实的种种利益，而不是为民众成为何类人服务。简单而言，民主就是一种市场机制，选民们是消费者，政治家们则是企

[①] *The Life and Times of Liberal Democracy*，Oxford：Oxford University Press，1977，p.77.

[②] ［美］约瑟夫·熊彼特：《资本主义、社会主义与民主》，吴良键译，商务印书馆 1999 年版，第 400—401 页。

业家。① 熊彼特认为，普通公民在政治领域中是缺乏理性的，在熊彼特的民主制度中，政党和政治职位中的政治精英是唯一的充分参与者。普通公民常常被看作顺利进行"公共"决策的妨碍，因而在民主中参与的作用必须受到严格的限定。

均衡式民主模型之所以提出上述民主制度理念，在于其内在的两种基本假定。（1）消费者主权假定。消费者主权假定来自19世纪的经济学。19世纪的经济学家的经济理论模型中，企业家与消费者们被假定是个人利益最大化的理性人，自由竞争的市场将迫使他们投入全部精力与资源，并最终在生产分配上达到帕累托最优状态。到了20世纪中叶，在政治学家们那里，讨论政治市场中的消费者主权极为流行。政治学家们仿效当年的经济学家那样假定，"政治消费者们由于具有选择供应政治产品的领导人的权利，所以应当说他们拥有消费者主权"②。与此相应，在政治理论模型中，政治家与选民们也被假定为理性人，他们追求个人利益最大化，也是同样被自由竞争的政治市场所驱使，最终在生产与分配政治产品上达到帕累托最优状态。民主政治体制和市场体系一样会在自由竞争的条件下，使得人们的精力与资源的投入和回报之间达到一个帕累托最优均衡状态。（2）政治领域内"经济人"假定。该假定认为，政治人就如同经济人一样，在本质上是一个消费者与占有者，还假定人们想从政府手中得到的东西差异极大，变化不定。所以，政府能够满足这些差异极大的唯一方式就是"模仿竞争市场中的企业的运作方式，为一些企业式政党提供种种不同的政治产品的方案。选民们通过选票来表达自己的意愿"③。最后，得票数最多的就是最优的方案，是能够满足绝大多数人的方案，从而形成了一个稳定的政府，它可以在需求与供给之间达成

---

① C. B. Machpherson, *The Life and Times of Liberal Democracy*, Oxford：Oxford University Press, 1977, p.79.

② C.B. Machpherson, *The Life and Times of Liberal Democracy*, Oxford：Oxford University Press, 1977, p.79.

③ C.B. Machpherson, *The Life and Times of Liberal Democracy*, Oxford：Oxford University Press, 1977, p.80.

均衡。从这个假定中我们可以发现，均衡理论不仅仅是一种对政治现实的解释，其实也是对现实政治的辩护，它将政治和政府同样视为一种交易市场，人们在政治市场中就是握有选票的消费者，主张当前的民主政治是满足最大多数的最大需求的体系。

（二）均衡式民主模型的批判

在麦克弗森看来，均衡式民主模型对于当代西方自由主义民主的现实政治状况有着相当准确的描述，因此，它比密尔等人的理论有着更多的现实因素。但是，我们要批判的就是它这种对现实的辩护性。作为一种合理化的民主模式，从来不去探索或思考人作为一个政治行为者的新的可能性，因此，它的有效性是存在问题的。我们可以从以下几个方面辨析均衡式民主模型的缺陷：

第一，均衡式民主模型一再强调价值中立的描述和解释，但是其在描述和解释中最终还是有意无意地为某种道德价值或意识形态辩护。均衡式民主模型毫不迟疑地认为民主作为一种市场机制是唯一能够或最能够实现现代政治功能的体制，现代民主的唯一形式就是公民定期地选择政治领导人，并定期地用否决权来控制领导人，除此之外没有其他。他们表面价值中立，实际上预设政治最大的均衡和公民的消费者主权就是不证自明的价值。他们实际上就是为现有的西方政治制度辩护，将现有的西方民主奉为唯一的、至上的模式。他们至少给我们这样一种印象，即现实政治尽管有诸多不足，但仍旧是唯一可行的制度，同时也就是唯一做得最好的制度。他们都是现实主义者，出发点是现实中的人，以及现实中的政治。这些现实主义和西方中心主义本身都包含着诸多鲜明的道德价值和意识形态立场。

第二，均衡式民主模型并未提供其所声称的最大的均衡，而只是促成了一种不平等的均衡。均衡式民主模型所满足的乃是经济学所谓的有效需求，亦即那些由个人实际购买力来支撑的需求。在政治市场中，购买力只能指在选举竞争中某个政党或者某个候选人所需要的金钱，或者组织某个压力集团所需要的金钱，或是选举宣传中购买某个大众媒体的版面或电视时段所需要的金钱。而在资本主义社会中，实际政治购买力在民众中的分布是极不均衡的，其结果是许多拥有政治能力但是经济基础薄弱的人缺少政治购买力，因而这些人的政治需求没法得到满足。此外，如果一个人的政治购买力是由其对政治事务投入的精力来衡量的话，情况仍然未得到改善，因为一个人的职业等级和教育程度决定了他的精力投入及可能的回报。就此而言，政治冷漠很多时候不是因为公民本身的非理性，而是社会经济不平等的结果，许多公民之所以不参与投票，是因为他们认为资本主义政治的市场化，使得经济能力决定的政治购买力成为个人政治需求实现的决定性因素，而民众个人经济能力的低下使他们丧失了满足自身政治需求的可能性。因此，麦克弗森指出，均衡式民主模型认为当代西方民主制度实现了政治的最大均衡并不是事实。他们描述的"社会经济地位高的阶层的需求才是有效的，下层阶级则是冷漠的"实际反映了西方民主中的一种不平等的均衡事实。

第三，均衡式民主模型也没有提供其声称的消费者主权。在均衡式民主模型中，极少数的政党作为精英的整合是卖方和供给者，联合垄断了整个政治市场，因而政治市场并不是一个完全竞争的市场，而是一个垄断的市场，他们所提供的政治商品并不一定是政治消费者所需要的。更为重要的是，政治垄断者往往是政治需求的创造者，他们创造了什么产品，你就必须购买什么产品；他们提名了某个候选人，你就必须对他进行投票，选民并没有多余的选择余地。就政党而言，政治产品的供给者往往只是两个。这些垄断性政党常常会采取一切垄断手段来实现自己的利益，而不是选民们的利益。"他们甚至会创造出一些选民所不需要的政治需求。"① 均衡式民主模型预设了选民选票并不是民主制度的终极因素，民主政党本质就是精英之间的竞争，选民只是消极地赋予其中一组精英统治的正当性。因此，我们可以看出，均衡式民主模型给予所谓政治消费者的主权是十分间接而又十分有限的。更进一步说，这种政治消费者和政治商品供给者异位的消费者主权也很难被认为是民主的消费者主权。

① C. B. Machpherson, *The Life and Times of Liberal Democracy*, Oxford：Oxford University Press, 1977, p.89.

二、参与式民主模型：参与式民主的制度构想

麦克弗森在对均衡式民主模型批判的基础上，提出了参与式民主的制度构想。在他看来，民主的发展唯有进一步扩大公民参与的渠道，改善公民参与的作用，才能实现更民主的、更公平的以及更人道的社会建设。均衡式民主本质上是一种精英式的民主，在这种所谓的民主模型中，绝大多数人并不能有效地参与政治。参与式民主模型和均衡式民主模型不同的地方在于，它试图跳出资本主义现有不合理的制度框架，探索可能的新的民主模式。麦克弗森对于参与式民主制度的构想具体体现在他的"参与式民主模型"设计上，这种参与式民主模型分为简单金字塔参与式民主模型和复合参与式民主模型。

（一）简单金字塔参与式民主模型

麦克弗森所设想的参与式民主制度并不是完全的直接民主，而是直接民主和间接民主的混合。有学者认为，当代高度发达的电脑技术、通讯技术虽然解决了在现代民族国家实行直接民主的技术问题，人们可以在家里进行投票和讨论，电子民主的时代已经到来。可是麦克弗森认为，仅仅解决了直接民主的技术问题，并不意味着就可以实行直接民主了。（1）无论科技如何发展，它还是需要某些人来提出政治议题；无论通讯技术如何改善政治沟通的条件，仍然必须由专业的从政人员及政府机构来负责研讨政治方案。不管怎样，我们仍然要由某种政府机构来决定哪些问题是要被提出的，这很难交给私人机构去处理。（2）在现代社会中许多重大问题都是极为专业化的，普通民众根本无从通晓所有问题。"不可避免的是，必须由某些政府机构来决定什么问题可以由公民来参与决策。"① 政治事务不可能成为纯粹的行政管理事务，也不可能像列宁所说的任何一个人都可以胜任这些事务。上述问题的形成只能委托给某个政府机构，公众的积极参与只能局限于那些十分清晰的

---

① C. B. Machpherson, *The Life and Times of Liberal Democracy*, Oxford：Oxford University Press, 1977, p.95.

特定问题上，比如死刑、堕胎等。此类问题只要求公众作出是与不是的反应就可以，但绝不能扩大到上述社会与经济政策问题上。（3）现代社会不可避免出现相互冲突的情况，在任何政治社会中都必须有一个机构，其职责是调和相互冲突的要求，否则整个体系就会崩溃。电脑可以计算出多数人的意志，但是对于意志的相互冲突却无能为力。（4）人们对于全民公决这种直接民主报以很大希望，但是，如果缺乏一个对某个选民机构负责的机关，如果处理上述问题的机构没有相应的对公众负责的义务，那么，持续性全民公决就不可能是真正意义上的民主。它甚至更坏一些，因为它看似民主，但其实是在民主外表下掩盖了权力真正位于何处。总之，麦克弗森认为，将参与式民主制度简单地等同于直接民主是一种误解，也是不正确的，"电子民主不能给我们直接民主"，规模问题的确难以处理，参与式民主体系仍然需要有代表机构。

金字塔参与式民主模型指的是"直接民主在最下端，委托式民主一层层上去"。直接民主只在底层实行，而从底层一直到最高层都实行代议制，整个体系呈现金字塔结构，任何一个层次上的政策问题或议案都是由一个专门委员会提出来。这个模型的意图就是，让每一个层次都能成为民主体系所需要的。[①] 这就是说，人们在社区或基层进行直接的民主，进行实质的面对面的协商、参与和基于共识或多数基础上的决策。此时选举代表组成包含了这个层级的会议，代表们的决定必须充分地向选举他的人负责。麦克弗森主张的参与式民主模型并不是简单的选举投票，而是将直接民主和代议制民主结合起来，形成一个复合的直接参与和间接参与相结合的体系，推动民主制度的更加合理化。

（二）复合参与式民主模型

金字塔参与式民主体制虽然是最好的，但是它却很容易失败。麦克弗森认为，导致金字塔参与式民主制度失效的原因主要包括三个方面。（1）在

---

① 参见余宜斌：《自由主义民主的困境与重建——麦克弗森的政治理论研究》，复旦大学博士学位论文，2007 年。

面临反革命的威胁以及外部的干涉时，金字塔体制不会对下层真正地承担民主责任，也不会让自己的民众来有效地进行民主控制，而是选择扭曲金字塔民主制度本身。十月革命后的俄国就是民主控制让位于中央权威。在通过革命建立起来的国家里，在短期内是不可能给予民众以政治自由与公民自由来约束政治权力的。（2）一些国家中的政治体系需要完成社会整合的功能，所以这种政治体系不可能让上层真正地对下层负责。（3）底层民主的政治冷漠使其不可能出现主动地追求民主控制权。底层民众的政治冷漠导致金字塔民主模式失去民主控制。麦克弗森认为，对于西方自由主义民主而言金字塔体系过于简单了，因为，在西方有一个传统因素被忽略了，即竞争性的多个政党的存在。因此，对于西方自由主义民主国家来说，实行参与式民主的模型就不可能是简单的金字塔式的民主，而是将金字塔委员会结构与西方既有的竞争性政党体制结合起来的民主政治，这就是麦克弗森的"复合参与式民主模型"。麦克弗森认为，参与式民主最适合的模式就是将金字塔体制与政党体系加以混合，这样金字塔体制就将任何形式的直接民主结合嵌入了政府结构中。由此可以看出，麦克弗森的主要目的其实是用参与式民主模型来改革西方既有的民主体制。另外，在麦克弗森看来，参与式民主制度的实现和政党党内民主的实现密切相关。党内民主的推行，可以使一个实质的参与型政党成为可能，他们能够通过议会或参与共享的结构来支撑实质的参与式民主。这种以党内民主来推行参与式民主制度的方案在一党制国家也是可以考虑的路径。

三、参与式民主制度化的实践途径

麦克弗森的思想在于突破现有西方的民主模式，建立一种新型的参与式民主制度。但是这种制度化模型除了作为一种理论模式而提出，最重要的还要考虑这种模型在现实中实践的可能。许多政治理论家对麦克弗森的参与式民主模型的实践可能提出了质疑，认为这只是一种幻想式的理论模型。麦克弗森对此进行了驳斥，在他看来，他的参与式民主模型尽管实践起来存在很大的困难，但是通过努力，改善现有的政治经济运行状况，参与式民主模型的实践仍然是可能的。

（一）公民参与意识的变革

麦克弗森认为，参与式民主的制度化首先需要公民的参与意识有一场大的变革。从根本上来说，就是要求公民意识必须从视自己为政治市场的消费者转化到视自己为自身能力的实践者、发展者以及享有者。这种公民参与的意识包含着一种尊重他人，并与他人进行协同合作的社群感。但现有的视自己为效益的消费者的意识则无法激发出这样的社群感。如前所述，底层民主的政治冷漠往往是导致参与式民主模型失效的主要原因之一，消费者意识往往让公民远离公共事务，只关注与自己私人密切相关的事情，这也是阿伦特所认为的造成公共领域衰退的主要原因。因此，推动参与式民主的制度化，首先要推动公民参与意识的变革。不过值得欣慰的是，麦克弗森发现，当代西方公民的意识正在经历一种面向积极参与的变革，这是参与式民主制度化的有益条件。第一，随着环境问题的凸显，人们的公意意识开始在环境保护问题的参与中得到改善。虽然人们仍然未摆脱对经济成长的依赖，但人们已逐渐领域到先前一直被忽略的经济成本。空气、水及土地的污染成本，以及生活品质的成本日益受到重视。在世界范围内，公民对于环境保护问题的参与空前高涨，孕育了公民公意意识的觉醒。第二，人们也开始意识到政治冷漠的代价以及传统的产业行动方式的不合适。由于长期的政治冷漠和劳动阶级守旧的抗争方式的不当，已造成了权力的集中及相对的基层民众的权益的被忽视。因此，透过社区运动来对抗都市商业——政治综合体的垄断，以及要求工业民主以保障生产者决策参与权的呼声不断响起。社区民众的参与意识日益高涨，工业领域中工人参与决策的要求也容易成为一股重要的力量。总之，公民参与的自觉性日益提高，这对于推动参与式民主的制度化无疑提供了有益的条件。

（二）现有社会经济不平等的改善

参与式民主的制度化还需要现有的社会及经济不平等必须被大幅地、有效地改善。在麦克弗森看来，只要这种不平等继续存在，甚至不断扩大化，最后就须透过非参与式的政党制度来防止阶级对立的表面化和社会整体

的全面解体。经济不平等的极端化，往往是专制体制介入的先兆。在全面
的阶级冲突下，集权和专制手段往往成为政治体制的首要选择。在这种情
形下，麦克弗森意识到，西方现有的自由主义民主要迈向参与式民主体制，
不免面临一种悖论性的恶性循环，那就是"如果不先改变社会不平等和意
识，那么我们就无法达成更多的民主参与；但如果不先增进民主的参与，那
么我们也无法达成对于社会不平等和意识的改变"①。如何打破这种悖论是西
方政治体制面临的一大课题，其实也是世界其他国家政治体制改革所面临
的一个重大课题。麦克弗森认为，打破这一悖论需要以改善现有公民经济
不平等的状况为基础，逐步拓展公民参与的渠道，满足公民参与的需求。
而在资本主义的体制下，经济不平等更加根深蒂固。因为资本主义往往正
是透过不断复制不平等的方式来满足消费者期望的能力。为了维持它的存
在，资本主义体制就必须不断地复制不平等和消费者意识，资本主义的逻
辑明显地依赖不断消费，没有大量的消费就无法创造足够的维持其生存的
利润。但是20世纪的资本主义已经无法再透过旧式的帝国主义扩张来开
发强制性的商品出路，解决国内经济不平等加剧的矛盾。经济不平等的加
剧由此推动了底层劳动者抗争和参与政治的意识，人们的参与需求日益高
涨，而现有的西方民主体制无法容纳这种参与的需求，导致亨廷顿等人所
说的所谓的西方"民主的危机"，或者卡默蓝等所提出的西方"破碎的民
主"。解决这个问题，不能依赖精英民主理论家提出的压制人们的参与需
求，而是进行民主的制度变革，使之容纳更多的公民参与需求。而根本上还
需要改善现有的社会经济不平等，避免使民众的参与极端化和专制体制的
介入。

还有论者认为，科技技术的发展对于改善社会经济不平等将发挥巨大
作用。麦克弗森对此不太乐观。在他看来，如果民主理论或民主社会的构想
仍然依赖人作为效益的消费者乃至占有者的本体论假设，则可能的进步并不

---

① C. B. Machpherson, *The Life and Times of Liberal Democracy*, Oxford：Oxford University Press, 1977, p.98.

能用来抵消资本主义本身的缺陷。相反地，它可能成为强化消费者意识的助力。因为新科技所促成的生产力的提高，在市场人和市场社会的格局里又会复制更强烈的消费需求，其结果是科技虽然给予人类摆脱物质匮乏的困局，但无法摆脱社会经济不平等的困局。因此，只有当民主理论转而采取人作为自身能力的发展者、实践者及享有者的本体论假设，科技的进步才能消除社会经济的不平等，才能使物质匮乏不再成为人类实现的阻力，进而有利于民主社会的型塑。麦克弗森使我们认识到，科技本身是一种中立的力量，科技发展必须回置于社会背景之中，以及关于人的可能性的假设之中，这使我们能更清楚地认识到科技、物质匮乏和民主发展之间的复杂关系。

（三）权力净转移的克服

我们还可以从权力的角度来透视参与式民主制度化的途径。麦克弗森认为，17 世纪以来，权力一直被绝大多数的政治理论家理解为对他人的控制，或者从他人那里抽取利益的能力，他称此为"抽取的权力"。然而，这种权力观对于民主理论或民主社会的建构来说，是缺乏创造性的。因此，他主张我们应该重新将权力界定为一个人去使用及发展其能力的能力，他称此为"发展的权力"①。在他看来，将权力理解成对他人的控制，无可避免地会受到如下的限制：除非努力去改善控制的方法达成更大的效率，否则权力是不能被增加的，也即一定人口里的权力总量是不变的；此外，一个人或一个团体的权力的增加，必须以他人或其他团体的减少为代价，因此，权力的竞争是一种零和博弈。麦克弗森认为，如果政治学仍然只以抽取的权力去理解权力，那么将是一种"十分薄弱的政治学"，因为权力这种概念本身无法将人类目的或人类需要纳入其中。麦克弗森将人类的需要和发展纳入权力的概念中，测量权力的标准则是障碍的排除。存在障碍越多，则人类能力就愈差，其权力就愈小，反之亦然。按照这种观点，在测量一个人的权力时，不是由下往上地从过去的水平到现今的水平之间的累进情况来测

①　C. B. Machpherson, *Demoeratic Theory：Essays in Retrieval*, Oxford：Clarendon Press, 1973, p.42.

量，而是应该由上往下从可能的最大值与现有的权力水平之间的差距来衡量。因此，民主发展的目标是将人们现有的权力极大化，而不是物质效益的极大化。

麦克弗森认为，目前来看，妨碍权力极大化的障碍主要有三类：（1）生活手段的匮乏；（2）取得劳动手段的途径的匮乏；（3）防范他人侵权保障的匮乏。在自由民主国家中，第三类的障碍已经基本消除，那么关键就是前两项的障碍了。除此之外，资本主义国家中，还有一种极大的障碍就是"权力的净转移"。麦克弗森将发展的权力分为两种：一是生产的权力，即一个人使用其能力从事物质财富生产的能力，也即劳动力；二是生产之外的权力，指一个人将其能力用于从事作为享受的直接来源的能力。"权力的转移"指劳动手段的所有人和非所有人之间的持续转移。只要存在这种所有人和非所有人的不同的阶级，权力的转移就会持续发生。在资本主义制度中，这种结构性的权力净转移是持续发生的，主要包括三类：（1）未拥有劳动手段者的生产权力被转移给拥有劳动手段者；（2）未拥有劳动手段者本身生产权力的遗失或减少。因为：他能自行从事属于自己的生产劳动所可能产生的满足感转移给劳动手段的所有人而遗失掉了；（3）未拥有劳动手段者生产外的权力的减少，他自身用来发展生产以外的能力减少了。按照这种分析，麦克弗森认为，社会经济不平等的根源在于这种权力的净转移，因为普通劳动者在资本主义市场中根本没有任何主动权，难以有机会去争取发展自身的权力和机会。权力是由普通劳动者向强势者不断的"净转移"，强者向弱者抽取权力，而弱者只是不断地失去自身的"权力"，这样导致社会经济不平等不断加大。麦克弗森认为，这种权力的净转移乃是普遍权力极大化的障碍，民主社会就是要克服这种权力的净转移，推动公民积极的参与来使权力的极大化成为民主发展的目标，这就是一种"发展的权力观"。"发展性权力观"的基本含义包括两个方面。一是作为生产性的权力最大化，即使人们从事物质财富生产的能力最大化，使人们的积极性、创造性能力发挥最大化，在此基础上推进社会财富的最大化。"发展性权力"这一方面的含义和我国社会主义"解放生产力和发展生产力"的含义基本相接近。"发展性权力"另一方面的含义是生产之外权力的最大化，即人们分享生产性权力成果公平化、公正化。不是使生产性权力的成果为权力顶端的一部分人享受——这实际是麦克弗森所反对的权力"净转移"，而是尽可能地根据贡献的大小公平地分配生产性的成果，尽可能地让发展的成果为大多数人所共享。"发展性权力"这方面的含义和我国社会主义建设"实现共同富裕"的含义相接近。在麦克弗森看来，民主社会的基本预设应该是人类能力的非对峙性，人类的能力只能透过发展的权力而不是抽取的权力来表达。"发展的权力观"是一种要求改革现状的概念工具。从本质上来说，它要求人类创造的成果要尽量为全体公民共享，不断提高大多数人个人发展的机会和能力，而不是将成果不断地集中在少数拥有强权者的手中——这种集中就是"权力的净转移"，它永远是强权的逻辑，而不是发展的逻辑，尤其不是科学发展的逻辑。"发展性权力"观反对任何形式的社会结构僵化、社会阶层利益固化，这种僵化和固化往往为"社会权力的净转移"提供了条件，是任何社会改革必须要打破的。总之，参与式民主制度的建立，必须努力地克服权力的净转移，以及作为权力净转移之根源的经济关系。

第二节　委员会民主制度

委员会民主制度是阿伦特关于参与式民主在现实中落实的一种制度构想，也是她针对实际政治实践所提出的建设性方案。在阿伦特的政治理论中，对政治制度和结构的论述主要涉及三个方面：一是极权主义政治制度的描述；二是对现代民族国家的代议制、政党制度以及官僚制等制度的分析；三是关于革命时期的委员会民主制度的描述。对于前两者，阿伦特主要是从批判的角度进行解析；而对于后者，阿伦特则以赞赏的态度予以倡导。事实上，阿伦特认为委员会民主包含了一种替代性的政治原则的可能性，是革命精神得以延续和发展的制度保障。作为参与式民主的一种重要制度构想，阿伦特的委员会民主制度思想还为当代的协商民主提供了重要的理论支持，具有重要的理论意义。因此，我们有必要仔细考察阿伦特关于委员会民主制度的思想。

一、代议制民主制度存在的缺陷

阿伦特首先认为，代议制民主制度存在着许多的重大缺陷，这些重大缺陷导致民主的未来发展迷雾重重，令人担忧。民主制度的构想必须清醒地认识到代议制民主制度的这些缺陷，并且力图思考新的可能的替代方案。在阿伦特看来，代议制民主制度的缺陷主要体现在如下几个方面。

（一）代议制民主制度使普通公民无法参与和分享公共权力

阿伦特认为，幸福或自由来源于对公共权力的参与和分享。在她看来，代议制只是作为人民直接行动的纯粹替代品或者人民代表对人民实施的大众化控制式统治。这两种选择都存在无法解决的难题，"在第一种情形中，政府堕落为单纯的行政机关，公共领域消失了"①，因为代表受制于人民的意志，只是执行他们主人的意志，这既不存在通过人的行动来判断的空间，也不存在讨论与决策的空间。第二种情形中，人民再度被拒于公共领域大门之外，政府事务再度成为少数人的特权。这要么导致人民政治冷淡，要么使人民保持反抗精神，因为他们留下的唯一权力就是革命这一保留权力。在西方宪法代议制民主中，普通公民除了几年一次的投票选举，平时并没有参与和分享公共权力的机会。只有政治代表才能够体验那种被誉为"在积极意义上体现了自由行动的'表达、讨论、决定'"的政治参与感和政治效能感。如此一来，在代议制民主制度中，自由本质上被缩减成了私人的、非政治的东西。这些私人性的自由使我们将公民权错当为政治自由，或是将这些公民政府的雏形与自由共和政体的真义等同起来。阿伦特重视的是一种积极自由，关键是公民能够获得更多的参与权利。

（二）代议制民主制度阻碍了政治生活中的辩论和平等协商

阿伦特认为，政治生活关注的事物主要涉及矛盾的协调和利益的调整，

①　[美]汉娜·阿伦特：《论革命》，陈周旺译，译林出版社 2007 年版，第 222 页。

不存在绝对的对错，因而跟真理的特性不同，因为真理关注的对和错，人们只能承认和服从，不允许讨论和协商。在现实政治生活中，采用一元化的思维方式，把政治简化为绝对真理是危险的。政治生活是多元性的真正的，政治判断和决策总是允许理性参与者之间存在不同意见，总是允许作出选择。在健康的政治生活中，政治事务唯一的有效性来源于讨论和认同。当然，观点的有效性取决于作出判断时采纳了多少种观察问题的角度。政治活动中没有真理并不意味着所有的观点都能够被接受。民主制度的建设关键是要给予公民参与的机会，在平等的协商中获得多元的视角，提高公民的参与和理性思考的能力。代议制民主制度往往阻碍了解决政治问题的合理意见的形成，不能给大多数公民提供多元视角的经验，原因在于：第一，普通公民缺乏政治经验和完善的观点，投票行为是公民依据个人能力实施的；第二，只有当政治经验的空间，即平等的空间建立起来，公民超出其个体利害关系而参与其中，这种有意义的联系才可能发生。投票不能在个人和整体议题之间生成有意义的联系。

（三）代议制民主制度受到现代政党体制弊端的不良影响

在阿伦特看来，政党体制有诸多弊端，党派因为垄断了提名权，不能被当作民间组织；相反，他们是一种用来剥夺和控制人民权力的有效工具。她认为两党制的倾向是令人担忧的，阿伦特发现，现代代议制政府受到政党体制弊端的影响，出现了官僚机构化的倾向。"今天，代议制政府处于危机之中，部分是因为，随着时间的流逝，它的所有制度都不再允许公民实际参与，还有一部分是因为它现在受到政党体制弊病的严重影响：官僚机构化和两党的倾向，它们除了党派机器以外，不代表任何人。"政党制度千差万别，却具有一个根本特征，那就是为选任官员或者代议制政府提名候选人，而提名举动本身就足以产生一个政党。因此，从一开始，党派作为一种制度就预设了要么由其他公共组织来保证公民参与公共事务；要么这种参与就是不必要的，新晋阶层应对代表制心满意足；要么福利国家的一切政治问题最终都是行政问题，由专家们处理和决定，在这种情况下，即使是人们的代表也难以拥有一个真正的办公地点，而只有行政官员才能做到这一点，他们的业务尽管涉及公共利益，却与私人管理之业务没有质的区别。①

二、委员会民主制度的构想

(一) 委员会民主制度的思想资源

阿伦特关于委员会民主制度的构想很大程度上受到杰弗逊的影响。杰弗逊关于社区制度的思想构成了阿伦特委员会民主制度的思想资源基础。根据阿伦特的论述，杰弗逊在晚年曾经提出了富有启迪的政治思想，这就是社区制度的构想，这一制度的指导思想是由基层共和国构建整体的大共和国，使人民由投票者变为政治行动者，即参与政治生活的共和国公民，这种思路与当时美国实际政治制度设计并不一致，但阿伦特却在其中找到了共鸣。

杰弗逊的社区制度思想是将基层的县划分为街区，他认为，缺乏街区体系的共和国的根基是不安全的。共和政府的原则就是要求将县细分为街区，也就是创建"小共和国"。通过它，"州的每一个人"都可以成为共同政府的行动一员，竭尽所能，亲身协调大部分十分琐屑却又十分重要的权利和义务。其具体设想是，"希望他们将我们的县划分为区。前者估计平均为24平方英里；后者应该大约每隔为6平方英里……在每个区都可以这样设置：(1) 一所初级学校。(2) 一连民兵及其军官。(3) 一名治安法官和警官。(4) 每个区都应该照看他们自己的穷人。(5) 他们自己的道路。(6) 他们自己的治安。(7) 在他们自己之间选出一名或更多的陪审委员出席审判法庭。(8) 选举一切保留给他们选举的官吏。这样，每个区本身就是一个小共和国，而国内的每个人这样就成为共同管理机构的一名代理议员，亲身处理他的大部分权利和义务，固然是从属，却很重要，而且完全在他的权限范围之内"②。杰弗逊认为，正是这些小共和国，将成为大共和国的主要力量。我们可以将这些为每个人而设的最小组织，整合成为所有人而设的联盟政府结构的问题。街区的初级共和国、县的共和国、州的共和国以及联盟的共和国，

---

① [美] 汉娜·阿伦特：《论革命》，陈周旺译，译林出版社2007年版，第255—256页。
② [美] 托马斯·杰弗逊：《杰弗逊集》，刘祚昌、邓红风译，生活·读书·新知三联书店1993年版，第1756—1757页。

将形成一个权威分级，各依其法，各掌其相应份额的委托权力，名副其实地为政府构建一个根本上制衡的体系。由于联盟的共和政府建立在权力属于人民这一假设之上，它合理运作的条件就在于将政府划分为许多部分，按能力配置功能，没有这一点，共和国的原则就会落空，美国政府就只是一个有名无实的共和国而已。

杰弗逊在考虑共和国安全这个方面的问题时，认为关键是防止政府的腐化。任何政府，只要将一切权力集中在一个人、少数人、出身好的人或者多数人手中，杰弗逊都称之为腐化。这样一来，社区制度的用意就不是加强多数人的权力，而是加强每一个人在其能力限度内的权力。只有化多数为集会，在那里每一个人都得到重视，我们才会像大社团那样共和。"当考虑共和国公民的安全时，问题就是如何使每个人都感到他是政府的事务性参与者，不仅仅是在选举年的选举日，而且天天如是。当州里没有一个人不成为大大小小委员会的一名成员时，他宁愿将心肝从身体中掏出，也不愿意凯撒或波拿巴将权力从他手中夺走。"① 阿伦特认为，杰弗逊的社区制度思想意义重大，它实际上设计了新政府形式，而不只是改革一下制度政府形式或者补充一下现存制度了事。

（二）委员会民主制度的基本特征

阿伦特指出，建立委员会民主制度的目的在于使公共精神、革命精神以及共和精神得以延续，而不致随革命的结束而消失。委员会民主制度乃是革命进程中所出现的崭新事物，它提供了一种全新的政府形式之基础。阿伦特所说的委员会，是指革命进程中出现的民众自发组建的协议组织。具体实例包括：1871 年普法战争之后的巴黎公社，1905 年、1917 年俄国革命时的工人苏维埃，1918 年德国战败后出现的工人与军人协会，1919 年慕尼黑的巴伐利亚议会共和体，以及匈牙利革命时所出现的各种协会。阿伦特指出，这些委员会制度试图确立全新的政治秩序的目标，在革命的历程中存在的时间并不长，组织形式虽然短暂，但是对革命之后的国家体制和政治组建方式

---

① ［美］汉娜·阿伦特：《论革命》，陈周旺译，译林出版社 2007 年版，第 237—238 页。

有着重要的影响。到目前为止，还没有任何理论传统有资格去解释为何法国大革命以来委员会制度有规律地反复涌现。

阿伦特所描述的委员会制度，形成具有自发性。历史上的委员会制度，往往是一批人共同感到有必要重新构建公共政治秩序时，即当革命发生的时机成熟时，人们走到一起，相互交流，联合行动，由此形成委员会组织。阿伦特进而思考，此种委员会组织，加上杰弗逊所说的小共和国构成大共和国的社区制度的联邦主义合计，自能产生出一种全新的政府形式。这种委员会制度不仅仅是革命过程中的独有之物，它的一些机制和精神也适合和平时期大国范围内的政治秩序需要。阿伦特所构想的委员会民主制度，作为一种参与式民主的制度构想，具有如下的基本特征：

第一，权力存在的水平性。阿伦特认为，在委员会组织中，权力存在于人与人之间发生的社会关系中，不专属于任何个人、集团。此种权力，"既不是由上也不是由下而来，而是水平指向的"[①]。它指人们联合行动、共建家园的潜力，体现真正的政治权力之实质，乃而非上下级之间的支配性强制力。尽管委员会联盟采取一种金字塔结构，但权力分配却并非自上而下或自下而上。从某种意义上说，权力应当产生于"金字塔的每一个层面"。每一个委员会都应拥有自己的权力和权威，是自治的。通过这种制度安排，阿伦认为这将会使政治简化为统治，从而力图避免任何关于"主权"的断言，这种委员会组织的权力性质，符合阿伦特对政治概念的独特理解。

第二，成员身份的平等性。委员会组织中每个人在政治上完全平等，其进出不受任何出身、门第以及党派等资格的限制。用马克思的话来说，委员会组织具有超阶级性，具有最广泛的民众基础，由此具有最牢固的合法性基础。就落实而言，这其中乃是一个同时保证民众参与及政治精英自然选择的双重过程。这绝不是说人人都要或必须参与公共事务，国家中的每个居民都必须是这种基层委员会中的成员，而是说，按照委员会这种组织方式，将

---

① Hnnah Arendt, *Crises of the Republic*, San Diego, New York, London: Harcourt Brace Jovanovich, publishers, 1972, p.230.

全国真正的政治精英集中起来是有可能的。每个人必须给予参与的机会——选择参与与否自然是公民自己的事情，让很多对公共事务不感兴趣的公民对于自己没有参与下的决定也是支持的。

第三，协商交流的自由性。委员会是自由的空间。在委员会组织中，人们可以各抒己见，随时准备修正自己的意见，并真诚地倾听他人的见解，相互辩论，在充分讨论的基础上，形成较为成熟的可行的意见。个人在协商过程中，须重视公共利益，发表辩论，不应是为了自己，为小集团利益，而是为公共利益、公共幸福，这与自由主义所主张的讨价还价式的议会讨论是不一样的。

第四，结构形式的层级性。结合杰弗逊的社区制度的构想，阿伦特认为，委员会制度可以形成一个金字塔式的参与结构。全国拥有无数小规模的基层委员会。在此基础上，又有较高层、更高层的委员会存在，最终形成一个中央委员会，由此作出决策，完成领导功能。这种委员会制度辅以联邦主义的原则，便可达致全国性的统一，以适应在大地域范围内建立一种新型共和国的需要。

（三）委员会民主制度和现代政党制度

在阿伦特看来，委员会民主制度和现代政党制度有着重要的区别和联系。尽管委员会和政党都是在现代革命进程中同时存在和出现的，但是二者有着重大的区别。首先，委员会民主制度作为参与式民主的制度构想对西方现代政党制度是一种挑战。在革命的进程中，政党以革命本身作为唯一的目标，政党对革命政治方面的兴趣远甚于对社会方面的兴趣。政党秉持的是革命精神，关注的是对政权的掌握。而委员会民主制度秉持的是联邦原则，其目标是建立一个新政治体，即一种新的共和政府，它以初级共和国为基础，关注基层民主建设和人们参与权的赋予，方式就是中央权力不剥夺成员国本来构建的权力。换言之，委员会必定会发现权力的可分割性，及其最重要的结果，必要的政府分权，因为唯恐失掉它们行动和形成意见的能力

其次，人们往往称颂英美政党制度运作良好从而保证了政权的稳定与权威。不错，两党制具有保障宪定自由的能力。但是，两党制并没有避免现

代政党的显著特征，即独裁和寡头结构、缺乏党内民主和自由、极权主义倾向以及号称自己一贯正确。如前所述，两党制作为代议制民主关键政府装置，其最大的成就也就是使被统治者对统治者某种形式的控制，但它绝没有让公民成为公共事务的参与者。公民最多也只能希望被代表。在西方政党体制中，党派因为垄断了提名权，不能被当作民间组织；相反，它们是一种十分有效的工具，用来剥夺人民的权力。政党的行动和决策来自于利益集团之间的各种冲突。在所有的情形中，投票者的做法都是出于私人生活和私人利益的考虑，而不是来自集体行动和集体协商的权力。公共幸福和公共自由是遭到拒斥的。

最后，委员会组织和政党不同，在现代民主发展的道路上，或许可以弥补西方现代政党制度的弊端。委员会组织源于人民，近似于现代社会自发形成的社团组织。作为行动和秩序的自发组织，委员会制度是公民参与的直接阵地。历史表明，委员会出现的地方，处处都涉及国家政治与经济生活的重组和一种新秩序的建立，最明显的是在匈牙利革命期间。委员会组织的天然追求就是推动公民处理和参与公共事务。可是，在现代代议制民主制度中，这种功能面临衰退的倾向。西方现代政党体制的根本功能是充当代议制政府的选举工具；而委员会制度的目标是推动公民的行动和参与。委员会是行动之组织，政党是代议之组织。政党体制中，党派业已成为一种制度，为议会政府提供它所需要的人民支持。于是习惯成自然，人民只是通过投票去支持某个政党，最后行动只是政府的特权，而不是普通公民的权利。如果党派好斗起来，积极地步入政治行动的领域，极容易造成破坏性，议会制政府的分裂一再表明，即便是支持现状的党派，一旦越过制度雷池是怎样削弱政体的。第一次世界大战后的意大利和德国就是明证。西方现代政党体制的这一弊端在其本身内部无法解决，只有将目光投向可能建立基层自治的委员会组织。阿伦特认为，委员会组织可以使"基层拥有一种不是被选出来的而是自我建构的精英，委员会是将大众社会分散到基层的最好的、最自然的办法"①。

---

① ［美］汉娜·阿伦特：《论革命》，陈周旺译，译林出版社 2007 年版，第 262 页。

三、委员会民主制度的建构和局限

（一）委员会民主制度的建构

委员会民主制度的构想完全符合阿伦特关于政治的概念，它的目的就是维护公共领域的存在，即保护政治体、保护公共领域。它为政治上平等的公民主体，提供公共讨论、践行政治自由、联合行动的空间，既广开公民直接参与的政治渠道，又自然选择政治精英，使品质秀异、高风亮节、胸怀天下者能够脱颖而出。委员会民主制度能给人充分表达意见的机会，把政治生活变成一个充分说理的过程，而不是公众情绪、同意与不同意之类的表决，使公共意见、人民意志更能落到实处；人们志愿决定参与其中，也能体会到公共幸福。委员会民主制度具有如此的优势，具体如何建构呢？阿伦特并没有进行系统的论述，没有完备地提出委员会民主的结构和绘制委员会民主制度的详细蓝图。但是，从她的许多著作中，我们还是可以找出一些关于委员会民主制度建构方式的设想。

首先，委员会民主制度在基层是一种小型的社会组织活动，如何在这个基础上形成一个共和国而又不丧失自由精神，在阿伦特看来，必须通过联邦制度和联邦精神。委员会制度的精神就是联邦精神，这种精神不是一定参照美国的体制建立联邦式的国家，而是共和政体的原则。委员会联邦归根结底是建立在个体行动基础上的，这样既实现了统一又没有失去自由。这种联合的原则应用到国际上去，就是国家之间的联合，从而实现世界的大一统，按照这种原则联合起来，世界可以实现永久和平。

其次，委员会民主制度的建构必须重视新型政治参与模式的建设。政治参与模式以基层的面对面的沟通协商为基础，在此基础上达成共识，再民主选举出本小组的代表参加上一个层级的协商和决策，从而形成一个金字塔式的民主参与体制。这种参与制度的权威是来自本层级的所有成员，每个基层的委员会组织，就好比杰弗逊所说的一个小共和国。这种参与制度的一个明显特征就是充分的论辩与交流。这样，代议制政府、政党制度以及投票式民主制度等现代民主政治的诸多弊病，都能有效避免。

（二）委员会民主制度的局限

阿伦特对于委员会民主制度的局限性有着十分清醒的认识，她并不是像有的学者评价的那样拥有一种"浪漫而天真的政治精英观点"。委员会首要的局限在于它容易混淆行政功能和参与公共事务功能的区别，"委员会的致命错误向来就是，它们本身并没有在参与公共事务和设计公共利益之事的行政管理之间作出明确的区分。工人们一再企图以个人委员会的形式接管工厂，所有这些努力都以一败涂地而告终①"。委员会组织一向被认为是政治的组织，它对社会和经济问题缺乏兴趣。委员会组织可以有助于人们参与公共事务，提高人们的政治能力，按照这个标准选拔出来的人人品正直、具有良好的判断能力和身体力行的勇气。但是如果委以工厂管理和其他行政职能，光凭这种政治性的美德，一定难以成功。阿伦特坚持在参与和管理、行政之间作出严格区分，她认为参与遵循的是自由的原则，管理与行政遵循的是必需的原则。委员会民主很难调和参与原则和行政管理原则的内在冲突，或者说难以调和自由和效率间的内在冲突。我们可以看出，这也是西方现代政治理论中的一个经典难题——民主原则和效率原则的对立和冲突。阿伦特坚持认为一个委员会领导所必须具备的个人品质并不一定就是一个好的行政长官所必须具备的个人品质。"政治家或政治人的素质，与管理者或行政人的素质不仅迥然有别，而且很少有一个人能够两者兼备。一种人据说懂得如何在人间关系领域与人打交道，而人际关系领域的原则是自由的；另一种人必须懂得在生活领域如何管理物和人，而生活领域的原则是必然性。"② 自由和必然性的原则是难以调和的。以工厂管理为例，工厂委员会将一种行动元素带入物的管理中，这其实只会造成混乱。正是这些注定失败的努力，使委员会体系背上了恶名。另一方面，党派体系尽管存在着许多的弊端，包括腐败无能、不可思议的浪费，却最终在委员会失败的地方大获成功，原因就在于他们本来寡头的甚至独裁的结构使它们能够有效地解决行政管理的效率和

① ［美］汉娜·阿伦特：《论革命》，陈周旺译，译林出版社 2007 年版，第 257 页。
② ［美］汉娜·阿伦特：《论革命》，陈周旺译，译林出版社 2007 年版，第 258 页。

必然性问题。所以阿伦特认为，"委员会失败的主要原因不是什么人民的无法无天，而是它们的政治性"①。

据此分析，希顿认为，阿伦特委员会制度的主要缺陷是，"政治与经济间的僵硬区分导致了阿伦特对委员会历史的误读，也使她不能真正理解委员会民主的优点"②。这种观点是有失偏颇的。恰恰相反，阿伦特正是从政治和经济的区别乃至冲突中发觉到委员会民主制度的局限性。阿伦特试图区分政治与管理，但是她并不是像希顿认为的那样拒绝从政治维度审视经济和科技问题。她并没有抛弃马克思的核心洞见——经济关系即社会关系，统治和决策关系必须受制于政治决策。不过，她不是从政治和经济的密切联系，而是从政治和经济可能存在的冲突角度来看待民主制度可能的发展空间问题。这其实也是马克思后期对资本主义制度全部反思的核心问题。她的委员会民主制度落实起来尽管存在很多的问题和局限，但是，她清晰地论证了，在一个支配权力占据主导，经济必然性原则侵蚀一切人类生活空间的大众社会中，要保持人们公共生活的相对自主性和公共幸福的继续存在，委员会民主制度也许是一种可供选择的工具。它或许不能带来根本的改变，但是至少可以给予我们新的发展思路和空间，这一点她和美国建国思想家杰弗逊的思路是相通的。

第三节　强势民主制度③

20 世纪六七十年代以来，西方兴起了参与式民主理论复兴的热潮。在这之中，巴伯的强势民主理论令人瞩目。巴伯是当代美国的重要的民主理论

---

① ［美］汉娜·阿伦特：《论革命》，陈周旺译，译林出版社 2007 年版，第 258 页。

② ［美］约翰·F. 希顿：《阿伦特论委员会民主》，江棘摘译，《国外理论动态》2007 年第 2 期。

③ 参见董石桃：《强势民主视域中的公民参与制度创新——基于巴伯民主思想的探究》，《前沿》2016 年第 6 期。

家，他提出的民主理论在当代西方民主理论中有着重大的影响。尤为突出的是，巴伯非常重视参与式民主在现实中的制度化构想，他系统地论述了参与式民主制度化的诸多形式，对参与式民主理论的发展作出了突出的贡献。巴伯认为，在当前西方国家中，"一股强势的政治参与和重新掀起的争取公民权的运动不会被平息"①，与此相对应的是，代议制民主制度本身出现了空前的危机，"二战以来，美国历次总统选举的平均投票率始终徘徊在50%左右，低于西方任何其他实行非强制性投票机制的民主国家。在一个将选举作为公民权主要表达方式的国家里，拒绝投票是民主破产的征兆"②。据此，推动民主进一步发展的出路在于采取一种基于参与和共享的制度安排形式，否则民主就可能会偏离政治舞台而沿着不健康的道路前行。强势民主理论的关键也就是要思考这种参与式民主可能的制度化形式。

一、公民参与制度创新的标准、目标与特性

巴伯的强势民主理论注重公民自治的实现和参与性公民群体的构建。从本质上来说，就是尽可能地为公民直接参与公共事务治理创造条件，让公民能够在公共事务治理中面对面地讨论、审议和判断，这些观点都被后来的协商民主理论所继承。显然，这些设想的实现在现代世界面临着巨大的挑战。现代世界是由规模庞大的民族国家所组成的，而且技术化越来越强烈，普通公民直接参与政治事务如何可能？巴伯完全意识到了这些问题，强势民主制度化的设计必须正视这些问题

自由主义民主理论家反复申明，推动公民直接参与公共事务的设想和现代广土众民的国家规模的现实是相背离的，它只能在类似于古代雅典的寡民小国中实行。然而，巴伯指出，在探究公民参与和国家幅员大小之间的关系时，还应该注意到两个事实。第一，政治规模是一种序数量度而不是基数

---

① ［美］本杰明·巴伯：《强势民主》，彭斌等译，吉林人民出版社2006年版，"序言"第1页。

② ［美］本杰明·巴伯：《强势民主》，彭斌等译，吉林人民出版社2006年版，"序言"第3页。

量度。也就是说，政治规模的大小，基本上是相对的：相对于人们的心理和科技水平，什么样的国家疆域是民主制度推行的合理范围？这个标准本身并不是一成不变的。就人们的心理距离来说，倘若心理距离大，三五成群也可以看成是群众；而如果心理距离小，成千上万的人们也可以一心一意，情同伙伴。足球场边成千上万的球迷的齐声呐喊就是明证。就物理距离的障碍来说，标准也是变化的。古希腊，人们到达某一地方只能步行，因此将公民参与的范围定为"一天的脚程"。而如今，科技的发展使看似无边无际的地球都变成形同一个小规模的村落。因此，到今天，人们理解"政治规模"的大小受科技进步的巨大影响。物理距离在科技发展的背景下并不是像古希腊时代一样成为一个难以逾越的障碍。而人们心理距离的大小更不是与物理距离直接关联的。公民的"疏离感"只能靠共同讨论和共同行动的强势民主来克服。第二，规模大小还和组织结构存在一定的关系。50万人的地方组织，诚然小于数百万人，但是如果前者采用单一的纵向关系连接中央组织，后者则先分成许多层级，而以"侧生关系"交相连接，从而再联结这样的组织，那么50万人的组织成员可能远比数百万人的组织成员，更具疏离感。因此，去发展一些介于这样的组织与地方组织之间的参与制度，进而强化交互联结的"侧生关系"，乃是化解规模难题的一个适当方式。强势民主所要发展的正是这类参与制度。"正是直接性和家庭与邻里之间的横向情感，使强大的国家缩小为使公民忠诚成为可能的规模……强势民主更倾向于发展各种协商性的制度，它使所有公民能够参与，因而增强各种横向的和纵向的纽带。"①自由主义者相信代议民主制度乃是回应政治规模扩大的一个恰当方式。但是，正如米歇尔斯指出的，代议民主制度容易最终走向寡头政治。原因在于，政治规模愈大，代表一群异质的群众的可能性愈小。最后，代表名义上代表人民的意志，实际上沦为特殊利益集团或某些个人欲望的工具。所以，要想克服政治规模庞大的难题，单纯依据代议民主是不行的，而是需要求诸于强势民主"参与"制度。

---

① ［美］本杰明·巴伯：《强势民主》，彭斌等译，吉林人民出版社2006年版，第289页。

为了彰显现代国家中强势民主的可能性，巴伯特别指明其所规划的公民参与制度必须经得起生存能力、实用性以及理论连贯性的考验。因此，在进行具体的制度构想之前，巴伯提出了强势民主制度设计的几个根本标准。（1）这些制度应该是现实的和可操作的。这些制度的设计必须来源于实际的政治经验，而不是来自于乌托邦的理想化的设计，它必须与公民参与的实践密切相关。（2）这些制度必须能够弥补现代代议民主制度的缺陷并且和其相容。巴伯反复强调的是，强势民主制度不是代议民主制度的替代而是有益的补充。强势民主的实践只能作为对自由主义民主的修正。因为改变现实的实际策略，不能是革命的；并且改革也不是将自由主义民主夷为平地以后再重新建设。代议民主制度虽然有许多的缺点，但到目前为止，它超越了过去所有的民主形式，已经拥有了许多有效的制度形式和成功的实践。（3）这些制度应该能化解自由主义者对于参与式共同体一元化倾向的担忧，亦即能够排除大量群众参与可能引起的非理性、偏见、整齐划一性和不宽容，必须提供对个人和少数派的保护，必须杜绝多数统治中以共同体的名义滥用权力。（4）这些制度能够足够处理现代政治参与的各种障碍，也就是应能克服规模大小、科技、复杂性以及狭隘地方主义的悖论（地方制度的实施逐渐侵蚀着国家的认同，而集权化制度的实施则阻止有意义的参与）。（5）这些制度应该使"公民政府"具有取代"专家政府"的可能性，亦即在代表、单纯投票，以及官僚治理等选项外，应能提出一些可行的其他选项，以期彰显"强势民主理论是一个重视商谈、判断以及公共观察的理论"①。

强势民主制度的设计具有明确的整体性和系统性，它的目标就是致力于公民参与的制度创新，试图提供一整套系统的制度改革方案，而不是一个零碎的、个别的、彼此不相关的制度规划。巴伯认为，他的强势民主制度设计不是一个政治规划，而是一种政治战略。他非常清醒地认识到，零碎的、逐个的公民参与制度创新很容易被脆弱地滥用，也无法对现有的民主体系进行重新定位。我们在现实中经常看到，那些与社会整体相隔绝的公民参与最

---

① ［美］本杰明·巴伯：《强势民主》，彭斌等译，吉林人民出版社 2006 年版，第 307 页。

后变成某种"公共服务"的征集形式或公民疏离的借口。单一而小范围内的公民讨论和审议最后成为精英和金钱操纵下的牺牲品。电视和网络技术成为某些利益集团操纵舆论的工具而不是作为公民共同和政治参与的手段。对于强势民主的公民参与制度进行整体规划的益处在于，它使各方案协同执行而互相增强彼此的效力。这些制度规划的系统性体现在两个方面。（1）从公民参与的层次上来看，要将以推进地方公民参与为目标的改革和高层次政府管理的参与改革结合起来。亦即既重视地方参与的改革，也要将地区性的参与和全国性的参与联系起来。强势民主制度的改革必须适合这两个层面，在全国和地方性权力层面就某些选取的问题在某一时间规划出某些参与合作。（2）从公民参与的具体制度形式来看，强势民主制度应该包含一系列的系统化的制度形式。具体而言，包括强势民主商谈、强势民主的决策制定和强势民主行动等方面，它们服务于不同的公民参与功能，共同构成一个有机的整体（如下表）。下面我们重点从第二个方面阐述巴伯关于强势民主制度的整体构想。

强势民主理论关于公民参与制度创新的基本方案

公民商谈制度	公民参与决策制度	公民行动制度
邻里集会制度	公民创制与复决制度	普遍性公民服务制度
跨地区和全国性论坛制度	电子投票制度	邻里共同行动制度
公民平等获取信息制度	抽签选举制度	职场民主制度
补充性制度	市场券制度	自然公共空间建设制度

资料来源：根据巴伯的著作总结，参见［美］本杰明·巴伯：《强势民主》，彭斌等译，吉林人民出版社 2006 年版，第 311—344 页。

二、公民商谈制度

（一）邻里集会制度

和托克维尔一样，巴伯认为民主的真正基础在于公民社会的民情——一种地方性自由精神，普特南后来则用"社会资本"一词进行描述。因此，他认为民主建设的根本应该不是从上而下的国家制度建设，而是从下而上的社会建设。根据托克维尔的研究，美国民主成功的基础真正来源于其公民能够参与基础地方组织，如乡镇会议、社团等。杰弗逊曾经勾勒出遍及这个国家的从一开始就具有的某种参与式的基层结构的选区政府方案。遗憾的是，大多数开国者赞同麦迪逊对于公民直接参与的不信任，同时急于运用代议制手段将共和国和喧闹的平民隔离开来，这使得美国难以建立全国范围内的地方参与系统，也使得代议制民主的弊端难以从公民地方参与中获得新的弥补资源。巴伯的设想是重新重视美国的地方参与制度建设，在美国的农村、城郊和城市地区引入邻里集会的全国性体制，以弥补代议民主制度的缺陷。邻里集会的目标就是推动公民的商谈和讨论，使公民在参与讨论中进行公民教育，提升公民能力。邻里集会可以看成是为了解决地区问题和为了地区与国家层面的公民复决的公共讨论而设立的论坛，但是它又可以避免对当前政府责任和权威授权的侵蚀。从实施形式来看，邻里集会可以经常召集，比如每周一次。也可以以论坛的方式举办，公民自己通过讨论设立议程，在他们方便参与的时间里举办特定的论坛。

巴伯设想，邻里集会制度的发展可以分为两个阶段进行。第一阶段的任务是确保地方负责、审议问题并负责议程和作为调查官员贪污舞弊的巡查员。邻里集会可以把一些公共事务的责任直接转交给公民群体，让他们按照一定的规则去咨询相关的议员。邻里集会可以为地区性的或者全国性的问题提供一个合适的公民论坛，让公民自愿参与讨论。最后，邻里集会可以为公民发泄情绪、公布当地有争议的问题和维护邻里利益提供一个容易达到的论坛。它将作为一个制度化的巡查员服务于个人和社区。第二阶段，邻里集会可以成为地方性和全国性的公民复决的投票选区，同时成为公民通讯交流系统的共同组织单位。它们也可以发展成为让地方拥有司法能力的地位而采取的地方立法集会镇民会议的式样。为了让邻里集会成为一种常设机制，应当在邻里之中提供一个物理场所。还可以考虑创设一个公职，即"协调者"去辅助集会的主席和书记。总之，邻里集会制度是基层公民参与制度创新的基础。历史反复证明，当人们被赋予参与的权利时，他们愿意积极参与公共事务的讨论。新英格兰市镇、社区学习委员会、邻里协会和其他的地方机构的成功运行表明，"参与促进了更多的参与"①。

（二）跨地区和全国性论坛制度

邻里集会制度只是为较小范围内的公民提供一个商谈性的论坛，它不能延伸到地方之外的更大区域，并且可能使作为整体的地区与国家被分割和狭隘化。因此，强势民主还必须考虑如何建立地区性和全国性讨论论坛相应的制度。巴伯认为我们首先可以考虑建立"电子镇民会议"制度。"电子"是指公民沟通的"电子化"，"镇民"是一个比喻，指通过电子化的沟通使更大范围内的有关公民方便商谈，就好像是一个镇内的公民一样。巴伯认为，沟通的电子化为解决民主的规模困境提供了可能。尽管它带来了新的风险，但是现代电信技术能够发展成地区性的和全国性的民主商谈的工具。全美的家庭都安装了有线电视，同时摄像机、电脑和信息接收系统互动的可能性为人类沟通开创了新的模式。新技术的能力可以增强公民教育，保证平等地获取信息，将个人与机构连接成网络，使远程的参与式讨论和辩论成为可能。"电子镇民会议"在美国已经取得了许多的成功经验：纽约——新泽西——康涅狄格的妇女选举人团已经运用电话——电视互动系统举行了一系列的电视镇民会议。加州和夏威夷已经提出了"电子民主"互动方案。夏威夷大学为新西兰"为了未来委员会"设计的"电子投票"已经取得相当大的成功等。电子互动技术还在飞速向前发展，它们在推动信息获取的平等化，激励跨地区的参与性辩论，鼓励更多选项的民意测验和掌握信息的投票、讨论和辩论方面具有巨大的潜力。

推动跨地区和全国性公民商谈论坛还可以考虑建立一个"公民通讯合作组织"。这个组织的首要责任是保障新通讯技术的公共性用途，使电信技术用于公民参与和民主发展，并且保护个人免于来自私人部门和公共部门的媒体的滥用权力。其成员可以由邻里集会和地区性组织选出的代表组成。公民通讯合作组织和私营媒体可以同时并存，但是其职能定位在于推动和保

---

① [美]本杰明·巴伯：《强势民主》，彭斌等译，吉林人民出版社 2006 年版，第 316 页。

障公民参与的制度建设。巴伯为其制订的目标包括：（1）带头和实验公民广播的创新形式；（2）为以下内容制定指导原则——地区性和全国性的镇民会议、邻里集会的相互配合、提供公共准入、制度化的网络以及公共讨论的其他互动形式；（3）管制和监视所有的电子民意测验、投票以及公共选择的其他形式；（4）为原创性的视频素材设定指导原则，并为作为免费的公共事业的其他电脑信息服务设定指导原则；（5）为公民时间、听证会、审讯和公民利益相关的其他公共活动的视频报道提供指导原则；（6）监督对观众和使用者的保护，使其免于电脑信息、监视服务、民意测验和投票程序之类的可能存在的滥用的伤害。①

（三）公民教育和平等获取信息制度

信息社会的发展带来了信息传递的方便和快捷，也带来了公民信息获取的不平等，民主发展的一个重大阻碍是信息资源获取的不对等。我们知道，公民参与的前提是公民的知情权，即公民能够及时地获取有关的公共信息，这是政府对人民负责和公民判断力养成的基础，是公民和政府双向互动的前提。同时公民的信息获取也是公民教育的关键环节。因此，讨论公民参与的制度化，必须关注公民的信息获取问题。问题是，在信息社会，公民尽管可以从很多的电子渠道获取各种信息，但是公民对于关键的政府管理信息的获取还是很困难的，原因在于现代的公共信息数量和种类是超量的，同时公共决策又带有强烈的专业化特征，这使得公民的信息获取和对公共信息的理解成为问题。如何解决这个问题呢？巴伯的思路是在公民通讯合作组织的赞助下，补贴用于公民教育出版的邮资和用于公民录像素材服务的邮资。

国家可以考虑通过一个公民教育邮政法案，为所有的报纸、杂志和书籍的合法出版商提供一个补贴率。这方面的补贴用于为公民免费提供各种有益的公共信息。现有的公共印刷媒体的市场价格阻碍了公民对政府公共信息的获取，或者说阻碍了广大中下层公民对于公共信息获取方面的需求。与印

---

① 参见［美］本杰明·巴伯：《强势民主》，彭斌等译，吉林人民出版社2006年版，第320页。

刷媒体补贴相伴随的是公民视频素材服务，它服务于完全平等地获取公民信息的公共需求。它将通过一个标准化的、全国范围的、互动的和免费的视频素材服务，为观众提供常规的新闻、问题的讨论和技术数据、政治数据与经济数据。这些公共信息服务应该由国家的公共财政来承担，公民从这些渠道可以获取充分的公共信息，这些信息可能影响他们的公民身份，同时也影响他们在邻里集会中作为参与者和投票者的角色。每个公民都被保证平等地获取关键的公共信息，这也是公民教育的一个重要组成部分。公共信息提供服务是政府服务中的一个不可缺少的部分，通过公共财政的补贴，我们可以为公民提供更多的视频素材服务。这样，失业工人可能了解到培训项目和政府工作前景的规划，投票人可能调查紧迫的公民复决问题的背景，教师可能开发出一套有效的公民培训工具。这些公共信息使公民和政府、公民和其他公共团体的联系更加顺畅，能够有助于确保不断增长的参与和创新，也能够有助于提高公民的素质，加强大众政治判断的审慎性。

（四）补充性制度

巴伯认为除了上述的制度之外，推进公民商谈的制度化还可以采用如下的补充制度：抽签就职和非刑事化与非专业化法官参与制度。抽签就职是指在那些较小的市镇，对于那些专业技能不高而且涉及责任也并不艰巨的岗位，可以考虑用抽签的方法让公民轮流担任。巴伯认为，这种就职方式的好处在于，随着时间的流逝，所有的人都有机会参与。这证明了在较大的社团中，可以用这种方法让人们在某一时刻有某些参与。在我国村民小组这一级，村民小组的组长一职就经常采用抽签就职方式。在美国，巴伯认为，那些最基层的公共事务委员会组织成员可以用抽签就职的方式推动公民积极参与其中。比如地方管理委员会成员，规划委员会成员，公路、水资源及能源保护委员会成员等。在司法事务中，对于非刑事化和非专业化的司法事务，可以授权非专业的陪审团和法官以及其他替代性的公民团体去调节、裁断和解决争端。这种方式已经在欧洲的许多国家成功实施。它既可以减轻法庭的案件负担，又可以推动普通公民对于司法事务的参与度。对于那些犯罪犯人、家庭争吵、交通违章和小额民事案件纠纷的司法案件，引入参与性的方法往往使司法具有更高的效率。

三、公民参与决策制度

（一）公民创制和复决制度

在当代西方各国，公民创制和复决是公民直接参与立法和决策活动的重要方式。它是指那些拥有投票权的公民，对提交给他们的相关重要社会问题以投票表决的方式作出最后决定的一种民主实践形式。它不仅有效分割了代议制的立法权，而且削弱了政党在现代社会中的影响和作用，使政府的公共决策建立在更为广泛的人民意志基础之上。[①] 第二次世界大战后，这种公民参与公共决策的形式在西方国家频繁使用，极大地促进了公民直接参与公共决策的发展。巴伯在强势民主理论中侧重论述了完善和发展这一制度的途径。在美国，公民创制和复决程序尽管在州和地方两个层面上已经广泛采用，但是全国性的公民复决程序却遭到了强烈的抵制。这源于精英民主理论对精英操纵公民参与的高估以及对公民能力的不信任。巴伯认为，事实上并不像精英民主理论所说的那样存在着公民创制和复决的危险。巴伯不仅支持既有的基层公民创制和复决制度的完善，而且还主张将这种制度尽可能地扩展，最终设立一个全国性的公民创制和复决程序，将其作为促使公共讨论和公共决策得以复兴的努力的一部分。

巴伯认为要完善和发展公民创制与复决制度，应该采取一系列的新举措。（1）采用两步或者三步的审慎程序。对于全国性的公民创制和复决，首先要给予民众充足的时间进行选民登记，通常要 12 至 18 个月，在提交第一次大众投票。随后再隔 6 个月进行第二次投票。第二次投票以后，国会可以行使否决权。否决之后可以再进行第三次投票，最后以此结果为定论。这种程序也许很复杂，但是，等待期和结果辩论会给予公民充足的机会去审视其立场，去考虑政治领袖的劝告，并且在邻里大会上讨论决议。这就可以有助于平息麦迪逊式代议制支持者的忧虑和恐惧。（2）将公民创制和复决作为公

---

① 　参见于海青：《论当代西方参与民主》，中国社会科学院博士论文，2006 年。

民教育的重要课程。全国性的公民创制和复决应该要求在集会或者印刷媒体和广播媒体上对投票问题展开地方性和全国性的讨论。这些法规的目的是使公共辩论最大化，并且保障公开和公正的讨论。这是公民教育的最有效方式之一，也可以减少在公民复决中滥用公民投票的危险。（3）公民复决程序应该安排多项选择代替通常的"赞成／反对"两项选择。为公民提供多项选择的好处是，公民不是被仅仅要求否决或确认某个提案，而是将会被提供一套更多样的和更齐全的选择，这套选择能够引出更细腻的差异和更深思熟虑的回应。它甚至会强迫公民去审视其他选民的观点。通过对投票中问题的细微差别的考虑，多项选择安排不鼓励纯私人利益的选择，而是鼓励选民去拥有公共行动背后的公共理性。"赞成／反对"两项选择是典型的市场互动，而多项选择是典型的政治互动。它增强了民主，推动公民像"公共人"一样去思考。

（二）电子投票制度

巴伯此处所强调的电子投票制度并不是我们通常认为的仅仅用现代电子技术来提高投票速度和计票速度，而是强调电子技术对于公民投票过程中公共理性提升的作用。因此，巴伯对于当前西方电子投票制度总体是不满意的，他认为改进的关键是突出"交互性视频"技术的应用。交互性视频技术关键在于"交互"二字，即人们在投票过程中，可以看到全国性或地区性其他选民的观点及回应，同时还可以用于对某个争议进行现场直播的讨论。所以，这种交互性视频技术的应用可以培养深思熟虑的公民，而不是使公民在不审议也不争论的情况下对某个争议问题进行即时投票。巴伯认为匿名投票、邮寄投票等即时投票形式是一文不值的，因为它只是私人观点的聚合而没有任何公共判断，投票者的选择不会考虑其他公民的意见。长此以往，它将导致民主制度的死亡。民主所关注的是公共观察而不是仅仅表达偏好，它想要表达成公共判断而不是集合私人的观点。

巴伯认为，我们可以考虑将交互性视频设备放在邻里集会大厅或者学校等投票活动进行得较为密集的地方。当然，投票者也可以在家里使用所有的视频素材和电脑信息检索服务。投票本身是公民行动中最具公共性的行为，应该在公共性的场所提供互动性的渠道。缺少公共性的公民投票是没有意义的。而电子技术的应用只是为民主服务的，它是民主的仆人而不是民主的向导，它的目的是帮助公民提高投票的公共性程度，而不是控制公民投票的手段。

（三）抽签选举制度

在代议制民主看来，抽签选举也许是一种荒谬的方法。但是，从民主的发展历史来看，这种简单而实用的方法其实占据着重要的地位。亚里士多德认为，"抽签是民主政治的标志"①。而孟德斯鸠则认为，"用抽签的方式进行选择是属于民主政治的性质。用挑选（选举）的方式进行选择是属于贵族政治的性质"②。卢梭同意孟德斯鸠的看法，认为抽签的好处在于，"人人的条件是相等的，而且选择也不取决于任何个人的意志，所以就绝不会有任何个人的作用能改变法律的普遍性"③。巴伯继承了这些观点，认为代议制将民主从规模问题中拯救出来，但是现在也出现了许多的弊端，古老的抽签选举制度应用恰当，也许可以弥补代议制民主的这些缺陷，"在有限制的基础上引入抽签选举可能会挽救代议制自身"④。它可以减少代议制民主寡头化的倾向。

巴伯认为，在现代代议制民主下，抽签选举在两个舞台上也许还能施展其优势。（1）地方集会。在基层较小地区中选送代表可以考虑采用这种方法。这里的目的是保障公民的直接参与，并保证公民的平等准入和公平的代表性。（2）不需要特殊知识和技能的地方职位。如前所述，在一些地方公共事务管理委员会中，可以用这种方式产生其成员。这在美国的马赛诸塞州的北亚当斯市政中，已经得到过成功实施。当然，这些新成员首先必须接受一些相关的实质性公务的培训。这些基层的委员会一方面是作为公民真正代表的民主机构；另一方面，它是公民精神培养的重要学校——这是参与式民主

---

① 转引自王绍光：《民主四讲》，生活·读书·新知三联书店 2008 年版，第 49 页。

② 转引自王绍光：《民主四讲》，生活·读书·新知三联书店 2008 年版，第 51 页。

③ 转引自王绍光：《民主四讲》，生活·读书·新知三联书店 2008 年版，第 52 页。

④ ［美］本杰明·巴伯：《强势民主》，彭斌等译，吉林人民出版社 2006 年版，第 331 页。

理论所看重的。

（四）市场券制度

市场券制度是指政府将用于公共服务的税收转而以能在公开市场上花销的票券的形式返还给公民，公民再用这些票券去购买自己选择的房产、教育或交通服务；而房产、教育或者交通服务的创造和维持将由私人企业来经营，他们在自由市场中为取得公民的消费市场券而竞争。我们知道，以往的公共服务一般由政府直接提供或者政府出面购买企业的公共产品再提供给公民。这两种方式无论怎样实施，公民自己都没有选择权，只有被动地接受公共服务。而市场券制度中政府将用于公共服务的税收以票券形式直接给公民，事实上就赋予了市民以经济权力，可以自主地选择企业在市场中提供的公共产品。市场券制度关键是让公民自己参与到公共服务的供给决策中来。比如在教育公共服务中，市场券制度可以终止公立学校的强制性校车接送学生服务，家长和学生可以用市场券自主地选择是否接受这种强制性服务。同时，市场券制度也可以使公立学校和私立学校进行平等的竞争，最终改善整体的教育服务质量。住房票券也可以推动私人建造者竞争和改善住房服务质量。交通市场券会允许私人公司在公共社区中通过竞争对乘客进行帮助。

巴伯认为市场券制度尽管可以带来公民参与公共服务决策制度的创新，有着很大的优点。但是，我们也应该审慎地对待它。从本质上来说，票券就是一种权力的形式。票券给予公民自主权的同时，也容易使公共性的问题转化为私人性的问题，从而毁坏可行的公共生活所需的政治共同体的整体感。这是因为，无论在经济上还是在教育上，看不见的市场的手中是不能代替公共审议和决策的。市场券并不会刺激政治判断，而是回避它，所以票券制度容易导致公民政治判断的衰退。总之，我们一方面要看到这种制度对改善公民参与决策创新的重大意义，另一方面，也要清醒地认识到它的局限，这样在制度的实施中才能趋利避害。

四、公民行动制度

（一）普遍性公民服务制度

巴伯认为，职业军人制度和志愿军人制度都与民主的公民身份是不相容的。前者把国家防御与民主责任分开，后者则将公民服务视为经济需要的功能。两者在性格上都是功利的，并且将导致公共生活的私人化。如何弥补这种制度的缺陷呢？巴伯认为可以诉诸普遍性公民服务制度的建立。这种制度的形式是，每位年龄介于 18 至 25 岁之间的公民，不论男女，均须选定时间，应征进入一个军团，进行为期一至二年的军事和非军事的训练和服务。这些军团的分支包括：陆军、海军、空军、都市工程军、农村工程军、国际和平军和特别服务军团。除了战争期间，每位公民都可从中自由选择一个所要服务的部门。这种普遍性的公民服务制度大致接近于目前我国台湾地区实施的普遍兵役制。只不过其主要目的在于为国家提供公共服务，主要致力于那些税务负担不起的工程和私营企业无利可图的工程，修茸那些最近 10 年内未被重新修缮的全国性基础工程。在入选军团的最初阶段，公民会要求一个短期的军团的特定工程和社会任务的专业化的培训，然后部署到不同的分支军团中去。

普遍公民服务可以解决当前困扰军事征兵、人力资源培训和公共建设方案的一系列问题，使公民平等地分担其自身的公民责任。除此之外，它最大的优点还在于其公共性。它能提供许多军事服务的无可争议的一点是团体和合作、共同行动、相互配合、为他人服务并与其他人一起提供服务和共同体的归属感。同时，还可以避免地方主义公民参与的弊端，提供互助和全国性的相互依赖意识。对于社会经济的健康发展，普遍公民服务制度也可以带来很大益处。由于公民服务包含工作培训和公众工作项目的成分，它有助于公共物品概念的合法化，同时也为政府提供卷入经济而不直接挑战私营部门。恶化的基础设施也可以得到修缮，为经济发展注入动力。同时，青年人的待业也可以得到缓和，军团的培训也可以增加他们在私营部门工作的机会。这些都是巴伯支持普遍性公民服务制度建设的原因。

（二）邻里共同行动制度

邻里层面由于空间场域的接近性，其共同行动的政治参与容易达成。邻里公民可以围绕一些项目共同行动起来并且形成制度化合作。比如年长者和退休者可以成立"街区犯罪观察组织"，为改进邻里的安全服务。邻里可以共同行动，清理和开发周围未使用的空间，改善邻里在品质上和物理上的生活空间。邻里公民可以给他接受地方警察的指导，落实治安维持的活动，等等。

不过巴伯对目前邻里的行动制度建设还是不满的，原因是它要么是志愿性的，要么是强制性的。这两者都存在着问题，志愿精神往往伴随着利己主义，并且它容易忽视冷漠者、受害者和自我关注者。而强制性的共同行动更是跟民主相悖，它依赖奖惩推动公民行动，难以实现权利和义务的对等。如何解决这种二难的困境呢？巴伯认为必须发展出如邻里共同行动的普遍的公民责任精神。这是一种更高的要求，即公民将邻里公共事务的共同行动视为自身的责任来承担。公民要找出执行邻里集会和地方政府制定公共决策的参与方式，对实现共同决策的目标责任予以确认。邻里共同行动项目要与政府公务员协调起来，同时让相关的公民积极参与到项目中来。

（三）职场民主制度

巴伯此处所说的职场民主制度即工厂民主，指工人直接参与企业管理、决策和监督的民主形式，是参与式民主在基层企业中的具体实现。作为人民从事生产工作基本单位的工厂或者企业，与人民的日常生活有着密不可分的重要联系。人民直接参与企业活动的广度和深度，在很大程度上决定了参与式民主发展的程度。在西方国家中，本来就有着久远的工厂民主传统，工人参与企业管理在 20 世纪 60 年代后发展成为一股不可阻挡的潮流。在各国企业进行的工厂民主实践中，孕育出多样化的个人参与企业形式。参与式民主理论家佩特曼对工厂民主进行过系统的论述，并将其作为参与式民主的重要组成部分。巴伯的强势民主制度显然继承和发展了佩特曼的这些观点。

巴伯认为，企业中工人自主权的提升更有益于公民身份的构建。劳工和管理者双方分享决策权、利润共享计划和股票所有权选项不仅服务于经济平等，而且促进了公民精神的培育。德国曾经进行了劳资协同经营制度的模型试验，试验中，工人参与工厂或公司管理共同决定的方案。这些实验取得了很好的成效。强势民主关于公民共同行动的制度创新，应该将职场民主制度纳入进来。

（四）自然公共空间重建

这里的自然公共空间主要指市区居民的物理居所的建筑与设计。佩特曼和雅各布对社区、建筑和自然空间的大量研究表明，邻里之间的自然设计与他们的政治与社会性格之间存在着密切的联系。也就是说，公民共同行动制度创新不仅需要各种软性的制度设计，还需要考虑硬性的建筑空间对人们沟通讨论的影响。巴伯认为，邻里之间的商谈和活动，离不开一定的场所，而建筑物设计的形式就决定了这些场所是否合适和方便。无可置疑，带内置购物中心的高层单元建筑、郊区购物广场和只为轿车建造的交通走廊对公民共同体具有破坏性的影响，影响人们之间的沟通交流。这些建筑形式甚至成为一种人为的阻隔，在人们的生活中注入个体主义和利己主义。当然，我们也许会认为，这是对保护公民私人空间有益的，它会带来安全感。但是这种安全感是物理建筑的隔离带来的，它是一种虚假的安全感。其实没有比将人群隔离孤立开来更使人缺乏安全感的了。极权主义正是将人们孤立开来而方便其独裁制度的建立的。

这也是为什么人们开始怀念传统建筑形式人性化。雅各布的研究告诉我们：传统邻里建筑形式不仅安全，而且远远富有交际性和公共性，它有益于人们公共性格的培养。现代中国人也开始把城市比作钢筋混凝土的森林，感到城市中建筑形式带来对人们交流的阻隔性，感到人际的疏远和冷漠。中国人甚至开始怀念传统时代的四合院和筒子楼。原因在于人们在现代化的过程中也许收获了所谓独立的私人空间，但是人们的安全感并没有比以往增加。这也许正是源于城市单元建筑下公共性和社群感的丧失。当然，人们不可能在大量重新建造四合院，但是是否可以考虑将传统的共同体要素纳入现代新的建筑设计中来呢？公民参与制度的创新离不开自然公共空间的重建，这正是巴伯带给我们的有益启示。

第五章　公民参与的品质提升：协商民主和参与式民主理论的发展

20 世纪 90 年代以来，西方学术界开始关注民主理论的一种新发展：协商民主。"作为一种民主体制，协商民主强调基于理性的参与，强调政治决策过程应该充分考虑普通公民的意见、建议，而这种决策也应该是在公共利益的诉求下，在参与者建立共识的基础上形成。"[①] 到目前为止，中西协商民主理论家尽管对协商民主有着不同的界定，但是扩展和深化公民参与、提升公民参与的品质始终是协商民主理论讨论的中心议题。埃尔斯特认为，协商民主决策的观念，包含着两个基本内容：首先是所有受某种集体决策影响的人或其代表都应该参与这一决策过程；其次是设计集体决策都应该经过参与者之间的讨论、争论来进行，这些争论既来自参与者，也面向参与者，参与者本身也都具备了理性和公正这样的品德。[②] 麦科伊和斯卡利则认为，公民参与既是我们公共生活的晴雨表，又是我们改善它时一切行动的焦点。[③] 通过何种公共对话来深化和扩展公民参与是协商民主理论首先要解决的重大问题。

从推动公民积极有序参与的视角来看，协商民主理论和参与式民主理论是一种继承关系。从某种意义上来说，协商民主理论并不是一种全新的、

---

① 陈家刚：《协商民主与国家治理》，中央编译出版社 2014 年版，第 41 页。

② John Elester edited, *Deliberative Democracy*, Cambridge University Press, 1998, p.13.

③ 参见 ［美］玛莎·麦科伊、帕特里克·斯卡利：《协商对话扩展公民参与：民主需要何种对话?》，载陈家刚选编：《协商民主》，上海三联书店 2004 年版，第 103 页。

独立的民主理论，它是参与式民主理论的延续和发展。伊麦利和斯卡利的分析比较明确，协商民主理论和参与式民主理论有着许多的共同之处：首先，从发展源流来看，协商民主理论和参与式民主理论都是在批判和试图弥补代议制民主的缺陷中发展起来的，它们的问题意识有着延续性和相似性；其次，协商民主理论和参与式民主理论共享着同样的理论前提预设：它们都认为公民对那些与自身利益密切相关的最大集体决策应该拥有充分的参与权，这是当代民主理论都必需的一种基本价值；最后它们都反对将民主仅仅理解成偏好的聚合和少数服从多数，而认为大部分的公民都能为相关的政治决策提供智慧和理性的建议，尤其是当他们认识到自己贡献的重要性时，它们都相信公民应该参与比现在更多领域的公共决策。[①] 因此，从公民参与的角度来看，协商民主理论继承了参与式民主理论的许多观点和理论预设。

从公民参与的品质提升视角来看，协商民主理论在许多方面发展了参与式民主理论。从本质上看，协商民主强调的重点仍然是"参与"，可是协商民主比参与式民主更进一步，提出了公共协商的具体参与方式，更注重参与的质量。同时，协商民主理论试图克服参与式民主理论将公民参与限于公民社会领域的不足，将公民社会中的参与、国家系统层面的参与乃至国际领域的参与链接起来。"协商"是"参与"的核心，它属于参与的范畴，但是又将公民参与推向深入。"协商民主的主要理论家用它来标识一种致力于改善民主质量的政治途径。改善政治参与的性质和形式，而不只是增加政治参与的机会。"[②] 协商民主赞同参与式民主的基本诉求，但考虑到参与的爆炸可能对已有的政治制度造成冲击，从而形成无序性参与，协商民主的核心在于参与的品质提升，并要求突出公共利益，它试图将民主政治从熊彼特式的市场类比中解放出来，扭转民主过程中一直存在的选票数量专制。[③] 因此，协

---

① Hauptmann Emily，"Can Less Be More？ Leftist Deliberative Democrats' of Democracy—Critique Participatory"，*Polity Spring*，Volume Number 3，2001 XXXIII.

② ［英］戴维·赫尔德：《民主的模式》，燕继荣等译，中央编译出版社2006年版，第266页。

③ 参见许国贤：《个人自由的政治理论》，法律出版社2008年版，第198页。

商民主理论家从参与式民主的前提出发得出了更多让人深思的结论，它结合新的社会实践发展了参与式民主理论，从而为我们思考如何推进公民参与的深化提供了新的启示。在本章中，我们将重点从公民参与主体资格的提升、公民参与领域的扩展、公民参与的制度化三个方面论述协商民主理论对参与式民主理论的继承和发展，这无疑对我们深入理解协商民主和参与式民主的关系提供了一条新的路径。

第一节　协商民主和公民资格提升

协商民主主张自由和平等的公民通过公共协商进行决策，代表了参与式民主理论的一个极为重要的发展。这种发展首先体现在关于公民资格的诸多论述上。我们发现，和参与式民主理论一样，协商民主中公民参与协商首先立基于主体公民的资格上，这种资格的核心因素是权利、理性、责任等内容。当然，在协商民主理论的丛林中，还没有系统和明确的论述，但我们可以从一些代表性思想家的论述中进行综合提炼，以窥见协商民主理论对公民资格理论的新贡献。

一、协商民主和公民权利

协商民主理论对于公民参与的关注首先同样体现在主体的公民权利资格上，这是公民参与协商的基础和前提条件。协商民主沿着参与式民主的基本思路拓展了对公民权利资格的认识，这其中包括公民权利基本理念的拓展和对公民权利内在维度的深入挖掘上。

（一）公民权利的基本理念

协商民主理论关注的是公民参与的核心要素"协商"，即要求每个人都能够平等地参与政治过程，因此，它首先要求是平等的公民权利。没有平等的公民权利，公民参与最后容易变成一种象征主义的"参与"或者是公民被少数精英操纵的虚假"参与"。① 在协商民主的理念中，合法的决策是公民参与协商的结果，而公民稳定而平等的权利状态则是协商的前提条件。"公共协商增加了民主社会决策带来好结果的机会。与普遍的公共协商相比，平等公民之间的公共协商完全能够做得更好。"② 协商民主对于平等公民权利的具体要求主要体现在三个方面。（1）公民需要平等参与决策的机会，即杰克·耐特和詹姆斯·约翰森说指出的，民主需要平等获得政治影响力的机会。协商民主认为，公民参与协商的核心是非强制地提出或接受合理的观点，所以它需要更为实质性的平等的政治影响机会。激进的协商民主理论家还反对精英讨论，那样可能或限制参与的范围，或者会对那些在公共协商过程中的人施加限制。因此，斯托克认为，"协商的平等还是'机会平等'的一种理解。那些可能被一项决策影响的人应该有一个平等的参与决策的机会"③。（2）协商过程中参与者必须拥有平等的可支配的资源。民主过程中的制度设计虽然足以给予公民真正的机会来影响涉及其利益的决策，但是即使在设计恰当的制度中，无法实现真正的协商也是可能的。因为，弱势群体可能根本无法参与适当的公共领域。他们缺乏协商所必需的基本的资源，这种形式上的公民平等权利在面临实际的经济不平等时往往被虚置。资源的分配或者再分配很可能不考虑或忽略增加弱势群体的效用。公民或者缺乏可以参与的资源条件，或者即使参与了某些决策，但是由于物质资源的不足和认知能力的欠缺而不可能获得平等的对话权利。资源平等是公民权利平等的保障性条件，是公民参与协商的根本基础。（3）协商民主的公民权利还是一种基

① 阿斯廷在《公民参与的阶梯》一文中将公民参与划分为三大类型，即不是参与的"参与"、象征主义的"参与"和民主行使权力的"参与"，前两种公民参与是低等级的参与，公民对决策没有影响力，公民没有"实力"，公民只是被安抚、咨询、告知，甚至被操纵。第三种公民参与才是较高等级的参与，公民对于决策具有某种影响力，能够进入一种平等的"伙伴"关系。（参见阿斯廷：《公民参与的阶梯》，载贾西津主编：《中国公民参与》，社会科学文献出版社 2008 年版，第 249 页）

② ［美］詹姆斯·博曼、威廉·雷吉主编：《协商民主：论理性与政治》，中央编译出版社 2006 年版，第 197 页。

③ ［澳］杰弗里·斯多克：《协商民主和公民权利》，载陈剩勇、何包钢主编：《协商民主的发展》，中国社会科学出版社 2006 年版，第 46 页。

于能力平等的权利。协商政治为了维护民主，它不会只偏袒那些社会强势公民，而是努力使参与协商的公民都必须具有最低限度的参与能力。协商民主将此看成是广泛的认知能力范畴的一个方面，它是协商过程的核心。协商民主理论告诉我们，在现实政治决策中，应该尽可能地为那些弱者提供受教育的机会，使他们努力获得各种层次的技术和法律专业知识。

协商民主的公民权利观还是一种多元性的公民权利观。协商民主一个主要的目标就是解决社会多元文化发展过程中出现的价值观和道德的分化。古特曼和汤普森曾经在《民主与分歧》中开宗明义地提到，"在美国民主今日所面临的挑战中，没有一种挑战比道德上的分歧更难以对付了。无论民主政治的理论和实践迄今都未找到处理基本价值冲突的恰当方式"①。协商民主面对文化多元主义事实，开始考虑许多不同类型的社会事实及其在限制和激活民主过程中的作用。协商民主在公民资格理论上就是追求一种多元性的公民权利观。（1）承认并尊重公民多元化价值的合理性。多元主义意味着存在多种合理的价值。个人可以自由地采纳多个价值中的任何一种，或者把任何不同的价值结合在一起，个人也可以自由地形成自己关于良善生活的观念。协商民主理论认为，公民多元性的价值存在对公民参与既是一种挑战也是一种有益的因素。即一方面它可能激发公民参与协商过程的冲突；另一方面，它也可能带来协商的多元化视角。我们要将公民的冲突进行转化，那么首先要做的就是承认和尊重公民多元化价值的合理性。因此，协商民主承认一种合理的多元主义。（2）调和不同群体公民权利的差异性。本哈比指出，"由于任何对认同的准球都包含着自身与他者区别开来的含义，因而认同政治总是并且必然是一种产生差异的政治"。"认同／差异之谈判，是民主所面临的全球范围的一个政治问题。"② 不同的公民群体，他们的权利发展阶段和诉求重点是不一样的，协商民主要做的是对公民权利差异进行调和。金里卡曾经以加拿大为例说明不同群体公民权利如何调和的问题，主张一方面我们要重

---

① ［美］阿米·古特曼、丹尼斯·汤普森：《民主与分歧》，东方出版社 2007 年版，"导言"。
② ［美］塞拉·本哈比主编：《民主与差异：挑战政治的边界》，中央编译出版社 2009 年版，第 2 页。

视普遍性的公民权利机制建构；另一方面，对于特殊群体的公民权利，我们应当建立特殊的宪法或法律机制加以保护。① 比如，对于少数民族给予相应的自治权；对于妇女群体给予特殊性的代表权，让其参与到政治事务中来。这些机制正是用来调和不同公民群体权利之间的差异。在中国政治体制中，也广泛存在着各种调和不同群体公民权利差异的机制，我们应该对其绩效进行系统分析。

（二）公民权利的五个维度

如上所述，协商民主理论与参与式民主理论相比更为重视公民权利的实践面向：一方面，它要回应现代社会的平等和多元要求；另一方面，它还要解决公民权利的领域和方位问题，这就涉及公民权利的具体维度问题。斯多克曾经对此有过较为系统的论述。他认为，对于协商民主理论来说，"公民权利的领域和方位的实施是或者应该是主要的，因为它决定了其他重要因素的范围"②。协商民主要推动公民参与的深入发展，就公民权利的具体维度来说，应该从五个方面进行系统思考。（1）公民权利的法定维度。在传统政治理论中，"公民"首先是一个法律概念。要成为一名公民，首先必须成为政治共同体的成员，拥有官方的法律地位。个人要有官方的公民身份，必须符合一定的条件和标准，比如语言的熟练程度、教育水平等。这些标准的提出也是基于移民被允许进入这些国家的条件，随后，这些可以使他们取得完整的公民身份。协商民主首先也要关注公民的法定维度，以此为基础思考谁可以成为协商过程的参与者？是以利益相关还是以法律规定为首要原则确定协商参与者的范围？以法律规定为首要原则的好处是容易避免出现难以控制的局面，但问题是，协商的参与者有时可能不是某个国家的公民，但是生活在一个镇、一个社团的固定居民，他在公司工作或开展协商工作的司法权力部门工作。有时法律对公民权利进行了一些地域条件的限制，比如在中国一

---

① 参见［美］塞拉·本哈比主编：《民主与差异：挑战政治的边界》，中央编译出版社 2009年版，第 150 页。

② ［澳］杰弗里·斯多克：《协商民主和公民权利》，载陈剩勇、何包钢主编：《协商民主的发展》，中国社会科学出版社 2006 年版，第 47 页。

个居民可能没有他所在地方的户籍身份，那么是根据法律的规定还是现实的
情况来确定他是否能够参与协商呢？这些问题都是设计协商章程首先要考虑
的，可以说单纯的法定维度可能不能解决所有问题。（2）公民权利的空间维
度。这个维度要考虑的是，在什么地点和区域，公民可以有效地行动？即公
民在什么领域中参与协商？在参与式民主理论中，公民参与的领域有了明确
的认识。而激进协商民主理论家认为，在任何地点和组织中，在决策的任
何政治层次，协商民主都是可行的。包括民主国家之外和之内的场所。因
此，相关的组织包括在民主国家的政党、议会、执行组织和司法组织，也包
括解决跨国纠纷的国际论坛。可以说，协商民主的领域相比参与式民主更为
广阔。科恩和德雷泽克等人还认为，产业和商业企业也不应该把协商的程序
排除在管理工作和日常工作之外，各种各样的关于要求产业工人民主和劳动
参与的运动证实了工作中协商的可能，这些观点和参与式民主理论有着延续
性。（3）公民权利的管理维度。在政治领域中，公民权利还是一个管理的类
别，即管理公民的权利、义务以及所占有的资源。马歇尔曾经界定三种基
础性公民权利：法定权利、政治权利和社会权利。参与式民主理论家曾经对
此提出了异议和补充。和参与式民主理论一样，协商民主认为除了马歇尔提
出的三项基础权利之外，至关重要的公民权利是与他人一样平等地参与的权
利。这一点，协商民主和参与式民主是一致的。"参与的原则"是协商民主
的基本原则。平等参与的权利是协商的前提，假如没有自由表达的权利，一
个公民是不可能进行协商的。（4）公民权利的实践维度。在协商民主视域
中，公民权利不仅仅是法律的地位或者是管理的类别，它还是一个政治的实
践，或者是一种参与公共生活的模型。在这种情况下，公民权利不仅仅依据
法律或者行政标准来定义，还依据个人在公共事务和特殊领域的自我行为来
衡量。和参与式民主理论家一样，协商民主理论家看到了公民将政治上正式
参与限制在定期投票上的弊端。他们提倡的"积极公民权利"正是试图克服
"消极公民权利"的明显缺陷。事实上，协商民主是一个鼓励有效的公民参
与的更加创新性的方法。协商的实践使公民考虑他们决策的公共的理由，参
与关于他们的动机和别人给出的原因的讨论，而且还要制止强迫和欺骗性的

实践。（5）公民权利的标准维度。它所关注的是公民应该如何行为的标准尺度，是一个规范意义的维度，对公民参与的实践具有重大的引导意义。其关键问题包括：怎样才算是一个好公民？要成为一个好公民需要哪些美德、能力和资格？不同的民主理论有不同的答案。在西方占统治地位的自由主义要的是最小化的公民参与，而公民共和主义和协商民主理论对此提出了异议。在协商民主中，理想的公民还应该拥有参与信息交流和对话的能力。需要有拥护公共利益的立场，要求公民能够敏锐地察觉到他们知识局限性的能力等。这些条件都是推动公民参与的深化必须具备的条件。相对参与式民主理论来说，协商民主对于公民权利维度的讨论更加深化了民主理论对公民参与主体公民权利基础的认识。

二、协商民主和公民理性

协商民主强调公民参与协商必须以公民理性为基础，这是因为，理性是保证协商过程中公民共识以公共利益为目标的关键。参与式民主理论和自由民主理论关于公民参与的争论主要还是外在的条件，即民主国家规模问题所带来的公民参与难题如何解决。协商民主理论则抛弃了对这种外在条件问题的讨论，和参与式民主一样，它认为这不是最难的问题。最难的问题是内在条件的探讨，即平等参与的公民达成共识如何可能的问题。假若没有一个纽带可以帮助平等公民之间达成共识，那么公民参与只能是以冲突对抗结束，这种结果于民主政治建设无丝毫助益——这也是自由民主理论反对公民参与的主要观点。所幸的是，协商民主理论认为这种共识达成的纽带是存在的，那就是公民理性。协商过程中发挥作用的是合理的观点，而不是情绪化的诉求。参与各方都需要表明自己对政策进程支持或反对的根据和理由，通过具体的协商过程最终达成一致的建议。当然，协商民主理论家对于公民理性的理解有着不同的视角，最著名的是罗尔斯的公共理性理念和哈贝马斯的交往理性理念。他们共同为回答"现代多元社会平等参与如何可能"这一问题奠定了理论基础。

（一）公民公共理性

罗尔斯认为，公共理性是民主社会的特征，它本质就是一种公民理性，即那些分享平等公民权利地位的人的理性。公共理性之所以是公共的，是因为它由如下三方面的因素所决定：第一，它的本性和内容是公共的，第二，它的目标是公共的善和根本性的正义；第三，作为自身的理性，它是公共的理性。公共理性是公民参与公共生活的根据，公共理性是理性在社会公共生活中的公开运用。

罗尔斯认为公共理性是公民平等参与协商的基本要素，公共的理性认为参与者立场、观念的分歧、差异甚至矛盾是应予承认的既定前提，公共讨论不预设唯一正确的观点。各方在既定对话规则的基础上分别从自己所持的价值理念出发，根据各种可公开接受检验的理由真诚坦率地展开理性的讨论与交往，在这种多元协商的过程中，作出独立于公共权力领域之外的理性判断，提出自己认为最符合公共利益与公民权益的看法，并针对他人的疑问，作出自己的解释。这样，经过相互的批判与观点的碰撞，不合理的以及受偏见影响的观点被排除出协商过程，正确的观点得以显现、坚持与完善，一种积极的共识有可能通过公共的论坛而达成。

罗尔斯通过公共理性所要试图说明的是平等公民参与协商的基础，即使平等公民的参与协商达成共识在一个具有合理多元特征的民主社会成为可能。由于在合理多元的民主社会，人们在许多问题上都存在广泛而深刻的分歧，这种分歧无疑对民主社会的合作和团结构成了巨大的威胁。为此，人们如果要想推动公民参与的深化，建构一个自由平等而合作的良序社会，在涉及基本正义问题时，寻找一个大家都能合理接受的公共共识就是必要的。这种公共共识的合理达成需要在公共理性的讨论基础上才能实现。因此，公共理性是协商民主中公民参与的根本依据。

（二）公民交往理性

和罗尔斯一样，哈贝马斯对协商民主理论发展的贡献也在于为公民参与公共决策的深化提供了一种新的方法论基础和哲学话语。这种哲学依据就公民资格理论来说，集中体现在公民"交往理性"理论的建构上。哈贝马斯交往行动的理想模式试图为公民参与民主决策提供了一个明确的理论依据。他所面临的问题正是协商民主中公民参与如何可能的最核心问题：在一个充满歧见甚至是矛盾的社会里共识是如何可能的呢？罗尔斯认为可以通过一种现在的公共理性来确认共识，而哈贝马斯则认为只有通过公民主体间的交往理性才能达成可能的一致。

哈贝马斯的公民交往理性是在批判韦伯的工具理性基础上建立起来的。在哈贝马斯看来，交往行为与工具性行为不同，工具性行为是策略性的，表现在行为过程中对于合理目的的确定或者选择合理性的手段。交往理性遵循着经验性的技术规则。在交往行动中，人们之间是协商平等地对话，不是采用强制性的方式来命令对方。工具理性仍然是一种主客体思维，而交往理性则试图摆脱这种主客体对立的二元思路，把他者也视为一个立法的平等主体，这样在公民平等参与过程中，公民之间的对立和冲突才可能转化，才可能达成某种共识。

哈贝马斯认为交往行为本质上是一种言语对话行为。言语行为总是与三个有效性要求相关联，即真实性、正当性（正确性）和真诚性，即在论及客观世界时，陈述应是真实的；论及社会世界时，陈述应是正确的；论及主观世界时，陈述应是真诚的。交往理性的对话是为了达到主体间的相互理解、彼此信任。因此，交往活动并不是要消灭分歧，而是通过沟通达成相互的理解和合作。哈贝马斯的交往理性体现的是一种程序主义的民主观，他强调了交往行动中的每一个参与者，在对话中具有均等的权利，能自由、平等地投入辩论，并排除了各种强制。

三、协商民主和公民责任

协商民主理论继承了参与式民主理论重视公民责任意识的传统，对自由民主忽视公民责任的做法提出了批判。公民资格是权利和责任的统一体，自由主义过于强调公民个人的权利，只从一种工具主义的态度看待公民资格，必将对公民资格的品质造成危害，最终只会形成浅薄的、防卫性的公民资格，这对权利赖以建立的政治共同体的维持不会有太多的帮助。高水平的公民参与是公民资格的基本特征，但是在当前，权利所赖以存在的精英结构却未能促进公民参与的发展。就深化公民参与问题而言，协商民主从"权利和责任统一"的角度出发，认为公民参与是公民的个人权利，同时也强调公民在政治参与过程中要承担相应的责任。在政治参与过程中，公民对自己的行为负责就是责任性的表现。协商民主不是无序的个人参与，它强调程序的公开和公正，也不是个人毫无边际的吹嘘和漫谈，而是一个有着特定责任和要求的政治过程。公民在参与协商中要承担如下几个方面的具体责任，才能保证协商的合法性和有效性。

（一）说服的责任

在自由主义民主理论中，公民只需静静地单独一人参与投票就行，或者是为了通过某项决议，只要多数的参与者同意就可以，这是自由主义民主要求公民承担的公民责任。在自由主义民主过程中，公民参与根本没有协商和说服的过程，公民参与投票和决策只是进行个人私人利益的表达，没有为了公共利益或者运用公共理性进行任何沟通的必要。因此，自由主义民主只是个人意见的聚合而没有个人意见的转换可能。协商民主理论认为这显然是不够的，这种民主形式排除了公民意见交换和转换的可能，排除了公民追求公共目标的意愿表达，只是一种如巴伯所说的"弱势民主"。在我们看来，马修·费斯廷斯泰因主张公民尽可能地提出有说服力的观点，至少有两个好处：一是可以推动公民努力地进行理性地思考问题，而不是情绪化的意见表达，因为只有理性的观点才能说服人；二是可以推动公民努力地从其他公民的角度来思考问题，因为换位思考，不从他者的角度考虑问题，说服也无法进行。从第二个方面来说，从他者的角度考虑问题，无形中就形成了哈贝马斯所说的公共意见的表达。当然，要提供使所有人都信服的论点是困难的，甚至是不可能的。虽然要把所有人都说服有困难，但是，我们并不能认为这一责任是无效的，这里主要是要求协商参与者要抱着这样一种心态去参与协商，要尽最大努力去说服他人，如果所有的公民都有着这样的责任意识，那么公民就能达成最大程度的共识，公共决策也就具有最大程度的合法性，决策的执行就会得到公民最大程度的理解和支持。

（二）回应的责任

在参与协商过程中，公民还应该承担认真回应其他理由和观点的责任。协商民主过程公民参与的目标不是追求自由主义民主那种讨价还价的权力，而是为了追求更好的观点和更合适的决策方案。在协商过程中，起决定作用的应该是观点本身的说服力，而不是某个参与者个人权力的大小。协商过程中所有公民都是平等的，其发表的观点也应该受到平等的对待，这就要求公民之间对于彼此的观点要认真回应，而不是有选择性地对待。公民在协商过程中应该承担努力发挥平等化的责任，这种责任意味着即使是弱者的各种观点也必须得到重视。如果没有这种责任，那么握有较多资源的人则会从中受益，而有些人的论点就会被忽视，尤其是那些社会资源比较少的弱势群体，当然，这里也存在一个关于限制的问题：人们应当认真考虑任何观点或理由吗？例如，支持奴隶制的观点和理由？对此，协商民主理论家之间存在着争论。有的学者的回答是肯定的，他们认为即使对于那些荒谬的观点，公民也有责任予以回应。这种回应至少可以有助于净化那些可怕的建议和难以容忍的理由。在协商讨论中提出那样极端的观点毕竟是很少的，即使有荒谬的观点公民也有回应的责任。何况对于何谓"荒谬"的观点，制定一个公认的标准是不可能的。而且，所谓观点的"准入规则"还很可能成为限制某些公民平等表达观点权利的不正当理由。

（三）修正的责任

为了形成一个共同接受的建议，参与协商过程中的公民还有责任根据协商进程中提出的论点修正自己的观点，获得共同可以接受的结果。这就是说，参与协商的公民尽管开始会持有不同的观点，但是在协商交流的最后还是要努力地使各种观点尽可能地融合起来。这种融合性结果获得的前提是公民必须承担根据其他公民的观点修正自己观点的责任。价值多元主义者认为，既然公民的观点是多元的，那么公民之间形成确定性的结果是不可能的。这种观点忽视民主协商过程中合理妥协的力量。妥协因素是"协商民主的必需品"，正是这种因素，使参与协商的公民不仅重视自己观点本身的说服力，还要有接纳其他人观点的一种胸怀，认识各种争论的观点，尽力地将自己的利益融入到大家都满意的方案之中。那种只重视提供大量的理由说服他人，而在回应其理由和观点时非常自负地拒绝改变立场的协商是不彻底的公共协商。各种实践理性观念表明，思考某个人的利益和目标，以及考虑集体的利益和目标完全是可能的。总之，公民参与协商过程中必须承担上述的几种"特定责任"。这种公民责任也是推动公民参与深入发展的基础因素之一。

综上所述，协商民主理论对西方传统的公民资格理论进行了较为深入的反思和重构。这种反思和重构，既体现在对于公民权利基本理念和结构的反思和发展上，也体现在对于民主参与的内在决定性要素——公民理性和责任的强调和系统阐述上。协商民主理论本质上就是一种扩大公民有序参与的理论，而公民的有序政治参与当以公民资格的不断发展为前提。从这个意义上来说，协商民主理论对公民资格发展的理论反思具有十分重要的意义。社会主义协商民主理论的科学发展同样必须重视对中国公民资格发展的深入思考。

第二节　协商民主和公民参与领域扩展①

协商民主理论除了关注从公民资格角度深化公民参与，推动民主发展之外，它同时关注公民参与和民主发展的领域扩展问题。协商民主理论一般认同麦克弗森的观点，即现代民主发展必须思考："在一个人口密集的复杂社会里，有没有可能把民主的领域从对选举的定期参与扩大到对生活各领域的决策的参与。"② 协商民主在参与式民主理论的基础上，进一步思考了公民参与协商的可能领域。一方面，协商民主深化了参与式民主理论所关注社会中公民参与的问题；另一方面，协商民主还考虑了国家制度领域中公民参与

---

① 参见董石桃：《协商民主和公民参与领域的扩展》，《理论与改革》2014 年第 1 期。

② 转引自 ［美］戴维·赫尔德：《民主的模式》，燕继荣等译，中央编译出版社 2006 年版，第 243 页。

协商的可能，以及社会生活和国家制度领域中公民参与协商的衔接问题。同时，协商民主还将公民参与协商的可能领域拓展到全球治理领域中去。德雷泽克认为，协商民主的领域是相当广阔的，"每个场所的实践都可以构建一个协商民主"①。

一、公民社会中的参与协商

西方协商民主理论家一般都认为社会是协商民主构建的基础，社会各部门应该参与协商政治。哈贝马斯把协商政治分为国家制度内和社会内两个领域，但他更强调社会内的协商。德雷泽克系统分析了社会领域对公民参与协商的重大意义，他认为，社会是除国家之外的推动民主化进程尤其是协商民主进程的主要行动者，社会的政治活动可以通过以下几种方式对内对外发挥着影响力：（1）社会的政治活动可以改变政治话语，并进而影响公共政策的内容；（2）通过赋予诸如静坐等特殊形式的集体行动以合法性以及公共问题建立稳定的反应机制等方式，社会运动可以对政治文化产生持久性的影响；（3）旨在影响政策的协商论坛可以在社会内部生根发芽；（4）社会可以以改变文化的方式来影响权力关系。②德雷泽克还深入剖析了协商民主可能发生的不同领域，即国家制度、各种公民论坛以及公共领域等，其中最重要的是社会中的公民参与协商。

（一）公民论坛

德雷泽克将公民论坛上的公民参与协商视为外行公民协商，所谓"外行公民"是指那些在某个问题上既没有专门知识又没有派别偏见的人，也就是我们所说的一般公众。尽管普通的公众可能没有掌握涉及公共政策的专业知识，但是根据密尔的"个人才是自身利益的最好把握者"这一原则，他们对于与自身利益相关的政策问题，或者关切大众公共利益的政策问题无论如

---

① ［澳］John S. Dryzek：《不同领域的协商民主》，王大林摘译，《浙江大学学报》（人文社会科学版）2005 年第 5 期。

② 参见 ［澳］约翰·S. 德雷泽克：《协商民主及其超越：自由与批判的视角》，丁开杰等译，中央编译出版社 2006 年版，第 93—96 页。

何都有发言的权利。德雷泽克认为，普通公民参与协商甚至具有很大的优势，原因是对于某些公共问题"他们的完全中立性是一个绝对的正面因素，因为这使他们在看待问题时采取一种坦率的意见"①。普通的"外行公民"参与协商的领域主要是各种公民论坛，其主要形式有达成共识协商会议、公民陪审团、专题小组以及协商民意测验等。协商民意测验的主要代表是费什金，他认为普通的民意测验所汇集的是缺乏信息了解的、粗糙的偏好。公民论坛最好能够包容外行公民的制度当然无法把受到某项决策影响的相关人群的所有公民都包含进来，它们可以把一部分能够作为代表的公民纳入其中。这些公民在接收到相关问题的信息，聆听了专家以及持不同立场的支持者的陈述，并经过咨询专家后，就该问题进行互相的讨论。丹麦技术委员会则发起了达成共识协商会议，就某一专门问题由普通公民参与进行讨论。这个想法的目的就是要为这部分普通公民代表提供一个安全的空间，并就某个特定问题进行协商。德国发起了计划小组的公民论坛形式，让公民参与各种公共计划的制定的讨论。公民陪审团则在美国和英国已经深入人心。

德雷泽克认为，公民论坛领域中普通公民的参与协商印证了参与式民主理论的某些重要论断。首先，协商的结果是参与者经常在协商之后改变他们的偏好。这就印证了参与式民主理论的核心论断，即"公民参与教育公民"的观点。公民通过参与协商自己的偏好和价值都得到改变和提升，参与本身就具有了目的性的价值。其次，它印证了普通公民在讨论复杂问题时具备了相当成熟老练的思维和行动能力，这就回击了熊彼特等精英主义民主理论以普通大众的无能和无知为由来反对民主的人的论调。事实表明，一旦赋予人们以适当的论坛和机会来对某项论题作出思考和结论，人们是完全能够胜任的。②

---

① ［澳］John S. Dryzek：《不同领域的协商民主》，王大林摘译，《浙江大学学报》（人文社会科学版）2005 年第 5 期。

② 参见 ［澳］John S. Dryzek：《不同领域的协商民主》，王大林摘译，《浙江大学学报》（人文社会科学版）2005 年第 5 期。

(二) 派性协商

德雷泽克所提出的公民"派性协商"指的是公民在某一特定的公共政策争论中已经形成了较为立场鲜明的派别，他们对于具体的公共决策已经有了较为明确一致的意见。比如互联网的公民协商就是大致如此，开始时声音混杂，逐渐才形成不同的派别。一般来说，派性协商在时间上晚于公民论坛协商。因为一般来说，公众对于某项政策的意见是由不清晰到清晰的。公民论坛协商阶段，公众的观点比较混杂，而到了派性协商阶段，公众的观点开始清晰，相同的观点开始走到一起，形成非正式的派性。公民参与派性协商的论坛通常在一个中立的主持人或调解者主持下开展，他们的任务就是保证论坛在讨论中能遵循一些辩论的规则。这些规则包括禁止威胁、禁止隐瞒信息、禁止质问反对者的动机、禁止人身攻击、禁止表明谈判地位。有大量的模式符合了这个一般模式。其中最有名的是调解的方法和达成共识的方法。所谓"共识"是指不同意见派性之间能够同意某项被推荐的行动内容。德雷泽克认为，派性协商的理念"就是要把不同立场的支持者从其通常对立的、战略的对抗中拉扯开来，使他们进入一种能够互相协商而不是为了获胜而互战的状态"①。自由主义民主理论认为不同的派性观点只有通过投票机制解决，少数服从多数。协商民主反对这种简单的聚合形式，认为即使形成了派性观点，也不意味着马上就要进入投票程序，我们还可以通过协商进行"慎思"决策，这样既可以提高决策的合法性，也可以提高决策的科学性。

德雷泽克的研究表明，通过协商讨论，起初意见相左的不同派系之间达成共识的几率相当高。派性协商的根本理念是参与者要试图去理解并认可对手所持立场的正当性——尽管不一定要赞同它们。然后通过派性之间对自己观点的修正，逐步达成共识。而且，相对于外行公民协商而言，通过调解或达成共识而产生的意见被政策实践所接纳的几率要高出一大截。原因是，在调解或达成共识的过程中，最强势利益集团的参与目的就在于达成并在形

---

① ［澳］John S. Dryzek：《不同领域的协商民主》，王大林摘译，《浙江大学学报》（人文社会科学版）2005 年第 5 期。

式上同意共识。这也提示了我们，派性协商容易受到利益集团的左右，解决的办法就是尽可能将派性协商的主题信息公开化和透明化，让更多的公民参与到协商过程中来，毕竟特定的利益集团可以左右的大众是有限的，在扩大公民参与基数的情况下，派性协商的公正性和公共性才可以得到保证。①

（三）公共领域

在社会中的公民参与协商还存在大量的非制度化和非程序化的公民协商领域。在协商民主理论家看来，可以用"公共领域"将其概括起来。哈贝马斯深化了阿伦特关于公共领域的理论，他认为，"公共领域"既不能理解为建制，也不能理解为组织，更不能理解为系统，它最好被描述为一个关于内容、观点、也就是意见的交往网络。在那里，交往之流被以一种特定方式加以过滤和综合，从而成为根据特定议题集束而成的公共意见或舆论。② 公共领域的特征"毋宁是在于一种交往结构，它同取向于理解的行动的第三个方面有关：既不是日常交往的功能，也不是日常交往的内容，而是在交往行动中产生的社会空间"③。公共领域中公民参与协商具有的优势在于它不受国家具体规制的制约，它只受公民交往理性的指导。德雷泽克认为，"公共领域的最大好处就在于它以对公共问题直白的批判性讨论为特点。实际上，协商行为比自由国家制度在这个方面更加开放。国家制度通常受到高度的限制，因为在探讨国家核心的重点事务时（比如在一个潜在敌对的世界中保障安全，比如提高经济增长率等），是不允许引入协商的。而且，政治官僚与政府组织往往对政治议程中出现的新事务反应迟钝"④。

哈贝马斯则认为，在公共领域内持续进行着的、非专业人员之间的日

_____

① 参见〔澳〕John S. Dryzek：《不同领域的协商民主》，王大林摘译，《浙江大学学报》（人文社会科学版）2005 年第 5 期。

② 参见〔德〕哈贝马斯：《在事实与规范之间——关于法律和民主法治国的商谈理论》，童世骏译，生活·读书·新知三联书店 2003 年版，第 446 页。

③ 〔德〕哈贝马斯：《在事实与规范之间——关于法律和民主法治国的商谈理论》，童世骏译，生活·读书·新知三联书店 2003 年版，第 446 页。

④ 〔澳〕John S. Dryzek：《不同领域的协商民主》，王大林摘译，《浙江大学学报》（人文社会科学版）2005 年第 5 期。

常语言沟通，将意见的形成过程与决策过程分离开，从而使观众卸掉了决策的负担，推迟了决策活动，并留给决策性建制去进行。公共领域也是那些市民社会中的商谈性配置：社团、组织和运动展示与发挥的舞台。一种作为"网络"、"论坛"和"舞台"的政治公共领域以它的非建制化、非决策性、多层次性和对日常交往模式的维持形成了生活世界与系统相互衔接的公共空间。德雷泽克列举了美国的公民权利运动、环境保护主义运动、女性主义、反全球化运动等对公共决策产生的重大影响，他尤其重视公共领域中公民运动的重要意义"这些例子所体现出来的寓意，就是这些主要关注社会发展轨迹的社会批判总是源于非正式的公共领域，而不是源于国家制度"①。政府可以用各种不同的方式来应对新兴的利益集团。政府可以对此视而不见，也可以压制它们。但是这样的做法是危险的，因为这可能会导致反对派采取革命的方式。公共领域对政府来说可以起着一种"预警系统"的作用。

二、国家制度中的参与协商

协商民主除了重视公共领域中的公民参与协商外，还试图把协商因素吸纳到成规的国家制度中来。现在许多协商民主论者认为，自由国家的制度：宪政大会、立法司法以及行政领域的公众听政制度，也是协商民主得以进行的最为重要的空间。德雷泽克认为，"我们对公共领域的强调并不意味着要忽视各种以国家为依托的可能途径。更为重要的是，面对各种亟须解决的问题，国家仍旧是强制性集体决策的重要制定者。而且，在国家存在的情况下，公共领域只能发挥一定的影响——无论其主要行动者和运动拥有的立场同国家是如何地迥然相异。在很大程度上，公共领域对协商民主的有益影响取决于国家如何对利益代表进行组织或限制"②。在国家制度中，公民参与协商的领域涵盖了立法、司法和行政的诸多过程。

---

① ［澳］John S. Dryzek：《不同领域的协商民主》，王大林摘译，《浙江大学学报》（人文社会科学版）2005 年第 5 期。

② ［澳］约翰·S. 德雷泽克：《协商民主及其超越：自由与批判的视角》，丁开杰等译，中央编译出版社 2006 年版，第 72 页。

（一）立法协商

协商民主在国家制度内的参与协商首先是在立法机构中。毕塞特认为，美国奠基者的制宪意图就是为了"建立协商民主制度"。言下之意，协商民主本来就是内蕴于美国的宪政制度中的，只不过后来被理论界忽视了而已。按照毕塞特的看法，制宪者们在对美国政府进行设计时，拒绝了直接民主，选择了代议制——多数人通过代表进行统治。多数人的意见有两种主要类型，第一类是"即兴的、不知情的、未经反思的"；第二类则"更加审慎、花了很长时间才形成并且经过了对多种信息和争论的充分考虑"。具有第二类意见的多数人所进行的统治才是制宪者竭力推动的多数统治，也就是毕塞特所说的协商民主。当多数审慎时，代表决策时要听从多数的，当然不是盲目地听从，而是要以审议为基础；当多数不审慎时，代表仍然应该审议，并对多数进行制约。在两种情况下，代表都应该审慎。① 制宪者设计的选举制度促使代表们尊重民意，至少不会偏离得太远，因此它是实现多数统治的一项基本制度。众议院每两年选举一次，以便为公民参与选择立法的代表提供更多的机会，这样可以保证众议员对民意保持高度的敏感。这样，毕塞特便对美国宪法的制宪立法意图提供了合乎逻辑的解读，从而从国家立法的角度开创性地提出了"协商民主"的理念。

和毕塞特局限于对代议制立法中蕴含的协商民主因素进行解读不同，哈贝马斯致力于纠正自由主义过分依赖代议制立宪民主政体之缺陷。哈贝马斯在其后期的研究中提出了其"民主原理"（demokratieprinzip）："如果一种法律的法则是合法有效的，那么它就必须在立法的起草和讨论过程中为所有相关的人员所同意。"② "民主原理"要求把这种公正性应用于具体的立法过程中，并要求通过商谈和公开讨论的形式，使公民在具体的法律制定过程中

---

① Joseph Bessette，"Delibertive Democracy：Majority Principle in Republican Goverrnment"，in *How Democratic Is THE Constitution*? Ed. Robert A.Goldwin and William A. Schambra，Washington，Dc：American Enterprise Institute，Nov. 1980，pp. 102-116.

② Jürgen Habermas，*Between Facts and Norms：Contributions to a Discourse Theory of Law and Democracy*，Cambridge，MA：MITPress，1996：141.

都拥有表达观点和意见的权利。哈贝马斯希望通过制定这条"民主原理"来表明，民主并不意味着在宪法所规定的框架内，按照固定的程序机械地处理相关的权利问题。相反，民主意味着宪法的制度性组织能够随时随地关心公民的实际利益和"伦理—政治"的生活态度，并给予相关的争论以充分讨论和商谈的空间。只有当一种可验证的公正性的原则被真正应用于具体的立法过程之中，我们才可以说，这里的立法是民主的了。换言之，"民主原理的产生要归功于商谈原理与立法的结合"①。把"商谈原理"所表明的公正性的原则应用于立法的制定过程中是最重要的；没有这种应用，就不存在民主。这里，哈贝马斯已经尝试将协商民主突破传统宪政理念的框架，将公民参与协商纳入到国家的立法过程中来。

（二）司法协商

公民参与协商还在司法领域内得到应用。罗尔斯认为，法庭的作用不仅是辩护性的，而且还可通过发挥其作为制度范例的作用，对公共理性发挥恰当而持续的影响。② 法官在司法解释和判案中，必须接受公共理性的检验。在美国司法实践中，公民陪审团是一项具有广泛参与的传统制度。沃尔泽认为，在美国，"在志愿主义的公共领域中，政治参与一般是选择性的，陪审团属于这种最低形式的选择自由"③。这就是说，在美国公民眼中，参与陪审是每个公民应尽的责任。就像阿伯瑞姆森所指出的："陪审团服务每年都要落到成千上万的美国人身上，使得陪审团制度成为今天美国参与式民主最广泛的例子。"④ 托克维尔将公民陪审团视为共和制度的一个经典例证正是从美国的这种民主经验出发的。在协商民主论者看来，公民陪审团是协商民主的最好载体，阿伯瑞姆森在谈到亚里士多德和陪审团时，也同意"亚里士多德

---

① 刘刚：《超越自由主义和共和主义：哈贝马斯的程序民主》，《现代哲学》2004 年第 3 期。

② 参见［美］詹姆斯·博曼·威廉·雷吉主编：《协商民主：论理性与政治》，陈家刚等译，中央编译出版社 2006 年版，第 84 页。

③ 转引自［美］伊森·里布：《美国民主的未来：一个设立公众部门的方案》，朱昔群等译，中央编译出版社 2006 年版，第 132 页。

④ 转引自［美］伊森·里布：《美国民主的未来：一个设立公众部门的方案》，朱昔群等译，中央编译出版社 2006 年版，第 133 页。

认为民主的首要价值来自于不同生活世界的人们达到任何个人不能单独达到的‘集体智慧’的方式。极而言之，陪审团是连接民主、协商和普通人的智慧成果的最后的、最好的避难所”①。

传统的裁判性司法的特征是，通过对规则的严格适用实现国家建立的法律秩序。但是这种秩序是由国家强制力保证的，与社会缺乏内在的亲和力，往往无法有效调动个体采取有效行动，促成人与人之间的相互合作。这样使得现存的秩序往往缺乏自我生产机能扩展和自我调整的强大动力，也很难对不断变化的社会作出灵活有效的反应，结果是社会机能显得相当僵化。在具体的司法实践中，将协商理念引入司法过程具有重要的意义。协商性司法则将仅靠法官根据事实依规范作出判决的“对抗性”机制，转换为多主体参与的“对话与协商”机制，通过“对话”实现纠纷的高效解决。因此，协商性司法可以说是一种新的程序主义，它不仅是通过立法技术的运用所作的改变，更是一种观念的变革。中国的当事人调解纠纷机制也有效地体现了司法协商的机理。

（三）行政协商

协商民主论者认为，协商行为同样也会在政府的行政管理中出现。德雷泽克认为，“行政管理绝不是简单地执行立法机关的决定。相反，它是一个涉及真实商议的交流过程，商议的内容包括特定法律如何适用于特定案件，如何解决立法意图中的模糊性，以及当不同的原则在意图上有分歧的时候，我们应当如何行为”②。20世纪的最后30年，西方公众在公共组织和行政事务管理中的参与作用日益增强。公民在行政管理领域的参与协商涉及社区发展规划、社区犯罪预防、公共交通、环境保护计划和危险废弃物处理等公共事务的管理。当今的“新公民参与运动”正改变着行政管理者传统的工作环境。从前，大多数行政管理者习惯于在幕后和远离公众监督或不被公众

---

① 转引自［美］伊森·里布：《美国民主的未来：一个设立公众部门的方案》，朱昔群等译，中央编译出版社2006年版，第135页。

② ［澳］John S. Dryzek：《不同领域的协商民主》，王大林摘译，《浙江大学学报》（人文社会科学版）2005年第5期。

关注的环境下工作。但是，今天，行政管理者必须和公众或各种组织保持密切联系。托马斯认为，"公民参与公共管理过程已经成为他们工作与生活中的一部分，这是不争的事实。在今后，公民参与将成为更多公共管理者直接面对的环境与情境，因为，公民参与公共事务管理的要求和呼声似乎会不断高涨起来"①。这种情势彻底改变了传统的行政管理和行政法理论。

应当指出的是，传统行政法理论对协商与和解的反对，实际上建立在一个并不正确的假定之上。这个假定就是，法律对行政主体该如何行为的指令是明确而具体的，行政主体的任务在于遵循立法者的指令行事，不能将自己的意志掺杂在法律实施中。与传统行政过程相比，现代行政过程不再是单纯的行政命令、行政处罚和行政强制等，它更注重行政主体与行政相对人之间的沟通、协作、合作与服务，更重视行政指导、行政帮助和行政救助，政府在推行公共政策时会尽量减少强制性命令，更多地展示其服务性和公益性特征，行政相对人也更多地从同意或自愿而非强迫的角度来看待行政管理活动。②

三、全球治理中的参与协商

在当代世界，政府的很多决策所影响的显然不再局限于自己的国民。但我们说协商民主强调应由政策影响所及的行为主体来证明决策的正当性时，就需要将协商民主扩展到国际领域。因为这些决策对于其他国家的人民同样会产生影响，而且影响的程度和直接性可能不亚于它对本国人民所产生的影响。古特曼和汤普森认为，"一个民主的做法应向那些受到决策影响的人怎么决策的正当性，通常所有的官员都能接受这一点，那么，他国的公民将成为我们所谓的'道德上的选民'，即使他们并没有参与选举"③。此外，

---

① [美] 约翰·克莱顿·托马斯：《公共决策中的公民参与》，中国人民大学出版社 2005 年版，第 10 页。

② 参见唐力：《论协商性司法的理论基础》，《现代法学》2008 年第 11 期。

③ Amy Gutman and Gennis Thompson, *Why Deliberative Democracy*? Princeton University Press，2004，pp.37-38.

各种国际组织及非政府性的跨国利益集团的空前发展，已成为全球化时代的一大景观。它们的日益成长不仅在相当程度上影响了各国政府的对外政策，而且改变了国际社会以国家为中心的局面，在表达公民利益与需求、重新配置资源方面发挥着不可忽视的作用。除民族国家与各种非政府组织以外，世界各地公民也通过各种方式表达了对全球公共事务的广泛深入参与及获得发言权甚至决策权的愿望，包括那些在全球问题和冲突中处于弱势地位、不发达的地区或群体。古特曼和汤普森因此写道："近些年来国际法已经变得更有约束力，国家组织也比人们想象的更有影响力。无论如何，协商民主并不着眼于描述当前的政治现实，它是一个鼓舞人心的理想。"① 协商民主将他国公民带入决策者的道德思考框架之内，承认协商责任应囊括更大的范围。全球治理要求更多的公民参与到决策过程中来，其主体的领域主要体现在如下几个方面：

（一）全球共识协商

全球化的发展，并没有消除源自利益、文化、宗教、传统和历史等因素的各种冲突与对立。全球治理过程中既表现出一种多元的价值文化观念，同时也体现出建构一种普适性价值体系的需求。亨廷顿认为，"在未来的岁月里，世界将不会出现一个单一的普世文化，而是将有许多不同的文化和文明相互并存"②。在一个"文明冲突"的时代，最重要的事情是努力促进整个世界的"文明对话"。欧洲和亚洲国家的主要政治家已经在谈论需要抑制文明的冲突和参与这样的对话。

全球化时代，人类必须学会如何在复杂多极的多文明的世界内共存。这种共存的实现不能无视不同国家的历史与文化、宗教传统、民族心理等因素，强制推行自我确定的价值观念、民主模式，而是要通过世界各个国家之间平等的参与和协商对话，达成一定的共识，来求得共存。为此，亨廷顿曾

---

① Amy Gutman and Gennis Thompson, *Why Deliberative Democracy*? Princeton University Press, 2004, p.37.

② ［美］塞缪尔·亨廷顿：《文明的传统和世界秩序的重建》，新华出版社 2005 年版，中文版"导言"。

经提出了防止文明冲突危险的三原则：（1）共同调节原则，即通过相互协商遏制和休止彼此文明间的断层线战争；（2）避免原则，即核心国避免干涉其他文明的冲突，这是多文明和多极世界的和平的首要前提条件；（3）求同原则，即多种文明的人民都应探寻并努力扩展与其他文明在价值观、惯例和习俗方面的共性。① 赫尔德则提出了相类似的世界主义八项基本原则，即任何行为体——无论是政府、国家或公民组织的代表——都不能违背这些原则。赫尔德认为，在当代世界主义原则主要有八点：平等的价值和尊严；主观能动性；个人责任和义务；同意原则；公共事务必须通过投票集体决策；包容性和兼容性原则；避免严重伤害、缓和紧急需求；可持续性。②

全球善治的实现，依赖于通过公民参与协商，在多元价值观的基础上对民主、责任、公平正义、自由、生命尊严、可持续发展等基本价值达成一定的共识。"9·11"使恐怖主义变成全球治理中的重要因素。恐怖主义以牺牲无辜平民为手段，彻底摧毁了反抗话语得以建立的道德基础，即公平和正义的原则。恐怖主义是霸权主义失败的结果，也是文明冲突和缺少协商对话的结果。我们只有赋予世界人民广泛的代表权，使其承担责任，为其提供服务，一个更民主的、更负责任的全球治理体系才会实现更多的全球性社会正义。据此，协商民主论者反对全球化时代任何形式的霸权主义，主张赋予各个国家、各民族人民同等的话语权。赫尔德甚至提出要努力让普通公民在世界核心问题上也有发出声音的机会，"在优先处理全世界关注的核心问题出现争议的时候，应绕开民族和民族国家，在区域或全球层面上诉诸公民投票。这会涉及许多不同种类的公民投票，包括公众代表的投票，在特殊政策领域内利益相关且具有影响力的群体代表的投票，决策者和国民议会立法代表的投票"③。

---

① 参见［美］塞缪尔·亨廷顿：《文明的冲突与世界秩序的重建》，周琪译，新华出版社2005年版，第366页。

② 参见［英］戴维·赫尔德：《全球盟约——华盛顿共识与社会民主》，周华军译，社会科学文献出版社2005年版，第229页。

③ ［英］戴维·赫尔德：《民主的模式》，燕继荣等译，中央编译出版社2006年版，第344页。

（二）国际性社会组织

在任何一种理解中，治理都包含着三个不变的关键词：合作、谈判与协调。这定义了治理的本质特征，它意味着对公共事务的管理不再是以传统的自上而下的方式进行，而是国家与社会在平等协商的过程中合作完成。20世纪的最后二三十年尤其是最后 10 年以来，国内和国际层面上的非政府组织在数量上、活动范围与领域上、社会影响力上都日益表现出急剧扩张之势。据《国际组织年鉴》统计，在现有的 48350 个国际组织中，非政府组织占 95% 以上，至少在 46000 个左右。这些组织在国际事务中日趋活跃。① 另据《全球公民社会年鉴·2001 年》统计，全球每百万人口中拥有国际非政府组织成员身份的人从 1990 年的 148501 人，增加到 2000 年的 255432 人，密度从 30% 增加到 43%。② 不但如此，以非政府组织为核心成员的、跨国性的或全球性的社会运动也风起云涌。各国的非政府组织、国际非政府组织、反全球化运动以及世界社会论坛的经验发展共同构成了世纪之交全球政治中的新风景。它们的存在充分表明了一个区别于国家和市场社会的社会领域正在日渐壮大，这一领域绕过传统的代议机制对政治施加影响，为公民直接参与公共事务的治理提供了平台。不但如此，它还意味着更为广阔的社会网络的形成，从而为政治上边缘化的群体寻求影响全球政治变革提供了新的机会，促成了有关全球问题的跨国讨论，增强了全球公共领域的力量，推动了全球治理的形成并扮演着日益重要的角色。③

全球公共领域的发展为公民参与全球治理提供了特定的空间。罗西瑙认为，我们至少有五个理由表明微观的公民参与和新的全球秩序之间的相关变量关系：（1）国家和政府权力的腐朽以及其他社会组织（如工会、政党）的不断削弱导致个人通过集体行为发挥作用的潜能相应增长；（2）全球电视的出现、计算机在工作中的广泛应用、出境旅游的增长、移民的增多，大中

---

① 参见俞可平：《全球治理引论》，《马克思主义与现实》2002 年第 1 期。

② 参见徐贲：《民族主义、公民国家和全球治理》，http：//www.folkcn.org，2005-1-6。

③ 参见周俊：《全球公民社会在治理结构中的作用及其限度》，《马克思主义与现实》2008 年第 1 期。

小学教育制度的普及和许多其他后工业时代特征的出现增强了个人的分析能力；（3）不断涌现的新的相互依存问题的全球议程（如环境污染、金融危机、贩毒、艾滋病以及恐怖主义等）越来越显著地体现出全球动态对个人福利和财富的影响；（4）信息技术革命使公民和政治家真正"看"到了微观层面行为的集合对宏观层面所产生的后果；（5）在最近的机会活动中形成的公民能力深刻地改变了，也许是减少了有组织的领导权在动员大众中所起的作用。① 总之，今天公民表现出强大的力量，公民行为处处都表现得不同以往。公民社会中微观层面的参与行为也许尚不足以成为构建世界秩序的基础和形态，但他们肯定是这方面必不可少的资源。

（三）全球合作沟通

在全球治理过程中，许多国际组织、多边组织本身并非完全民主的。例如有些团体本身都不是代表制的，或者责任制的，这种形式的合作存在着忽略民主选举的国家政府的危险。许多多边国际性组织，依然要面临着缺乏民主合法性、缺乏竞争性观念的挑战。随着时间的推移，最有权力的多边组织，如国际货币基金组织、世界银行和世贸组织，逐渐增强了其对国内社会的控制。赫尔德认为，某些国内和跨国社会组织的透明性和责任性仍然是一个问题，他们有两种潜在的破坏性因素：一是某些团体能够过度地表达自己；二是非国家行为体与政府间组织以及其他主要政治团体间的合约关系缺乏透明性。② 也就是说，各种国际性的组织作用并不是万能的。它们在各种全球性问题的解决上，必须和主权国家之间的合作沟通机制结合起来。德雷泽克认为，"国际组织本身是通过国家来运作的，而且其权力也主要来自于创建它们的国家。因此国际政府组织主要是对成员国的议程作出回应，而且如果它冒犯其中任何一个国家的话，都不可能被包含在内"③。在全球治理过

---

① 参见［美］詹姆斯·N.罗西瑙主编：《没有政府的治理》，张胜军译，江西人民出版社2006年版，第320页。

② 参见［英］戴维·赫尔德：《民主的模式》，燕继荣等译，中央编译出版社2006年版，第344页。

③ ［澳］约翰·S.德雷泽克：《协商民主及其超越：自由与批判的视角》，丁开杰等译，中央编译出版社2006年版，第128页。

程中，国家仍然是起主导作用的主体。全球问题的解决，更多的时候还需要各个主权国家通过合作沟通来解决。

在全球治理的发展过程中，多极化趋势日益显现，使各国、各国际组织和国际社会参与者更加重视利用对话、沟通与多边谈判等合作机制来促进共同发展和进步。对话合作机制对于化解世界政治经济风险也是必不可少的。随着双边、多边、多重合作机制的不断发展，各国的战略空间不断扩大，从而为国际政治经济协商、合作提供了基础和空间。地缘政治风险更倾向于依赖多极化的战略合作来化解。协商民主理论认为，要应对各种全球性的紧迫性问题，比如健康和疾病问题、食物供应和分配问题、发展中国家的债务问题、全球气候变暖和削减核武器问题、化学和生物武器问题等，这些问题的解决都需要各个国家通过协商沟通合作才能解决。赫尔德提出，应该创建一个所有国家和机构参与的权威性会议，一个改革的联合国大会或者是它的一个补充机构。建立可行的区域性议会和政府框架（如在拉美和非洲），提高已经存在的机构（如欧盟）的责任以使其决策能够被认可并被接受为合法且独立的区域和国际性规则来源。同时，我们还需要为民主公共论坛建立一个覆盖城市、民族国家、地区和更广阔的跨国秩序的网络空间。以推动全球合作沟通机制的建设。对于加强国际性组织的责任性和透明方面，则要设立大众审查程序，由大众进行审查并向公众公布议程。①

第三节　协商民主和公民参与制度发展

任何关于民主的观点都会涉及什么样的制度能够使之得以贯彻施行。同样，协商民主不仅是一种规范性的理论，同时也包含一种关于民主程序的制度化构想。对协商民主理论家而言，协商程序或者说协商的制度化对民主

---

① 参见［英］戴维·赫尔德：《民主的模式》，燕继荣等译，中央编译出版社 2006 年版，第343 页。

来说至关重要，"它是将民主政治从对利益的被动表达、在信息确定的条件下的坐而论道和即时的选择态势转化为一种更加精致和深思熟虑的程序和手段"①。根据协商民主的观点，民主不仅是一种政治形式，它更是通过提供有利于参与、交往和表达的条件而促进平等公民自由讨论的一种社会和制度性条件框架。因此，协商民主关注公民参与的形式，但更为重要的是，它还关注参与过程中的理性慎思和平等对话，这是提高公民参与质量的关键。协商民主最终需回答其理想在多大程度上能够通过建立恰当的制度设计而实现。

在具体构思各种协商民主制度时，学者们的观点不尽一致，强调的重点和领域也各有侧重。但总体而言，协商民主理论从三个方面继承和发展了参与式民主理论的制度化构想：第一，和参与式民主理论一样，协商民主理论同样关注社会治理中的公民参与问题，不过其侧重点是通过协商方法提高参与质量；第二，协商民主还关注政治系统内部的参与协商制度问题；第三，有的协商民主理论家还致力于寻找社会和国家制度之间的协商制度模式问题。协商民主制度本身还处在设计实施的初级阶段，就像一个初生的婴儿需要我们加以呵护，但前提是我们需要先了解它现在的情形，因此我们需要对这些观点进行审慎的考察和评判。值得强调的是，协商民主的文献层出不穷，我们只能选择其中有代表性的一些文献进行评论。

一、协商民主制度设计的基本理念

（一）协商民主制度的核心原则

任何民主化的倡导者都需要具备一种包含着他们期望实施的民主制度的远见，之后，协商民主的实践才能给民主提供更为普遍的实质承诺，并推荐一系列特定的制度设计选择。要使协商民主由理想变为现实，在具体制度设计之前应该深入思考其核心原则包含哪些？这其实就是对"何种协商民主的概念是我们大家可接受的"这一问题的讨论。它使我们在具体的制度设计时明了哪些策略或许具备优先地位。特定的协商民主观决定了制度设计的特

---

① ［美］戴维·赫尔德：《民主的模式》，燕继荣等译，中央编译出版社2006年版，第282页。

定选择。这一点美国学者莱布非常明确，他认为，在提出鲜明的制度设计方案前须阐明其协商民主的核心观念及原则。① （1）主权在民。协商民主承袭了参与式民主的主权在民理念。强调民主的基本价值追求是主权在民，反对熊彼特式最低限度的民主主义，即反对将民主当作一种具有自我利益导引的政治精英为获取基层那些缺乏政治知识和政治兴趣的选民以及那些具有明确利益立场的选民等人的支持而进行的公平竞争的选举机制。协商民主认为，尽管主权在民理念本身内含的价值期望带有模糊性，但是它能够强化任何包含自治与自由民族的认可，而值得人们为之成为实有权利而不懈奋斗。作为一种期望，主权在民认为每个公民在一些现实中的具体制度方式上应该是他自己法律的创制者，公民必须能够通过制度化的渠道对法律的创制产生影响。（2）公民积极参与。协商民主制度试图寻找一些更为实质的方式，即让权力经由公民积极参与来行使合法决策，而非在统治高压下公民普遍政治冷漠下达成一致。协商民主承袭参与式民主理论的基本观点：即使代议制民主、多元利益集团以及行政专家都可能有利于某一项合法决策的维持，但最重要的仍然是公民自身必须积极参与到政治意志的形成过程中去，从而使政府行使的强制权得到合法化。（3）包容性。协商民主制度应倡导最大化的包容性，即努力将公民、选举的代表、利益集团的领导以及法官吸纳进协商过程中。目前协商民主在有些政府中很受欢迎，但是这种协商民主只限于政府首脑、精英以及一些不负责任的人之间开展协商。这显然只是一种狭隘的协商。协商民主尽管不反对精英之间协商的必然性，但是目前我们更要倡导公民直接地参与法律制定，以克服立法上的缺陷。（4）面对面的互动。协商民主认为面对面的互动协商应该优于电子化的民主，因为网络时代，数字鸿沟的存在使弱势群体在应用通讯的便捷性方面远逊于强势群体。网络时代同时也是一个"数字鸿沟"的时代。（5）强调争辩和论争。协商民主并不是寻求一致同意导向，也不是期望从政治问题中寻求一种确定不变的"真实"或

---

① 参见［美］伊桑·J.莱布：《美国人民协商制度的设计理念》，张明译，载陈剩勇、何包钢主编：《协商民主的发展》，中国社会科学出版社2006年版，第165页。

"正确"的答案。相反，它重视的是公民公开的争论，并努力在通过投票来形成偏好聚合之前促成一场完全的、公正的就问题而开展的讨论。那种声称对大众的观点进行限制和审查的观点是危险的，任何观点都应该畅通无阻地进行传递，这是避免多数暴政和对公民基本权利进行侵犯的前提。

（二）协商民主制度合理性的标准

为了推进协商民主制度的建设，协商民主理论家博曼等人提出合理的协商民主制度和程序需要满足三个条件。（1）凸显协商的批判性功能。从理论渊源来说，协商民主源于西方批判理论的传统。协商民主的主要功能是提升争论的水平，即它能使简单的偏见、粗劣的诉求受到公共性的挑战和重挫，将各种争议展示出来，把辩论提高到公民和公共的层面。只要充满活力的公共领域包含各种领域和公众，让草率的观点接受批判；只要制度能为公开审视事实提供便利，保障代表制度的包容性；只要大众媒体不近视，那么，基于空洞语言的提案和候选人就难以得逞。在这种情况下，社会治理中的协商制度能够保证公共理性发挥作用，非正式和正式协商的对话性结构不可能使不合理的、站不住脚的观点决定协商结果。（2）观点的可修正性。协商民主制度应该让理性协商受公共性的引导，据此在协商过程中公民对各自实质性观点进行修正。即使最终不能达成共识，它也可以使彼此的立场更为接近，从而使某种道德妥协成为可能。可修正性与协商程序本身直接相关，面对可能损害合作的社会，为了重建少数团体影响协商结果的平等权利，我们可以对协商民主程序进行修正，"迫使多数至少在一定程度上将少数考虑在内"。协商民主制度的设计应该努力做到能够吸收弱者的意见，或者更好地听取弱者的意见。（3）广泛的包容性。协商民主制度应该让少数以前所未有的方式影响未来的结果。一般而言，协商和决策程序越有包容性，公民就越容易克服其偏见和种族中心主义。

二、社会治理中的协商制度设计

民主的进一步发展需要我们思考的是如何推进社会治理中参与协商的制度化创新。协商民主在参与式民主理论制度化构想的基础上推进了这一问题的研究，发展出许多新的制度形式，其中代表性的主要有以下几种：

（一）公民评议会

公民评议会也称共识会议，起源于20世纪80年代中期丹麦实行的公民参与科技领域决策的模式，是落实协商民主最基本的制度设计。这种制度形式的基本假定是，在适当的协商环境中，公民能就复杂的公共问题作出深思熟虑的决定。赫尔德认为，"这种假定在民主理论的语境中具有特别重要的意义，因为它与竞争性精英主义和合法性民主主义者所发现的对人的能力的悲观主义评价形成了鲜明的对照"①。这一点也体现了协商民主对参与式民主的内在延续。公民会议的议题应该以满足社会关心、具有争议性和需要政府决策回应为原则。议题由主办机构挑选主办机构可能是官方的，如丹麦的科技委员会；也可能是接受政府委托的民间或学术机构。作为一种基本的协商制度模式，它是属于社会治理领域中的协商制度形式。在公民评议会的起源地丹麦，它的主要目的是引入普通公民的参与，以平衡专家观点的伦理和社会风险。科技领域之所以要引入普通公民的积极参与，一方面是因为这些问题，不再是仅仅运用科学技术就能解决，专家无法因为其知识就享有优先地位；另一方面是因为受到科技决策影响的公民，根据"主权在民"的原则，有权利参与科技决策造成的伦理和社会风险等问题的评估与决定。丹麦非常重视科技决策中的公民参与，法律规定只要是有关伦理与社会议题的科技决策，必须要咨询公民的意见，让公民有机会表达意见。② 除此之外，公民评议会还可以用来创建一种有利于公共辩论和政治决策的信息广泛的环境。这样体制内的民主参与和社会治理形成良性互动的效应。公民评议会经常得出与选举产生代表大相径庭的惊人意见。这实际上也驳斥了聚合式代议制民主能够充分代表大众观点的盲目乐观的主张。

（二）协商民意测验

协商民意测验是落实协商民主的另一种颇具影响的制度设计形式。其

①　[美] 戴维·赫尔德：《民主的模式》，燕继荣等译，中央编译出版社2006年版，第284页。

②　Ida-Elisabeth Andersen and Birgit Jaeger，"Danish Participatory models"，*Science and Public Policy*，volume 26，number 5，October 1999，pp. 331-340.

主要倡导者菲斯金认为，参与式民主尽管可以扩大公民直接参与的范围，但是却可能妨碍民主政治所强调的参与过程中的理性协商。协商民主制度的设计必须兼顾"平等"和"协商"两个方面。普通的民意调查所测验的是"在假定选民知之甚少的情况下，他们在想什么"。而协商民意测验被用来显示的是"如果假设公民能够深入地参与协商过程，那么他们将想什么"。协商民意测验将一个国家中根据人口随机抽样产生的代表集中到一个地方，用几天的时间就一个共同关心的事务展开协商。协商一般包括三个环节：（1）在协商开始之前先对样本成员的观点进行民意测验；（2）在专家阐释和提出问题之后，参与者再展开平等的辩论以期获得更具公共正当性的结论；（3）再对每个人进行民意测验，并对协商前后的民意结果进行比较，确认经过协商之后，参加讨论的公民对相关问题的态度是否有所改变。从欧美经验中所得出的证据表明：协商过程通常确实使参与者的观点得以改变。它证明了普通公民如果给予广泛思考和利用信息的机会，他们也可以作出像精英一样"深思熟虑"的判断。因此，这种制度形式的结果证明了参与式民主理论对普通公民理性参与能力信任的看法。协商民意测验代表选取的随机性类似于雅典民主的抽签制度，保证了代表产生的平等性，使协商和平等得到极好的兼顾。它并不是要取代代议制民主制度，而是可以成为代议制民主制度的一种补充制度形式。协商民意测验在西方被广泛应用到公共问题之上。协商民主测验的倡导者认为，协商民意测验的结果具有规范性作用，协商过程中有值得听取的意见，通过宣传它最终会矫正社会其他人的行为。但是，迄今为止，鲜有证据表明，协商民意测验的结果会对大多数投票者产生积极的影响。因此，在我们看来，协商民主测验主要还是属于公民社会领域中的一种协商制度形式。

（三）协商日

协商日是由耶鲁大学法学院阿克曼教授和斯坦福大学协商民主研究中心主任菲什金教授提出的。他们希望通过协商日的设计把协商民主的理念融入到正式的政治过程，以改变当前竞争式民主的弊端。协商日的具体运作是由政府专门成立的单位负责，在美国全国性选举之前的两天假期中，政府邀请公民参与公共协商活动。为了避免妨碍日常工作和一般人民生活，设计者一般选定在美国的总统节，让全国的公民在投票前进行全国重要议题的讨论。公民可自由报名参与协商日的活动。为了让弱势族群有机会参加，参与者将可以获得政府所提供150美金的出席费。协商日将努力使尽可能多的人参与到政治判断的慎重思考当中来。当天参与的公民就近到主办单位所安排的学校或机关报到，进行一天的讨论。协商日设计的目的是试图弥补代议制民主中的"强制性妥协"即投票式的妥协不足，协商日也为一般公民的制度化参与提供了渠道。

三、国家系统中的协商制度建构

如果说，共和主义倾向的学者侧重于社会治理中的协商民主制度设计的话，那么自由民主理论家则试图把自由主义者和协商民主有效地融合起来，他们则更多地试图思考在国家制度中构建新的协商制度，他们试图把议会、行政和司法系统作为协商的场所，探索协商制度在这些严密科层系统中建立的可能性，或者通过协商的理念来改革现有的西方政治体制，推动民主化的发展。这些协商制度的构想主要体现在以下几个方面：

（一）制宪协商制度

国家制度内协商制度的设计首先体现在宪法制定及其修改上，对宪法制定而言协商机制往往是有益且必不可少的。制宪需要创造协商安排。埃尔斯特认为，制宪会议可能以两种方式设计协商民主：一方面，民选代表中的协商可能是接受宪法过程中的一部分；另一方面，促进民主协商往往也是立法者的目标。埃尔斯特认为，历史上各国宪法批准的过程不尽相同，并非所有程序都包括协商，或经过协商程序。它们有的既无民主又无协商，有的虽有民主但无协商，有的虽有协商但无民主，有的兼有民主和协商的因素但又都不充分。通过对经验教训的总结，他提出了能够在制宪过程中"创造最佳的协商条件"的一些规范性建议。（1）为减少机构利益的范围，宪法应该由特别召集会议制定，而不应该由普通立法机构承担。在宪法的批准过程中，立法机构也不应该居于核心地位。（2）行为受宪法规制的其他任何机构或行为者都不应该成为制宪过程中的一部分。这些机构既包括行政机构，也包括司法部门和军队。（3）制宪过程应该既包括秘密因素（委员会讨论），也包括公开讨论部分（全体大会讨论）。在完全秘密状态下，党派利益和相互吹捧将活跃在前台，而充分的公开则鼓励各种观点与讨论。秘密将促进严肃的讨论，而公开将保证任何平衡都能经得住考验。（4）制宪会议的选举应该遵守比例制而非多数制。无论在建构普通立法机构时多数具有怎样的优势，制宪会议还是应该具有广泛的代表性。（5）为减少威胁和利用民众示威影响协商的企图，会议不应在首都或主要城市召开。武装部队也不允许在会议附近驻扎。（6）宪法应该通过公民投票由人民批准。通过全民公决来批准宪法，这不仅是历史上多次制宪会议在推动民主参与方面的一种程序安排，也是现今一些国家对于修宪事项的特别要求。虽然在制宪过程中有限的代表参与及协商之后，宪法已经较好地反映了各方利益，但它的合法性最终要靠全体民众的直接参与来赋予。（7）为克服短期或党派利益，制宪会议与强制遵循如下原则：宪法不能立即生效，而是在批准 20 年后再开始生效执行。这种程序等于创造一个人为的无知之幕，强迫每个制定者都从"每个人的角度"考虑问题。① 当然，埃尔斯特的制宪协商制度设计是"纯粹的程序正义"的"最佳设计"，现实中不可能达到上述的原则要求，如上述第一条和最后一条实际是极不现实的。但是，这些原则或许可以为我们的制宪会议提高一个努力的方向，激发制宪者遵循理性、忽视自身利益、超越利益的愤怒与恐惧。

（二）议会协商制度

在西方国家，议会是一个国家的立法机构，也是一个国家的民意机构，拥有对行政权力和司法权力的制约权力。议会同时也是一个辩论和对话的场所，它必须对来自行政和立法的诸多问题作出回应。这种回应的形式和机制鲜有学者从协商民主的角度进行深入的分析，美国学者杜利斯则对此作了充分的研究。在美国早期，总统每年都以年度演说的形式召开国会年会。演说

---

① 参见［美］埃尔斯特：《协商与制宪》，载陈家刚：《协商民主》，上海三联书店 2004 年版，第 236—237 页。

之后，每个国会中的每个立法机构都对总统的演讲提出方案，列出回应的一般意图的概要。在起草委员会提出针对总统演说的回应草案之后，两院议员要对草案进行逐段的讨论和辩论。报纸对这些辩论将进行详细的报道，总统会熟悉这些辩论的情况，再作出自己的回应。杜利斯认为，就总统咨文的回应进行协商具有几个特征：（1）尽管讨论的是适应于立法的事情，但是也可以以某种方式走进普通公民；（2）虽然这种辩论可以走进普通公民，但是这种辩论从概念上讲还是很精妙的；（3）这种辩论由成文的文本所规定，但是并不局限于文本；（4）尽管在辩论之下或之外都有一个政治议程，或者是会导致干涉的个人期望问题，但是这些辩论的进行和终结都是理性水平的——如同在辩论自身所讲的理性。[①] 研究美国这个时期历史的人，可能对就总统演说的回应所进行的辩论感到有些惊奇。在辩论中，没有证据显示各个政党在这一时期为自己的利益进行认真的谋划，很少有人公开表达个人的野心，也很少有讨价还价的迹象。他们的论点是严肃的、有活力的，通常对于在任总统而言是带有批评性的，但是这种辩论也可以通过几种策略而变得文明而有节制：机构的议会规则、构成辩论的书面文本以及制度性礼仪规范的最初机构。[②] 这种协商是由行政行为引起的并对之作出回应的立法性协商，并被加以报道。遗憾的是，杰弗逊后来取消了亲自到国会发表年度演讲的做法，也取消了接受回应和对回应作出回应。代替总统演讲的回应的修辞只是党派之间对公众诉求的辩论，这些反对党代表在听到演讲之前就形成了他或她的"回应"，而这本应是对演讲的回答。比起 19 世纪的实践，我们说得更多，而协商得更少。杜利斯非常痛惜这一民主实践的衰亡。目前议会协商质量的下降，与强有力的部门之间的协商萎缩有关。国会变得越来越内部化，其组织更为专业化，其公共政策的方法更为技术化，而联邦的公共民意测验和总统的管理性质变得越来越稀少。不过在英国，这种议会回应协商制度形式却

---

①　参见［美］杰夫雷·杜利斯：《制度间的协商》，载［美］詹姆斯·菲斯金、［英］彼得·杜斯莱特主编：《协商民主论争》，中央编译出版社 2009 年版，第 219 页。

②　参见［美］杰夫雷·杜利斯：《制度间的协商》，载［美］詹姆斯·菲斯金、［英］彼得·杜斯莱特主编：《协商民主论争》，中央编译出版社 2009 年版，第 220 页。

得以继续发展。议会回应协商制度表明了立法和行政之间的协商关系，是一种值得思考的国家制度内的协商制度形式。或许在美国它应该得以恢复，而在其他国家或许值得借鉴。

（三）分权协商制度

如同研究协商民主的人忽视分权一样，研究美国分权的人很少谈及协商。法学家往往将分权理解为指定的制度设定特定的宪政权力。政治学家通常把分权理解成为一种制衡的形式，认为很难从理论上区分立法权和行政权。而杜利斯认为，分权的核心是部门之间的协商，对分权制度下多部门之间协商关系的关注，可以使我们恢复一种原有的、更广泛意义上对分权的理解。这一理解之所以变得陌生，是因为美国的政治实践长期背离了这一理解，分权变成"分离的机构分享权力"和竞争作为共同体整体的"权力"。这种理解忽视了部门之间协商关系和机制的研究。林肯曾经说过，同一个政治或宪政议题交给总统和法院，可能会得到不同的对待。如果把同一个问题放到任意一个部门，解决的方式是不同的，因为不同的部门会有不同的视角、不同的优先次序和考虑。而部门之间的协商可以确保相互竞争的观点、理由和思考都在公共政策的主要议题中得到体现。就设计分权制度的本意而言，分权制度可以被看做一种把这些不同的视角和方案融合到一个协商混合体中的方法。分权制度可以被看作是一种致力于各种不同的与民主相关的关注和视角有制度发言权的努力。也就是说，分权本质不是为了分割权力，而是提供多元视角并通过协商来提升决策的质量。民主政体的基本条件包括：公众就公共政策的内容和相关内容自由表达意愿；保护个人权力；为政体提供安全和自我保护。分权可以被认为是通过在竞争性的制度内和制度之间富有成效地解决这些张力。遗憾的是，西方国家的分权制度在实践中往往背离了这些协商性的原则，大量的事例证明，他们的分权只是在割让权力而不是在坚持权力，只是听从于别人的意见而不是坚持自己的立场，放弃公共责任而不是明确之。要改变这种现状，就须让分权按照协商的本意来运作，改进部门之间的协商机制。杜利斯认为，改进的具体办法有：（1）用书面文本限制口头协商；（2）制度内部和制度间以及公众协商的相互依赖性；（3）用动机和利益说明理由，而不是滥用理由；（4）利用宪政制度产生的关于政治的不同观点，确保竞争性的考量长期用于政治辩论。①

四、社会和国家系统间的协商制度设计

协商民主理论有一个基本的假设：国家和公民是民主和民主化的主要途径。协商民主的制度设计除了探讨社会治理中的参与制度设计和国家制度中的协商制度构想之外，还有一个重大问题有待解决，那就是如何让社会治理中的协商进入国家领域的决策程序？如何形成非正式和正式公共领域间的影响渠道？如何使协商与更传统的政治程序中的代表制、意见汇聚与决策融为一体？如何来评估决策在多大程度上受这些领域中协商的影响？这就要求阐明程序，以保证非正式领域的无管制协商和正式领域中的管制协商具有理性、包容性和合法性，使前者能够过渡到后者。因此，协商民主制度设计的任务还在于建立一种程序能保证从非代表性到代表性的实体，从非正式到正式领域中协商的政治合法性②，以保证协商阶段提出和被接受的理由不被决策所抹杀掉。为此，协商民主理论家提出了几种代表性的制度设计模式。

（一）双轨模式

哈贝马斯在解决社会和国家系统间的协商制度衔接上，是将复杂性和偶然性引入到宪政民主的规范性框架中③，建构了协商民主的双轨理论模型。他认为，协商不仅存在于非正式的公共领域中而且存在于正式的国家系统中。正式制度将交流的力量转变成为行政的力量——过滤非规制性协商使

---

① 参见［美］杰夫雷·杜利斯：《制度间的协商》，载［美］詹姆斯·菲斯金、［英］彼得·杜斯莱特主编：《协商民主论争》，中央编译出版社 2009 年版，第 225—226 页。

② 参见［美］朱迪思·斯夸尔斯：《协商与决策：双轨模式中的非连续性》，载［南非］毛里西奥·帕瑟林·登特里维斯主编：《作为公共协商的民主：新的视角》，王英津等译，中央编译出版社 2006 年版，第 96 页。

③ 参见［美］詹姆斯·博曼：《公共协商：多元主义、复杂性与民主》，黄淮相译，中央编译出版社 2006 年版，第 146 页。

之成为规制性协商，将其转变为决策因素，并最终成为可实施的决策。① 协商政治的双轨模式依赖于"民主制度化的意志形成"与"非正式的意见形成"之间的有效互动。后者以程序不受控制的方式运作，是对前者的主要补充。② 正式协商必须对充满活力的公民社会保持开放性，并且恰当地被构造以支持相关话语的理性和保证有效地被实施。根据双轨制度模型，如果制度化的程序在两个轨道上运行的话，复杂和多元社会中的法律和政治决策能够在协商民主的意义上具有理性从而也就具有了合法性。③ 因此，正如哈贝马斯指出的，只有在议会和法院的正式规范程序得到社会许多公共领域内发生的非正式交流、讨论和商议的补充后，理想协商程序声称的中立性才可以被证实。④ 那么，如何保证双轨模式之间的衔接呢？哈贝马斯在具体的制度设计上提出了三个支点。(1) 议会。哈贝马斯认为议会可以为广泛地、非集中性地、"无主体地"、分散于公共领域中地交往提供一个制度性的焦点，它们能够将所有的公民都包括进来。在民主体制中，议会可以说是连通社会与国家的关键环节，公共领域的复杂性意味着碎片化的、松散联结的话语太多，议会则是一个过滤装置，使社会治理中的协商性话语理性化。(2) 法律。法律作为一种制度，它所具有的很多特点能够使它成为解决综合和复杂性问题的合适手段，是使民主免于被淹没的解决办法。法律是社会提供的核心结构，单是法律自身便足以将团结转化为抽象的制度化的社会关系。对民主理论来讲，参与和自主决定意志的理想必须在自由的宪政主义及其制度中

---

① 参见 [美] 朱迪思·斯夸尔斯：《协商与决策：双轨模式中的非连续性》，载 [南非] 毛里西奥·帕瑟林·登特里维斯主编：《作为公共协商的民主：新的视角》，王英津等译，中央编译出版社 2006 年版，第 92 页。

② 参见 [南非] 毛里西奥·帕瑟林·登特里维斯：《政治合法性与民主协商》，载 [南非] 毛里西奥·帕瑟林·登特里维斯主编：《作为公共协商的民主：新的视角》，王英津等译，中央编译出版社 2006 年版，第 12 页。

③ 参见 [美] 詹姆斯·博曼：《公共协商：多元主义、复杂性与民主》，黄淮相译，中央编译出版社 2006 年版，第 149 页。

④ 参见 [南非] 毛里西奥·帕瑟林·登特里维斯：《政治合法性与民主协商》，载 [南非] 毛里西奥·帕瑟林·登特里维斯主编：《作为公共协商的民主：新的视角》，王英津等译，中央编译出版社 2006 年版，第 11—12 页。

才能发挥作用，这反过来又确立了一个基本人权体系。所以，法治被认为既能使协商成为可能，又能整合具有复杂性的社会。(3) 权利。哈贝马斯重视权利在构建和规范管立法过程中的作用。在其协商民主理论中，权利是作为自由而平等的公民合作制定实体法律的条件出现。权利不但能够限制制度的权力，还能够产生民主形式的权力。基于作为制度的法律的整合功能和立法在确立合法性上的中心地位，哈贝马斯对权利作了交互主体性的理解。他认为，权利只有作为建立在相互承认和自我立法基础上的"法律秩序组成部分"的时候，权利才有意义。他主张从立法的商谈性特征中发展出整个的权利系统——包括消极自由、成员消极资格的权利，以及正当程序的权利等。这些权利创造出的条件能保障法律"同交往性的社会整合力量保持联系"①。

(二) 二元结构模式

博曼针对哈贝马斯的双轨模式提出了不同的看法，他认为哈贝马斯的双轨模式只是一种修正的自由民主理念，只是吸收了他所认为激进民主传统中依然有活力的部分。事实上，哈贝马斯的解决办法是存在问题的，那就是他为了制度层面取得整合，太多地牺牲了民主自治的内涵。哈贝马斯认为公共意见是"匿名性"的，因为它非专属于任何公民或团体，这样的公共意见以非集中性进入到交往网络中，产生的只是弱公共性。那么这里就产生了一个问题：在复杂的协商中，既然公共意见是非集中性的，谁又是公共协商的主体呢？博曼认为，显然，哈贝马斯把公共舆论和正式决策分得太开了，这会损害到人民主权和有效公共协商。据此，博曼提出了他的"二元结构模式"。该模式的出发点是，复杂社会中的政治协商并不是铁板一块，而是涉及不同层面的协商和决策分工问题。宪政结构是一个分化了的制度类型，代议机构并不是公众和制度间的唯一中介，立法、行政和司法之间的宪政分权不仅仅是一种功能性和组织性的装置，它还是一种保存复杂性和主权的机制。如果政府要达到某些独立性的目的，宪政分权不但是一种功能性的前提

---

① [美] 詹姆斯·博曼：《公共协商：多元主义、复杂性与民主》，黄淮相译，中央编译出版社 2006 年版，第 145—148 页。

条件，它还能保存私人和公共的自主性从而保持自由自主决策的复杂性，这种复杂性使得自由开放的公共协商成为可能。和分权相伴随，协商制度也可以类型分化。复杂性社会中协商民主的人民主权要求的是各种各样的公共的和政治的机构之间的一系列的复杂互动，包括立法、行政在内的各种政治机构都需要形成自己的公共领域——这样的领域至少像围绕立法机构和过程形成的那个公共领域那样广泛。以前大家关注较多的是立法方面的民主化，而在博曼看来，社会复杂性产生的一个更为严重的问题，是在行政和官僚系统中所出现的非民主性的、等级化的机构。博曼认为，每个行政机构都要围绕自身发展出一个公共领域，通过赋予公众特定的协商地位，行政部门和公众之间就会发展出一种解决问题的合作关系，信任也就建立起来了。基于二元民主原则建立起来的协商性分工肯定能够提高公众和行政制度间的互动，从而有效制衡行政权力对人民主权的限制。[①] 和哈贝马斯不同，博曼反对在意志的形成和意见形成之间作太强的分离，将"意志形成"全部交给了那些制度性的行动者，而他们只是受到公众的"影响"或对公众的理性保持开放性，这会损害到实际的民主主权。

（三）社会协商制度模式

对于公民社会和国家系统间的协商制度设计，德雷泽克提出了一种新的可能的路径：即公民社会的话语民主不进入制度内部，而是通过抗争性的民主形式来影响决策。德雷泽克在研究民主发展的推动力时，发现了一个至为关键的问题，那就是什么时候应该由国家来推动民主的进展，而在什么时候又应该将民主推进到基础社会和公共领域中？也就是说，在民主化的推进道路中需要在国家和社会间作出选择。民主理论家总是将国家设定为他们关注的焦点，但是事实上，回顾民主化的历史，我们可以看到，民主的进展几乎既源于国家的顶层设计，更源于社会协商的推动。在大多数西欧国家，工人阶级及其组织的不懈斗争终于使选举权从少数有产者的特权逐渐转变为普

---

① ［美］詹姆斯·博曼：《公共协商：多元主义、复杂性与民主》，黄淮相译，中央编译出版社 2006 年版，第 159—161 页。

通公民的权利。如果一个社会组织没有发挥出任何监督国家的功能和职责，那么，占主导地位的阶层和政府官员对公众舆论与民众争议的问题就毫无所知，就谈不上影响正式的民主决策了。社会组织对国家的这种包容或许会推动民主的进展，但它也会给民主带来损失：它会导致公民社会话语活力的下降，会对已有的民主成就造成损害，会减少将来进一步民主化的可能性。[①]社会协商可以以改变文化的方式来影响权力关系。[②] 如果我们从话语竞争而不是竞争性投票的角度来看公民社会的政治行动，那么，此类行动所带来的破坏性后果并不像社会选择理论所描述的那样严重。因此，协商并不必然居于策略利益的遮掩之下。此外，社会组织不必使自己的目标和利益屈从于对职位或包容机会的追求，更没有理由压制那些"麻烦制造者"，这些"麻烦制造者"尽管总是会提出一些令某些人难堪的问题，但这对协商不无裨益。或许最为重要的是，社会协商中内含的结果的确定性不必屈从于国家的强制理性。[③]

[①]　参见 ［澳］约翰·S. 德雷泽克：《协商民主及其超越：自由与批判的视角》，丁开杰等译，中央编译出版社 2006 年版，第 79 页。

[②]　参见 ［澳］约翰·S. 德雷泽克：《协商民主及其超越：自由与批判的视角》，丁开杰等译，中央编译出版社 2006 年版，第 93—95 页。

[③]　参见 ［澳］约翰·S. 德雷泽克：《协商民主及其超越：自由与批判的视角》，丁开杰等译，中央编译出版社 2006 年版，第 95—96 页。

第六章　公民参与的实践模式：当代西方
参与式民主的实践形态

在当代西方，参与式民主不仅是一种民主的理论形态，同时也是一种现实的民主实践模式。20世纪70年代以来，随着代议制为核心的西方民主危机的加剧，西方民主无论在公民直接参与的程度、范围还是领域，都有扩大的趋势，公民参与的形式也日益多样化。从某种意义上来说，当代西方公民参与形式的发展，就是参与式民主在西方体制框架内的实现，代表了西方民主发展的一种趋势。本章重点选择了地方治理、社会组织参与以及公共预算三个重点领域的公民参与实践，通过分析其实践的背景、内涵和形式，以期揭示当代西方参与式民主的实践特点和意义。

第一节　参与式民主和地方治理：当代西方
公民参与地方治理的实践①

地方治理中的公民参与是民主发展和实践的一种重要形式。在当代西方，地方民主的发展和地方政府的治理变革密不可分。在当代世界，一个国家只有一个中央政府和一套中央政府体制，但是却可以有多个地方政府和多

---

① 参见董石桃：《当代西方地方治理中公民参与的实践发展及其启示》，《行政论坛》2015年第2期。

种地方政府管理形式。因此，地方治理变革的创新性以及由此产生的多样化民主治理形式，对一个国家整体的民主发展意义重大。它促进了参与式民主实践形式的发展，也为一个国家的民主政治发展奠定了扎实的根基。

一、当代西方地方治理中公民参与兴起的背景观照

作为参与式民主的重要实践形式，当代西方地方治理中公民参与兴起具有一系列的背景因素，概括起来主要体现在如下几个方面：

（一）地方自治传统的影响

西方的城市社区具有深刻的历史传统，当代西方地方治理中公民参与兴起可以说代表了西方地方自治的传统的某种价值性的复归。早在中世纪前期，英国乡村人民就具有自治的意识。12、13世纪时，城市自治的传统也逐步发展起来了，到中世纪晚期，近代城市一般建在教俗封建主的领地上，受到封建主的管辖，并交纳各种封建赋税。由于经常遭到封建主的盘剥、勒索，市民便采取种种手段与封建主斗争，争取某种自治地位，形成了广泛的城市自治运动。[①]11至12世纪，法国的许多城市也获得了自治权，博韦、马赛、亚眠等重要城市分别于1100年、1099年、1113年获得了自治权。11世纪晚期，意大利北部的一些市镇就开始自行任命自己的"执政官"。到了13世纪中期，意大利的许多城市共和国获得了独立性的自治政府。而在英国，由于绝大多数重要城市只要向国王交纳一笔数额较大的款项，再交纳一定税金，大多数城市就可获得特权证书，享有自治权。[②]17世纪之后，随着英国移民渡海到北美建立殖民地，这种地方自治的传统又被带到了北美。在当时的北美殖民地，凡是涉及全体居民利益的事务，均由所在地的公民大会来讨论决定。新英格兰地区的各个乡镇都可任命自己的行政官员，规定自己的税则，征收并分配自己的税款。托克维尔就记录了当时美国乡镇自治的情况："在美国，乡镇成立于县之前，县又成立于州之前，而州又成立于联

---

① 参见徐增阳：《自治：传统与现代的比较》，《经济社会体制比较》2008年第1期。

② 参见徐增阳：《自治：传统与现代的比较》，《经济社会体制比较》2008年第1期。

邦之前。"这种历史背景为美国的地方自治制度奠定了坚实的基础。西方自治传统成为西方地方政府治理的一条红线，贯穿历史发展的始终，迄今仍然产生着重要的影响。

（二）地方分权改革的推进

20 世纪 80 年代以来，在新自由主义的推动下，西方各国相继进行了分权化改革。西方各国的分权改革，其主要目的是将中央政府的职能转移到地方政府及非营利机构中去，实现事权和行政权的统一。在美国，自 1980 年里根政府以来，面对庞大的联邦财政赤字，联邦政府开始向各州下放权力，同时联邦政府通过整笔补助、解除规制、减税以及注重社区自治来实现分权。在单一制的法国，分权改革力度最为显著，在 1982 年 3 月公布《权力下放法案》后，法国从立法入手进行了一系列法律法规的改革，将中央的权限逐渐向地方转移，这些法律法规的改革措施主要包括："（1）改革地方行政权力结构。取消中央对地方权力的监管，增强地方民选机构权力。将部分地区事务管理权交到民选的地方公务员手中。（2）重新调整地方行政区域划分。法国将其行政区划分为大区、省和市镇三个层级，并规定三级政府所产生的议会由其自行管理，三级政府作为平行机构。（3）改革地方公务员职位分布。地方公务员享有与国家公务员同等的法律地位和保障。（4）放宽地方自治权限。最近几年，法国中央政府陆续向地方政府下放了包括各地区的经济发展与规划、城市建设、住房、职业培训、交通运输、社会活动、教育、文化等职权，使地方政府的管理权限明显增大。（5）扩大地方民主，增强地方当选者的决策权和公民的参与权、发言权和知情权。"[1] 这些法律法规实施后，法国的集权程度不断降低，中央和地方的权限得到了明确的划分。地方分权化改革的直接后果是推动了地方自治制度的巩固和发展，极大地促进了公民和公民社会组织参与地方政府事务管理，推进了地方民主发展的进程。

---

① 毛濛：《西方分权化改革对我国"省直管县"体制的启示》，《重庆科技学院学报》（社会科学版）2011 年第 8 期。

（三）公民治理模式的发展

20 世纪 60 年代以来，西方许多学者提出了要将地方治理的模式由"官僚中心"行政模式转变为"公民中心"治理模式，公民治理模式从理论上和实践中都得到了较大的发展。在理论上，美国学者博克斯认为 21 世纪将是公民治理的时代，公民治理的核心机制是公民参与，具备现代公民意识和健全的公民资格的公民应在公民治理中处于中心和主体地位。在界定公民、代议者和行政管理职业者三者的角色时，博克斯的基本思路是，公民具有积极、能动的公民资格，他们已经不仅仅是"纳税人"和公共服务的消费者，更是社区公共事务管理的直接参与者，是社区的治理者。[①] 公民治理理论在行政管理层面推动了参与式民主理论在地方治理层面的实施。在实践中，公民治理模式也得到了实际的发展。早在 1995 年 4 月，美国佛罗里达州桔镇的镇长，出台了一项称之为"规划 2000"的 10 年施政计划。这一计划涵盖环保、交通、医疗、打击犯罪等众多领域。由于这一项目是否成功的关键是在于能否激发公民的责任和自豪感，因此被称为"公民第一"运动。在公共行政理论学家登哈特看来，桔镇社区治理成为了美国社区治理的典范。[②] 而在社区治理中公民的广泛参与，代表了地方治理民主化的发展方向，更是被视为 21 世纪美国社区治理发展的未来趋势。

二、当代西方地方治理中公民参与的实践路径

当代西方地方治理中公民参与的实践路径，在宏观上体现为地方治理结构的调整，在中观上体现为公民参与的制度化发展，在微观操作和事实上体现为公民参与形式的灵活多样。

（一）地方治理结构的调整

在传统情况下，西方公民参与地方政府治理主要通过选举，在每个选

---

① 参见［美］理查德·C. 博克斯：《公民治理：引领 21 世纪的美国社区》，中国人民大学出版社 2005 年版，第 3 页。

② Robert B. Denhardt & Joseph E. Gray，"Targeting Community Developmentin Orange Country"，*NafionMCivic Review*. F £ dJ 2000，V01.87，issue 3：229.

区选举出民众的议会代表。每隔五年，这些代表通过地方的民主选举程序代表当地的人们参政。除了这种选举的民主程序，地方社区感觉日益远离地方政府，主要表现在，对于地方政府许多行为的无效率人们感到无可奈何，而那些被选举出来的代表名义上是代表人们整体的利益，而实际中往往只代表一部分人的利益而行动。这些代表甚至和地方政府合谋而滋生诸多腐败，地方政府对于人们随着社会发展而生的新需求也往往缺少回应。与此同时，地方政府本身也感到非常沮丧，因为有时要推动地方发展的资金项目，这些项目的推行往往又受到每隔几年民主选举而调整的政府组成人员的阻断。为了推动地方社会和经济的进步，西方国家政府意识到应该重塑和社会的关系。以爱尔兰政府为例，1997 年以来，爱尔兰政府的一个主要改革就是在地方治理层面进行治理结构的调整，推动参与式民主发展。这项改革确立的基本原则就是建立起地方政府和公民间的合作伙伴关系。他们认为，一个好的地方政府治理要做到以下几点：（1）在地方公共服务产品的分配上，确保社区及社区代表有真实的发言权；（2）在地方政府决策中，创造新的公民参与形式，产生新的参与渠道；（3）地方议会不仅要为社会经济发展制定良好的政策，实现良好的领导，同时也要推动政府和公民间合作伙伴关系的提升。基于上述基本目标，爱尔兰地方政府制定了一系列的改革措施，在提高举行代表作用的同时扩大地方治理中的公民参与。（1）建立战略决策委员会（SPCS）。吸收民选议员代表和社区代表以及区域利益代表共同组成战略决策委员会。战略决策委员会的建立一方面为议员在决策和发展上发挥了更重大的作用，另一方面为公民参与提供了机会。选举产生的代表担任战略决策委员会的主席，在每个委员会中，议员一般占据多数，但是至少三分之一的成员是来自社区的代表，这些代表和委员会中每个专业性工作是相匹配的。（2）建立县域发展理事会（CDBS）。县域发展理事会为地方政府和推动地方发展的其他社会组织的合作提供了一个平台，双方主要通过该平台就县城发展的新规划、需要多方合作的新项目进行协商和讨论，提出可行性的对策、方案。县域发展理事会为建立一种新的地方治理模式提出了如下一系列主要的

原则：①

<h3 style="text-align:center">爱尔兰地方治理新模式的基本原则</h3>

基本原则	主要内容
合作伙伴关系 / 参与	新的地方治理模式必须将所有利益相关方联系起来进行协调，建立合作性伙伴关系。
社会包容性	地方发展结构中涉及社会关注度较高的内容必须予以保留。
社区发展	新的地方治理模式应该为地方社区公共决策提供有效的参与渠道。
民主合法性	合作伙伴关系要建立在更加有效的参与之上，其目的在于提高地方政府的民主合法性，为各种社会利益的整合协调提供一个整体性框架。
过程	新的地方治理模式应该实行绩效导向，鼓励创新，充分认识到让社会边缘性弱势群体参与到治理过程中来的重要性。
适应性	新的治理模式对于变化的环境要有较强的适应性。公共机构应能够为地方和社区新的问题提出创新性的解决方案。
简明性	地方组织的功能和角色定位应该尽可能具有简明性和可行性。
全局性和地方区域性	这两方面应最大可能地整合起来。
民间力量	应最大可能地保留和利用现有的民间力量。
和其他项目的关联性	注意和欧盟（EU）项目的相密性。

2000 年 1 月，县域发展理事会将取代之前存在的内部县城战略机构，这种机构只能为地方公共服务合作提供有限的作用。因此，县域发展理事会的首要功能是为县城经济、社会和文化发展提出一系列的复合性的战略规划，同时对它的实施提出前瞻性的意见。CDBS 的建立旨在在地方公共服务的分配与协调中起到特殊的作用。爱尔兰地方政府结构的调整为地方治理中公民参与地方政府决策提供了可操作化的平台，推动了地方治理中公民参与实践的发展。

---

① 　Jeanne Meldon，Jim Walsh and Michael Kenny：*Local Government*，*Local Development and Citizen Participation*：*Lessons From Ireland*，http：//www.ucc.ie/ucc/research/crc/life. htmlCork Environmental Forum Web：http：//www.corkenviroforum.com.

（二）公民参与制度化

西方国家为推动公民参与地方治理的有序和有效开展，特别重视公民参与的制度化建设，这主要表现在两个方面。（1）重视推进政府信息公开的制度化。以美国为例，美国法律关于信息公开的规定有利于城市地方治理的公众参与。在欧洲，签署生效的国家公约如果其中包含了公民参与的要求，那么公民参与对于政府的法定职责便形成了，欧洲许多国家都签署了《在环境问题上获得信息、公众参与决策和诉诸法律的公约》，该公约对信息公开的内容、程度以及限制进行了详尽的规定。（2）重视公民参与的单项法律立法。这些单项法律，涉及最多的是公民参与，这充分显示了欧洲各国对这些具体领域推动公民参与的必要性和重要性的认识。例如在环境保护方面：1991 年保加利亚颁布的《环境保护法》，就规定了公众参与环境保护的权利和实现途径。1998 年法国颁布的《环境法典》，公众参与的原则一直贯穿其中。1987 年德国颁布的《建设法典》中特别强调城市规划中公民参与的功能。英国则早在 1969 年的《城乡规划法案》的修订中，就制定了与传统公民参与的不同方法、途径和形式，形成了被认为是公众参与城市规划发展的里程碑的斯凯夫顿报告。英国《城乡规划法》规定在政府初步确定规划目标后，必须将其展示给公众讨论，在完成规划草案的 6 周内进行公众评价，依据公众意见进行修改补充，作出最后的决策，同时将公众参与和修订的规划过程编成附录，上报给中央环境事务大臣审批。规划局的公众参与情况是中央环境事务大臣是否审批的关键性考量指标。

（三）公民参与的形式灵活

除了有效的制度化建设，西方地方治理中公民参与还注重科学地应用一些有效的实践工具，结合实际进行公民参与工具的创新。综合起来，当代西方地方治理中的公民参与，十种公民参与工具得到了较多的应用。[①]（1）社区远景规划和设计参与小组。这种参与工具在法国巴黎等欧洲城市得

---

① James T. Ziegenfuss, Jr. *Building citizen participation*：*The purpose*，*tools&impact of involvement*，Xiv Concurso de Ensayos del CLAD *Administración Pública y Ciudadanía*. Caracas，2000.

到了较多应用。通常的操作方式是，社区管理者或领导受邀参加一个或更多的公民加入"社区未来规划群体"，或者有参与意愿的公民自己组织有关社区未来规划（包括透明度、健康服务和住房等公共事务规划）的团队。这种参与包括界定现状、确定和描述未来规划、找出差距、分析实现规划需要的资源以及行动、责任和评估方案等。（2）利益集团。在美国，利益集团是用来影响投票、进行游说、保护条例和表达一般的政策支持的常用工具。利益集团参与的主要功能包括：识别和确定公民共同的兴趣，培养公民的政策选择、管理、资金、服务能力，促进更广泛的通信和游说，一般地创造和促进公共问题的解决方案等。（3）街区会议。街区会议作为一种有效的公民参与工具在西方有悠久的历史，如今在社区层面仍然广泛存在。公民和管理者通常花较多的时间在街区会议上讨论，许多项目要求公民和管理员在一起工作。在合作日益重视的今天，街区会议可以作为交流思想的非常有用的工具，向参与这些行动的每一个公民传播信息，解决问题，和进行决策。（4）民意测验和调查。调查研究和民意投票被看作是联系公民和决策者的一种重要方法。民意测验和调查涉及的话题包括犯罪和警察服务、废物回收等公共问题。民意测验和调查通过调查促进公民参与反馈。统计手段的应用也可以超越面对面访谈的局限而获得大量公民的意见收集。（5）网络参与。网络技术在地方治理层面可以为公民之间的沟通和信息交流提供一个开放的空间，随着技术的发展，越来越展示其巨大的作用。（6）公共论坛。公共论坛自20世纪80年代以来被广泛应用。主要用于新的政策尚未最终完全确立和执行之前，最大可能地征求可能会被新政策触及的社会各方的意见或者针对某一项目或问题的知情公众，问题涉及互相交换意见、改善和评估项目规划方案、凸显被公共利益掩盖了的某些特殊利益。（7）质量改进与再造团队。主要用于公共质量管理与企业再造工程中。在一些公共项目中，除了专业分析师、战略家，也吸纳普通公民提供想法。例如，提高公民对公共交通服务路线情况的熟悉度，公民甚至可以改变分析师、战略家的主张，而成为他们的工作团队的一部分。（8）公民陪审团。公民陪审团通过街头招募的形式来确定代表人员，主要目的在于促进普通公民参与公共事务决策以及对一些情况复杂的公共事务采集有利决策的建议。(9)共识会议。代表从当地公民中推选，来自不同的社会阶层，从事不同的职业，针对地方范围内的问题了解公众的意见，通过代表之间的协商，最后产生详细的协商结果，会议期间的一切内容对社会开放。(10)地方公投。指地方议事会决定的在其职责范围内的一种公投，目的在于征求选民对某一条文或决策的意见，大多数同意方可通过决议。

三、当代西方地方治理中公民参与实践的主要启示

完善基层民主制度是我国社会主义民主政治建设的重要内容，推进地方治理中的公民参与是基层民主制度建设的重要路径，十八大报告指出：在城乡社区治理、基层公共事务和公益事业中实行群众自我管理、自我服务、自我教育、自我监督，是人民依法直接行使民主权利的重要方式。借鉴当代西方地方治理中公民参与的经验，推动我国地方治理中公民参与取得新的发展，我们认为，可以从如下几个方面着手：

(一)推进我国地方治理结构创新

我国属于单一制国家，和西方的政治体制与行政体制存在着较大的差别。下级政府面对的是上级政府交付的多任务委托合同，例如促进经济增长、扩大就业、保护环境、维护社会稳定等。但是，在我国，公众的公共服务和西方政府一样，同样由地方政府支持和提供，和公众直接打交道的仍然是地方政府。因此，在地方政府的许多决策中要回应公众的意愿和要求，地方政府治理中的公民参与发展趋势和西方是一样的。为此，在推动公民参与地方治理的发展上，我们可以借鉴西方的经验，鼓励地方政府结合本地区的实际，探索地方治理结构创新的新路径。事实上，国家对地方治理结构创新一直是积极鼓励并推动的。2009年11月，《民政部关于进一步推进和谐社区建设工作的意见》再次强调，"积极推进街道管理体制创新和农村综合改革，建立健全利益协调机制、诉求表达机制、矛盾调处机制、权益保障机制和自然灾害、事故灾难、公共卫生事件、社会安全事件应急管理体制机制"。以社区治理为例，推动我国地方治理结构创新，有赖于社区各种利益主体的

良性互动与利益关系、社区组织的利益表达功能的发挥，以及社区居民的自主参与。当前，在我国，推进地方治理结构创新，可以尝试通过如下的两种方式进行。（1）发挥基层党组织领导的基层群众自治的功能，推进基层治理结构的创新。在我国，基层党组织的中心地位与功能必须凸显和利用，基层治理结构在"中心"和"多元"的组合中进行创新发展，例如，上海潍坊社区经过近 10 年的探索，初步构成了"党工委领导 + 政府推动 + 社区共治 + 小区自治"的治理结构，初步形成了群众自治与政府法治良性互动的运行机制。这种治理结构的调整，既给居委会减轻了负担，也防止了居委会成员行政化的倾向，可以促成其居民高度自治，进行自主管理。（2）建立社区委员会，反映社情民意、协同多方利益、推进基层民主与共治。以上海为例，2005 年 3 月，上海潍坊社区成立了社区委员会。这种治理结构的调整，让社区多方面的利益群体代表者，对社区拥有议事权、协商权、评议权和监督权，不但发挥出社区内各方面力量参政议政的作用，也为集中民意民智、凝聚民心民力开辟了新的路径。①

（二）加强我国公民参与制度的建设

地方治理中公民参与要建立长效的机制，充分保证公民参与权的实现，必须走制度化的道路。借鉴西方公民参与制度化的经验，我国地方治理中公民参与的制度化建设要突出以下重点。（1）完善我国的信息公开制度。我国的《政府信息公开条例》开始让公民可以有效地对政府是否依法行政从社会舆论层面进行打分和监督。但是，政府信息公开的范围还是过于模糊化、概念化，不具体，操作性较差。政府信息公开缺乏有效的监督机制与保障机制。完善我国信息公开制度建设，下一步应该借鉴西方的经验，制定信息公开法，明确政府信息公开的范围。另外，加快修改保密法。保密制度存在的诸如定密不规范的问题已经成为政府信息公开制度的发展障碍，必须加快修改保密法，以保证政府信息得以公开，将政府信息充分利用起来，政府信息的充分利用对我国社会政治、经济、文化、科技等领域的改革和发展也有

---

① 参见李国弟：《完善党领导下的城市基层群众自治制度》，《解放日报》2009 年 4 月 3 日。

重要的促进作用。同时，为了更好地保障公众的知情权，国家应该加紧出台《政府信息公开条例》的有关配套实施细则，使《政府信息公开条例》的实施更具有操作性。《政府信息公开条例》的司法解释也应该更加细化，以便破解司法救济困局。（2）加强单项法律中公民参与的制度完善。我国单项法律中公民参与的制度还需进一步完善具体的途径、形式和程序。现行的环境立法中虽然有了一些公民参与的规定，但过于原则和抽象，可操作性较为缺乏。比如，新的《环境影响评价法》中第5条规定："国家鼓励有关单位，专家和公众以适当的方式参与环境影响评价"。此条便是原则性的条款，缺乏具体的条文支撑。再如，《噪声污染防治法》第13条规定："环境影响报告中，应当有该建设项目所在地单位和居民的意见"。此条也是原则性的规定，没有具体的途径、形式、程序规定和细则颁布，民众参与的权利义务因没有明确规定而实际上无法落实。

（三）推动我国公民参与工具的创新

地方治理中公民参与的推进，在具体的操作和实施层面，需要利用各种形式的参与工具，如上所述，西方国家的公民参与工具形式多样，并且不断结合实际发展得以创新。正如詹姆斯·泽贡弗斯所说，"推动公民参与，我们必须辨别一些公民参与的实践工具，知道各种不同工具的目标和工作方式，在应用这些公民参与的工具时，我们必须要问一些问题：我们怎样推动和激励公众参与？我们如何推动开放性讨论以促进成功的沟通？我们如何才能让不同类型的公众都能参与进来？我们怎样才能通过公众参与提高公共组织效率的提高和公共生活质量的改善？"① 在当前我国，公民参与地方治理的形式还比较单一，仅仅限于公示、听证会、职工代表大会等。根据阿斯汀的公民参与阶梯理论，我国这些公民参与的形式基本还处于安抚、咨询和告知的象征意义的"参与"阶段。阿斯汀认为，尽管这种象征意义的参与具有一定的意义，但是，"没有权力分享的参与是空洞的，是一种令无权者沮丧的

---

① James T. Ziegenfuss, Jr., *Building Citizen Participation*: *The Purposes*, *Tools & Impact of Involvement*, XIV Concurso de Ensayos del CLAD *Administración Pública y Ciudadanía*. Caracas, 2000.

活动。它允许当权者声称他们照顾到了各个方面，但是事实上只让那些对他们有利的方面成为可能。结果只是维持现状"①。由此可以看出，公民参与的形式对公民参与的效果具有重要的作用。当代西方国家的许多参与形式正在往阿斯汀所说的第三阶段，即民众行使权力的参与发展，街区会议、质量改进与再造团队、公民陪审团、共识会议、地方公投等公民参与地方治理等参与形式，民众对于公共事务开始具有了一定的控制权、代理权，这在实质上有利于政府和公民伙伴性关系的建立。在我国，人民民主是社会主义的生命，我们坚持国家一切权力属于人民。在地方治理中，民众对于影响大众利益公共事务决策的控制权力和影响权力，是社会主义民主的内在要求。在实际中，可以借鉴西方的经验，发展出适合中国社会主义民主建设，提供公众对基层事务控制权的新的有效的公民参与形式，比如基层选举、基层公共协商会议、社区会议等。这需要发挥基层公共管理者和民众的积极性与创造性。

第二节　参与式民主和社会组织发展：以爱莎尼亚社会组织参与实践为例

非政府社会组织在现今欧洲的公共领域中扮演着最积极、最活跃的角色。人们通过非政府组织来解决市场和政府所涉及不到的各种问题，在自己的协会、团体或自助组中展示着参与的热情，填补着政府工作的空白。社会组织在许多国家为成千上万的公民提供了工作的机会，社会组织触及或影响着每一个公民的生活。政府社会组织扮演着越来越重要的角色，在公民参与实践中具有十分重要的地位，成为参与式民主发展内涵中重要的一部分。本节试以爱沙尼亚的社会组织发展为例，分析社会组织在参与民主发展中的作

---

① AS. ARArnstein., "A Ladder of Citizen Participation", *Journal of the American Institute of Planners*, 1969, (35): 216-224.

用和机制。

爱沙尼亚和其他中东欧国家因为社会管理改革而发展迅速。在爱沙尼亚当局看来，所有社会成员参与到他们的成就中是社会管理改革成功的必要条件。社会管理改革需要社会的一致认同，其过程需要国家、企业和非盈利部门的共同参与。爱沙尼亚在快速启动民主进程上取得了卓著的成效，大部分当地民众通过选举而参与了当地民主进程。爱沙尼亚地方政府的第一次选举在 1989 年 2 月 10 日举行。但是，在社会管理方面，国家和地方政府未能调动当地民众积极参与，且非盈利部门在发展进程中也缺少积极性。到 20 世纪末，爱沙尼亚的社会组织发展迎来了一个良好的时期。根据商业注册信息，截至 1998 年 11 月，爱沙尼亚约有 4800 家非政府组织，这是一个好的预示。多数强大的非政府组织位于塔林，这是因为爱沙尼亚首都以及其他较大型城市资金流通量大、信息获取便利且自我实现的机会更大。

一、社会组织发展：政府的观念和政策

爱沙尼亚政府对社会组织发展非常重视，为推动社会组织的发展，进行了一系列的改革，提出了相关的政策，这些政策主要包括以下几个方面的内容：

第一，通过农村发展计划推动农村社会组织的发展。爱沙尼亚在国家层面上并没有专门的机构长久而有力地解决社会组织的发展问题。不过，中央的地区政府部门和关系地区发展的国内事务部，却做到共享非营利部门的信息并且双方积极参与一些计划，其中包括农村发展计划。① 爱沙尼亚政府认为地区发展的关键在于当地的积极性。为了发动草根阶级的积极性，爱沙尼亚制定了农村发展计划并推动其实施。该计划旨在唤醒和调动当地的积极性。现代的、具有可行性的农村发展计划在农村地区的开展旨在使得农村地区更加宜居。这些计划包括：（1）通过课程，学习循环项目和其他项目来促

---

① "Regional Development Strategy of Estonia", approved by the *Government of Estonia* on the 2nd February 1999.

进农村居民自主创业，以此来支持农村地区中小企业的发展；（2）与之前的耕种活动不同，帮助农村人口调整面对新形势，增加其再就业市场的竞争力；（3）通过提高社会文化生活质量使农村地区更加宜居。该计划的目标是为农村居民、经商者和非营利组织提供必要的技能，从而自主撰写申请书和申请项目。一旦申请递交到县发展部门，农村居民将学习如何和县政府的工作人员打交道。因推荐文书和申请书缺一不可，因此和当地政府打好交道就显得至关重要。该计划促进了县政府、当地政府和当地民众等各方的交流。在1996年至1998年该农村发展计划实施期间，国家为了支持农村地区发展加大了投入，推动了农村的发展。

第二、成立社会组织发展基金会。爱沙尼亚社会组织发展基金会于1997年成立，该组织的基金会权利归属于爱沙尼亚共和国国内事务部。该基金会的使命是：（1）组织有目的的、灵活且协调地运用国家资金和国家通过其他渠道根据当地政策分配的为了支持国家地区发展和企业制度的资金；（2）通过一年时间确保地区发展计划和支持企业制度的稳定运行。该基金会承诺，在其他事务中，有组织地运用地区计划的实施方法和地区发展计划的协调方法。爱沙尼亚地区发展基金会隶属于爱沙尼亚非营利组织联合会并且是工业商会和农业商会的支持成员。

第三，推动公共管理改革。为提升公共管理服务的质量，爱沙尼亚通过优化功能、地方结构和管理支出，努力发掘地方的、城镇的、县的乃至整个国家的潜力。对于无效的公共管理领域和被检测到的公共管理部门服务与管理功能不完善的部分，政府推动其向私人部门和第三部门转移。对于很难确定由市场提供是否合适，或是私人部门并不希望提供的服务，在策略上，主要考量能不能对公共服务质量进行有效监管。爱沙尼亚为此出台了专门的文件。① 不过，一方面，该文件中关于公共管理发展的内容太过宽泛，其中对于第三部门的纳入并没有提供确切的解决办法；另一方面，大部分县的非营利组织的发展水平并没有达到有能力承担当地政府或是国家赋予的一定

---

① *The Principles for Development of Public Administration*，draft.

任务。在该文件的主要部分，即提升当地政府行政能力（发展解决方案）的策略即将完成，其中就包含了关于纳入第三部门的各种形式、各种可能的表述。

第四，通过地区发展策略提高地方的积极性和自主性。1999年2月2日，爱沙尼亚发布了地区发展策略的文件①，主要原则包括：提高当地积极性和支持积极性（自主性），纳入所有相关的部门计划，财政管理计划和贯彻实施的手段（合作原则）。该文件旨在增强所有县的地方自主性，并视之为为这种积极性提供合理资源的关键。该文件还包括将于2000年开始实施的五个地区发展计划。五个计划的其中之一便是地区自主性规划，将在现行地区规划和农村发展计划的基础上形成。地区发展的目标区域的自主性计划包括个人自主性的提升，以及农村地区团体和非营利组织自主性的提升。该计划重点关注农村青年自我实现可能性的提高，包括农村旅游、家庭教育和乡村社会和文化的综合发展。

二、社会组织参与：社会组织和政府合作关系的建立

作为一个后发民主的国家，爱沙尼亚的社会组织发展仍处于初级发展阶段。仍然有必要学习如何发掘社会提供的潜力。如前所述，爱沙尼亚在国家层面的共识已经达成，那就是社会组织很重要并且需要全面发展。地方政府也达成了共识，尽管必须承认当地政府合作的意愿取决于多方面的因素，如时间、财政问题，有识人士的效用和良好意愿，这些都是因地而异的。在地方政府看来，社会组织参与地方发展具有很多重要的作用，具有广阔的发展空间：

第一，社会组织能够为民众提供更多的表达意愿的渠道。社会组织使民众在当地生活的发展中拥有发言权。例如，通过组织非政府组织提供平台。如果人们组成团体会寻找分享共同观点的其他人，寻找对他们方法的认

---

① Regional Policy in Estonia, Ministry of Internal Affairs, Estonian Regional Development agency, Tallinn 1998.

可，同时他们也会觉得对于自己权利和需要的立场更加坚定。人们需要确认当地生活的发展很大部分取决于他们自己。当然，这需要人们和当地政府双方的意愿。爱沙尼亚东北部复杂的民众关系和爱沙尼亚其他地区的矛盾关系为社会组织协调纠纷、进行沟通，提供了积极参与的机会，爱沙尼亚语言教学组织者，平等会议和协商的组织者发挥了调和民众矛盾的作用。

第二，社会组织可以缓解地区政府的压力。大部分爱沙尼亚地区政府财政紧张，因此许多重要问题没有足够的资金解决。一些问题或债务可能需要由非政府组织来承担。其中最主要的原因是非盈利组织的工资政策相比于商业和政府部门更为灵活，非营利组织的工作人员经常是义务劳动。在一些领域，例如毒瘾治疗，非政府组织往往更受到患者信赖。在非政府组织参与过程中必须注意的是，当地政府有必要投入小部分资金，而不是从这样的合作中多重受益。

第三，社会组织可以增加政府和民众之间的信息交流，从而获得在地方政府政策实施期间民众意见的反馈。关于地方的发展规划，在议会作出最终决议之前，社会组织在地区发展计划、规划、策略和其他关于市、镇和县的基础文件的形成过程中发挥了比以往更大的作用。地区发展计划、规划、策略的制定要求政府与民众双方的合作意愿和用更宽广的眼光看待当地政府发展的能力。通过社会组织参与，促使民众参与到地区发展策略和计划的制定过程中，达到了较好的效果。由不同团体的代表来讨论，通过这种方式可以避免作出不必要或不受欢迎的决定。

第四，社会组织可以为推动地方发展作出贡献。有些社会组织可以通过对家乡的研究来宣传地方的历史、名人、重大事件、建筑和文化传统。通过这种行动可以使本地对于潜在投资更具有吸引力。非政府组织可以通过其关系和合作网络来寻求当地的金融支持，组织不同的文化活动，培养关系成员。爱沙尼亚一个很大的问题是有才能的年轻人离开了家乡去城市求学和找工作。当他们受到更好的教育或找到高薪工作后，就不会回到家乡，从而不能通过交税和才干来为支持过他们的当地政府作贡献。非政府组织的一个任务是为有才能的年轻人提供全方位的支持，并为他们创造积极加入到家乡社会生活的机会，从而使得他们融入该地区。非政府组织在环境保护组织中也发挥着重大作用。世界上有一些颇有影响力的国际环保组织，在爱沙尼亚一些地区也有一些由当地民众组成的团体开始了保护文物和未被人类活动毁坏的景色的活动中。

第五，社会组织可以提供某些公共服务，弥补政府不足。爱沙尼亚地方政府是单层次的，当前爱沙尼亚共有 253 个地方政府（市级和镇级），其中大约有一半居民少于 2000。很明显，居民人口太少难以保证地方政府日常事务的有效管理。为了改善这种状况，一些地方政府已经开始或即将开始合并谈判。这些变化都引起了居民的讨论，有的民众支持该变化，也有的民众反对。地方居民最担心的是中心地区和边界地区增加距离，几个市政府被撤除和合并之后的学校教育问题，人们惯常在熟知变化的积极作用之前本能地反对任何变化。地区政府应当考虑到在社会范围利用非政府组织帮助的可能性，例如为老年人口开放和管理的常住家庭，为无家可归者提供避难所、复原中心和所谓的施食处。在一些地区，利用非营利组织来推动医改已经开始施行。非营利组织还能够帮助解决就业问题。当就管理区域的变化进行商讨（有时也称为地区政府改革）时，爱沙尼亚公共和非盈利组织的参与就显得非常重要。这时，地方政府和非营利组织的合作联系就非常关键。让非政府组织加入到讨论，通过他们或是通过他们联系的当地活跃的民众，地方政府能够分担出去一部分责任义务。尽管爱沙尼亚法律没有明确规定实施公民投票权，但是当地政府希望通过公民投票来决定领土的合并问题仍然是一项很好的民主举措。非政府组织的参与在作决定时能够避免进一步的误会，冲突或是对公民投票权的否定。先前的实践证明，只有不断地对民众进行解释说明，合并地方政府的决定才能得到支持。如果采取了正确的措施，利益群体的力量能够在组织公众代表大会中和其他在态度形成中的事件中得以利用。

三、社会组织参与地方管理：几个案例

（一）塔林战略计划①

一个关于社会组织参与地方管理的案例是 1995—1998 年的塔林战略计划。该计划和加拿大城市学院合作。该计划的内容是关于塔林的发展计划，各个计划于 1997 年被分别采纳。爱沙尼亚地区规划爱好协会根据专业知识进行了代表选拔，建立了七个工作小组：（1）经济发展战略工作小组；（2）科技公共建设发展战略工作小组；（3）社会公共建设发展战略工作小组；（4）环境保护战略工作小组；（5）文化价值保护战略工作小组；（6）城市行政管理战略工作小组；（7）外交关系发展战略工作小组。近 300 名生活在不同地方的人参与到了上述工作小组的工作中。不过，这种社会组织伴随着特定的弱点，很大一部分是因为耗时太长而没有快速的结果。最终塔林议会并没有实施上述战略计划，并宣称该计划过于细化的实施方法是没有作出快速决定的原因。

（二）乡村和小镇"家园"运动②

地区生活发展的一个案例是爱沙尼亚乡村和小镇"家园"运动，根据这个运动的性质，社会组织联盟将其发展成为一个独立的大众运动，自 1993 年寻求自主的地区发展、农村生活评价和地区政策。"家园运动"团结了非营利组织去寻求所有地方的稳定发展，包括农村地区、城市、乡村和小镇。该运动源自于农村生活的觉醒运动，在运动过程中旨在追求自主，并且来源于农村地区的村民会议。该运动旨在保留爱沙尼亚农村生活方式和村庄，给予它们新生命并且促进它们的和谐发展，包括支持农村经济、民族文化以及不同村庄的合并。现在，农村发展团体已经在 11 个县成立。

---

① Strategic plan of Tallinn, final report, Canadian Urban Institute 1998.

② Lainurm K. A. (editor), *Municipality and Town Want to Amalgamate*, volume II：*Experience and Guidelines*. Jaan Tõnisson Institute, Tallinn 1998.

（三）佩陂斯（Peipsi）湖计划[1]

佩陂斯（Peipsi）湖计划是一个于 1994 年成立于塔图的地区非营利非政府组织。该计划帮助促进爱沙尼亚—俄罗斯边界地带 peipsi-pihkva 湖捕鱼流域的稳定发展，尤其关注人类的可持续发展。Peipsi 湖计划支持当地政府关于提升社区生产力的计划，帮助建立社区中心，发展当地通信基础设施建设并促进草根阶级非政府组织的活动。该计划还寻求和当地政府、非政府组织以及教学科研机构的合作加强。不仅如此，该计划还是一个为国际组织提供关于边界地带环境管理，地区社会、经济和文化发展的专业评估调查的地区科研中心。在将来 Peipsi 湖计划会成为一个支持爱沙尼亚—俄罗斯边界地带的地方政府、非政府组织和教学科研中心进行区域合作的基金会。

另外，还有一些独立的非盈利组织活动范围的大小取决于地方政府的发展和培养。与此相关，值得一提的是，爱沙尼亚基金会已落实几项提升地区发展计划的资金。比如，Jaan tonisson 协会作为一个独立的非营利组织已经承担了几项训练项目，地方政府官员已经参与到一些平等谈判和该领域研究团队的工作中。1997—1998 年，该协会在创立者的带领下积极参与了学习开展爱沙尼亚地区政府改革的经验。

四、社会组织发展和参与式民主：几点启示

通过公民社会组织实现对公共社会生活的参与，是当代西方参与式民众实践的一个主要趋势和特点。在大众的参与活动中，形形色色的公民社会组织承担着组织媒介的作用。公民社会组织的存在，使得本来分散、凌乱的个人参与，发展成为一种组织化、系统化的有序参与。与纯粹的个人参与相比较，公民社会组织的参与一般更富有理性、目标明确、社会影响广泛，从而有利于维护个人利益，实现群体价值。爱沙尼亚的参与式民主实践至少给我们提供了如下几个方面的启示：

---

[1]   Kaido-Allan Lainurm：articipatory democracy-the role of NGOs in developing process of local authorities volume II：Experience and Guidelines. Jaan Tõnisson Institute，Tallinn 1998.

第一，社会组织参与的发展需要政府的引导和培育。社会组织的发展需要良好的环境和土壤，其中政府的观念转变和政策扶持对社会组织的发展具有重要的作用。在后民主发展国家中，社会组织的发展尤其需要政府提供引导和支持，爱沙尼亚给我们提供的启示是，在社会组织的培育上要成立专门的机构来推行，并需要专门的扶持基金，同时，社会组织的培育要发挥地方政府的积极性，毕竟社会组织的主要活动空间在地方社会管理。社会组织的培育和发展需要中央政府的宏观政策支持，同时更需要通过地方的具体公共管理改革和规划，结合地方社会管理的具体事务来推动落实。社会组织的发展受多方面因素的影响，不仅需要政策的支持，还需要政府通过协调，努力解决社区社会组织培育发展中遇到的经费、场所、人力、从业人员社会保障等实际困难。与此同时，政府还需为社区社会组织的生存和发展营造宽松的社会环境，提高社会组织活动自主性的空间，同时加强社会组织的监督，规范社会组织的运行，为社会组织的发展提供良好的制度空间。

第二，重点突出社会组织和政府合作伙伴关系的建立。政府与社会组织在相互独立的基础上建立创新的合作伙伴关系，实现二者的良性互动，有利于形成新型的社会治理结构。社会组织参与是政府功能的重要补充，对于政府的职能转变至关重要，可以使政府专注于自己擅长的领域，也应避免对社会的不适当干预。爱沙尼亚的社会组织在和地方政府的合作过程中，很好地发挥了积极功能，也展示了社会组织活动的广阔空间。在社会参与式治理的过程中，社会组织是政府与社会公众沟通的桥梁和纽带，有着不可替代的独特作用。政府与社会组织的合作关系和协调机制的建立，既可以促进政府职能的转变，提高社会公共服务的能力，也有助于优化社会组织的发展环境，使社会组织更好地克服在成长过程中的缺陷。通过加强社会组织的自身自律和能力建设，使社会组织更加健康和迅速地发展起来。

第三，社会组织活动的展开应该充分发挥其独特的创造力。社会组织因社会需求而生，而且大部分社会组织又是基于社区。社区是社会的心脏，社会组织离心脏很近，对心脏所发生的变化非常敏感。社会组织可能很小很新，但是因为在这些敏感中发现和体验到这种变化，所以才产生了各种各样多元的社会组织和活动计划，为各类群体提供了多元的服务。对于社会需要的多元化，社会组织因为直接贴近社会，其反映的灵敏度和即时性最快。尤其重要的是，社会需要的多元性和复杂性也是社会组织发展和创新力的源泉。关注地区发展规划、教育不公、家庭分工、贫困、自然灾害、公共卫生、自杀等各种社会问题的出现，必然促使相关的群体和社会组织探索与思考各种新的方式和途径来予以回应和解决。社会组织是社会管理创新的最重要的载体，是社会管理创新的主力军，其创新活力就是来自于生生不息的社会本身。社会组织积极参与了推动社会创新的探索、社会问题的解决、社会资源的整合、社会稳定的维护、社会政策的倡导、社会价值的宣导、社会就业岗位的提供和社会建设的促进等方面，在社会治理中发挥了较大的作用。爱沙尼亚社会组织参与塔林计划、"家园运动"和佩陂斯（Peipsi）湖计划等都体现了社会组织的创新解决问题的活力。推动社会组织参与地方社会管理，尤其要注重发挥社会组织的创新力的培育和尊重，尽管社会组织在具体的活动过程中可能会出现一些不完全成功的方面，但是必须要给予其时间和机会再予以完善和发展。

第三节　参与式民主和公共预算：
欧洲的参与式预算实践

参与式预算首先源于巴西的实践，20 世纪 80 年代后期以来，拉美地区的左翼政党为了扩大公民权、追求社会公正和推动政府管理体制改革，实施了参与式预算。此后，欧洲扩散的分权合作运动，以及一场别开生面的传播拉美城市城镇化管理的民主化意识全球化运动，最终也促成了参与式预算（PB）在欧洲的诞生。这些参与式预算运动致力于让公民在公共建设项目中，通过年度公众会议（开放、但受管理）的组织，参与当地政府决策、行使预算项目的优先权，其他公民参与的工具也为这一预算过程中的合作——分享的选择权被正式应用到政府规划（预算计划、公共工程和服务计划）中，并逐步为扩大公民参与提供了有力支撑。欧盟甚至制定了参与式预算的交流仿效计划，创办了一个致力于发展参与式预算的网站（No. 9 of the URB-AL cooperation Programme），从参与式预算的对话方案和城市间平等合作中共同学习参与式预算的经验。我们试图以法国、德国、西班牙和意大利四国为例，分析欧洲参与式预算的目标和基本模式，总结欧洲参与式预算的实践经验，以期为中国正在进行的参与式预算实践提供一点借鉴。

一、欧洲参与式预算发展的基本目标

到目前为止，对参与式预算还没有一个普遍通用的定义，这是因为现有的参与式预算除了各种不同的试验，还没有统一的模式。参与式预算的潜能在于能为民众参与管理创造空间，这与第二次世界大战后许多国家传统形式的"计划"和"协商"是不一样的（那些只为强大的经济、社会组织保留优先权）。从这一角度看来，随着时间的推移，参与式预算可以尝试重塑"公共资产"的概念，可以将紧张的社会局势在民众参与和政府决策考量正常对话的前提下转换成"共享方案"。

从程序上来看，参与式预算主要包含如下特点：（1）必须讨论财务或者财政问题，参与式预算本身就涉及有限资源的处置问题；（2）市政层面必须有所参与，或者至少一个区必须参与其中，以及该区应当拥有较大的自主权；（3）必须是一个反复进行的过程，也即就财政问题单独开一次会或者搞一次公投，不足以成为参与式预算的案例；（4）有关过程必须包含某种形式的公共审议，这应当在具体会议或论坛的框架下进行，行政会议或者传统的政府机构会议向"普通"公民开放，这并不是参与式预算；（5）对于实施结果需要某种问责安排。①

从目标上来看，参与式预算的目的大体包括：（1）促进行政机构的合理发展；（2）通过改善政策和资源分配，实现社会公正；（3）提升民众的理

---

① Sintomer, Yes. /Herzberg, Carsten/rocke, Anja. (eds.). (2005). Participatory budgets in a Europesn Comparative Approach. Berlin, Centre Marc Bloch/ Hans-bockler-Stiftung / Humboldt-Umoversitate. (www.buergerhaushalt-europa.de).

性和参与能力；（4）使地方政府能成熟地协调当地的复杂性，也可能是对市场经济产生的失真的重新调整；（5）所有民众权利的扩展，或者是关于文化上、社会上和经济上对公共资源的公平再分配的"协商一致"形式的传播。①

总体来看，参与式预算在欧洲的兴起和扩展，其基本社会目标还包括如下几个方面：

第一，参与式预算有利于缓和社会各阶层的冲突。参与式预算的方案来源于对殖民期前后的旧世界国家的领土管理模式的总结。这些实践（主要是拉美的）的主题更多在于探究如何缓和"城市冲突"，实现"社会和谐和稳定"，这些才是参与式预算创新性方案的灵感来源。参与式预算能充分利用城市各阶层的资源又能减少其冲突。通过公共预算的过程，使社会中不同部门都加入到对话中，也能有效避免方案政策实施时出现反对运动。通过参与式预算，沟通民众和决策层，这也为确保社会、经济、环境政策得以可持续性发展，使社会中不同阶层都能真正地承担起一定的责任。

第二，参与式预算有利于地方政府决策民主化发展。全球化问题常与"解决方案的地区局限"相一致。但是，近年来，欧洲推行政府责任的地方分权，却少有资源决策权的公平分权，土地使用权决策和其他公共政策很少真正由社会民众参与。而公共资源管理的民营化倾向趋向于把越来越大的权力留给不再管理"公共资产"的组织（其实那些经过私有化运动转化所有权的资产，无论是所有权还是管理权方面都曾经是"公共资产"）。参与式预算是对这种机制的颠覆，地方政权在公共预算中为民众提供更多参与政府决策的空间。作为交换，地方政权会获得民众的效忠，而且民众所在的组织会接受在公众资产领域责任方面全新的方针。在以城市规模发展和城市地位升高为标志的分权体制中，城市决策权扩大总是自然地与民众参与决策创造可能性相关联。让民众参与到城市管理中是城市管理危机意识的必然产物，是应付社会需求复杂化扩大的需要，也是处理公共投资不断优化的需要（尤其是

---

① Abers, Rebecca (2000), Inventing Local Democracy. Lynne Rienner Publishers, Londra.

在一些政府干涉的"敏感领域"）。同样，参与式预算的公众参与还重建了民众对政府的信任。

第三，参与式预算有利于充分回应民众的需要。新公共管理学主张民营化改革，这是促成地区管理过程中参与式民主发展的一个要素。他们赞同考虑将民众向客户——消费者的角色转换，尤其是在关系到垄断服务提供时。参与式预算过程也是试图寻求民众一致意见的过程，这个一致意见可以弥补选举制的脆弱，可以防止地区性从下至上的反抗和冲突，也是为了弥补市政对民众需求部分回应的失败，这些现象在发展中国家尤其明显。参与式预算实践也可以丰富某些欧洲城市从 20 世纪 70 年代已经开始的民众协商经验。民主参与渠道的多样性已经成为了不同国家对参与式预算实践理解的根本。参与式预算的多样性同样是民主新实践（关于政治问题、技术问题、机制沟通、现代化制度方面或社会抗争）盛行的原因。在欧洲，无论是在管理方面还是在当地环境与全球环境的关系改革方面，参与式预算已经在公民权利扩展的讨论中占据了中心地位。这使得我们可以重新发现、发展并丰富这些在欧洲大陆彼此独立却又有机联系的民主实践经验，使地方协商对话成为可能。

二、民众和市政府共享决策权的协商模式：法国的参与式预算实践

法兰西共和国的传统认为，选民代表民意是最好的办法。通过这种民意表达，政府政策能更"接近民主"。2002 年，瓦利恩特法案同意在居民超过八万的城市建立"区域委员会"。但在大多数情况下，代表们仅仅提出建议。他们往往更偏向于政府管理主导，而不是考虑民众自治。而且，他们处理的都是交通、居住、城市计划、安全、公共空间考虑的局部小范围的问题。在有些地方，政府"行政职责"范围被夸大。在公开会议或者代表大会中集合的民众，可能会收到一笔钱（可能很少，这常常由区域委员会控制），而这样就能影响他们在基础设施投资或者特殊地区项目中的决定。

法国的参与式预算是一项带有较强政治观念影响的项目，它由左翼政党提出，与传统的"中央集权"相对，旨在防止本地公民表决优先权的大量

流失。在新自由主义的背景下，巴西阿雷格里港已经成为了地方管理预算民主化可能的选择方式。这一系列的运动和团体使得阿雷格里港的经验在社交网络中广为传播，尤其是在 DRD[①] 国际网络。

概括来说，法国的参与式预算体现了三个目的。（1）通过综合地区政策的日常经验和促进社会行动者之间的平行联系来促进地方公共管理和"地区管理"。（2）社会关系的转换。参与式预算在社会低阶层中有很高的发生率（尤其是在巴黎的大城市）。社会协商对话的目的，是为了积极利用不同意见的"冲突"从而达成一致意见。同时，加强积极对话、促进社会团结和缓和社会紧张。（3）参与式民主试图突破传统的共和制的"接近政治"，代之以"协商政治"。[②]

在阿雷格里港的参与式预算经验中，"参与"目标常常直指城市投资，公众代表在不同地区举行的地方大会上，就交通、社会、教育等问题举行主题会议展开讨论。法国经验的另一特征是，参与往往发生在地方的公开论坛中。在局部小范围中，民众可能会就地区预算参与决策。但在更高级别的市级预算中，参与决策就变成了咨询。重要的是，官方对民众意愿或需求的认定最终还是取决于政治意愿。

迄今为止，法国的参与式预算实践主要包括如下的典型案例及经验：

2001 年，圣丹尼斯（人口 8.5 万）举行过关于战略性发展的政纲条目的主题会议。现在，一些以民众为代表的"预算研讨会"代表十四个区域表达提议，并深入讨论。到市议会为预算投票时，为了让参与式预算形成最后的

---

① DRD (Démocratiser Radicalement la Démocratie) (2003), Fiches d' expérience-1ére série, atlante per il Rencontre Nationale 《Quelle participation des citoyens à la gestion de la ville? à la Co-élaboration? à la Co-décision…?》, 26 april 2003, Bobigny, cfr. www.budget-participatif.org.

② Cabannes, Yves (2004)；Colección de recursos sobre Presupuestos Participativos para facilitar las transferen-cias interregionales. PGU-ALC, UN-HABITAT, UNDP, Quito. In www.pgualc.org, Cabannes, Yves (2004)；Participatory budgeting：a significant contribution to participatory democracy. In：Environment & Urbanization. Participatory Governace. Vol. 16 NO.1, April 2004, IIED, London, pp.27-46.

决议，研讨性会议会暂停。

从 2002 年开始，博比尼（人口 4.5 万）一直努力使参与式预算融入到广泛的参与系统中，召开了题为"自由讨论"的主题循环公开会议。"六人"委员会将不同区域组合起来，在市议会上拥有否决权。关于资源和公共责任问题，会有不同的参与渠道，其中最重要的是"观察岗"。通过"观察岗"，行政部门可以直接与民间组织对话。

奥尔日河畔莫尔桑（人口 1.95 万）的参与式预算实践是法国迄今为止最突出的。奥尔日河畔莫尔桑在 1998 年成立了"地区投资组合"，使地方参与式预算成形。2001 年，五个"市民研讨会"组织成立，负责处理地方预算问题。研讨会对所有民众公开，决策也由与会的所有人一起决定。选举出来的理事参与会议并担任民众和行政部门的中间人，但没有投票权。市议会采纳预算方案前，所有人都会参与到提议中，并与研讨会共同投票，最终确认某种方案。

法国参与式预算特定的经验并非只为地方政权保留，参与式预算也应用于各种不同的情况。比如在普瓦捷的实践中有一个管理所有社区建设（7500 所租赁公寓）的公共组织，自 2002 年起，这个组织就提出由租户决定这一部分租赁公寓投资（17%）的参与式预算。另外，还成立了地位平等的机构成员和租户组成的六个地方计划议会组织。

尽管代议制民主和直接民主之间的对话在很多地方仍然不能应用自如，但法国的参与式预算在结构上却已经接受了民众和市政府共享决策权的协商模式。这有赖于集合了小部分民众选举出的参与者，代表组织核查和细节讨论结果，回应民众需求，以便在更高级别的会议中研究。随着时间的推移，像博比尼和奥尔日河畔莫尔桑这样的城市成立了一些独立的观察岗，仿效近几年来喀麦隆发展良好的参与式预算形式。观察岗同意扩大民众提案的自治权。民众可以跟进会议进程，在合适的独立报刊上发言和进行解释。在法国，部分地方允许设立自治组织，扩大民主参与，甚至允许民众可以根据既有法令适当调整参与的程序。

到目前为止，法国参与式预算最大的困难是参与人数过少，尤以区域到市级为甚。民众没能在整个预算会议中实现其重大影响。而且，民众提议的程序常使人困惑，进而降低了参与程序本身的可信度。

三、行政部门主导下的优化决策模式：德国的参与式预算实践

德国因其参与式预算经验丰富（迄今已有 15—20 次）而成为了欧洲的代表之一。同时，德国还是持续时间最长、拥有最多政策联盟组织，以促进参与式预算的国家。

德国首次参与式预算的产生导致了政党社会权力的进一步缩减，且政党成员减少，弃权增多。战后德国的统一使得德国许多"六人组"委员会设立有序控制的组织来使民众参与到地方政府决策中。宪法委员会也使得直接选举市长成为可能，德国进一步放宽了自治会的优先权，介绍自治法案和民众投票。"参与式民主"理念（民众直接或间接参与公共服务）的重要性在德国渐渐凸显且不断扩大。同时，民众也通过自愿的形式参与到议会或社区事务决策中，此举优化了公共资源利用，恢复了德国城市经济的发展。但是德国许多参与式预算过程还是由政府主导和控制，因为德国当局认为，民众还无法很好地从财政均衡方面来考量预算账目和预算结果。

德国财政危机和体现地方公共管理现代化的参与式预算与透明度紧密相关。在德国的参与式预算中，透明成为了首要目标。而使民众真正地参与公共决策，特别是将民众当作"客户"咨询是第二目标。在德国参与式预算的标的中，原始资源和公共消耗的信息文件最重要，投资决策信息次之。

德国公众参与的"核心"程序显示，参与式预算不是决策本身，而是通过市议会优化决策的手段。从这一角度看来，德国经验并非来自阿雷格里港，而是新西兰的基督城。1993 年，基督城赢得了"最佳管理"的国际奖项，并成为了楷模，德国的参与式预算借鉴并采用了和新西兰的基督城相同的框架。①

---

① DRD (Démocratiser Radicalement la Démocratie) (2003), Fiches d'expérience-1ére série, atlante per il Rencontre Nationale《Quelle participation des citoyens à la gestion de la ville? à la Co-élaboration? à la Co-décision...?》, 26 april 2003, Bobigny, cfr. www.budget-participatif.org.

德国参与式预算成果最显著的当属贝塔斯曼基金会。该基金会由一享誉世界的媒体团队成立。1998年，贝塔斯曼基金会联合汉斯贸易联合基金和KGST管理研究机构（"城市未来"），成立了包括黑山林附近六个市的参与式预算试点项目。2000年，贝塔斯曼基金会开始第二个试点项目。这次是联合威斯特伐里亚地产，以另外六个市为中心。在这一实例中，市议会提出决策，然后由一个高于市级的公共组织推动，最终形成了参与式预算程序，并使其成为决策合法化不可或缺的条件。这不同于其他国家，德国的参与式预算并不仅仅单纯考虑底层民众的利益，而是综合平衡各种社会阶层和组织的利益。从参与式预算开始实施，德国有名的社会组织大都投入到参与式预算中，现在也有越来越多的城市开始发展各种形式的参与式预算。现在，柏林的政党组织也开始加入到参与式预算对话中，以期在参与式预算的过程中提出合理的建议。

柏林的参与式预算在早期还只是部分地区的试验，具体社会效果还有待观察，参与式预算的程序也还在完善之中。但整体来看，德国参与式预算可以分成三个阶段。第一阶段是信息收集阶段。民众收集有关市财政、税收和公共开支的信息，详细解释当地税务收支，了解固定的开支（职员和一般管理），防止政府在"投资"之名下限定公共资源利用的增长。第二阶段由民众咨询构成。此阶段常常发生在公共会议中，所用的调查问卷在互联网上可见。第三阶段为在市议会上根据预算投票作报告。参与式预算的组织机构相当于政府成立的组织（常由地方政权预算议员管理），需考虑到一系列与传统政治程序相对的附加参与途径。这三个阶段完成后，参与式预算在程序上大体确立合法性。

在德国的佛洛托（人口2.5033万），甚至有小学生参与到了地方预算项目中，而且他们的大部分建议都被采纳了，尽管不是一定具有法律约束力。从2001年起，大姆姆施塔特镇（人口2.162万）纳入到本地财政议程的21项项目的参与式预算中。埃姆斯代腾（人口3.5万）的行政部门组织了一个公共研讨会，参与者（约100人）由抽签决定。任何时候参与者都可以获得税收信息和管理开支信息，也可以就增加税收或是公共开支提出建议。行政部门可以选择接受建议或者是不接受，但在预算报告中需解释他们已经认真研究并考虑过这些建议。所有参加市议会的政党必须就提议做笔记或做评论。

自 2000 年起，德国海恩斯泰滕（人口约 2 万）市民可以从发表于含有参与式预算信息的小册子中选出 19 种公共服务方式。这种册子包含少许预算术语。调查问卷在学校也可以见到。该问卷向市民寻求意见，以期了解市民对公共服务的满意度并收集减少公共开支的建议。民众也有机会就投资项目递交解决方案。市议会预算投票后，会有一个公开的预算信息报告。

在埃斯林根（人口 9.2 万）的部分地区建立了公共网络，人们均已受训并会使用电脑。2003 年，该市就地方预算在网上展开讨论。程序分为两步：首先提出议题，然后讨论什么最有利（节约能耗、减少行政人员、投资、税收等）。政府会雇佣职业的调解人联系民众和相关管理部门。该过程还包括了与市长或者财政部官员在线"聊天"。

对比分析德国的参与式预算案例，我们会发现，这种参与式预算并不容易复制。德国地方政府大都认为，参与式预算是政府的对手而不是促成决策的最佳信息源。民众也怀疑他们的提议是否真的具有影响力。这使得民众很困惑，因而也减少了参与人员。另一方面，公共理事会和委员会倾向于"选择性倾听"民众提议的实践，而不遵循市民准则导向优先性。尽管透明化程序已形成，但信息其实仍浮于表面，政府决策仍然能自由决定。民众缺乏从现实中学习和影响政府机构的经验。

直到现在，德国参与式预算似乎仍由行政部门主导和控制，参与式预算的程序介于政府机构和社会组织之间，因此更像是一个交流的公共空间，参与式预算是否能公正直接地削减财政（几乎是当下经济状况和财政状况不可避免的问题）仍有待观察，或者参与式预算也可能会转变成政府不考虑实际情况，片面紧缩公共计划，并使之合法化的工具。但是很多国家对德国的参与式预算模式很感兴趣，比如东欧国家对德国的参与式预算实践越来越感兴趣，这是由于国际财政机构的税收和捐赠，公共组织管理现代化也越来越被广泛地提到，这也与公共机构的反腐息息相关，这也有赖于像"国际透明度"这样的国际社团的努力。德国参与式预算也吸引了像印度、韩国和印度尼西亚等亚洲国家的注意。此外，俄罗斯也开始关注此类特点的参与式预算，比如圣彼得堡的研究战略促成了人文领域和政治科学的研究，在福特基金的支持下和同俄国多市的合作中，圣彼得堡也加入了"透明预算"的行列。

四、"联合参与"模式：西班牙的参与式预算实践

西班牙的参与式预算实践应该是最接近拉丁美洲背景的国家了，西班牙也是与拉丁美洲交流最多的国家，这主要归功于其语言和其近代历史。西班牙的长期独裁政权改变了民众和当地政府机关的关系，使得逐渐重建民众对民主制的信任成为必然。

在西班牙，当城市理事会任命市长，并且在各处的党派名单中进行选举，民众们决定参与的可能性就各不相同。在常规管理的基础上，西班牙制定了一些准则，但实际上，各城市可以在参与性方面采取该城市自己的规则。1986 年，巴塞罗那就成为率先使用这项规定的城市之一。20 世纪 90 年代时，西班牙在不同的城市建立起的部分理事会，但更多被推崇为一种个人问题的咨询场所。

2003 年，西班牙州际现代法更新了"参与"的基本规章，该法案明确大型城市中要选举新的理事会，遴选代表主体，以提升民众在城市管理方面的参与性。在这种积极地参与式预算体系内，从 2000 年在加泰罗尼亚和安大路西亚最大限度的展开时起，参与式预算的实践在西班牙已经获得了不断提升。

西班牙参与式预算的特性在于其汲取了"联合参与民主"的理念。在许多城市，那些利益相关的联合起来的参与者，尤其是与其相邻城市利益相关者联合的参与者，确实是该参与式预算唯一的合法参与者。这种"联合参与"有相应的规章支撑，这些规章通常由理事会和市民们联合协商制定，能制约每一个参与者的行为。此外，规章中包含相应的组织和议会管理方法，它们甚至被当成地方自然资源投资时遵循的原则。这些规章通常都是在城市

理事会上通过了的，一旦形成即成定规，可以避免这些条约的随意更改，因而成为民众在参与过程中有力的法律工具。民众的参与路径在参与式预算不同的阶段任务不同，首先是由政府提供有关预算项目的常规信息和项目报告，然后在市民优先权名单上产生一批有名望的人组成代表团。

今天的西班牙，有着许多的参与式预算经验。[①] 其中最早的是伽彼和圣保罗亚（在巴塞罗那的城区地带），这些城市使用新的参与式预算方法，比如运用民众构建的工艺矩阵，抽签挑选出公民参与代表，然后遴选代表委员会以聚焦讨论一些对预算影响很大的问题。这些参与式预算经验由于政治变动只持续了很短的时间。其他城市，像塞维利亚（人口 700000）渐渐开始试验参与式预算的新形式。在萨瓦德尔（人口 185000），也于 2000 年开始了参与式预算的实践探索。在参与式预算的程序的构建过程中，巴塞罗那大学贡献了力量，巴塞罗那大学专家们把参与式预算划分成了三个阶段。第一阶段，参与式预算的主要任务是鉴别参与式预算最重要的问题，使民众对参与的问题达成了解。第二阶段，建立一个"公民讲习班"，使用 EASW 方法学（欧洲意识方案讲习班），其中"对未来的设想"探索方法，可以在不同的议题上得以应用。按照相应的预算目标，运用科学的方法，反复协商，列出预算初步获准的投资方案清单。第三阶段，按照 7 个行政区的等级划分策略，评估对每个行政区投资的影响因素，权衡比较和其邻近城市的某些特别投资，通过由市政管理者和公民组成的"陪审委员会"审核，最后形成相应的预算方案。

从 2000 年起，在西班牙阿尔瓦塞特（人口 150000），居民通过服务于那些对所有城市开放的议会，可以对地方项目提出建议。这种地方议会提出有一个负责民众参与的理事会，该理事会由不同部分的地方社团为代表组成（如街坊、文化、教育、生态、移民等），然后一起探讨议会提出的预算项目，将预算来源和技术法律可行性一一登记。在参与式预算过程中，通常包

---

① Ganuza, Ernesto Fernández；de Sotomayor, Carlos Alvarez (2003, a cura di)；Democracia y presu-puestos participativos, Ed. Icaria, Barcelona.

括五种性质的预算项目类型：一般的公共工程、行政服务的质量、经济发展的维持、对新生代和教育的关注、城市和住房建设。

在西班牙克汝德坝（人口 300000），市民们也开始在市政议员们限定的地方建设资源限制上对预算投资项目作参与决策。三个不同层次的参与者（街坊、行政区和城市）分组构成一系列的会议小组，参与准则按照不同的层级确定。公民和街坊社区决定投资那些包含街坊与行政区等级的公共事务，最后由有名望的代表按照这些准则提交初步的预算建议清单。最后，这些清单被提交到行政区议会以申请通过。同样，鉴于可行预算限制和行政区对项目等级的划分，每个行政区选出两个代表来确定实施的城市项目名单，市政管理当局对项目可行性评价提供技术支持。此外，代表团成员和有名望的理事们在参与式预算过程中都要接受培训。西班牙克汝德坝和塞维利亚周围的其他城市也都在进行着此类参与式预算的实践探索，这其中还包括了蓬特赫尼尔和拉斯卡韦萨斯－德圣胡安。

西班牙参与式预算实践试图平衡如下两方面的关系：首先是个人参与者和联合参与者之间的关系；其次是相邻城市和行政区层次的关系。相比邻城关系处理，个人参与性的地位通常更凸显，它更趋向于创建一种预算物化投资，民众的建议很容易就超出地方的财政能力。更多的情况是，社会上的弱势群体都趋向于通过参与式预算，试图从公共投资中获得相应的利益资源。

在西班牙科尔多瓦，人们尝试克服财政资源分布不均的问题，给那些社会弱势群体以相应的倾斜。在法国，由于对预算委员会的控制不力，人们通常不知道哪些预算项目能够最终达成，这样导致预算建议常常被重复提起或反驳，造成民众对社会公共机构的信任减弱。而西班牙参与式预算程序的最大好处是，通过那些有强烈政治意愿的理事会代表来聚合民众意见，他们对参与式预算的最终项目考虑了可执行的手段。比如在科尔多瓦，理事会通常间接地将公共服务项目和参与式预算的目标有效地关联起来，也确定了政府部门的预算执行责任，提升了预算项目实施的可行性，这就丰富了参与式预算的经验，比如预算委员会内部组织的科学建设，及对参与式预算过程的监管等。

五、"调整的阿雷格里模式"：意大利的参与式预算实践

预算议题的参与在 20 世纪 60 年代强势进入意大利的政治辩论中，从 70 年代开始，意大利的许多重要的社会机构，如工厂委员会、教育委员会都有了参与当地城市规划的经历。2000 年，意大利地方当局对民众参与提供了财政支持——从象征性财力到真正有帮助的财力，促进了特定地方机构预算参与水平的提高。罗马是意大利第一个使市内行政区变成"自治镇"的城市，这些"自治镇"在一定程度上可以自行决定部分经费支出和直接选举出执行委员会主席。然而，在过去的十年间，公民在介入行政程序和规定个人与政府之间的协议和约定的可能性时开始引入了"参与"的理念。"议题参与"迫使强者之间进行简单谈判，不过人们经常把外包给私营部门的行政活动和民主参与弄混淆。

在 2001 年，随着首届世界社会论坛会议的召开，民间组织、协会和社会论坛以及少许左翼党派（特别是意大利重建共产党）通过广泛发起社会运动，意大利拉丁裔美国人经历了民主的意识爆发。在 2001 年的选举委员会后，许多市内行政区（多于 20 个，包括那不勒斯、威尼斯和罗马）形成了对参与式预算实践探索的兴趣，这些行政区提名了一位市议员来做市长，发起了参与式预算的一项试验。但实际上，只有少许城市在建构市政预算的过程中，其具体的创新能与"参与式预算形式"相一致。这个形势多少反映出参与式预算已经在意大利人的想象力中生根，同时反映了意大利参与式预算实践包含了某种激进政治化道路（有时明显是意识形态的）的实践探索。在意大利，参与式预算常常成为代表选举计划中可消费的"时尚"，或是政党之间、政党和社会之间的谈判手段。

例如，意大利许多市内行政区会把主要预算条款以精简的形式在年册中对大众发放。一些市内行政区创建了网站或杂志来提供公共工程建造进度的消息，而另一些则创建了公开集会来介绍委员会预算（一旦准许的话）。这也意味着许多小型预算中利用了流行几十年的传统。参与式预算讨论和社会预算讨论在同时发展（按照公共政策或公司工会协会和社会合作社的组织

来衡量社会效应）。直到 2003 年，即使对于学术界来说，意大利参与式预算的参考模范还是巴西阿雷格里港，在意大利兴起了效仿和交流巴西的参与式预算实践的活动。

在今天的意大利，大约有 20 个不同的涉及参与式预算的案例。① 米兰的一些城镇，如维梅尔卡泰（人口 25020），特瑞图阿达（人口 11600）和尹扎苟（人口 8920）就是属于这样的城市。早在 1994 年，意大利皮耶韦 – 伊曼纽尔（人口 18000），在荒唐的城市规划的贿赂丑闻和行政人员被逮捕后，皮耶韦 – 伊曼纽尔便逐渐发展了参与式预算实践。从 1998 年起，为了重新赢得市民对城市制度的信任，皮耶韦 – 伊曼纽尔地方委员会已经在学校建筑的重建方面，与临近地方和义务教育阶段学生的关系（一个能让下一代在积极参政方面有觉悟的重要地方）作出了努力。在 2002 年，有人提出进行参与式预算试验，并形成了一个三年发展计划（2003—2005）。最开始，它显然是在参考巴西的经验。它有两个周期。第一个周期是由 6 个地方集会组成，这些集会对所有通过投票卡，在能言语介入严格的时间框架中对有需求的人开放预算信息。第二个周期致力于参与式计划公会建立——它是一个能让行政人员、技术人员、社会经济组织接触并发现突出问题解决办法，参与式计划公会确定财政来源，还能对技术 / 管理可行性进行估价。计划公会创建了一个完整的操作计划，此计划必须得到每个委员会成员的赞成。市民的"次要"建议变成了有关政府机关的建议，为了提高市民对共同管理选项任务的信任，在周期结束前，市政委员会努力使它们转换成低成本试点工程。

意大利参与式预算推动了地方市政委员会快速组织变革的规则，参与者的建议也能够展示参与市民多样性的需求。同样的集会会在不同的时间举行，此外，托儿所空间和"性别预算"措施的构建已让大量女性参加，这冲破了在本地占优势的"大男子主义"文化大厦所设置的障碍。市政委员会每

---

① Allegretti, Giovanni (2003), Participation in urban planning decision-making in Italy: new challenges for local authorities and citizens organisations. In Memorias del IX Seminario Internacional "Derecho y Espacio Urbano", Cuaderno de Trabajo PGU/UN-Habitat/UNDP/IRGLUS, Quito.

年必须接受居民所设的最小数量预算项目，在三年的试运行中，这种小型预算项目占的比例逐渐从最初的 33% 上升到 2005 年的 75%。

在意大利格瑞图莫（人口 13887），过去的两年改变了参与式预算进程，与其他相似的公共事务进程结合得很成功。直到 2002 年，该城市社区里的参与者只限制于和委员会合作，不能影响预算项目的确定。然而，自从 2003 年，参与式预算的周期中通过可行性计划和委员会技术人员作出的成本分析，为民众参与影响的发挥确定了程序因素，通过不同的投票卡和有条理的参与式程序，该城市的市民有了影响社区公共项目的预算可能途径。城市委员会承诺尊敬地区预算项目优先等级名单，保证了每个地区至少有一个预算项目的优先权。居民为镇上投票选出的预算项目优先权，事实上是基于行政机构选举的一种评价和"委任计划"的重组组织。在过去的 11 年内，随着该城市地方选举参与率超过 60%，且还在不停增长，一个叫"团结与参与"的市政委员会一直在管理着这个镇。

第三个有趣的参与式预算实践发生在罗马的 11 个自治镇（人口 138949），该镇共分成了 8 个同样的区域。[①] 从 2003 年起，为了选举代表举办开放的本地集会，按照每 15 个到场的人中选出一个代表。2004 年，代表们（可废除且不连任）转变成简单的发言人，即一旦市民选出他们的代表，市民便不再参与。在特殊工作集体中，发言人提出预算优先权名单。如今，一个关于此程序的正式法令通过了。

从政治层面上来说，意大利参与式预算的过程在走向日常管理实践的改革中遭遇到瓶颈。在一项关于此问题的"法律"制定中，对于参与式预算试验的广泛担忧成为参与式预算进一步发展的障碍。至今，意大利市民似乎对作为创新手段的参与式运算不太感兴趣。此外，参与式预算的发展潜力也似乎不够，只有 1%—2% 的市民参与其中。大多数情况下，"温和的"审议程序在城市公共事务更受参与者欢迎，它们并不关注最后的决策，而是关注公共辩论过程中的意见表达程度。

---

① Amura, Salvatore (2003), La città che partecipa, EDIESSE, Rome.

六、启示与展望

欧洲参与式预算经验表明，参与式预算的推进大致受如下四个因素的影响：（1）政党将拥护此探索；（2）大量联盟及社会网络的自我组织能力；（3）参与式过程中组织"设计"元素的协调和改进；（4）官方实施试验的行政和财政能力。在不同的环境中，四个因素的"用量"可以变化，但是必须维持一个整体的平衡，以至于能够弥补每一个缺陷。欧洲参与式预算的经验表明：除此之外，参与式预算的第五个可能的关键要素在于参与式预算的社会需求。在拉丁美洲，参与式预算的试验需求经常是，通过重建更公平的公共资源而重新平衡经济差距。而在欧洲，促进参与式预算的激活有政治倾向，或者与公共设施的效率提升和管理的现代化（特别在东北部地区）。因此，参与式预算其实强调国家和社会必须怎样永久合作，通过与"公平权利和责任"的合作伙伴关系来达成社会共同利益。

从欧洲的参与式预算实践来看，要确立"唯一的最佳模式"是不可能的，一般而言，一项制度或者一套程序，当能与某些原有的参与传统结合起来时，会比那些与原有传统没有任何联系的"人为"东西，给人们带来更多的效果。参与式预算的基本理念是一致的，那就是推动公共预算决策的公民参与，但是在具体的实践形式上，一定得结合各个国家整体的政治经济体制来进行，这样看来，中国的参与式预算实践，比如温岭模式，将预算程序和中国的人民代表大会程序结合起来，并坚持基层党的领导。这种模式的创新性，在国际参与式预算实践的探索中同样是一种有力且有意义的制度创新。

第七章　参与式民主的评价及其
对中国的启示

　　作为西方第二次世界大战后复兴的一种新型民主理论，参与式民主理论在当代西方民主政治发展过程中有着重要的作用和影响。它不仅以其独具特色的思想理念对当代西方主流意识形态造成了极大的冲击，而且实践地推动着西方民主政治发展的进程。特别是 20 世纪 80 年代以来，随着当代西方资本主义国家对社会和经济生活干预的全面收缩，参与式民主理论再次被肯定并日益扩大影响。到了 20 世纪 80 年代末 90 年代初，协商民主理论兴起并迅速成为西方民主理论的一种新思潮。作为参与式民主理论的新发展，协商民主将参与式民主理论提升到了一个新高度。从前面对于参与式民主理论的系统分析中，我们可以看出，参与式民主从根本上来说，是一种自发性的大众直接参与政治经济和社会事务的民主形式。参与式民主理论是西方社会发展新变化所推动的结果，作为一种民主理论，它反过来也对当代西方民主发展的实践产生了巨大的影响，有着重要的积极意义。当然，参与式民主理论和任何其他民主理论一样，也存在着许多的缺陷和不足。展望未来，参与式民主实践正方兴未艾，科学技术飞速发展，民众的参与需求不断高涨。参与式民主理论作为一种独特的理论形态，对世界各国民主的发展同样具有普遍性的参考价值，对于中国的民主建设也具有十分重要的启示意义。

第一节　参与式民主的总体评价

在经典的民主理论中，从来都是强调公民的政治参与是民主制度存在的基石，从卢梭的人民主权论到林肯的"民有、民治、民享"，无不蕴含着公民的政治参与观念。即使是著名的代议制民主理论家密尔，也认为公民参与对于民主存在着至关重要的作用，密尔的公民参与理论甚至成为当代参与式民主理论的重要源头。但是，进入20世纪以来，随着形势的变化，公民参与却逐渐淡出了民主理论家的研究视野，民主的公众性一度受到了忽视，民主的理想价值也遭到了怀疑或弃置。这实际上反映了20世纪存在于西方民主国家的事实：传统民主理论所蕴含的内在价值随着当代民主制度的不断"完善"而衰减。参与式民主理论的出现，可以看作是对传统民主理论的一种理性回归，当然它不是简单的复归，而是在新的民主发展起点上超越性地回归。在20世纪民主理论发展的过程中，参与式民主理论作出了重要的理论贡献，主要表现在以下几个方面：

一、参与式民主的积极意义

（一）克服经验主义民主理论的弊端

经验的民主政治理论继续沿着代议制民主的具体实践进行理论论证，主要目的是论证现实西方民主政治的合理性。从方法论上来看，他们的逻辑前提是"现实就是合理的"，将事实和价值之间划开界限，只问事实而不问价值。[①] 单纯强调研究方法的实证性、科学性和准确性，而忽略政治的价值和目标等规范问题。他们一方面批判早期民主理论的不可实现性，另一方面运用行为主义和实证主义的方法，论证一种现实主义和工具主义的民主理论，然后告诉民众："我们的民主现实就是这样而且只能这样，人民主权的

---

① 参见徐大同主编：《20世纪西方政治思潮》，天津人民出版社1989年版，第426页。

理念只是一种乌托邦，只是一种对民主的幻想。"这一流派目前在西方占主导地位，代表性的有多元民主理论、精英民主理论、技术民主理论等。约瑟夫·熊彼特的理论颇具代表性。熊彼特认为人人当家作主的民主学说仅仅是一种空想，与事实完全脱节。民主仅是产生治理者的过程。"选民大众除了属于一群乌合之众以外，是根本没有能力采取任何行动的。"[①] 总体而言，经验民主论过分受制于经验主义的分析而失去了将理论用于指导政治生活的价值，只是纯粹论证现有民主制度的合理性，对于未来民主的新发展缺乏想象力和进取心，并试图将西方已有的民主模式神圣化，普遍化成人类"民主的终结"，并向西方国家输出这种民主模式，为霸权主义张目。

参与式民主理论则从另一角度试图回答西方民主理论的困境问题，即力图通过完善民主程序、扩大参与范围、强调自由平等的对话来消除冲突，修正代议制民主制的不足。参与式民主理论强调，民主理论不完全是经验的，它也应该是规范的，有着特定的规范要求和取向，从而复活了古典民主理想中的合理要素。通过谋求扩大基层或地方的参与活动，参与式民主改变了第二次世界大战以来民主理论过分依赖经验取向的分析，很大程度上缓解了自由主义民主所遇到的困难和危机，重新肯定了"参与"在民主建构中的规范意义。

（二）彰显普通公民的民主权利

自由主义民主理论过于强调了公民权利的消极意义，即免于国家侵犯。但是公民资格权利毕竟不是自然地、从天而降地赋予普通公民的。历史的发展一再证明，公民资格权利是斗争的结果。自由主义民主理论没有回答"如果公民没有积极行动，公民权利缘何产生"这一问题。事实上，公民的积极参与往往是公民资格权利的前提，而公民资格权利反过来又依赖于公民的积极参与，二者互相依存。因此，扩大公民有序参与和确保公民资格权利是密切联系在一起的，公民资格权利的发展和政治参与状况决定着一个国家政治

---

① Schumeter，J.A.（1943），*Capitalism*，*Socialism and Democracy*，Geo. Allen & Unwin，London，282.

系统的稳定性和有效性。参与式民主理论首先关注并确认了公民资格和公民参与的内在关联性，对于西方民主理论的发展具有重要的意义。参与式民主理论将公民资格权利看成是在一个有确定边界的社会政治共同体内的完全成员资格，是共同体分配的基础。公民资格既是一种法律地位的要求，也是一种获得政治和社会承认，对经济再分配的要求。公民资格的基本构成包括公民权利、政治权利、社会权利和以公民责任为体现的公共精神。公民资格权利为公民参与提供了参与主体和权利方面的理论支持，而公民参与则为公民资格权利的发展和内容的丰富提供了探索的途径。

参与式民主理论主张普通大众在政治、经济领域的基本民主权利，尤其是平等决策权和参与权。他们鼓励公民积极参与到政治、经济体系中，就与其生活息息相关的重要决策发表自己的意见、见解和主张，从而使得重要的政治经济决策不再只是被选举代表和少数特权阶层的决策行为，而发展成为一种大众决策和公共决策行为。按照参与式民主理论的构想，如此一来，在许多重大问题上，如重要决策的出台、政府政策的制定、政府官员行为的评定等，公民就可以通过一定形式的参与来产生影响。这样，单个普通公民在政治经济生活中的重要性就可以得到极大彰显。参与式民主理论反对把民主政治仅仅作为主流团体之间的竞争，反对政党和利益集团对国家权力的垄断，强调向普通大众开放政治领域，主张民主政治应体现直接参与的公民之间的平等协商和讨论，以及在协商讨论基础上进行公共选择，形成最终的政治决策。

参与式民主理论的这种理念对于促使官僚组织承担责任、制约行政权的膨胀具有十分重要的意义。20世纪以来，随着国家角色、政体规模的变化，自由主义民主制度面临的另外一个重要挑战是官僚自由裁量权的日益膨胀。行政机构获得了确定公共政策内容的权力，而无须承担同等的民主责任，这是政治腐败的主要诱因之一。施行参与式民主是控制官僚自由裁量权的恰当途径。在参与式民主模式下，政策协商的参与者都有确定问题、争论证据和形成议程的同等机会，使行政人员在决策的过程中必须更多地听取人民群众、利益相关者及有关专家的意见，并通过解释说明而负起责任，接受人民的监督。这是促使官僚组织承担责任、制约行政权膨胀的有效途径。参与式民主的提出，标志着当代西方少数人统治的民主理念朝着大众自治和参与的民主理念迈出了一大步，从而推动了作为整体的西方民主的发展和进步。

（三）开辟民主发展的多元路径

与传统民主理论不同，更与精英理论相区别，参与式民主理论不仅强调宏观民主，同时将民主参与应用于微观领域，强调这些社会体制也必须以民主的方式而不是以其他方式（传统观念、市场或强权）去获得权威。参与式民主理论认为，民间社会体制的民主具有十分重要的意义，它能够改变或阻止国家权力的膨胀和集中的规律性倾向，甚至阻止国家权力对公民社会的侵蚀。在参与式民主理论看来，现代民主的新发展不仅仅牵涉到国家权力的改造，它还牵涉到社会的重新建构。正如赫尔德所说，"在今天，民主要想繁荣，就必须被重新设想为一个双重的现象"[1]。现代民主的发展应该是一个双重民主化的过程，即国家和社会相互依赖而实现民主转型。国家诚然需要民主化，但是为了使民主保持作为在原则上尊重并强化全体公民之权利和义务的一种形式，公民在微观社会体制领域中的参与也必须深化，它是公民社会民主化的关键，对于现代民主的新发展至关重要。

正因为参与式民主理论认为民主不仅仅是一种政治体制，还是一种社会类型和生活方式，因此，它对"参与"的理解就超越了自由民主理论对"参与"的理解。第二次世界大战后，当代西方占主导的精英民主理论认为，民主并不是人民自己"当家作主"，而是选票竞争的一种方法和制度安排，选举是民主的唯一标志，公民参与的内容就是"参与选举"而没有其他。选举成为西方民主最普遍的参与方式，大众每隔几年参与一次，就像每隔几年参与一次狂欢节一样。狂欢之后，直到下一次选举，绝大多数民众基本没有其他方式去参与政治。[2] 参与式民主理论家显然不满足于自由主义民主这种

---

① ［英］戴维·赫尔德：《民主的模式》，燕继荣等译，中央编译出版社2006年版，第312页。
② 参见王绍光：《民主四讲》，生活·读书·新知三联书店2008年版，第233页。

险隘的"参与"，他们更加关心民主的过程和真实的内容。

（四）超越西方既有民主模式

参与式民主理论的目的是弥补现有自由主义民主的各种弊端，推动民主的新发展，因此，参与式民主理论对于西方占统治地位的自由主义民主的弊端进行了深入的剖析和全面反思，这对我们弄清西方民主的本质有重要的理论价值。首先，参与式民主理论对自由主义民主的政治哲学基础进行了全面反思，看到了自由主义民主理论最根本的局限性。巴伯认为，自由主义民主的难题根本上来自于其理论本身，"自由主义民主赖以为基础的人性论、知识论与政治观本质上是自由主义的，而不是民主主义的。这种个人与个人利益的概念削弱了个人与个人利益所依赖的民主实践"①。自由主义民主以个人主义为基础，强调消极自由，以保护个人权利为核心。自由主义个人观塑造出自私自利的不关心公共事务的群众，与民主是不相容的。其次，参与式民主理论从具体制度实践上揭示了代议制的种种弊端。代议制是自由主义民主的核心制度，它克服了直接民主在时空上的局限性，为大规模多元民族国家实行民主提供了可能。但是代议制民主为了民主的便利而迎合现实，将民众对政治决策的影响削弱到只剩下选举权，民众被迫产生服从和默认的态度，从而将政治生活精英主义化，破坏了民主的本质。代议制民主的"参与性"日益退化，公民政治参与率低，参政热情不高，若任其发展，会背离民主的发展轨道。最后，参与式民主理论对于投票机制的弊端也有着清醒的认识。投票机制的简单多数原则可能导致侵害少数的权利。投票机制以偏好聚合为目的，这造成公民没有机会说服别人承认自己要求的合法性，使决策过程缺乏公共维度。而且秘密投票机制也导致忽视公共利益。

正是由于对自由主义民主的内在缺陷有着深入的认识，参与式民主理论不断需要弥补和超越自由主义民主的各种途径和制度形式。早期的参与式民主理论着重通过公民更多维度的直接参与来提高民主政治的凝聚力和活力。这一理论复兴了古典民主理想的积极参与理念，具有重要的理论价

---

① ［美］本杰明·巴伯：《强势民主》，彭斌等译，吉林人民出版社 2006 年版，第 4 页。

值。但是，它偏重于探讨如何增加参与的量，忽视了参与爆炸带来的负面影响，而且也没能提供有效参与的途径，在现实中面临诸多困境。20 世纪末的协商民主理论则进一步发展了参与式民主理论，在强调增加参与数量的基础上，进一步强调提高参与的质量。它更多地将重点集中在参与和决策的品质之间的关系，特别关注如何才能更有助于产生得以被合理证成，并符合公共利益的决策。为此，协商民主理论提出了有效参与的具体运作机制，进一步具体分析了公民参与过程如何运行和操作，为实现有效参与提供了可供选择的方案，推动参与式民主理论由关注公民参与的量向关注公民参与质的转变。

参与式民主理论在当代西方兴起，并发展到协商民主理论阶段，在一定程度上具有超越西方现有民主模式的意义，体现了民主理论发展的新趋向。这种新趋向的本质是促使人们要更加全面而理性地认识民主和民主制度建设。首先，它体现了直接民主和间接民主相结合的发展趋势。参与式民主理论萌芽时期的学者较为激进地批判间接民主。但是，他们并不主张绝对的直接民主，这一点使参与式民主理论和民粹主义的立场分开了。20 世纪 70 年代后，学者们不再完全否定传统代议制，而是进一步探索把直接民主和间接民主相结合的方式。参与式民主既复兴了古典民主的直接参与理想，又承认间接民主的合理性，它自身的发展正体现了民主理论走向间接民主与直接民主结合的趋势。其次，它体现了精英统治和大众参与相结合的新趋势。早期积极参与论者批评精英统治，强调大众参与，但他们并未完全否定精英的作用。佩特曼等参与式民主论者在强调大众参与的同时，也承认精英的作用。只有大众广泛参与才能真正体现主权在民的民主核心，同时，随着社会政治经济的发展，精英的作用也是民主发展的重要因素。最后，它体现了微观民主和宏观民主的结合。参与式民主认为民主应该从微观开始，然后逐渐向上扩展，并在参与的扩展过程中，实现"自上而下"和"自下而上"的双向循环，以结合微观民主与宏观民主，体现了民主发展的新趋势。

二、参与式民主的缺陷与阻碍

应当承认，参与式民主理论对于民主政治的构想有其自身的独特性和优势，对于当代西方民主发展的推动作用也具有积极意义。当代西方参与式民主实践的推行，也从总体上减少了西方传统民主的弊端。但是，不可否认的是，参与式民主理论仍然存在着许多的缺陷，在走向现实化的过程中还存在着诸多的阻碍。

（一）参与式民主理论的缺陷

参与式民主理论本质上是对西方自由主义民主的一种补充和超越，而不是完全替代。参与式民主理论看到了当代西方民主实践中存在的一些根本问题，给我们带来了民主发展的新想象，但是自身还存在着一些缺陷，遭到来自各方的批评。

1. 参与式民主理论对于如何通过"公民参与"塑造"积极公民"未作出充分论证

参与式民主理论家致力于创新肯定"参与"在民主理论建构中的重要地位，对于"参与"有着独特的理解和创见。但是，参与式民主理论家并没有对于其所倡导的"参与"概念作一个明晰的界定，这为后来的研究者留下了许多的疑惑。在西方政治学的方法论中，一般都认为"概念是科学研究的重要基石"或"概念的界定测量是科学研究的关键步骤"。经验主义的自由主义民主理论也非常重视"政治参与"的概念，对于"参与"的概念是较为清晰的。和自由主义民主理论不同，参与式民主理论家尽管对自由主义民主理论家"参与"概念不满，提出了相对应的"参与"理念，但是始终未曾对"参与"概念作出类似亨廷顿式的严格界定，而是散见于不同理论家的论述中，因而也给人们具体理解参与式民主理论带来了难度，尽管这是由参与式民主理论的独特风格决定的，但又不能不说是参与式民主理论本身的一个缺陷。

参与式民主理论的另一缺陷在于，它推崇古典民主式的"积极公民"，但是未对如何塑造"积极公民"作出充分论证。参与式民主理论主张全体公民都有权参与公共事务，它试图表明，人们在政治生活中有权利也有机会行使自己的参与权。但是，有权参与是一回事，而在实际生活中公民是否能够积极参与公共事务是另一回事。近代以来，西方民主政治发展的一个重要特点，是普通公民与政治的脱离，在自由主义者看来，"脱离政治的自由"被视为公民的一项重要自由。在许多情况下，一般大众都有疏离政治、漠视参与权的倾向。参与式民主理论认为当代西方政治的公民冷漠现象必须改变，并提出了改革的良方。但是，这些处方并未涉及如何塑造"积极公民"的问题。比如，普通公民既有的疏离感如何才能转化为强烈的参与欲望？强烈的参与欲望如何使公民转化为不同领域的"专家"，从而具有直接参与决策的知识和能力？参与式民主理论的参与权并不是法律上的义务，而是指基于公民权利的义务，但是在没有对如何形成"积极公民"作出解释的情况下，参与很难成为公民的自觉义务。

2. 参与式民主理论可能忽视了民主和自由之间的潜在冲突

参与式民主理论为了弥补自由主义民主理论的不足，重新强调积极参与的重要价值，倡导通过积极参与促进个人的发展，这可能导致侵害个人权利和自由。参与式民主理论不仅正确地探讨了民主原则对国家组织结构的含义，而且探究了民主原则对于社会的组织结构的意义。但是，这却使得它易于受到批评。尤其是，使他们容易受到这样的攻击：他们试图在条件未成熟的情况下解决个人自由、分配问题和民主程序之间极为复杂的关系。因此，他们可能忽视了个人自由、集体决策与民主制度和程序之间存在严重冲突的可能。参与式民主理论并未系统处理这个问题。为此，赫尔德强调，"如果要有力地维护参与式民主，那么它就需要关于'自由的边界'的详尽理论"①。一是需要对保护自由的边界所必需的制度安排进行说明。因为，民主政治的目标并不是为了参与而参与。二是为了确保个人自由权利的实现。需要对公民参与的边界进行说明，参与不可能遍及所有的领域，无限制的参与必然导致无政府主义。

---

① ［英］戴维·赫尔德：《民主的模式》，燕继荣译，中央编译出版社 2006 年版，第 383 页。

参与式民主理论推崇公民积极参与的重要价值，但是对于公民参与的成本与风险却未充分论述。参与式民主理论将民主既看作一种目的也看作一种工具，它不仅期望能够实现政治权力平等的参与，而且也主张社会领域的参与。但参与式民主这一主张忽视了参与和秩序之间的潜在冲突，这种做法可能最终会导致自由的毁灭。萨托利曾经从公民直接参与决策的外部风险、影响决策成本的规模限度等方面论述了对决策民主参与的作用的有限性。也就是说，我们不应过分夸大决策民主参与的好处。决策民主参与也有风险，还需要考虑民主决策的成本和效率问题。公民参与如果超越了政治制度所能承受的程度，就有可能冲击既有的政治秩序。毋庸置疑，公民参与对于民主理论与价值的发展是至关重要的，但这并不等于说，在所有的公共决策中，我们都应要求实施公民参与。我们其实最需要搞清楚的还有另一个问题，那就是，政府应在什么时候以什么方式适当地使用不同层次的公民参与形式。对于这个问题，参与式民主理论并未作出充分的论述，而是留给了后来的研究者。

3. 参与式民主理论重视宏观民主必需的微观基础，但是它并未有效解决微观层面公民参与和宏观政治层面决策衔接的制度化问题

参与式民主理论非常重视微观领域内公民参与对于民主政治建设的重要意义，这是非常正确的。自由主义民主理论家都充分认可了参与式民主理论的这种基本理念，萨托利曾经写道："参与是民主的本质，或者说，它为上层结构即民主政体，提供了关键的基础结构。这一点从未被否认。"[①] 但是参与式民主理论对于宏观政治和微观政治发展的重要影响以及二者的具体链接问题的论述还是不充分的。参与式民主理论提出，将微观领域内的公民参与作为民主建设的重点，可能导致的一个问题就是，如何将微观领域内的民主建设和宏观国家政治民主建设连接起来，推动国家整体的民主建设？

上述难题本质上还是规模与民主的难题。随着公民数量的增多，随着

---

① ［美］乔万尼·萨托利：《民主新论》，冯克利、阎克文译，上海人民出版社2009年版，第128页。

民主参与上升到国家政治制度的层次，基层公民参与如何和推进这个民主大厦的建设链接起来呢？参与式民主理论非常重视公民在各种社会团体中的参与，但是这种微观领域的参与如何和国家制度内部的决策联系起来呢？如果不能充分联系起来，那就可能成为萨托利所批评的那样，参与式民主理论只给我们留下一个"小团体民主"，并最终成为一种有关积极而紧密结合的小团体的先锋队理论和实践。① 参与式民主理论其实已经意识到这个问题的重要性。如前所述，协商民主制度设计的一个核心内容就是国家和社会之间的协商制度设计。公共领域中的协商如何进入国家的决策程序，并且这种进入不能影响民主的诉求，是协商民主制度需要解决的核心问题。协商民主制度的真正挑战是如何用前后一致的方式来构思协商过程及协商结束的机制，以保证协商阶段提出和被接受的理由，不被决策所抹杀掉。哈贝马斯的双轨模式、博曼的二元民主制度模式、德雷泽克的公民社会模式都是致力于这一重大问题的解决。只是，我们不得不承认，尽管协商民主制度设计为我们提供了许多可供选择的方向，但是离有效解决这一难题还存在一定的距离。

（二）参与式民主实践的障碍

参与式民主理论发展到协商民主阶段后，理论上不断得到了完善，而且近年来还以多种形式在许多国家和地区进行了实践。但是，在具体的实践中，参与式民主还面临着一系列的阻碍，这些阻碍具体体现在以下几个方面：

1. 参与者的理性不足和事实上的不平等

公民参与的有序有效进行是以公民具有充足的理性和较强的政治能力为前提的。参与式民主赖以发展的基石是公民的"民主理性"：一个明智、良好的民主意志来决定公正和积极的政治产出。但是人们能够完全假定公民意志一直是明智而良好的吗？能够假定公民理性会总是占上风吗？很显然，在现实政治生活中，这些假定是不能完全成立的。首先，人类本身只具

---

① 参见 ［美］乔万尼·萨托利：《民主新论》，冯克利、阎克文译，上海人民出版社 2009 年版，第 129 页。

备"有限理性"而不是"完全理性"。由于缺乏政治知识，公民既缺乏完全认知自我政治权利、自我政治要求和他人政治主张的理性知识，又没有对可供选择的对象作出正确判断的理性知识，使参与式民主很难达到预期效果。其次，人们之间存在着较大的理性差异和不平衡，这可能导致桑德斯所说的"内部排斥"问题。① 一些受过良好教育对自我利益有更清楚认识的人，在协商过程中更有能力用理性而清晰的话语来表达自己的看法。相反，那些没有文化，处于弱势的群体或许不具备足够的理性能力来阐述并使其他人信服其观点，这可能导致人们以公共利益的名义对弱势群体的利益加以修改、限制甚至完全忽视，这也完全违背了参与式民主的初衷。在现实政治生活中，公民事实上存在着广泛的不平等，这制约着参与式民主的进一步发展。这些事实上的不平等主要表现在两个方面。首先，人们在社会中占有的资源存在着事实上的差异。资源不平等导致参与的不平等，参与的不平等又导致不同社会群体的不平等。其次，机会的不平等能够导致边缘群体无法参与公共协商领域。

2. 社会资本的下降和公民的政治冷漠

帕特南认为，互惠规范和公民参与网络能够促进社会信任，它们都是具有高度生产性的社会资本，正是这样的社会资本更好地促进了经济繁荣和民主治理。20 世纪 90 年代中期，帕特南分析了美国的社会资本状况，及其对美国经济和政治的影响。他指出，19 世纪美国人对公民社团参与的热衷，使这个国家的民主制度空前地运转起来，这给托克维尔留下了深刻的印象，可是当代美国的种种迹象表明，美国的社会资本正在下降，因此民主制度的运转速度也随之下降。美国人现在倾向于"独自玩保龄球"②，这反映了当今美国社团组织的活力在衰减。而参与式民主恰恰需要以社团和地方组织为民主参与的重要依托结构。当代西方国家社会资本的下降严重阻碍了大众的民

---

① 参见［澳］约翰·S. 德雷泽克：《协商民主及其超越：自由与批判的视角》，丁开杰等译，中央编译出版社 2006 年版，第 56 页。

② ［美］罗伯特·D. 普特南：《独自打保龄球：美国下降的社会资本》，虞大鹏等译，《规划师》2002 年第 8 期。

主参与，尤其威胁到美国历史上富有生机的地方基层民主，威胁到参与式民主的实施。大多数公民的政治冷漠是参与式民主实践的另一重要阻碍。在大多数的政治体系中，大多数的公民对政治不了解，对政治显得冷漠。事实表明，在当代西方国家，大多数公众是在低水平上一般地参与政治。多数人仍同政治保持了一定的距离，这必然影响参与式民主的推广与实践。现代社会人的发展渠道也呈多元化态势，这就意味着人们的兴趣点也是多元的。

3. 公民参与可能存在的高成本和低效率

参与式民主显然是一种更能体现公正和公平的民主形式，但在实现公平正义的同时，却很难保证效率。首先，要使参与者充分表达意见，倾听不同的想法、事实、假设和经验的差异，再找出大家都能统一的解决方案，是一个费时费力的巨大工程。其次，政府公共决策中的公民广泛参与也可能导致决策费时过长，出现低效率的现象。在面对需要迅速作出公共决策的时候，公民参与的时耗性可能影响决策的时机把握，这对于许多重大的公共决策都是不适应的，使参与式民主难以在现实中广泛实施。参与式民主的实施还存在着降低成本的问题。参与式民主更多的重点是放在民众对于涉及公共利益的问题进行公开辩论和协商上，这更需要大量的时间和金钱成本，以及固定的协商场所，这在很大程度上将制约参与式民主的实施。另外，公民个体参与是要付出成本的，包括信息收集的成本以及参与的时间和交通费用等，很多公民选择不参与。这就是唐斯所说的"理性弃权"的问题。解决公民参与的高成本和低效率问题是参与式民主实践面临的一个巨大的难题。

三、参与式民主的发展展望

作为当代西方兴起的一种新型民主理论，参与式民主理论对于西方传统代议政治产生了极大的冲击，推动了西方民主朝着多元、包容以及大众参与的方向发展。尽管参与式民主理论自身还存在着许多的缺陷，但是从现实实践发展的趋势来看，参与式民主似乎仍然存在广阔的发展空间，展现出很大的发展潜力。联合国大会第 58 届会议报告曾经对 21 世纪的民主政治发展趋势进行展望并指出，"参与性民主制度的重要性正在增加，同代议制民主平分秋色。政策制定方面的合法性并不仅仅来自于投票箱"①。参与式民主理论的局限和困境只有在发展中不断得以解决，参与式民主理论本身的特性和西方民主实践的现实诉求都预示着参与式民主理论在当代西方复杂而多元的社会中具有十分广阔的发展前景。

第一，参与式民主建基于现代社会对人的自我存在的一种实践与肯定，建基于公民角色的觉醒与认知，通过促进积极的公民身份，培养共同体价值观，参与式民主能够逐步从理想走向现实。从根本上看，参与式民主理论的生命力与其自身特点密切相关。参与式民主理论的核心价值是对人的自我存在充分肯定，期待通过公民角色的觉醒和认知推动民主的深化发展。参与式民主理论重新将民主复归到人类社会最核心的主体——人的存在和自我肯定上来，这对于民主理念的深化无疑具有重要的价值。民主是人的权利，民主又是人的观念和社会制度，它的根据，不可能来自自然界，只能是人本身，是人的本质发展和人性的升华。民主的发展从根本上来说，还是依赖于作为主体的人的推动和全面发展。通过促进积极公民身份和培育共同价值观，参与式民主在现实中有可能得到较快的发展。积极公民身份要求公民积极捍卫与落实自己的权利，履行自己的义务，推动社会共识与社会合作，这可能形成具有强烈公民身份意识的公民。积极的公民身份和共同体价值观可能推动参与式民主从理想走向现实。

第二，参与式民主的生命力，还在于当代西方民主实践的巨大推动力量。西方社会结构的嬗变，新的社会矛盾和冲突将使得西方参与式民主的社会基础进一步扩大，推动参与式民主实践进一步发展。参与式民主重要的实践推动力量是当代西方新中间阶层以及边缘阶层对于现代西方工业社会官僚体制的不满、拒绝和抵制。在 20 世纪的后 30 年里，西方社会发生的重要变化之一，是经济结构的调整和变化，而这一变化所造成的最直接的社会后果是推动了传统阶级结构、社会结构的分化组合，出现了以"新中间阶

---

① 转引自于海青：《论当代西方参与民主》，中国社会科学院博士学位论文，2006 年。

层"以及边缘阶层（或社会弱势群体）为代表的多元化的新社会角色和社会成分。新中间阶层是当代西方官僚体制和正规化企业科层管理体制所造就的重要的、崭新的社会力量。新阶层之所以重要，是因为虽然处于被雇佣的地位，但他们仍然占据着社会运转的控制部门，行使着社会管理和企业管理的职能，是实现社会控制和生产管理的不可替代部分。而边缘阶层是那些在现代化过程中被边缘化，为现代化过程付出了代价的人群，他们游离于传统阶层之间，随着经济地位和职位的变化而在各阶级阶层之间上下流动。边缘阶层的扩大和发展，对既有社会结构造成了有力冲击，使得当代西方的社会阶层、社会成分更为多元，更为复杂。形形色色的新中间阶层与边缘阶层，显然是异于传统阶级角色、阶级力量的新的社会力量。他们在关怀重点、价值取向、政治态度、社会吁求等方面展现出不同于传统阶级利益、阶级诉求的多元发展的新特点。正是在这些新社会力量的直接推动下，参与式民主在过去的 30 多年才得以迅速发展和流行。当前西方社会结构仍然处于嬗变之中。尤其是随着新信息产业革命和全球化的发展演进，有可能继续发生分化，从而使得参与式民主的社会基础进一步扩大，产生更多的参与式民主的支持者和推动者，进而对参与式民主的发展产生积极影响。在战后西方，社会总体上处于一种相对稳定的发展态势，并没有出现如大萧条时期那样的大规模危机。但是，这种相对稳定的发展并不意味着资本主义本身存在的各种矛盾都得到了解决。相反，由资本主义基本矛盾所导致的各种问题如劳资关系、贫富差距、失业等问题仍然相当突出。同时，随着现代化进程尤其是经济全球化的发展，也出现了许多新的社会矛盾和问题。首先，第二次世界大战后西方国家加强了对社会和经济的干预，导致了官僚机构和权力的大规模扩张，造成了哈贝马斯所说的"系统"对于生活世界的"殖民"，导致了人们自主决定和国家系统控制监管的新冲突。其次，新技术革命产生了生态危机等诸多的负效应，这和第二次世界大战后人们更多地关心生活质量，从关心物质价值转向关心后物质价值形成了新的冲突。最后，与新社会力量、新社会矛盾冲突相对应，新社会力量的新吁求表现出了非意识形态特征，即反对将经济增长当作社会进步的不二法门，不再一味地关注物质生产过程，而更加强调保护生态平衡、减少资源浪费、保障妇女以及少数族裔权益、维护世界和平等物质生活以外的文化议题和社会议题；反对集权性、等级性的科层体制，国家推崇社会平等、人际团结；更加注重个人价值、强调个人自决，主张自我实现，而不是物质利益和政治权力。这些新的矛盾和冲突在西方将继续存在，因而在民主政治领域，新的社会力量将会继续向代议制民主发出挑战，通过发展打造基层广泛参与的民主政治，实现权力的分散化来不断改进代议制民主。

第三，参与式民主继续发展的可能性，也是由资产阶级统治精英维护政治统治合法性的内在需要驱动的。参与式民主理论兼具理想与现实、激进与改良的双重特点，既与经济发展条件下大众的参与需求相适应，又没有从根本上威胁统治权威的利益，因此有可能为主流政治所接纳，得以继续存在和发展。由于其固有的阶级局限性，西方资产阶级民主政治必然始终处于各种矛盾和冲突之中，资本主义的发展进程实际上就是不断寻求制度内的手段和方式，缓和、化解内在矛盾和冲突，协调内部关系，不断需求政治统治合法性的过程。冷战结束后，资产阶级政治理论家曾经不遗余力地大肆宣扬其资本主义民主的合法性和有效性，渲染自由主义民主的普适性和终极性，但是并不能掩盖资本主义民主政治深刻的内在危机。资本主义民主政治的冲突和危机，根源于资本主义的内在矛盾。只要资本主义制度存在，冲突和危机就必然存在；而只要冲突和危机存在，资本主义就必然寻求解决冲突和危机的办法，以维护其统治的合法性。而推动公民参与形式的多样化、扩展公民参与的范围、提升公民参与的质量既是维护社会稳定的重要调节器，也是提升资本主义民主政治合法性最有效的途径之一。在这种条件下，作为能够维护资本主义代议统治合法性的一种有效方式，可以预见的是，在未来的西方民主政治建设中，公民的参与将不断获得新的发展。

第二节　参与式民主对中国社会主义
民主政治建设的启示

我国与西方国家的社会政治制度和文化历史传统不同，在世界现代化建设的进程中也处于不同的历史阶段，因此，我国的民主建设目标和面临的问题和西方发达国家也存在很大的差异。但是，作为一种新型的民主理论形态，当代西方参与式民主理论复兴了公民积极参与的理念，对代议制民主存在的种种弊端和危机提供的解决方案，体现了民主理论发展的新趋向。参与式民主理论的诸多理念、价值和方案与中国社会主义民主政治建设有着很强的契合性，参与式民主理论提出的深化公民参与的许多举措对于扩大中国公民有序政治参与有着很强的借鉴意义。

一、参与式民主在中国的成长空间[①]

一切民主，无论是观念还是制度，都既具有特殊性和阶级性的一面，也具有普遍性和社会性的一面。抛开参与式民主理论产生的特殊社会条件和阶级实质，我们发现参与式民主理论对中国民主建设的启示意义首先体现在它的理念、价值和民主发展方案与中国社会主义民主价值观、中国民主转型的模式选择、中国民主建设的重点有着很强的契合性，在中国有着极为广阔的成长空间。

（一）参与式民主的理念蕴含着社会主义民主的核心价值追求

参与式民主理论对民主含义的理解，突出了公民在民主政治中的主体地位和作用，强调公民参与不仅限于选举参与，还要重视决策参与；坚持民主是个人全面发展的基本条件，民主的最终根本性的原则或目标就是"为社

---

① 参见万斌、董石桃：《参与式民主与中国社会主义民主政治的发展》，《浙江社会科学》2011 年第 11 期。

会所有成员平等而自由地发展人性潜能提供条件"①，民主理论中的基本原则
是平等而自由地实现自我完善是每个人的权利②；坚持民主的人民主权原则，
反对精英民主理论对"人民意志"的否定；等等。参与式民主的理念都蕴含
着社会主义民主的核心价值追求。社会主义民主价值观和当代西方精英式的
自由主义民主价值追求有着本质的区别。社会主义民主价值观秉承马克思主
义经典作家的民主价值观，既重视民主的实际运行，同时又并不放弃民主的
理想追求，始终没有放弃"主权在民"这一核心价值追求。社会主义民主观
强调民主的实质是"人民当家作主"。民主的最根本的价值前提是人民主权。
马克思对此曾经有过系统的论述，他认为，"民主制独有的特点，就是国家
制度无论如何只是人民存在的环节"，"不是国家制度创造人民，而是人民创
造国家制度"③。马克思曾经十分明确地提出："人民是否有权来为自己建立
新的国家制度呢？"他回答说："对这个问题的回答应该是绝对肯定的，因为
国家制度如果不再真正表现人民的意志，那它就变成有名无实的东西了。"④
马克思还曾经提出了要建立一种真正表现人民意志的新的国家制度。在马克
思看来，社会主义民主的核心主体是非常清楚的，那就是人民，而不是少数
的精英阶层。人民是社会实践的主体，是社会生产活动的主体，是社会历史
的真正创造者，是推动历史前进的真正动力，因此，他们应当是国家权力的
真正主体。真正的民主应是人民主权、人民意志的实现。人民行使主权、表
达意志的途径就是通过各种形式和渠道"真正平等地、真正普遍地参与一切
国家事务"⑤。正是从这个意义上说，社会成员的广泛参与不仅是民主的天然
基础，而且也是社会自足和强大的基础，更是民主发展的最根本保障。马克
思的社会主义民主价值观和参与式民主的基本理念都有着很强的契合性。

　　参与式民主理论对公民主体性的强调在我国民主发展的价值追求中得

① C. B. Macpherson, *The Real World of Democracy*, Oxford: Clarendon Press, 1966, p.58.

② C. B. Macpherson, *Democratic Theory*, Oxford: Oxford University Press, 1973, p.51.

③ 《马克思恩格斯全集》第 3 卷，人民出版社 2002 年版，第 40 页。

④ 《马克思恩格斯全集》第 1 卷，人民出版社 1956 年版，第 316 页。

⑤ 《列宁全集》第 28 卷，人民出版社 1990 年版，第 111 页。

到了很好的体现。十五大以来，我国社会主义的主流意识形态都曾经反复强调民主建设要"充分发挥人民群众的主观能动性和伟大创造精神，保证人民群众依法管理好自己的事情，实现自己的愿望和利益"。十六大报告突出强调了民主建设中公民参与的重要性，提出要"扩大公民有序的政治参与，保证人民依法实行民主选举、民主决策、民主管理和民主监督，享有广泛的权利和自由，尊重和保障人权"，并认为民主的实质就是普通公民通过广泛参与公共事务管理来实现和保障人权。这种民主价值的追求和参与式民主的价值理念是完全一致的。十七大报告则将社会主义民主政治的核心和本质清晰地定位为"人民当家作主"，强调要通过努力实现人民依法直接行使民主权利，重申了公民参与对维护和保障自身政治权益的重要意义，这些理念始终坚守民主发展中公民主体性的重要地位，这和参与式民主强调民主的基本原则——平等而自由地实现自我完善是每个人的权利的观点不谋而合。参与式民主理论曾经强调，任何一种理论如果要为我们的时代辩护、解释或描述，都必须采纳这样一条标准："即每个人平等拥有充分依据其意愿生活的有效权利。"① 而不是"一个人，一张选票"。民主和个人自由全面发展密不可分。

　　参与式民主理论区分了作为政体的民主和作为生活方式的民主。作为一种政体，民主是理性的公民履行政治责任、处理政治生活中遇到的恒长问题的政治机制。作为一种生活方式，民主的核心价值和最终保障就是，"邻居们能在街头巷尾自由讨论在当天小报上发表的小道消息，就是朋友们能在自己的起居室里聚会，自由交换意见"②。民主是一种理想，但是只有把这种理想变成人们生活常识的情况下，民主才是一种实在，这只有通过公民在各个领域中对公共事务管理的参与才能实现。现代国家在经济、科技、教育、出版及社会福利方面作用的大大增强，使得民间的社会体制大大政治化了。这些社会体制必须以民主而不是其他协调方式（传统观念、市场或政治强权）去获得权威性。同时，民间社会体制的民主化又可以改变或阻止国家权

①　C. B. Macpherson, *Democratic Theory*, Oxford: Oxford University Press, 1973, p.51.

②　John Dewey, *Creative Democracy-The Task Before US*, Debra Morris, Ian Shapiro (eds.), *The Political Writings*, Hackett Publishing Company, 1993, p.243.

力进一步膨胀和集中，推动国家和社会两个层面的民主化。为此，参与式民主理论不再把民主的原则和方法局限于政治领域而广泛运用于企业、社会等非政治领域，这与马克思主义在社会不同层面上和不同领域中使用民主概念具有共通性。马克思主义认为，民主的发展过程本质上就是人的解放过程，是使个人摆脱外在的束缚关系，成为自由而全面发展的人，最终实现人的政治解放、经济解放、文化解放和社会解放。这种解放的过程，反映在民主领域，可以表现为政治民主、经济民主、文化民主和社会民主；反映在法律领域，可以表现为政治权利、经济权利、文化权利和社会权利。马克思主义主张把民主扩大到社会生活各个层面、各个领域。其中，国家形态上的民主政治制度是最根本的，因为它是统治阶级组织国家政权、实现自己意志的根本形式。但是，国家层面的民主建设并不是民主建设的唯一内容，民主权利、民主管理原则、民主观念、民主作风和民主方法等，对于民主制度的运行和实现也发挥着不可忽视的重要作用。参与式民主理论的这些理念和社会主义民主发展的基本理念也有着较强的契合性。改革开放以来，我们党也一直秉持这种民主价值观，强调社会主义民主要扩展到政治生活、经济生活、文化生活和社会生活的各个方面，发展各个企业事业单位的民主管理，发展基层社会生活的群众自治。

（二）参与式民主的观点与中国民主转型的路径选择相契合

民主转型也即"民主化"，它是指民主政治从其肇始初创，到发展变化，再到巩固完善的过程中具有一定普遍性和代表性的道路演进。[①] 有学者认为，世界民主转型模式概括起来主要有两种。一是先发民主发展模式。它是社会内部自身的自然发展逐渐引起人们在观念上随之而自然地发生"民主性"变化，尔后通过一定的途径把这种新形成的民主观念逐渐转化为现实的民主制度并与时俱进地不断巩固和完善这种制度。二是后发民主发展模式。它是由外来的而非本社会或政治体系本身自发生成的因素促使政治体系发生转变，即首先架构起基本的民主制度，尔后通过各种途径和方式使置身

---

① 参见梁军锋：《中国参与式民主发展研究》，中央党校博士学位论文，2006 年。

此制度下的人们的观念逐渐"民主化"以使其最终适合并支撑改变后的民主政治体系，进而在此基础上使这种新的民主政治体系得到进一步的巩固和完善。① 许多亚非拉国家在现代化的初始阶段都把自己的民主发展模式定位为"后发模式"，把仿效西方民主政治制度作为本国政治现代化的圣经。它们认为，只要努力效仿西方的政治体制，就能维护国家的独立和推动民主建设。但是，民主的发展究竟真的有一种后发的"赶超"模式吗？发展中国家能够通过国家自上而下的权威快速地"建立"民主吗？历史发展证明，后发国家对西方先发国家政治制度的这种"快速移植"并非坦途，反而使一些国家陷入了长期的政治动荡，甚至出现了政治独裁的局面，宪法成了陪衬独裁政治的花瓶，制度也成了掩盖独裁政治的饰衣。对发展中国家来说，一种可以实现"赶超"的后发民主模式并不是民主发展的最佳道路。究其根本，就在于后发国家没有看到，民主政治的建立必须以相应的政治文化为前提，必须以广大民众的民主意识培育为基础。

参与式民主理论认为发展中国家的民主转型其实并不能选择所谓的后发"赶超"民主化模式，而是要老老实实地遵循民主发展本身固有的规律，重视民主的社会基础建设，走民主发展的"渐进"道路。参与式民主理论强调，公民参与能促进人类发展，强化政治效率感，弱化人们对于权力中心的疏离感，培养对集体问题的关注，并有助于形成一种积极的、具有知识并能够对政府事务有更敏锐的兴趣的公民。佩特曼指出："参与民主理论中参与的主要功能是教育功能，最广义上的教育功能，包括心理方面和民主技能、程序的获得。"② 巴伯进一步指出，公民经常参与地方层次或工作场所的决策，便可增强本身的政治功效感、政治兴趣及政治知识等民主能力。参与式民主理论的根本目的是通过公民的积极参与形成一种良性的民主文化，建立民主发展所需的民情基础。通过基层的民主建设，夯实民主的社会基础，最终推动国家高层民主的发展。这些观点都比较契合中国民主转型的路径选

---

① 参见柳伍氏：《民主化模式探徽》，《云南行政学院学报》2005 年第 1 期。

② 佟德志：《中国民主化模式的两个维度——基于政治文明理论框架的中外比较研究》，《理论与改革》2007 年第 5 期。

择。中国当代的民主化模式显然走的是一种渐进的民主化模式，既强调民主建设的核心地位，又注意到了民主意识与民主文化的重要作用；既注重民主制度化的硬环境，将民主参与保持在一定的秩序范围内；同时又注重公民文化的培养，为民主制度的健康运行提供了软环境。这构成了中国民主化的两个重要维度，塑造了中国民主化的基本样式，同时亦是中国政治体制改革取得成功的经验。①

当前学术界对于中国民主转型模式的选择还存在许多的争议。② 但不管怎样，中国民主发展模式选择必须汲取那种片面强调移植复制西方民主制度框架而忽视民主文化、公民社会建设的教训。毕竟无论如何，西方文明并不能代替发展中国家民主文化的培养。连亨廷顿都不得不承认，"西方文明的本质是大宪章（Magna Carta）而不是'大麦克'（Magna Mac）（'巨无霸MagnaMac'）。非西方人可能接受后者，但这对于他们接受前者来说没有任何意义"③。在以民主制度为终极取向目标的政治发展进程中，无论是先发民主化模式还是后发民主化模式，民主思想观念是政治民主化过程或民主制度的最终建立必不可缺的决定性环节。这就是为何托克维尔对美国民主的考察中，认为民主发展的基础首推民情。世界各国民主发展的历史也一再证明，民主发展的根基是社会而不是国家，"民主化必须以努力创造一种民主文化为开端"④。中国民主发展模式应该汲取参与式民主的基本理念，重视夯实民主发展的社会基础。任何国家的民主政治的最终确立都离不开其社会成员的民主思想观念的最后支撑。事实上，中国清末以来的民主建设命运多舛，很大程度上就是因为民主文化和公民社会建设的薄弱。新中国成立以来，中国

---

① 参见［美］卡罗尔·佩特曼：《参与和民主理论》，陈尧译，上海人民出版社 2006 年版，第 39 页。

② 有学者尝试总结了关于中国民主发展模式的诸多类型，比如有法治优先模式、党内民主模式、平衡发展模式，自然演进模式、维权模式等。［参见李凡：《中国民主的前沿探索》，《背景与分析》专刊），世界与中国研究所］

③ 转引自佟德志：《民主化与法治化的互动关系初探》，《理论导刊》2004 年第 7 期。

④ 加利：《联合国与民主》，载刘军宁主编：《民主与民主化》，商务印书馆 1999 年版，第 312 页。

的民主发展模式已经积累了许多重要的经验，其中重视民主文化的培养构成了中国民主化道路的成功经验之一。当然，中国的民主化模式还是一个未竟的模式，仍然处于进一步发展的过程中，还有很长的路要走。

（三）参与式民主的主张与中国民主政治体制改革的思路相一致

中国的民主政治体制改革是一项艰巨的系统工程，牵涉面广，稍有不慎就可能导致不良的后果。如前所述，就当前中国民主政治体制改革的现实来说，着眼宏观民主，而从微观民主开始努力，走一条渐进的"增量改革"之路可能是一种成本较小、风险也较小的选择。而参与式民主就可以很好地充当这个突破口的角色。参与式民主理论认为，民主建设的重点首先是基层和地方民主建设，要求将"政治"的范围延伸至政府以外的领域，强调自下而上的参与，从基层、社区开始逐渐上升到政治、国家层次上的参与民主。参与式民主认为，在现代条件下，只有个人有机会直接参与地方层次的决策才能实现对日常生活过程的控制；更重要的是，通过基层、社区、工作场所的参与，使得公民个人获得更多的机会实践民主，在民主实践中进一步培养政治能力，在适当的时候可以参与国家范围的决策。其次，参与式民主理论重视政党民主化在民主建设中的重要作用。在民主与政党的关系上，参与式民主理论在强调公民直接参与的同时，并不否定政党在民主政治中的重要作用。麦克弗森主张把竞争性政党和直接民主的组织联合起来，主张按照直接民主制的原则和程序使政党民主化，如果这些"真正的参与性政党"是在一个宪政体制内运作，而这个体制又由工区和地方社区的完全自治的组织予以补充和限制，那么参与式民主就有了坚实的基础。参与式民主的这些主张和当前中国民主建设的两个重点内容——基层民主和党内民主，有着较强的契合性。基层民主与党内民主，是现阶段推进中国民主政治的两大重点和突破口。基层民主直接关系到广大人民群众的切身政治权利，是全部民主政治的基础；党内民主是权力核心层的民主。通过发展基层民主，使民主逐渐向上推进，通过发展党内民主，使民主从权力核心向全社会推进，这是当前中国民主建设的两个核心内容。有学者提出，"在可见的将来，中国民主政治将沿着三条路线稳步向前推进。第一，以党内民主带动社会民主。中国共产党是中国唯一的执政党，通过扩大党内民主，推动全社会民主，是推进中国民主的现实道路。第二，逐渐由基层民主向高层民主推进。一些重大的改革将通过基层试验，逐步向上推进。第三，由较少的竞争到更多的竞争"①。这种民主改革的思路应该是很有道理的。

当前中国民主建设的第一个重点内容就是基层民主建设。我们知道，一个国家的民主发展道路选择是由这个国家自己的历史文化背景和社会政治经济发展状况决定的。作为后发现代化国家，当代中国的民主发展历史并不长，从 1954 年确立人民代表大会制度至今才半个多世纪，其间由于"左倾"错误，社会主义民主体制一度遭到严重破坏。鉴于中国长期以来一直缺乏民主的传统和观念，民众对民主制度的认识欠缺，当前中国的民主建设必须建立在广泛的民众基础上，大幅度提高基层社会成员的民主意识，培养他们的民主实践能力，形成民主观念和民主价值。为此，中国共产党的十七大报告中明确指出，人民依法直接行使民主权利，管理基层公共事务和公益事业，实行自我管理、自我服务、自我教育、自我监督，对干部实行民主监督，是人民当家作主最有效、最广泛的途径，必须作为发展社会主义民主政治的基础性工程重点推进。这些提法将人民对政治生活的直接参与逻辑地规定为社会主义民主制度的重要组成部分，表明了基层民主参与是我国民主政治发展的重要目标之一。近年来，我国在农村和城市分别推动村委会自治和居委会自治建设，实际上就是通过在基层社会的自治发展，培养具有民主意识和民主能力的公民，并通过社会层面的自治，在适当的时候上升到政府体系中的民主参与。这一举措为当前中国的精英主义政治转变为参与式民主政治提供了一条切实可行的、渐进发展的路径。

党内民主是当前中国民主建设的另一个重点内容。中共十六大就确立了发展党内民主，以党内民主带动社会民主的中国民主政治发展路线。中共十七大再次确认了这一民主发展战略。党内民主是除基层民主之外，中国推

---

① 俞可平：《中国民主政治将沿三条路线稳步推进》，人民网—人民日报，http：//news.QQ.com，2008 年 12 月 3 日。

进民主政治的又一重点。中国共产党是中国的政治权力核心。如果说基层民主是由下而上推进民主政治的话，那么，党内民主则是由权力核心向外围推进民主。没有党内的民主，就意味着没有核心权力层的民主。中国共产党拥有 8000 多万党员，聚集了广大的社会精英。没有党内的民主，中国民主政治建设就是一句空话。党内民主建设的核心是切实确立党员的主体地位，拓宽党员参与渠道，将我党建设成一个"参与性的政党"。围绕这一核心内容，改革开放以来，我党进行了许多的有益探索。2004 年 10 月，中央颁布的《中国共产党党员权利保障条例》，充实了党员享有的各项权利，完善了保障党员权利的具体措施，明确了各级党组织和党员领导干部在保障党员权利方面应尽的职责，是一个十分重要的基本制度规范，从而使党员参与党内事务的渠道进一步拓宽。另外，一些基层党组织探索建立党员议事会、民主恳谈会、党员旁听县乡常委会（党委会）等制度，培养党员的民主意识，提高党员的民主素养，调动了广大党员参与讨论党内事务的积极性。这些都为将中国共产党建设成一个"参与性的执政党"打下了良好的基础。

（四）参与式民主推动社会管理体制创新

参与式民主的本质是从"社会"的视角看待民主的发展。如前所述，参与式民主理论的深刻之处就在于它没有停留在国家政治制度层面考察民主，而是深入到社会关系、公民的参与技能和政治效能感与民情里考察民主。从社会的视角来看，民主不仅是一种国家体制，也是一种社会管理体制。从"社会"视角中看待民主的发展，公民能够切实参与到公共管理和公共决策过程中来，这使得参与式民主对推动社会管理体制的创新也具有十分重要的意义。当代西方"第三条道路"主张政府与社会应建立良好的合作伙伴关系，从关注公平和价值角度出发，倡导让更多的公民参与公共管理过程，这就在一定程度上打上了参与式民主理论的烙印。20 世纪 80 年代，西方国家开展的"政府再造"运动，更是把促进公民参与作为其中的一项十分重要的内容，强调授权给社区和公民，鼓励公民参与社区事务管理，增强公民参与意识，倡导培育和提升公民自主组织能力等。这些举措都有力地推动了社会民主治理制度的创新。

中国传统的社会治理模式是一种突出"管理"的模式，这种模式很多时候将公共生活的治理简化为决策者对人和事的单向管理，决策者对自下而上的需求缺乏回应的动力。在日常的议程设置上，党政机关及其智囊机构主导了议程设置，公众的利益诉求只被要求通过指定的渠道代表和表达，而这些渠道又经常因为官僚化而遭堵塞，民众自发的组织和表达形式难以得到法律的保护。改革开放以后，管理式的治理模式有促进经济效率增长的一面，在地方官员政绩竞争的背景下，曾推动了中国经济迅猛增长。但是，这种社会治理模式也使中国付出了社会公平的代价：各级政府片面注重 GDP 增长而忽视了公共服务的提供、贫富差距的不断拉大、环境污染严重、官员腐败加剧等。"管理"式的社会治理模式的总体特征就是政府决策的开放性不足，民众缺乏参与和影响政府决策的现实渠道。这导致在实际当中，政府的决策容易被少数特殊利益集团所俘获，滋生腐败，进一步引发公众不满，瓦解政府决策的正当性基础。长此以往，社会矛盾越积越多，甚至在某些局部已经爆发出来，形成公共危机。21 世纪以来，中国上访案件急剧增加、群体性事件数量不断上升就是这种情况的一种体现。

要克服传统社会治理模式的弊端，就需要改革现有的行政决策机制，为长期以来被漠视的社会群体提供参与行政决策的畅通渠道，让他们通过提升对与自身切身利益相关政策的认识来改变自身的不良处境。面对有限的政府能力，社会问题的解决必须依赖公民的参与，通过公民参与来一起界定问题、思考方案并分担责任。在这个意义上，见多识广、充满活力的公民是有效的政府管理的基础所在。[①] 参与式民主的治理模式无疑为当前中国社会治理改革提供了一个切实可行的方案。参与式民主的治理模式并不仅仅是抽象的理念，而是面向社会公共生活中个体所关注的真实问题，解决公众关注的具体民生问题，以民主推动民生问题的切实解决。参与式民主的治理模式使普通公民被视为具体的利益相关者，被视为需要在社会治理中紧密团结、分

① 参见 [美] 弗雷德里克森：《公共行政的精神》，张成福等译，中国人民大学出版社 2003 年版，第 37 页。

享政策影响力的伙伴，使政府的决策成为最大限度地吸纳民意的开放式的决策。值得注意的是，参与式民主的社会治理模式在当前的中国并不是停留在理念层面，而是已经走向切实的实践并产生了良好的效应，已经成为当前中国社会治理模式的现实选择。从公民的角度来看，公民的主动参与意识不断增强。从国家角度来看，党和政府对于社会治理模式改革的紧迫性也已经有了清醒的认识，改革的主导方向就是扩大公民的有序参与，疏导社会矛盾、尊重民意，确认并落实普通公民的知情权、表达权、参与权和监督权。在地方政府政策目标和干部考核指标中已经加入了公共服务、环境保护、社会稳定的内容。一些地方在干部考核的程序中也增加了民意测评、民意调查等。一些地方（如浙江省的杭州、温岭）在党政决策中开始重视如何实施开放式决策，对公民的要求作出积极的回应。座谈会、协商会、听证会等临时利益代表和表达渠道得到了重视和广泛应用。地方政府通过推动广泛深入的公民参与，不仅深化了民主，而且在政府与公民之间搭建起了桥梁，在政府、公民个人和志愿团体之间建立起伙伴关系，使各种利益相关者能够参与决策、共同治理。政府与社会之间的分权和关系调适也催生了公民参与的制度空间，为扩大公民有序政治参与提供新的渠道和途径。总之，参与式民主的治理模式已经成为当前中国社会治理的现实选择，在未来，它必将使中国的社会治理走向一个良性的轨道，也为中国的民主建设奠定了扎实的社会基础。

二、参与式民主对中国社会主义民主政治建设的启示

民主的价值和意义，只有通过公民参与才能真正实现。公民参与是民主政治的核心问题之一，只有通过公民参与，民主政治才能真正运转起来。[①] 参与式民主论者提出了一种新的民主观念，即公民积极参与本身被认为具有内在的价值：它使所有人都能发挥作用，不仅增强了自身在这种方面的能力，而且形成了构建公民社会的各种纽带。在西方，参与式民主以选举代议制民主为基础和条件，它是代议制民主的有效补充。对中国来说，参与

---

① 参见俞可平：《中国民主政治将沿三条路线稳步推进》，《党的建设》2007 年第 12 期。

式民主则是推动中国民主转型的一种重要路径。中国一方面面临着发展和完善代议制民主的重任；另一方面，中国的民主建设也同样面临着扩大公民有序参与的重任。参与式民主的推行对上述二者都有重要的意义。

从中国民主发展和现代化的关系来看，民主隶属于中国现代化的一个根本要素，中国式的民主建设，隶属于中国全面现代化的整体发展逻辑。中国民主建构的逻辑是以民主促进现代化发展，因而民主必须是有序的、可控的。通过扩大公民有序参与，提高人们参与中国社会主义现代化建设的积极性、创造性，是中国现代化必然选择的一条道路，有学者甚至将其概括为一种"发展性导向型参与民主"[1]。中国有序扩大参与的基本特征是在现代化不同阶段，围绕现代化发展的中心任务，分领域、分层次、分程度地扩大参与。也即有序扩大公民个体、社会组织和新闻媒体等各种社会力量，在立法、政策制定和权力监督等各领域、各层次中的参与程度。参与式民主符合中国现代化发展的内在逻辑，是中国现代化发展的必然选择。

中国共产党对于民主政治人民性和参与性建设的重要性有着十分清醒的认识。"中国民主的现代逻辑根植于人民民主。人民民主是中国共产党建设新社会、新国家的根本出发点，本质就是要广大人民成为国家的主人。"[2]21世纪以来，党和国家领导人更是将参与式民主作为政治体制改革和发扬社会主义民主的一项重要改革措施。2000年10月，党的十五届五中全会就提出要"加强民主政治建设，推进决策的开销会、民主化，扩大公民有序政治参与"。十六大再次重申，"健全民主制度，丰富民主形式，扩大规模有序政治参与，保证人民依法实行民主选举、民主决策和民主管理与民主监督，享有广泛的权利和自由，尊重和保障人权"，并对推进参与式的民主决策提出了具体意见："各级决策机关都要完善重大决策的规则和程序，建立社情民意反映制度，建立与群众利益密切相关的重大事项社会公示制度和社会听证制度"。十七大进一步提出，民主发展必须"坚持国家一切权力属于

---

[1]　周少来：《发展导向型参与民主：中国民主建构的路径分析》，《政治学研究》2014年第2期。

[2]　林尚立：《协商民主：中国的创造与实践》，重庆出版集团2014年版，第7—8页。

人民，从各个层次、各个领域扩大公民有序政治参与，最广泛地动员和组织人民依法管理国家事务和社会事务、管理经济和文化事业"；"要健全民主制度，丰富民主形式，拓宽民主渠道，依法实行民主选举、民主决策、民主管理、民主监督，保障人民的知情权、参与权、表达权、监督权"；"推进决策科学化、民主化，完善基础信息和智力支持系统，增强决策透明度和公众参与制度，制定与群众利益密切相关的法律法规和公共政策原则上要公开听取意见"。十八大报告又进一步提出，要完善基层民主制度，扩大公民有序参与，健全社会主义协商民主制度，"在城乡社区治理、基层公共事务和公益事业中实行群众自我管理、自我服务、自我教育、自我监督"，"要健全基层党组织领导的充满活力的基层群众自治机制，以扩大有序参与、推进信息公开、加强议事协商、强化权力监督为重点，拓宽范围和途径，丰富内容和形式，保障人民享有更多更切实的民主权利"，"要完善协商民主制度和工作机制，推进协商民主广泛、多层、制度化发展"。

当前我国的公民参与建设正处于一种良性、稳步发展的态势之中，显现出逐步成熟、不可逆转的发展态势。这就是说，一方面，我们必须看到公民参与在中国具有广阔的发展前景；另一方面，我们也必须看到，中国的公民参与本身还存在许多问题，比如，虽然人们参与的社会基础在不断扩大，热情普遍提高，但整体上公民参与的水平和比例仍然较低，甚至仍然存在着一定程度的政治冷漠，公民参与意识、参与能力相对提高，但在实践中向具体的参与行为转化仍然较少。公民参与的宏观制度虽然已经确立，但是参与过程还存在"虚化"、"形式化"和"表演化"的危险；虽然各种参与形式大多能发挥积极作用，但有的参与形式如社团参与仍然处于较低的发展水平，未能充分发挥推动公民参与的应有作用；虽然公民参与的制度建设取得了一定的成效，但是系统的法律规范仍然缺乏，使得公民参与呈现孤立化、碎片化状况。鉴于此，我们应当借鉴参与式民主理论的一些积极思路，采取有效的措施，推动公民参与的不断深入发展，深化中国社会主义民主政治建设。

（一）公民参与的主体提升：推进公民资格诸权利的发展

公民参与必须以公民资格权利为依托，这是参与式民主理论给我们提供的深刻洞见。赋权公民是公民参与的基础。公民参与的程度、有效性和有序性除了靠制度框架来保障之外，就要依靠公民个体对权利的意识和权利行使的能力了。增强公民的权利行使能力，无疑有助于提高公民对政治现实的判断力以及选择参与方式。参与式民主理论认为，公民资格是在一个有确定边界的社会政治共同体内的完全成员资格，是共同体分配的基础。公民资格既是一种法律地位的要求，也是一种获得政治和社会承认，对经济再分配的要求。公民资格的基本构成包括公民权利、政治权利、社会权利和以公民责任为体现的公共精神。公民资格和政治参与具有重要的关联性。阿马蒂亚森曾经指出，公民资格问题关键是把参与作为一种价值，把参与能力看作是解决社会整体幸福不可或缺的一部分。[1] 公民资格为政治参与提供了参与主体和权利方面的理论支持，而政治参与则为公民资格的发展和内容的丰富提供了探索的途径。公民权利模式代表着国家由地位平等的公民所组成，他们享有相同的权利，并且仅仅由于这些权利的相应义务才与国家发生联系。公民资格权利的内涵从根本上强调的是平等，其根本宗旨在于直面和处理各种人群所遭受的不公正，公民资格将政治参与内化为其必要的机制，推动市场、国家和社会符合治理框架的形成和发展。总之，推动公民参与和民主发展首先必须推进公民资格诸权利的发展。参与式民主的公民资格理论为我们分析中国公民参与问题提供了一个有力的分析框架和全新的思路。

推进公民资格诸权利的发展，首先要扫除公民资格诸权利发展的结构性障碍。西方公民资格权利的平等性发展其实就是一个不断去除加在公民资格上的财产、性别、民族、种族等人为障碍的过程，同时也是程序性保障不断加强的制度变迁的过程。和西方不同，我国从新中国成立伊始，在根本制度上，性别、民族等就不构成公民资格权利的不平等设置的条件。但是，在一些具体的制度上还存在着滞后性和不可操作性。当前对中国公民资格权利平等发展的一大障碍就是城乡二分的户籍制度和各种排他性利益之间的结合。尽管现在我国已经稳步推进城乡建设的一体化改革，户籍制度也开始全

---

[1] Amartya Kumar Sen, *Inequality Reexamnied*, Cambridge：Harvaed University，1995.

面放开，但是以城市为中心的公共物品、公共服务提供体制的关系依然存在。城乡差别、地区差别还较为悬殊，在今后相当长的时期内仍然是我国的基本国情。另外，在现实中，还存在户籍制度惯性导致的城里人—乡下人之间的心理落差和由此带来的公民行为上对其他公民权利行使的妨碍。为此，我们应该在公民教育需要强化公民不分地域、出身一律平等的具体内容，强化公民身份和权利平等的宣传，使权利平等的观念深入人心并内化到人们的行为当中。在这个基础上同时使社会保障权利体系普遍化，保障公民流动的合理化和自由，逐步实现公民身份的真正平等。

推进公民资格诸权利的发展，其次要对权利体系本身予以完善。在中国，与公民社会权利相关的社会保障体系的普遍化和教育的平等性与公正性，将成为现阶段和未来相当长时期的重要问题。公民的社会权利是从某种程度的经济福利与安全到充分享有社会遗产并依据社会通行的标准享受文明生活等一系列权利。社会权利的内在本质是强调共同体成员共享社会发展的成果。社会权利和教育体制、社会公共服务体系紧密相连，包括就业权、受教育权、医疗和福利等社会保障权等。社会权利在事实上构成了公民在社会的相互依赖中保留实现自我的潜在自由和行使自治权利参与政治过程的一个必要条件。公民的社会权利既是公民参与的基础，也是公民参与的目标。1978 年以来，我国公民权利和政治权利发展相对完整，而社会权利改革的真正全面启动是 20 世纪 90 年代中期以后的事情。由于传统的社会保障以城市为基础，以单位为依托，尽管改革开放极大地推动了社会化进程，迄今为止，社会保障体系的构建仍然进展缓慢。制度文本和现实操作的差距仍然很大。公民社会权利的发展是未来扩大公民有序政治参与战略的重点内容。另外，对社会权利发展和社会保障体系的强调并不意味着我国公民权利、政治参与权利和公民精神的建构已经完成。公民资格权利的内容是随着社会的发展而不断进步的，公民资格诸权利及其落实的配套性制度性建设是一个不断完善的过程。在中国，现实的成绩和改革的危机并存，推动公民政治权利、培育公民精神同样是公民参与深化的核心环节。

再次，推进公民资格诸权利的发展，需要推进以公民为本位的社会治理。公民资格诸权利的发展，还体现在社会治理中政府与公民互动的情况。20世纪90年代以来，我国与世界上许多国家一样，卷入到以社会控制为目标的政治管理模式向以公共服务为目标的治理模式转变的政府改革潮流中。在这种治理模式中，核心宗旨是强调以人为本，即以公民主体的利益保护与实现为社会治理的出发点和归宿。十六大以来，"促进人的全面发展"，"构建社会主义和谐社会"要求把政府职能机制提升到管理调控、市场监管、社会管理和公共服务上来，强调和谐社会的共建、共享性，社会治理的公民主体地位更加突出。我国当前正经历着"从效率优先，兼顾公平"战略指导下的偏重经济建设和物质财富增长的阶段向更加重视人的发展和经济社会协调发展的阶段。在这种治理模式下，它要求一方面公民个体在社会治理过程中遵循"己所不欲，勿施于人"的权利原则，使包括政府、公民、市场主体、社会团体在内的社会治理的所有行为主体在法治轨道中形成对公民资格权利的尊重。另一方面，强调在此基础上形成由己及人的利益观。通过公民个体权利的尊重来激发与权利相辅相成的责任感，进而推动公共利益与个人利益的协调发展。

推进公民资格权利的发展，还必须重视培养公民责任感，锻造现代公民精神。公民只有意识到公民参与的重要性并且使其内化为自己的责任时，才会转化为积极参与的行动。只有公民意识到公共事务的处理在理性的基础上，立足于公共利益最大化才能合理处理时，公民参与的有效性和合理性才能实现。现代人大部分是消极的公民而不是积极的公民，原因一方面固然是因为现代工业的发展和扩张经济系统对政治系统与社会系统的侵蚀，造成人的去政治化，导致阿伦特所忧虑的新极权主义危险存在——极权主义正是起源于这种绝对性的去政治化，起源于现代社会中公民精神的缺位。另一方面，人们的消极性也与我们对公民责任感和公民精神培养的缺失有关。公民精神是公民参与的内在性、主体性要素。现代民族国家固然不可能回到古希腊时代，但是我们还是可以在教育理念和教育的环节中增加公民教育的比重，通过从小的培养和教育，锻造现代人的公民责任和公民精神。使之不至于沦为阿伦特所警示的只是"劳动"的人或者"工作的人"，而是要努力培养秉持"天下兴亡，匹夫有责"的"公共人"，这方面中国的传统文化具有丰富的思想资源，当然必须在现代民主政治的语境下进行有效转化。公民参与推动民主发展并不是一蹴而就的，它是在人们公共生活的不断积累中成长起来的。卢梭幼年在瑞士广场的经历支撑了他为之终生奋斗的共和民主理想。因此从公民个体来看，公民参与的发展需要一种生活状态或生活理念支撑，这种支撑只有到公民教育中去寻找。

（二）夯实公民参与的社会基础

社会建设是公民参与深化和民主发展的基础。参与式民主理论关于社会建设的许多观点对于中国的社会建设具有重要的启示意义。

首先，推进社会建设必须发挥社会组织对深化公民参与的重要作用。在参与式民主理论看来，社会组织兴盛是民主政治发展的基础，公民参与的主体首先是社会组织。柯尔等提出，发挥社会组织深化公民参与的作用，必须实行分权治理的原则，彰显社会组织的公共服务精神以及优化国家的调节职能。这些对当前中国社会组织的建设具有一定的启示意义。十八届三中全会提出，"正确处理政府和社会关系，加快实施政社分开，推进社会组织明确权责、依法自治、发挥作用。适合由社会组织提供的公共服务和解决的事项，交由社会组织承担"。当前而言，推进中国的社会组织建设应该重点从三个方面着手。第一，我们应该也必须承认并支持代表多元社会群体利益的社会组织的发展，鼓励建立代表各自不同利益群体的社会组织，如农民行业协会、城市社区委员会和其他各种行业自治协会等，赋予他们相当程度的自治权、自主权，为他们的利益表达创造良好的制度环境。第二，我们应该使社会组织回归公共服务的主体功能。在全球化时代，国家、市场、社团和公民个人都成为社会治理的主体，在社会治理网络中承担着不同的而又相互协作的作用。社会团体能够提供政府所不能提供的面向特定群体的量身定做的服务，有利于发挥志愿者作用的优势降低公共服务成本。当前中国应该赋予某领域内社会组织一定的公共管理职能，降低行政成本、提高公共服务的质量。第三，我们应该充分发挥政府对社会组织建设的监督和调控职能，而不是直接干预和指挥社会团体的内部建设。比如，在当前阶段，我们可以考虑逐渐完善我国社会组织和中介组织的成立制度，逐步取消社会组织的"挂靠制度"，改变社会组织经济上依附于有关部门、企业的状况。

其次，推进社会建设还必须重视工业民主的建设。参与式民主理论和马克思主义一样，并不是将市场主体——企业排除在外，相反，参与式民主理论认为，工业民主是参与性社会建设的关键。非政府权威结构中的参与对民主发展具有十分重要的意义。而在各种非政府权威结构中，工业领域具有关键的地位。我们必须正视的是，在现代社会中，人们的大部分时间都是花在工作中的，现代工作的主体领域就是工业领域，它和健康社会的培育并不是绝缘的。参与式民主理论的这些观点对中国的社会建设具有重要的启示意义。事实上，新中国成立以来我国非常重视基层企业民主的发展，将其作为基层民主政治建设的重要内容之一加以推进。近年来，我国工人参与的制度和形式也有所深化和发展，但是还存在一些问题，继续我们进行新的思考。我们首先要重视并完善公民参与形式的立法，广开个人参与和协商的渠道。我们应该坚持并完善职代会制度，同时还要根据发展变化的新形势，不断开拓民主管理的新领域和新途径。通过具体形式的创新，推动公民政治效能感的培养和健康社会的建设，为民主的新发展打下更扎实的基础。

最后，推进社会建设必须重视公共领域的培育。在阿伦特看来，公共领域并不是一个拥有固定边界的实体空间，而是一个能被附加许多外在属性并与具体的实体空间相区别的范畴。公共领域是指作为行动实现的场所，是人们平等对话、参与行动的政治空间。人们只有走出私人领域，投入公共领域，积极参与政治生活，直接与他人交往，才算是得体的生活，才能称得上是一种真正的、有质量的生活。参与式民主理论的这些观点对于中国公共领域的培育具有一定的启示意义。公共领域的培育首先要培育广大人民的公共精神。在现代中国，我们不无遗憾地看到，由于公民意识薄弱，中国人普遍缺乏公共的精神。这种公共精神缺乏除了表现为对公共事务漠不关心外，还表现在政治意识形态上，对公共的政治意识也是不闻不问，显得异常冷漠。这严重阻碍了我们社会精神文明和制度文明的发展。为此，我们应该加大社会主义公共领域培育的力度。首先，我们应完善非政治化的文化、艺术等智力领域活动的外在环境。文化再生产提供表达、公共意见的形成及评判政府活动的智识资源，是公共部门运作的重要制约机制。我们需要重视文艺在培育社会主义公共领域中的重要作用。这一点党中央越来越重视。习近平同志指出，"文艺是铸造灵魂的工程，文艺工作者是灵魂的工程师"①。为推动文艺工作的健康发展，促进社会主义公共领域的培育，新时期党中央在文艺工作方针上提出，"要坚持百花齐放、百家争鸣的方针，发扬学术民主、艺术民主，营造积极健康、宽松和谐的氛围，提倡不同观点和学派充分讨论，提倡体裁、题材、形式、手段充分发展，推动观念、内容、风格、流派切磋互鉴"②。其次，我们要重视网络对公共领域培育的重要作用。现代新传媒不断发展，纸质传媒、电子传媒、网络传媒的不断互动，虽然提高了公共领域的影响力度，但是，我们也应看到，在中国网络中还较多地存在非理性化、泛道德化、极端化的倾向，网络公共领域的健康发展、网络正能量的发挥还需要有效的监管和引导。

（三）推进公民参与的制度建设：健全公民参与的各项制度

公民参与的重要前提是民主参与的制度化。规范完善的公民参与制度，不仅能够有效地维护和保障公民的参与权利，提高公民的参与质量，而且能够激发公民的参与热情，消解社会冷漠情绪，吸引更多的人参与到政治和社会公共生活中来。正是从这一认识出发，当代西方参与式民主理论大力主张拓展公民参与的渠道，完善公民参与的制度，倡导发展各种形式的公民参与形式。麦克弗森曾经构建了一种金字塔民主模型并把它作为参与式民主制度化的构想。巴伯非常重视参与式民主在现实中的制度化构想，他主张推动民主进一步发展的出路在于采取一种基于参与和共享的制度安排形式并且系统地论述了参与式民主制度化的诸多形式。阿伦特的委员会民主制度构想则包含了一种替代性的政治原则的可能性，是革命精神得以延续和发展的制度保障。作为参与式民主的一种重要制度构想，阿伦特的委员

---

① 《习近平总书记主持召开文艺座谈会讲话全文（侧记)》，《人民日报》2014 年 10 月 17 日。
② 《习近平总书记主持召开文艺座谈会讲话全文（侧记)》，《人民日报》2014 年 10 月 17 日。

会民主制度思想还为当代的协商民主提供了重要的理论支持，具有重要的理论意义。参与式民主理论的制度构想对我国公民参与制度的健全具有重要的启示意义。

推进我国公民参与的深化，必须要完善现有的选举制度。参与式民主并不是选举民主的替代品，而是其有益的补充。我们主张推进参与式民主的发展，不是说要抛弃对选举民主的追求。由于历史的原因，西方发达国家的选举制度比较健全，参与式民主的发展可以很好地弥补选举制度的缺陷。在中国，民主建设则面临着双重的任务：一方面，我们要努力推动选举制度的完善；另一方面，我们必须明了选举并不是民主的一切，它并不能完全满足广大人们日益增长的参与需求。在现阶段，我国应该探索一种选举民主和参与式民主良性结合的民主形式，这应该是未来中国民主制度创新的新的着力点。事实上，发展参与式民主必须重视选举制度的完善，选举制度是参与式民主长远发展的基础。这是因为，公民参与毕竟不是公民决策，公民表达的意见最终还是需要政府决策部门进行采纳。所以，政府事实上真正尊重民意是关键。如果政府不是真正对人民负责，就不会真正尊重民意，公民参与就可能成为形式。而保证政府真正对人民负责的最有效制度形式还是选举制度，只有人民能选择决定政府，建立其政府对人民的责任，才能使公众的意见得到政府真心的倾听，政府才会真正尊重公众的意见，而不敢忽视民意。国内少数学者认为参与式民主和协商民主就是对选举民主的替代，这无疑是一种误读，它会将参与式民主发展引向歧途。在我国现有的选举制度宏观上比较全面，但是具体的程序设计、技术性措施还需进一步完善，如选区的划分、候选人的产生、候选人之间的竞争等。另外，在干部人事制度改革中，必须引入选举机制，在坚持党管干部的原则下，完善竞争上岗制度和选举票决制度，选举本身应该构成人们日常生活中的一项选择，它对推动参与式民主的发展具有十分重要的意义。

推进我国公民参与的深化，必须要建立健全信息公开制度。从严格意义上讲，信息公开不属于公民参与的范畴，但是信息公开的意义却不可低估，它是知情权的体现，是政府向人民负责的基础，是公众与政府双向互动的前提。正如列宁所说，"没有公开性而来谈民主是很可笑的"①。公民参与必须以有效的信息为基础。信息公开的主体是行使公共决策权威的机构与个人，包括各级政府部门、国有企业、其他公立机构及其负责人。信息公开的内容包括公民基本权利、法律制裁、法律草案、制度规划、政府组织架构、政府提供的公共服务、相关行政和执法程序等。在我国，十六大以来，保障公民知情权的落实成为党和政府的明确追求，这促使政府信息公开的立法步伐加快，2007年通过的《政府信息公开条例》无疑对信息公开制度建设具有里程碑式的意义。但是，现行的《保密法》、《档案法》中不利于信息公开的条款尚未修改。因此，建立健全信息公开制度，还需要着手修改现行法律、制度中不利于信息公开的条款，并在社会公共事务的处理程序中贯彻透明度的原则，为公民政治权利的行使提供信息基础。

推进我国公民参与的深化，必须要完善公民参与的各项具体制度。首先要健全公民参与立法听证制度。在立法工作中，应当将公民参与纳入立法程序法律化和制度化。例如在立法调研阶段可以设计程序面向社会公开征集立法项目建议，使公民按一定程序参与立法建议，提出可行的制度和程序设计观点；对与公众利益相关的法律法规的制定，在草案形成之后，面向社会公布；对座谈会、论证会、听证会等形式进行一般程序规定，直接地不断地听取各方的意见。在听证制度上，应该对听证相关人的权利和义务进行明确界定，对发言人的时间控制等技术性措施作出明确规定。其次，要建立健全公民参与公共事务的讨论和协商制度。发展协商民主，不仅能够实现公众对于公共事务的监督、强化公共决策的公正性、加强治理者和被治理者之间的联系，而且大大有助于地方政府支持的实施。但从目前的实践来看，我国协商民主制度建设刚刚起步，仍然存在一些问题，其中突出的是协商的具体实现程序不完善，协商活动往往是随机行为，对于协商的议题、议程缺乏规范性的程序设计。协商过程本身也缺乏一个有效的监督系统。为此，我们应该完善地方协商讨论的程序并使之常规化和制度化，推进各种制度创新，比如

① 《列宁选集》第1卷，人民出版社1995年版，第417页。

允许参与者选取主席，允许地方人大来安排协商议程并召集会议等。最后，努力在公民参与的过程中引入更多生动、吸引人、有效的方式和技术。方法问题也是制度操作层面非常关键的一个问题，它是使公民参与具有生命力的重要因素。在国外，根据要解决的问题不同而采用市民评审团、市民调查群、焦点小组、公民论坛、改革调查、公共辩论等数十种规格参与方法。中国要很好地发展、学习和引进国外好的参与方法和技术，也可以自己探索适合调动公民参与的各种新方法，比如温岭创造的民主恳谈会和参与式预算就是较好的公民参与方法创新。我们要发挥地方政府创新的积极性、主动性，通过各种方法的创新使公民参与在社会治理中深入扎根、开花结果。

第三节　公民参与推动民主发展

综上所述，本书阐释并重构了参与式民主理论关于公民参与问题的基本主张，总结分析了当代西方参与式民主发展的实践模式。在本节中，我们将从民主的发展历史逻辑、民主和公民参与的深层次关系以及民主发展的未来走向中概括本书的基本结论：

一、民主不仅是一种国家体制，也是一种社会生活方式

从民主发展的历史来看，对于"民主"概念的理解可以归纳为"国家"和"社会"两个视角。巴伯将其概括为"两种民主"："一种是由国家政党、总统政府以及官僚机构的方针所界定的民主，它是一个围绕在华盛顿左右的遥远的世界，它是由政客组成的圈子，并且将普通公民排除在外；另一种则是由邻里和街区协会、家长联谊会以及公众行动团体所界定的民主，它具有一个不大于城镇或者县的具有密切交往的地域，在那里人们集合而成各种小组来裁决分歧或者规划公共事业。"[①]

---

① ［美］本杰明·巴伯：《强势民主》，彭斌等译，吉林人民出版社 2006 年版，"1990 年版序言"。

　　从"国家"的视角来看，民主是一种国家体制，主要解决政府和公民的授权关系以及国家内部机构之间的权力关系，民主的价值主要是一种工具性的价值。当代西方主流的自由主义民主理论主要是从"国家"的视角来理解民主的内涵。这种民主的理念更多的是将民主看作一种国家政体形式，即民主是一种"政制"。民主的根本内涵就是"政治民主"，"民主政治就是政治家的统治"①，因此，民主的本质属性是工具性属性，"作为一种方法、一种程序的民主的政治民主，必须先于我们可以要求于民主的其他任何基本成就的存在"②，民主的概念就是"选举做出政治决定的人"。国家视角的自由主义民主理论强调消极地保护个人的权利，民主的价值主要体现在保护个人权利的工具性价值，反对普通公民除了选举之外的积极参与，认为公民的积极参与将导致"多数人的暴政"和政治上的混乱。自由主义民主理论的这些观点在当代西方占据主流的地位，它对于国家层面的制度建设和权力结构的优化具有重要的意义，解决了大规模社会中民主的宏观制度建构问题。但是它的缺陷在于，它侧重于民主外在的工具性价值，忽视了民主和人的内在生命价值的统一。它使民主沦为一种保护性的工具，忽视了公民参与本身对于个人发展具有的主要价值。

　　除了"国家"的视角之外，对民主的理解还存在一种"社会"的视角。从社会的视角来看，民主不仅是一种国家体制，也是一种社会生活方式。民主的价值既是一种工具性的价值，也是一种目的性价值，它不应外在于而应内在于社会中每一个人，它和社会中每个人的日常生活密切相关。这意味着自由不仅应当成为写在宪法上的消极权利，还应当成为每个公民积极的日常实践。参与式民主理论的深刻之处就在于它没有停留在国家政治制度层面考察民主，参与式民主理论超越了自由主义民主理论狭窄的"国家"视角，主张应从更广阔的"社会"视角中来看待民主的未来发展，深入到人们的社会生活、社会关系和民情里考察民主。参与式民主理论认同马克思的"不是国

---

① ［美］约瑟夫·熊彼特：《资本主义、社会主义与民主》，吴良键译，商务印书馆 1999 年版，第 415 页。

② ［美］乔·萨托利：《民主新论》，冯克利、阎克文译，东方出版社 2009 年版，第 23 页。

家制约和决定市民社会，而是市民社会制约和决定国家"① 观点，认为民主的最基础根源在于社会而不是国家，尽管完善的政治制度是自由的重要保证，但制度需要依靠社会中的每个现实的个人去维持和创新。参与式民主理论不是通过研究政治制度、国家体制自上而下来确认一种社会状况，而是强调，"要了解政治制度，先研究社会本身。在成为原因之前，政治制度是一个后果；社会先是产生了它们"②。正如托克维尔指出的，"社会状况一旦确立，它又可以成为规制国民行为的大部分法律、习惯和思想的首要因素，凡非它所产生的，它都要加以改变"③。社会状况对于一个国家的民主发展才具有根本的意义。正是立基于从"社会"视角中看待民主的发展，使参与式民主理论一定程度上超越了当代西方既有的民主模式，复兴了托克维尔以来对民主社会基础的重视。同时又将民主和每个人的内在价值重新链接起来，也就复兴了公民参与对于公民个人发展的内在价值的重视。

"国家"视角的民主解析对国家制度建设和优化权力运行结构具有十分重要的意义，但是从人的全面发展和社会的未来历史发展来看，"社会"视角的民主解析对民主深度发展具有更根本的价值，符合民主发展的未来趋势。第一，民主无论如何必须和人的内在价值联系起来才有意义，这一点只有在社会发展自身中才能实现，国家的建设归根结底还须服务于社会和社会中具体的个人。正如马克思指出的，"在民主制中，国家制度只表现为是一个规定，即人民的自我规定"；"民主制的独有特点，就是国家制度无论如何只是人民存在的环节"④。第二，从人类社会历史发展的未来趋势来看，国家最终还须向社会发展复归。"在真正的民主制中政治国家就消失了"⑤。民主制的"历史任务就是要使政治国家返回实在的世界"⑥，消灭国家和社会的分

---

① 《马克思恩格斯选集》第 4 卷，人民出版社 1995 年版，第 196 页。

② Siedentop, Larry 1994, *Tocqueville*. Oxford: Oxford University Press, 1994, p.23.

③ ［法］托克维尔：《论美国的民主》，董果良译，商务印书馆 1997 年版，第 23 页。

④ 《马克思恩格斯全集》第 3 卷，人民出版社 2002 年版，第 39 页。

⑤ 《马克思恩格斯全集》第 3 卷，人民出版社 2002 年版，第 41 页。

⑥ 《马克思恩格斯全集》第 1 卷，人民出版社 1956 年版，第 283 页。

裂与对立。第三，从人们自身的体验和关切来看，民主重归日常生活世界，公民能够积极参与其中，这更能贴近每个人的生活和价值追求。正如巴伯所描述的，对于遥远的国家政治，人们总是"对其中政治家的腐败表示冷嘲热讽，对投票人的能力或者他们的参与到那种如此复杂的公共事务，并且如此官僚主义的机构中表示疑虑。但是，对于第二种民主（参与式民主），尽管我们几乎根本没有把它与政治或民主联系起来，然而我们总是充满喜悦之情的，称赞他那种良好的邻里关系和生机勃勃的积极行动。前一种民主是一种吸引人的媒体政治……它使政治上的公民成为旁观者，而不是脚踏实地地去做某些事情。第二种方式是参与的和协商的政治，在这里，有效的公民身份的内容是处于主导地位的，同时真实的讨论则支配着议事日程"①。

二、公民参与是推动民主发展的动力之源

本书的研究认为，正是由于自由民主理论和参与式民主理论解析民主视角的不同，决定了其对待公民参与态度的差异。自由民主理论主要从"国家"的视角解析民主，认为只要保证国家和社会的分离，就可以保护好个人的权利。公民跟国家的关系只有权力的授予关系，即选举关系。除此之外，民主没有其他的内容。因此，公民的参与仅限于选举参与就够了。其他范围的公民参与是"危险"的，它会造成亨廷顿所说的民主"超载"。因此，除了选举参与之外，公民的消极冷漠甚至是有益的。从国家的视角解析民主，自由民主理论大致导向两个规范意义的结论：一是将当代的盎格鲁—美洲制度当作是民主制度的理想摹本，是福山所言的"历史的终结"，发展中国家的民主化模式只有一种，那就是西方化和美国化；二是民主理论不再集中关注民众的参与，不再关注普通人对于自身利益相关公共事务的参与，民主政治发展也与普通公民身上所体现出来的和政治有关的必要品质的发展无关。②

---

① ［美］本杰明·巴伯：《强势民主》，彭斌等译，吉林人民出版社 2006 年版，"1990 年版序言"。
② 参见 ［美］卡罗尔·佩特曼：《参与和民主理论》，陈尧译，上海人民出版社 2006 年版，第 98 页。

从发展中国家的民主转型来看，自由民主理论的逻辑结论是学习西方国家民主制度设计，通过照搬西方盎格鲁—美洲制度，结合威权体制来实现民主转型。但是，遗憾的是，在现实中，这种逻辑的实践付出了惨重的代价，智利、阿根廷等拉美国家非但没有顺利实现政治的民主化，反而导致经济体系的崩溃。

参与式民主主要从"社会"的视角解析民主，在思考民主的现代进程时，它为我们提供了一种新的思考路径。参与式民主认为未来民主发展的重点是社会建设，现代西方自由民主的危机根源在于国家和社会关系的失衡。国家宰制社会、系统侵占生活是西方民主危机的根本原因。现代西方民主兴起的过程是社会运动和公民参与推动的结果，而未来民主深度发展的根本出路在于重新重视社会建设，重建公共领域和推动公民参与的发展。民主的发展固然需要"居庙堂之高"的"国家"进行顶层设计，但是其发展的根本动力还在于"处江湖之远"的健康社会的培育和公民的积极行动。公民参与不能仅仅指参与投票，更重要的是意味着参与决策。公民参与的范围至少包括以下三个部分：选举参与、社会团体的参与、其他政治和经济活动中的参与。参与式民主仍然重视选举的基本功能，但希望人们能通过更多的渠道参与社会生活和监督政府决策的形成。公民参与的功能不仅在于保护公民权利的工具性功能，更在于培养公民政治技能和政治效能感的教育功能，公民参与是民主深度发展的动力之源。

如果说公民参与对西方国家来说主要是弥补代议制民主的缺陷的话，那么对发展中国家来说，公民参与则是推动民主转型和发展的根本动力之源。从发展中国家民主转型的历史来看，公民积极有序的参与力量是推进民主转型的根本动力，而这种力量推进民主的主要途径便是公民以不同的形式参与到政治社会生活中。不少学者把发展中国家民主化的希望寄托在政府身上，甚至希望通过一个强大的政府来推行民主，这无疑忽视了民主化的真正动力，忽视了政府背后公民参与的力量。人类发展的历史经验证明，实行民主要有坚实的社会基础，政府也许可以凭借强力暂时树立民主的旗帜，但是却不能靠强力培育出民主所需的社会基础。而且历史表明，经济的发展本身也不必然带来民间力量的觉醒，公民参与意识的觉醒和民主参与的广泛开展才是民主制度得以建立的重要社会基础。发展中国家要实现民主转型，首先应该要给公民的参政权以充分保障，扩大公民参与的范围，提升公民参与的质量，培养公民的参与意识，加强社会建设，培育民主制度赖以建立的社会基础。也只有如此，才能创造出自己独特的而又符合本国实际的民主模式。

参考文献

中文著作

[1]《马克思恩格斯选集》第1—4卷，人民出版社1995年版。

[2]《马克思恩格斯全集》第42、46卷，人民出版社1979年版。

[3]《列宁选集》第1—4卷，人民出版社1995年版。

[4] 万斌：《万斌文集（四卷）》，杭州出版社2003年版。

[5]［古希腊］亚里士多德：《政治学》，商务印书馆2008年版。

[6]［法］卢梭：《社会契约论》，何兆武译，商务印书馆2008年版。

[7]［英］J. S. 密尔：《代议制政府》，汪瑄译，商务印书馆2008年版。

[8]［英］J. S. 密尔：《密尔论民主与社会主义》，胡勇译，吉林出版集团有限公司2008年版。

[9]［法］托克维尔：《论美国的民主》，董果良译，商务印书馆1999年版。

[10]［美］托马斯·杰弗逊：《杰弗逊集》，刘祚昌、邓红风译，生活·读书·新知三联书店1993年版。

[11]［美］约翰·杜威：《新旧个人主义——杜威文献》，上海社会科学出版社1997年版。

[12]［美］约翰·杜威：《人的问题》，傅统先、邱椿译，上海人民出版社1965年版。

[13]［美］道格拉斯·柯尔：《社会学说》，李平沤译，商务印书馆1959年版。

[14]［英］道格拉斯·柯尔：《费边社会主义》，夏遇南、吴澜译，商务印书馆1984年版。

[15] [美] 本杰明·巴伯：《强势民主》，吉林人民出版社 2006 年版。

[16] [美] 卡罗尔·佩特曼：《参与和民主理论》，陈尧译，上海人民出版社 2006 年版。

[17] [美] 汉娜·阿伦特：《人的境况》，上海世纪出版集团 2009 年版。

[18] [美] 汉娜·阿伦特：《论革命》，陈周旺译，译林出版社 2007 年版。

[19] [美] 汉娜·阿伦特：《精神生活·思维》，姜志辉译，江苏教育出版社 2006 年版。

[20] [美] 汉娜·阿伦特：《精神生活·意志》，姜志辉译，江苏教育出版社 2006 年版。

[21] [美] 汉娜·阿伦特：《极权主义的起源》，林骧华译，生活·读书·新知三联书店 2009 年版。

[22] [美] 约翰·F. 希顿：《阿伦特论委员会民主》，江棘摘译，《国外理论动态》 2007 年第 2 期。

[23] [加] 菲利普·汉森：《历史、政治与公民权：阿伦特传》，刘佳林译，江苏人民出版社 2004 年版。

[24] [美] 杨-布鲁尔：《阿伦特为什么重要》，译林出版社 2009 年版。

[25] 许国贤：《马克弗森》，（台北）东大图书出版公司 1993 年版。

[26] [美] 阿尔文·托夫勒：《第三次浪潮》，朱志众等译，生活·读书·新知三联书店 1983 年版。

[27] [美] 阿尔文·托夫勒：《未来的冲击》，孟广均等译，中国对外翻译出版公司 1985 年版。

[28] [美] 约翰·奈斯比特：《大趋势——改变我们生活的十个新方向》，孙道章等译，中国社会科学出版社 1984 年版。

[29] [美] 道格拉斯·拉米斯：《激进民主》，刘元琪译，中国人民大学出版社 2002 年版。

[30] [英] 恩斯特·拉克劳、查特尔·墨菲：《领导权与社会主义的策略——走向激进民主政治》，尹树广、鉴传今译，黑龙江人民出版社 2003 年版。

[31] [德] 尤尔根·哈贝马斯：《包容他者》，曹卫东译，上海人民出版社 2002 年版。

[32] [德] 尤尔根·哈贝马斯：《在事实与规范之间——关于法律和民主法治国的商谈理论》，童世俊译，生活·读书·新知三联书店 2003 年版。

[33] [德] 尤尔根·哈贝马斯：《公共领域的结构转型》，曹卫东等译，学林出版社 2000 年版。

[34] [德] 尤尔根·哈贝马斯：《合法化危机》，刘北成、曹卫东译，世纪出版集团、上海人民出版社 2000 年版。

[35] [德] 尤尔根·哈贝马斯：《交往行动理论》，洪佩郁、蔺蓄译，重庆出版社 1994 年版。

[36] [南非] 毛里西奥·帕瑟林·登特里维斯主编：《作为公共协商的民主：新的视角》，王英津等译，中央编译出版社 2006 年版。

[37] [美] 约翰·德雷泽克：《协商民主及其超越：自由与批判的视角》，丁开杰等译，编译出版社 2006 年版。

[38] [美] 詹姆斯·博曼、威廉·雷吉主编：《协商民主：论理性与政治》，陈家刚等译，中央编译出版社 2006 年版。

[39] [美] 詹姆斯·博曼：《公共协商：多元主义、复杂性和民主》，黄相怀译，中央编译出版社 2006 年版。

[40] [美] 詹姆斯·菲斯金、彼得·杜斯莱特主编：《协商民主论争》，中央编译出版社 2009 年版。

[41] [美] 伊森·里布：《美国民主的未来：一个设立公众部门的方案》，朱昔群等译，中央编译出版社 2006 年版。

[42] [美] 塞拉·本哈比：《民主与差异：挑战政治的边界》，黄怀湘等译，中央编译出版社 2009 年版。

[43] [美] 阿米·古特曼、丹尼斯·汤普森：《民主与分歧》，杨立峰、葛水林、应奇译，远方出版社 2007 年版。

[44] [美] Amy Gutmann, Dennis Thompson：《商谈民主》，谢宗学、郑惠文译，智胜文化业有限公司 2006 年版。

[45] 陈剩勇、何包钢主编：《协商民主的发展：协商民主理论与中国地方民主国际研讨会论文集》，中国社会科学出版社 2006 年版。

[46] 陈家刚编：《协商民主》，上海三联书店 2004 年版。

[47] 陈家刚：《协商民主和中国政治发展》，中国人民大学出版社 2009 年版。

[48] 谈火生编：《审议民主》，江苏人民出版社 2007 年版。

[49] 韩冬梅：《西方协商民主理论研究》，中国社会科学出版社 2008 年版。

[50] [美] 罗伯特·D. 帕特南：《使民主运转起来》，王列、赖海榕译，江西人民出版社 2001 年版。

[51] [美] 约瑟夫·熊彼特：《资本主义、社会主义与民主》，吴良键译，商务印书馆 1999 年版。

[52] [美] 罗伯特·达尔：《多头政体——参与和反对》，谭君久、刘惠荣译，商务印书馆 2003 年版。

[53] [美] 罗伯特·达尔：《论民主》，李柏光、林猛译，商务印书馆 1999 年版。

[54] [美] 罗伯特·达尔：《民主理论的前言》，顾昕、朱丹译，生活·读书·新知三联书店 1999 年版。

[55] [美] 罗伯特·达尔：《民主及其批评者》，曹海军、终德志译，吉林人民出版社 2006 年版。

[56] [美] 罗伯特·A. 达尔：《多元主义民主的困境——自治与控制》，尤正明译，求实出版社 1989 年版。

[57] [美] 科恩：《论民主》，商务印书馆 2007 年版。

[58] [意] 米歇尔·克罗齐、[美] 塞缪尔·P. 亨廷顿、[日] 绵贯让治：《民主的危机》，马殿军、黄素娟、邓梅译，求实出版社 1989 年版。

[59] [美] 安东尼·唐斯：《民主的经济理论》，姚洋等译，上海人民出版社 2005 年版。

[60] [美] 乔万尼·萨托利：《民主新论》，冯克利、阎克文译，东方出版社 2009 年版。

[61] [美] 阿伦·利普哈特：《民主的模式——36 个国家的政府形式和政府绩效》，陈崎译，北京大学出版社 2006 年版。

[62] [英] 安东尼·阿伯拉斯特：《民主》，孙荣忆等译，吉林人民出版社 2005 年版。

[63] [英] 安东尼·吉登斯：《超越左与右——激进政治的未来》，李惠斌、杨雪冬

译，社会科学文献出版社 2003 年版。

[64]［法］邦雅曼·贡斯当：《古代人的自由与现代人的自由》，阎克文、刘满贵译，商务印书馆 1999 年版。

[65]［美］丹尼尔·贝尔：《后工业社会的来临——对社会预测的一项探索》，高铦、王宏周、魏章玲译，新华出版社 1997 年版。

[66]［美］菲利普·佩迪特：《共和主义》，刘训练译，江苏人民出版社 2006 年版。

[67]［英］布赖恩·特纳：《公民身份与社会理论》，郭忠华等译，吉林出版集团 2007 年版。

[68]［美］德里克·希特：《何谓公民身份》，郭忠华等译，吉林出版集团 2007 年版。

[69]［美］巴特·范·斯廷博根：《公民身份的条件》，郭忠华等译，吉林出版集团 2007 年版。

[70]［美］弗里德利希·冯·哈耶克：《法律、立法与自由》（一、二、三卷），邓正来等译，生活·读书·新知三联书店 1997 年版。

[71]［美］弗里德利希·冯·哈耶克：《自由秩序原理》（上、下），邓正来译，生活·读书·新知三联书店 1997 年版。

[72]［美］弗里德利希·冯·哈耶克：《通往奴役之路》，王明毅译，中国社会科学出版社 1997 年版。

[73]［美］弗里德利希·冯·哈耶克：《致命的自负》，冯克利、胡晋华译，中国社会科学出版社 2000 年版。

[74]［美］格林斯坦、波尔斯底比编：《政治学手册精选》，王沪宁等译，商务印书馆 1996 年版。

[75]［美］汉密尔顿等：《联邦党人文集》，程逢如等译，商务印书馆 1980 年版。

[76]［美］郝大维、安乐哲：《先贤的民主：杜威、孔子与中国民主之希望》，何刚强译，人民出版社 2004 年版。

[77]［美］加布里埃尔·A.阿尔蒙德、G.宾厄姆·鲍威尔：《比较政治学：体系、过程策》，曹沛霖等译，上海译文出版社 1987 年版。

[78]［美］加·阿尔蒙德、西·维巴：《公民文化》，马殿君等译，浙江人民出版社 1989 年版。

[79] [英] 昆廷·斯金纳：《近代政治思想的基础》（上、下），奚瑞森、亚方译，商务印书馆 2002 年版。

[80] [英] 昆廷·斯金纳：《自由主义之前的自由》，李宏图译，上海三联书店 2003 年版。

[81] [美] 列奥·施特劳斯、约瑟夫·克罗波西：《政治哲学史》，李大然等译，河北人民出版社 1993 年版。

[82] [意] 罗伯特·米歇尔斯：《寡头统治铁律——现代民主制度中的政党社会学》，任军锋等译，天津人民出版社 2003 年版。

[83] [德] 马尔库塞：《单向度的人》，张峰译，重庆出版社 1988 年版。

[84] [德] 马尔库塞：《爱欲与文明》，黄勇、薛民译，上海译文出版社 1987 年版。

[85] [德] 马克斯·韦伯：《经济与社会》（上、下卷），林荣远译，商务印书馆 1997 年版。

[86] [美] 曼瑟尔·奥尔森：《集体行动的逻辑》，陈郁等译，上海人民出版社 1995 年版。

[87] [法] 皮埃尔·卡蓝默：《破碎的民主》，高凌瀚译，生活·读书·新知三联书店 2005 年版。

[88] [日] 蒲岛郁夫：《政治参与》，解莉莉译，经济日报出版社 1989 年版。

[89] [美] 乔治·霍兰·萨拜因：《政治学说史》，盛葵阳等译，商务印书馆 1986 年版。

[90] [美] 塞缪尔·亨廷顿：《变化社会中的政治秩序》，王冠华等译，生活·读书·新知三联书店 1989 年版。

[91] [美] 塞缪尔·亨廷顿：《第三波——20 世纪后期民主化浪潮》，刘军宁译，上海三联书店 1998 年版。

[92] [美] 塞缪尔·亨廷顿、琼·纳尔森：《难以抉择——发展中国家的政治参与》，汪晓寿、吴志华、项继权译，华夏出版社 1989 年版。

[93] [意] 萨尔沃·马斯泰罗内：《欧洲民主史》，黄华光译，社会科学文献出版社 1998 年版。

[94] [美] 托马斯·戴伊：《民主的嘲讽》，孙占平等译，世界知识出版社 1991 年版。

[95] [美] 威尔·金里卡：《当代政治哲学》，刘莘译，上海三联书店 2004 年版。

[96] [美] 西摩·李普塞特：《政治人——政治的社会基础》，张绍宗译，上海人民出版社 1997 年版。

[97] [英] 约翰·邓恩编：《民主的历程》，林猛等译，吉林人民出版社 1999 年版。

[98] [美] 约翰·罗尔斯：《正义论》，何怀宏等译，中国社会科学出版社 1998 年版。

[99] [美] 约翰·罗尔斯：《政治自由主义》，万俊人译，译林出版社 2000 年版。

[100] [美] 约翰·克莱顿·托马斯：《公共决策中的公民参与》，孙柏瑛译，中国人民大学出版社 2005 年版。

[101] [美] 理查德·C. 博克斯：《公民治理》，孙柏瑛等译，中国人民大学出版社 2005 年版。

[102] 毛丹：《秩序与意义》，浙江大学出版社 1999 年版。

[103] 高力克：《求索现代性》，浙江大学出版社 1999 年版。

[104] 许国贤：《个人自由的政治理论》，法律出版社 2008 年版

[105] 应奇、刘训练编：《公民共和主义》，东方出版社 2006 年版。

[106] 郭秋永：《当代三大民主理论》，新星出版社 2006 年版。

[107] 郭为桂：《大众民主：一种思想史的文本解读与逻辑重构》，武汉大学出版社 2008 年版。

[108] 何包钢：《民主理论：困境和出路》，法律出版社 2008 年版。

[109] 哈佛燕京学社、三联书店主编：《公共理性与现代学术》，生活·读书·新知三联书店 2000 年版。

[110] 江宜桦：《自由民主的理路》，新星出版社 2006 年版。

[111] 罗豪才等：《软法与协商民主》，北京大学出版社 2007 年版。

[112] 李铁映：《论民主》，人民出版社、中国社会科学出版社 2001 年版。

[113] 曹沛霖、徐宗士主编：《比较政府体制》，复旦大学出版社 1993 年版。

[114] 俞可平：《民主与陀螺》，北京大学出版社 2006 年版。

[115] 刘军宁主编：《民主与民主化》，商务印书馆 1999 年版。

[116] 刘军宁等：《直接民主与间接民主》，生活·读书·新知三联书店 1998 年版。

[117] 刘军宁：《共和·民主·宪政——自由主义思想研究》，上海三联书店 2000 年版。

[118] 孙永芬：《西方民主理论史纲》，人民出版社 2008 年版。

[119] 谈火生：《民主审议与政治合法性》，法律出版社 2007 年版。

[120] 终德志：《在民主与法治之间——西方政治文明的二元结构及其内在矛盾》，人民出版社 2006 年版。

[121] 徐鸿武等：《当代西方民主思潮评析》，北京师范大学出版社 2000 年版。

[122] 终德志：《现代西方民主的困境及其出路》，人民出版社 2008 年版。

[123] 王巍、牛美丽编译：《公民参与》，中国人民大学出版社 2009 年版。

[124] 诸松燕：《权利发展和公民参与》，中国法制出版社 2006 年版。

[125] 谢芳：《西方社区公民参与》，中国社会科学出版社 2009 年版。

[126] 刘平、鲁道夫·特劳 – 梅茨主编：《地方决策中的公众参与：中国和德国》，上海社会科学院出版社 2009 年版。

[127] 陶东明、陈明明：《当代中国政治参与》，浙江人民出版社 1998 年版。

[128] 王维国编著：《公民有序政治参与的途径》，人民出版社 2007 年版。

[129] 蔡定剑主编：《公众参与：欧洲的制度和经验》，法律出版社 2009 年版。

[130] 蔡定剑主编：《公众参与：风险社会的制度建设》，法律出版社 2009 年版。

[131] 贾西津主编：《中国公民参与：案例与模式》，社会科学文献出版社 2008 年版。

中文论文

[132] 许文杰：《公民参与公共行政之理论与实践》，台湾政治大学博士学位论文，2002 年。

[133] 梁军峰：《中国参与式民主发展研究》，中共中央党校博士学位论文，2006 年。

[134] 李海青：《当代西方参与民主》，中国社会科学院博士学位论文，2006 年。

[135] 刘训练：《公民与共和——当代西方共和主义研究》，天津师范大学博士学位论文，2006 年。

[136] 马奔：《协商民主理论问题研究》，山东大学博士学位论文，2007 年。

[137] 王洪树：《民主政治视野下的协商合作研究》，武汉大学博士学位论文，

2008 年。

[138] 卢瑾：《寻求消极保护与积极参与之平衡——西方参与式民主理论发展研究》，天津师范大学博士学位论文，2009 年。

[139] 余宜斌：《自由主义民主的困境与重建——麦克弗森的政治理论研究》，复旦大学博士学位论文，2007 年。

[140] 萧宜馨：《卢梭对当代参与式思想家的启发——以柯尔、佩特曼和巴伯为分析对象》，台湾大学硕士学位论文，2009 年。

[141] 晋振华：《当代西方参与式民主评析》，苏州大学硕士学位论文，2007 年。

[142] 张丹丹：《理解参与——帕特曼的参与式民主理论》，吉林大学硕士学位论文，2006 年。

[143] 戴夫·伦顿：《替代新自由主义的参与式民主实践》，《国外理论动态》2005 年第 10 期。

[144] 乔治·M. 瓦拉德兹：《协商民主》，《马克思主义与现实》2004 年第 3 期。

[145] 马修·费斯廷斯泰因：《协商、公民权与认同》，《马克思主义与现实》2004 年第 3 期。

[146] John.Dryzek：《不同领域的协商民主》，《浙江大学学报》（人文社会科学版）2005 年第 3 期。

[147] Jame S. FIShkin：《实现协商民主：虚拟和面对面的可能性》，《浙江大学学报》（人文社会科学版）2005 年第 3 期。

[148] 陈家刚：《参与式预算的国际经验》，《中国改革》2007 年第 9 期。

[149] 陈家刚：《协商民主引论》，《马克思主义与现实》2004 年第 3 期。

[150] 陈家刚：《协商民主：概念、要素与价值》，《中共天津市委党校学报》2005 年第 3 期。

[151] 陈家刚：《协商民主的价值、挑战与前景》，《中共天津市委党校学报》2008 年第 3 期。

[152] 陈家刚：《协商民主研究在东西方的兴起与发展》，《毛泽东邓小平理论研究》2008 年第 7 期。

[153] 陈家刚：《生态文明与生态治理的路径选择》，《大地》，http：//news.xinhuanet.

Com/polities/2007—12/11/eontent_7231036.htm。

　　[154] 陈家刚：《风险社会与协商民主》，《马克思主义与现实》2006 年第 3 期。

　　[155] 陈剩勇：《协商民主理论与中国》，《浙江社会科学》2005 年第 1 期。

　　[156] 陈剩勇、杜洁：《互联网公共论坛与协商民主：现状、问题和对策》，《学术界》2005 年第 5 期。

　　[157] 陈炳辉：《20 世纪西方民主理论的演化》，《厦门大学学报》1999 年第 3 期。

　　[158] 陈炳辉：《直接民主与间接民主——〈代议制政府〉的重新解读》，《当代哲学》2006 年第 1 期。

　　[159] 陈炳辉、韩斯疆：《参与式民主理论的复兴》，《厦门大学学报》（社会科学版）2008 年第 6 期。

　　[160] 陈炳辉：《弱势民主与强势民主——巴伯的民主理论》，《浙江学刊》2008 年第 3 期。

　　[161] 陈尧：《从参与到协商：当代参与型民主理论之前景》，《学术月刊》2006 年第 8 期。

　　[162] 陈尧：《西方参与式民主理论及其对中国社会主义民主政治的启示》，《社会主义研究》2008 年第 1 期。

　　[163] 陈尧：《民主时代的参与》，《读书》2006 年第 8 期。

　　[164] 陈尧：《拥占性个人主义与自由主义民主——C. B. 麦克弗森的政治学说》，《上海交通大学学报》（哲学社会科学版）2004 年第 1 期。

　　[165] 梁军峰：《参与式民主与中国政治发展的契合》，《学理论》2009 年第 11 期。

　　[166] 胡伟：《民主与参与：走出貌合神离的困境？——评卡罗尔·帕特曼的参与民主理论》，《政治学研究》2007 年第 1 期。

　　[167] 万健琳：《参与式民主理论述评：基于公民身份的政治》，《国外社会科学》2010 年第 1 期。

　　[168] 郑春荣：《参与民主在欧盟的兴起及其理论反思》，《教学与研究》2009 年第 6 期。

　　[169] 李海青：《当代西方参与民主理论评析》，《国外社会科学》2009 年第 4 期。

　　[170] 原宗丽：《巴伯的强势民主理论及其镜鉴》，《理论探讨》2009 年第 2 期。

[171] 钟金燕：《本杰明·巴伯对当代西方自由主义民主的批判》，《贵州工业大学学报》（社会科学版）2008 年第 12 期。

[172] 胡雨：《论本杰明·巴伯的强势民主理论》，《西南石油大学学报》（社会科学版）2009 年第 1 期。

[173] 张丹丹：《小议参与式民主之"参与"》，《湖北社会科学》2008 年第 2 期。

[174] 张方华：《协商民主与公共利益的困境》，《理论探讨》2009 年第 1 期。

[175] 郑曙村、张瑞昆：《当代西方"参与制民主"理论分析》，《济南大学学报》1998 年第 8 期。

[176] 余宜斌：《市场社会与自由主义——麦克弗森对于霍布斯的政治理论的解读》，《理论与改革》2007 年第 6 期。

[177] 王锡锌：《公众参与：参与式民主的理论想象及制度实践》，《政治与法律》2008 年第 6 期。

[178] 许峰编写：《巴西阿雷格里市参与式预算的基本原则》，《国外理论动态》2006 年第 6 期。

[179] 张梅编写：《巴西的参与式预算与直接民主——评〈阿雷格里港替代：直接民主在实践中〉》，《国外理论动态》2005 年第 7 期。

[180] 袁方成：《"参与财政"：国外地方治理的实践创新》2006 年第 6 期。

[181] 赵丽江、陆海燕：《参与式预算：当今实现善治的有效工具——欧洲国家参与式预算的经验与启示》，《中国行政管理》2008 年第 10 期。

[182] 王逸帅、苟燕楠：《国外参与式预算改革的优化模式与制度逻辑》，《人文杂志》2009 年第 3 期。

[183] 田飞龙：《参与式民主和中国村民自治》，《行政法论丛》第 11 卷，2009 年。

[184] 田飞龙：《权力的公共性与"参与式"民主社会的形成》，《公众参与观察（北京大学公众参与研究与支持中心主办）》2007 年第 4 期。

[185] 贾西津：《中国参与式民主的新发展——浙江温岭民主恳谈会创新模式分析》，中国选举与治理网，http://www.chinaelections.org/newsinfo.asp? newsid=111914。

[186] 卢剑峰：《参与式民主的地方实践及战略意义——浙江温岭"民主恳谈"十年回顾》，《政治与法律》2009 年第 11 期。

[187] 唐丽萍:《从代议民主制到参与式民主制——网络民主能否重塑民主治理》,《兰州学刊》2007 年第 3 期。

[188] 赵修华:《参与式民主在公共决策中的适用条件分析》,《重庆工商大学学报》(社会科学版) 2008 年第 10 期。

[189] 石路、冯江英:《教育组织决策中的参与式民主》,《现代教育论丛》2006 年第 6 期。

[190] 苏振华:《参与式预算的公共投资效率意义——以浙江温岭市泽国镇为例》,《公共管理学报》2007 年第 3 期。

[191] 祁毓:《当前农村公共产品供给机制创新的一个视角:参与式预算》,《广东财经职业学院学报》2008 年第 7 期。

[192] 杨子云:《参与式预算推动地方政府治理革新——访世界与中国研究所所长李凡》,《中国改革》2007 年第 6 期。

[193] 李凡:《中国地方政府公共预算改革的实验和成功》,载李凡主编:《中国基层民主发展报告 2008》,知识产权出版社 2008 年版。

[194] 章闪、张磊:《我国基层民主建设中的参与式预算》,《华商》2008 年第 3 期。

[195] 王甜、杨加鸥:《地方参与式预算改革的新河经验》,《浙江经济》2009 年第 7 期。

[196] 陈家刚、陈奕敏:《地方治理中的参与式预算——关于浙江温岭市新河镇改革的案例研究》,《公共管理学报》2007 年第 3 期。

[197] 朱圣明:《从原生到孪生:基层民主政治建设的现在进行时——温岭民主恳谈和参与式预算之比较研究》,《甘肃行政学院学报》2007 年第 3 期。

[198] 陈剩勇、赵光勇:《"参与式治理"研究述评》,《教学与研究》2009 年第 8 期。

[199] 成德宁:《参与式发展与中国城市治理模式创新》,《南都学坛》2008 年第 3 期。

[200] 刘淑妍、朱德米:《参与城市治理:中国城市管理变革的新路径》,《中国行政管理》2005 年第 6 期。

[201] 冯广志:《要深刻理解"参与式管理"的涵义》,《山西水利》2006 年第 6 期。

[202] 李少惠、贺炜:《农村社区参与式管理下的地方政府行为及职能》,《河北学刊》2008 年第 1 期。

[203] 许远旺：《选举后的村务管理：从"村官主政"到民众参与式治理——湖北永安村务公开与民主管理实践的调查与思考》，《理论与改革》2007 年第 1 期。

[204] 邓兴军：《参与式民主适合中国》，《北京青年报》2003 年 11 月 13 日。

[205] 何包钢：《协商民主之方法》，《学习时报》2006 年 2 月 13 日。

[206] 蒋本国：《参与式民主理论初探》，《学习与探索》2002 年第 6 期。

[207] 金安平、姚传明：《"协商民主"：在中国的误读、耦合以及创造性转换的可能》，《新视野》2007 年第 5 期。

[208] 郎友兴：《商议性民主与中国的地方经验：浙江省温岭市的"民主恳谈会"》，《浙江社会科学》2005 年第 1 期。

[209] 俞可平：《当代西方政治理论的热点问题（上、下）》，《学习时报》2002 年 12 月 23 日。

[210] 俞可平：《民主是个好东西》，《民主》2007 年第 1 期。

[211] 林尚立：《协商政治：对中国民主政治发展的一种思考》，《学术月刊》2003 年第 4 期。

[212] 林尚立：《协商政治：中国特色民主政治的基本形态》，《毛泽东邓小平理论研究》2007 年第 9 期。

[213] 林尚立：《协商政治与和谐社会：中国的国家建设之路》，《天津社会科学》2008 年第 3 期。

[214] 林国明、陈东升：《公民会议与审议民主：全民健保的公民参与经验》，《台湾社会》2003 年第 6 期。

[215] 潘非欧：《汉娜·阿伦特论公共领域的建设》，《浙江学刊》2006 年第 5 期。

[216] 潘维：《民主与民主的神话》，《天涯》2001 年第 1 期。

[217] 谈火生：《审议民主理论的基本理念和理论流派》，《教学与研究》2006 年第 11 期。

[218] 王邦佐、朱勤军：《协商民主的内涵和中国协商民主的特征》，《联合时报》2006 年 9 月 15 日。

[219] 王运宝、孙建光：《温岭参与式民主恳谈》，《决策》2008 年第 1 期。

[220] 徐大同、吴春华：《关于社会主义民主建设的几点思考》，《天津师范大学学报》

1987 年第 6 期。

[221] 徐友渔：《中国式民主的模式和道路》，《同舟共济》2007 年第 12 期。

[222] 许纪霖：《在合法与正义之间——关于两种民主的反思》，《战略与管理》2001 年 6 期。

[223] 许国贤：《商议式民主与民主想象》，《政治科学论丛》2000 年第 13 期。

[224] 燕继荣：《两种民主观和民主观念的现代性变革》，《学习与探索》2002 年第 2 期。

[225] 燕继荣：《协商民主的价值和意义》，《科学社会主义》2006 年第 6 期。

[226] 应奇：《两种政治观的对话——关于哈贝马斯与罗尔斯的争论》，《浙江学刊》2000 年第 6 期。

[227] 应克复：《西方民主的逻辑发展》，《上海社会科学院学术季刊》1997 年第 1 期。

[228] 孙培军：《理论辨析与路径探索：西方参与式民主述评》，《理论与改革》2010 年第 5 期。

[229] 陈炜：《当代参与式民主的复兴及其对我国民主建设的启示》，《江西行政学院学报》2012 年第 5 期。

[230] 王锡锌：《参与式治理与根本政治制度的生活化——"一体多元"与国家微观民主的建设》，《法学杂志》2012 年第 3 期。

[231] 杨绍德：《协商民主与人民政协》，《贵州社会主义学院学报》2007 年第 6 期。

[232] 李昕、王月霞：《参与式民主的价值评析》，《辽宁行政学院学报》2011 年第 6 期。

[233] 孙培军：《参与民主：理论与反思》，《理论界》2009 年第 2 期。

[234] 朱刚：《论政策议题选定与参与式民主——基于扩散议题战略的分析模型》，《理论月刊》2009 年第 5 期。

[235] 《党的十八大报告有关民主法制建设的内容摘编》，《北京人大》2012 年第 6 期。

[236] 王周户：《马克思主义群众观视野下的中国公众参与制度建构》，西北大学博士学位论文，2011 年。

[237] 陈炳辉、韩斯疆：《当代参与式民主理论的复兴》，《厦门大学学报》（哲学社会科学版）2008 年第 6 期。

[238] 师泽生、李猛：《参与民主：中国的实践》，《探索》2011 年第 5 期。

[239] 朱光磊：《参与式民主的理论价值及实践意义》，《光明日报》2009 年 6 月 13 日。

[240] 梁军峰：《参与式民主的理论与价值》，《科学社会主义》2008 年第 6 期。

[241] 高素红：《民主与参与——参与式民主理论的发展研究》，《法制与社会》2008 年第 5 期。

[242] 赵淑梅：《参与式民主与中国式民主理论的探索》，《中国延安干部学院学报》2010 年 7 月 15 日。

[243] 陈家刚：《参与式预算的兴起与发展》，《学习时报》2007 年 1 月 29 日。

[244] 余宜斌：《市场社会与自由主义——麦克弗森对于霍布斯的政治理论的解读》，《理论与改革》2007 年第 6 期。

[245] 智识学术网：《关于西方思想史研究的几点思考》，网络（http：//www.zisi.net/htm/xzwj/lhtwj/2006-10-23-35339.htm），2012 年 2 月 16 日。

[246] 李宏图：《关于西方思想史研究的几点思考》，《史学月刊》2005 年第 5 期。

[247] 曲丽涛：《从公共领域视角审视公民意识》，《成都行政学院学报》2010 年第 3 期。

[248] 徐贲：《阿伦特公民观述评》，http：//www.aisixiang.com/data/detail.php?id=14941。

[249] 胡素梅、王宏疆：《积极参与——阿伦特的公民文化观》，《黑龙江教育学院学报》2007 年第 5 期。

[250] 李海青：《现代民主：运作于市民社会与政治国家之间》，《哲学研究》2009 年第 5 期。

[251] 孟晶：《农民参与式治理白洋淀流域面源污染研究》，河北农业大学硕士学位论文，2011 年。

[252] 张丹丹：《小议参与式民主之"参与"》，《湖北社会科学》2008 年第 1 期。

[253] 燕继荣：《协商民主的价值和意义》，《科学社会主义》2006 年第 6 期。

[254] 燕继荣：《协商民主的价值何在?》，《学习时报》2006 年 12 月 4 日。

[255] 吕建华、郭玲玲：《论我国政府绩效评估之公众参与的可行性与必要性》，《中国海洋大学学报》（社会科学版）2008 年第 3 期。

[256] 程浩：《中国协商式民主实证研究》，《中共中央党校学报》2007 年第 3 期。

[257] 温宪元：《协商民主：科学发展的一种治理机制》，《人民政协报》2009 年 5 月 11 日。

[258] 吴兴智：《当代参与式民主的现实路径》，《学习时报》2009 年 2 月 9 日。

[259] 吴兴智：《公民参与、协商民主与乡村公共秩序的重构》，浙江大学博士学位论文，2008 年。

[260] 高抗、吴兴智：《当代西方参与式民主的理路及其限度》，《理论月刊》2012 年第 2 期。

[261] 赵林：《美国新左派运动述评》，《美国研究》1996 年第 3 期。

[262] 彭新武：《官僚制：批判与辩护》，《福建论坛》（人文社会科学版）2009 年第 3 期。

[263] 莫少群：《20 世纪西方"消费社会"研究述略》，《淮阴师范学院学报》（哲学社会科学版）2005 年第 2 期。

[264] 刘怀：《消费社会批判：西方马克思主义的一次重要转向——以列斐伏尔为主线的研究》，《理论探讨》2005 年第 2 期。

[265] 程金福：《论西方民主与传媒理论之演进》，《华东师范大学学报》（哲学社会科学版）2011 年第 4 期。

[266] 彭新武：《从官僚制到后官僚制——当代公共组织范式的嬗变》，《哲学研究》2010 年第 3 期。

[267] 高春芽：《新社会运动的形态特征及其治理效能》，《国际论坛》2009 年第 3 期。

[268] 赵春丽：《经济全球化背景下的西方民主：冲击与回应》，《长白学刊》2007 年第 3 期。

[269] 晨曦：《美国"新左派"运动浅析》，《西安文理学院学报》（社会科学版）2008 年第 3 期。

[270] 刘建华：《美国跨国公司与"民主输出"研究》，复旦大学博士学位论文，2007 年。

[271] 时名早：《亚里士多德法治理论的人性论和认识论基础》，《淮阴师范学院学报》（哲学社会科学版）2009 年第 3 期。

[272] 高春芽：《集体行动的多元逻辑：情绪、理性、身份与承认》，《上海行政学院学报》2011 年第 4 期。

[273] 钟文范：《美国新左派运动诸问题初探》，《世界历史》1983 年第 2 期。

[274] 张光辉、籍庆利：《利益政治抑或原则政治——亚里士多德〈政治学〉政治观的学理解析》，《上海行政学院学报》2010 年第 3 期。

[275] 刘金源：《反全球化运动及其对全球化的制衡作用》，《国际政治研究》2005 年第 4 期。

[276] 钟世娟：《荀子与亚里士多德法治观探析》，《江西社会科学》2008 年第 5 期。

[277] 陈驰：《宪法价值哲学的历史纬度——对西方宪法人性基础的反思》，《四川师范大学学报》（社会科学版）2008 年第 4 期。

[278] 吉洪武、余维法：《历史唯物主义与马克思主义民主观》，《理论与改革》2004 年第 3 期。

[279] 徐帆：《从政治的二重性看民主的有效性》，复旦大学硕士学位论文，2009 年。

[280] 孙永芬：《卢梭的人民主权论再探析》，《前沿》2008 年第 5 期。

[281] 欧阳康、陈仕平：《马克思民主思想及对当前中国民主建设的启示》，《马克思主义与现实》2009 年第 4 期。

[282] 张康之、向玉琼：《代议制形成中的政策问题建构权》，《江苏社会科学》2013 年第 1 期。

[283] 王东、郭丽兰：《马克思民主观的发展轨迹》，《马克思主义与现实》2008 年第 1 期。

[284] 丁守年：《自由：人类理想的灵魂》，安徽师范大学硕士学位论文，2007 年。

[285] 仰海峰：《超越市民社会与国家：从政治解放到社会解放——马克思的国家与市民社会理论探析》，《东岳论丛》2005 年第 2 期。

[286] 欧阳康、陈仕平：《民主价值的多维思考及其中国意义》，《学术界》2010 年第 9 期。

[287] 冯钢：《现代社区何以可能》，《浙江学刊》2002 年第 2 期。

[288] 杨谦、郭强：《论马克思社会与国家关系思想的双重论域及其当代价值》，《理论学刊》2009 年第 3 期。

[289] 陈云松：《从"行政社区"到"公民社区"——由中西比较分析看中国城市社区建设的走向》，《城市发展研究》2004 年 7 月 23 日。

[290] 郭强：《批判与超越：马克思早期市民社会与国家关系思想的发展理路》，《燕山大学学报》（哲学社会科学版）2010 年第 3 期。

[291] 万健琳：《参与式民主理论述评：基于公民身份的政治》，《国外社会科学》2010 年 1 月 15 日。

[292] 韩水法：《权利的公共性与世界正义——世界公民主义与万民法的比较研究》，《中国社会科学》2005 年 1 月 10 日。

[293] 徐贲：《自由主义和公民共和：阿伦特的公民观》，http：//www.aisixiang.com/data/detail.php？id=5529。

[294] 陈海平：《公共领域与人的自由——汉娜·阿伦特的积极公民观及其启示》，《河北学刊》2006 年第 3 期。

[295] 陈伟：《汉娜·阿伦特的"政治"概念剖析》，《南京社会科学》2005 年第 9 期。

[296] 侯保龙：《公民参与重大自然灾害性公共危机治理问题研究》，苏州大学博士学位论文，2011 年。

[297] 《阅读阿伦特——极权主义、平庸之恶、政治与社会》，http：//blog.sina.com.cn/s/blog_5395c7e10100g4ea.html，2012 年 10 月 8 日。

[298] 吕俊华：《回归"积极生活"的政治》，天津师范大学硕士学位论文，2008 年。

[299] 陈尧：《参与式民主：一种新的民主范式》，《贵州师范大学学报》（社会科学版）2010 年第 5 期。

[300] 李鹏：《强势民主理论及其对当代中国民主实践的启示》，《燕山大学学报》（哲学社会科学版）2010 年第 3 期。

[301] 姚中秋：《自由主义、宪政主义与立宪政治》，《中国政法大学学报》2008 年第 5 期。

[302] 郭伟、裴泽庆：《民主政治追求中的政治公开问题》，《理论与改革》2008 年第 2 期。

[303] 刘佳：《浅析社区治理中居民参与的作用》，《法制与社会》2007 年第 5 期。

[304] 冯嘉庆：《阿伦特公共领域思想研究——〈人的境况〉的政治学解读》，上海

师范大学硕士学位论文，2012 年。

[305] 周萍：《共和中的公民德性》，南京大学硕士学位论文，2011 年。

[306] 曹中海：《阿伦特公民思想研究》，扬州大学硕士学位论文，2010 年。

[307] 乔湘流：《邓小平政治参与思想研究》，苏州大学硕士学位论文，2000 年。

[308] 周学锋、徐凌：《民主决策与决策科学之辩证》，《统计与决策》2008 年第 4 期。

[309] 张国芳、彭庆军：《论民主的限度及其启示》，《湖南科技大学学报》（社会科学版）2008 年第 2 期。

[310] 朱惠宁：《民主的限度》，《学理论》2011 年第 4 期。

[311] 张子云：《公选义务论——公选公正的道德基础探究》，《伦理学研究》2009 年第 3 期。

[312] 王海荣：《关于公民身份行为的分析》，吉林大学硕士学位论文，2012 年。

[313] 刘彤：《网络并不必然会带来民主》，《新闻窗》2007 年 2 月 25 日。

[314] 李铁明：《我国转型期县域政治发展研究》，湖南师范大学博士学位论文，2009 年。

[315] 吴素雄、陈洪江：《从精英治理到民主治理——村民自治制度演进分析》，《江苏社会科学》2004 年第 1 期。

[316] 陈伟：《试论阿伦特的判断理论》，《辽宁教育行政学院学报》2009 年第 3 期。

[317]《教育是民主的必要条件——黑暗中的思想者》，2012 年 7 月 31 日，http：//blog.sina.com.cn/s/blog_47d3f5700100dsf3.html。

[318] 陈伟：《政治思想家阿伦特的当下意义》，《中国图书商报》2006 年 12 月 26 日。

[319] 陈伟：《政治思想家阿伦特的当下意义》，2010 年 5 月 20 日，http：//www.aisixiang.com/data/detail.php？id=19607。

[320] 金生鈜：《我们为什么需要教育民主》，《教育学报》2005 年第 5 期。

[321] 张永亮：《复数的人》，华东理工大学硕士学位论文，2010 年。

[322] 唐丰鹤：《论司法判断的性质》，《前沿》2013 年第 2 期。

[323] 陈伟：《阿伦特的精神共和国》，2010 年 5 月 20 日，http：//www.aisixiang.com/data/detail.php？id=19606。

[324] 陈联营：《汉娜·阿伦特的政治判断理论》，《"面向实践的当今哲学：西方应

用哲学"国际学术研讨会会议论文集》2010 年 7 月 22 日。

[325] 陈联营：《略论汉娜·阿伦特政治思想中的判断问题》，《社会科学家》2007 年第 4 期。

[326] 曹中海：《阿伦特公民思想研究》，扬州大学硕士学位论文，2010 年。

[327] 于峰、卢瑾：《参与式民主问题之梳理性探索》，《前沿》2011 年第 6 期。

[328] 陈端洪：《人民必得出场》，http：//www.chinaelections.org/printnews.asp?newsid=172485。

[329] 吴礼宁：《租税国家的立宪主义研究》，郑州大学博士学位论文，2010 年。

[330] 陈文新：《君主·议会·人民——霍布斯、洛克、卢梭主权思想的分歧》，《周口师范学院学报》2005 年第 6 期。

[331]《公民社会概念的溯源及研究述评》，2012 年 5 月 20 日，http：//www.reader8.cn/data/2008/0803/article_144053_4.html。

[332] 汤晖、王兰、万顺福：《市民社会、社区与信任构建——一个经济社会学的视角》，《兰州学刊》2009 年第 4 期。

[333] 罗亮：《公民社会：一个概念的历史考察》，《社会工作》下半月（理论）2009 年第 4 期。

[334] 周洪、李维维：《公民社会的崛起在构建和谐社会进程中的作用》，《理论观察》2008 年第 8 期。

[335] 饶小军：《公共视野：建筑学的社会意义——写在中国建筑传媒奖之后》，《新建筑》2009 年第 9 期。

[336] 吴飒：《新媒体背景下的公民记者研究》，暨南大学硕士学位论文，2007 年。

[337] 潘一禾：《日常工作领域的民主参与》，《杭州师范大学学报》（社会科学版）2010 年第 1 期。

[338] 杨柳青：《参与式民主制度的宪政构建》，四川师范大学硕士学位论文，2011 年。

[339] 周光礼、吕催芳：《中国大学与政治社会化：公民意识教育的实证研究》，《高等教育研究》2011 年第 8 期。

[340] 施雪华、陆海燕：《工业民主论析》，《天津行政学院学报》2007 年第 4 期。

[341] 李慧：《公民社会中的协商民主研究》，天津师范大学硕士学位论文，2010 年。

[342] 李鹏：《佩特曼的参与式民主理论述评》，厦门大学硕士学位论文，2008 年。

[343] 王洪松：《当代中国的志愿服务与公民社会建设》，中国政法大学博士学位论文，2011 年。

[344] 李蓉蓉：《海外政治效能感研究述评》，《国外理论动态》2010 年第 9 期。

[345] 王宝霞：《阿伦特的"公共领域"概念及其影响》，《山东社会科学》2007 年第 1 期。

[346] 王宝霞：《民主政治与公民参与》，山东大学硕士学位论文，2005 年。

[347] 潘非欧：《汉娜·阿伦特论公共领域的建设》，《浙江学刊》2006 年第 4 期。

[348] 徐贲：《自由主义和公民共和：阿伦特的公民观》，2010 年 5 月 7 日，http：//www.xschina.org/show.php？id=2057。

[349] 江宜桦：《公共领域中理性沟通的可能性》，http：//www.qunxue.net/article/typearticle.asp？modeid=1&id=3989。

[350] 胡素梅、王宏疆：《积极参与——阿伦特的公民文化观》，《黑龙江教育学院学报》2007 年第 9 期。

[351] 潘非欧：《思与公共领域的重建》，复旦大学博士学位论文，2004 年。

[352] 《落实公民自由结社权是当前重要国策》，2012 年 9 月 14 日，http：//china.findlaw.cn/xfwq/xiaofeizhedequanyi/jsq/6965.html。

[353] 杨晓敏：《结社权的民主意义探析》，南京师范大学硕士学位论文，2008 年。

[354] 韩恒：《发育失衡的公民社会——基于公民社会三层内涵的分析》，《理论探讨》2008 年第 3 期。

[355] 杨华军：《浅析社会资本与结社的关系》，《湖北经济学院学报》（人文社会科学版）2012 年第 1 期。

[356] 陈颖：《公民政治实践的空间》，首都师范大学硕士学位论文，2009 年。

[357] 罗贵榕：《"理论掌握群众"何以可能——从人类生存方式迁演之维度探析》，《内蒙古社会科学》（汉文版）2011 年第 3 期。

[358] 周姣：《"理论掌握群众"何以可能——从人类生存方式迁演之维度探析》，《保定学院学报》2012 年第 3 期。

[359] 吕俊华：《回归"积极生活"的政治》，天津师范大学硕士学位论文，2008 年。

[360] 陈炳辉、王菁：《试析麦克弗森的参与式民主理论》，《江淮论坛》2010 年第 2 期。

[361] 卢瑾：《如何迈向参与式民主——麦克弗森民主思想评析》，《云南行政学院学报》2010 年第 6 期。

[362] 陈尧：《折中的民主——麦克弗森的参与式民主思想》，《上海行政学院学报》2012 年第 4 期。

[363] 林毅：《批判与超越——精英民主理论评析》，中国社会科学院研究生院博士学位论文，2011 年。

[364] 沈燕：《熊彼特对古典民主理论的批判及其精英民主理论的建构》，《河南教育学院学报》（哲学社会科学版）2010 年第 6 期。

[365] 约翰·F. 希顿、江棘：《阿伦特论委员会民主》，《国外理论动态》2007 年第 2 期。

[366] 陈伟：《阿伦特的政治理想》，http：//www.aisixiang.com/data/detail.php？id=19824。

[367] 刘江：《汉娜·阿伦特的公共幸福思想研究》，河南大学硕士学位论文，2011 年。

[368] 王鹤：《汉娜·阿伦特的公民政治权利观研究》，南京师范大学硕士学位论文，2011 年。

[369]《阿伦特〈论革命〉读后》（六），2012 年 12 月 20 日，http：//blog.sina.com.cn/s/blog_5456b02501009lsq.html。

[370] 王志华：《汉娜·阿伦特的公共领域理论》，厦门大学硕士学位论文，2008 年。

[371] 郭为桂：《寻找失落的革命精神：古典共和主义的理路——读汉娜·阿伦特〈论革命〉》，《东南学术》2010 年第 6 期。

[372] 李新安：《阿伦特公民政治思想研究》，复旦大学博士学位论文，2011 年。

[373] 冯婷：《革命与政治自由——读汉娜·阿伦特〈论革命〉》，《中共浙江省委党校学报》2009 年第 2 期。

[374] 陈兆旺：《二十世纪共和主义的先声——阿伦特公民美德思想研究》，上海师

范大学硕士学位论文，2010 年。

[375] 姚晓鸥：《马克思主义新闻自由观的现象学分析——社会主义、宪政与新闻自由的三元结构》，《国际新闻界》2011 年第 7 期。

[376] 汉娜·阿伦特：《论公民不服从》，http：//www.gongfa.com//html/gongfazhuanti/minquanyuweiquan/2010/03/02/961.html。

[377] 杨明佳、宋英超：《超越解放的自由：略论阿伦特的革命观》，《武汉理工大学学报》（社会科学版）2012 年第 12 期。

[378] 李中平：《托马斯·杰斐逊的共和主义思想》，《忻州师范学院学报》2007 年第 2 期。

[379] 施德军：《杰斐逊"分区"制度内涵之解析》，《黑龙江史志》2012 年第 2 期。

[380] 陈红桂：《从公共领域到商议民主》，南京师范大学硕士学位论文，2005 年。

[381] 陈炳辉：《哈贝马斯的民主理论》，《厦门大学学报》（哲学社会科学版）2001 年第 3 期。

[382] 李海青：《理想的公共生活如何可能——对"公共理性"的一种政治伦理学阐释》，《伦理学研究》2008 年第 3 期。

[383]《多元主义、公民社会与理性：协商民主要素分析》，2010 年 5 月 21 日，http：//www.chinaelections.org/newsinfo.asp？newsid=141968。

[384] 李海青：《当代政治哲学视域中的公共理性——一种规范性的分析》，《哲学动态》2008 年第 7 期。

[385] 陈家刚：《多元主义、公民社会与理性：协商民主要素分析》，《天津行政学院学报》2008 年第 3 期。

[386] 陈嘉明：《个体理性与公共理性》，《哲学研究》2008 年第 3 期。

[387] 李侠：《对科技政策制定中的理性基础的考察》，《科学学研究》2003 年第 6 期。

[388] 陈平：《"多元主义"与"普遍主义"的困局——评新自由主义政治哲学》，《当代世界与社会主义》2004 年第 4 期。

[389] 汪新胜：《电子民主与中国人大制度的变革》，《武汉大学学报》（哲学社会科学版）2010 年第 3 期。

[390] 胡雨：《论本杰明·巴伯的强势民主理论》，《西南石油大学学报》（社会科学

版）2009 年第 1 期。

[391] 陈炳辉：《弱势民主与强势民主——巴伯的民主理论》，《浙江学刊》2008 年第 3 期。

[392] 王绍光：《民主四讲》（连载之三），2012 年 3 月 28 日，http：//www.360doc.com/content/09/0520/08/66741_3572765.shtml。

[393] 梁莹：《网络话语民主中的社区社会政策参与》，《社会科学》2011 年第 1 期。

[394] 陈红桂：《从公共领域到商议民主》，南京师范大学硕士学位论文，2005 年。

[395] 陈平：《"多元主义"与"普遍主义"的困局——评新自由主义政治哲学》，《当代世界与社会主义》2004 年第 4 期。

[396] 汪新胜：《电子民主与中国人大制度的变革》，《武汉大学学报》（哲学社会科学版）2010 年第 3 期。

[397] 郭晓东：《规范主义合法性理论的衰落与重建》，《华东师范大学学报》（哲学社会科学版）2006 年第 3 期。

[398] 郭晓东：《现代性危机与规范主义合法性理论的重建》，《天津社会科学》2006 年第 3 期。

[399] 刘伟：《电子治理：协商民主视野下电子政务发展演进的新路向》，《广西社会科学》2008 年第 5 期。

[400] 梁莹：《寻求社会资本与协商民主的良性互动》，《浙江社会科学》2005 年第 6 期。

[401] 梁莹、黄健荣：《协商民主中的公共治理》，《江苏社会科学》2005 年第 4 期。

[402] 肖巍：《风险责任与协商机制》，《中国人民政协理论研究会会刊》2007 年第 4 期。

[403] 鲁冰：《简论协商民主的主体及其责任》，《科技信息》2010 年第 8 期。

[404] 李思然：《当代西方政治理论中的协商民主》，《行政论坛》2007 年第 1 期。

[405] 陈峰、杨俊：《协商民主：提供"审议"传统宪政理念的新视角》，《中共中央党校学报》2008 年第 4 期。

[406] 刘钢：《超越自由主义和共和主义：哈贝马斯的程序民主》，《现代哲学》2004 年 7 月 30 日。

[407]《论协商性司法的理论基础》，2011 年 3 月 20 日，http：//www.ddoocc.com/lunwen/2009/11/07/80305.shtml。

[408] 唐力：《论协商性司法的理论基础》，《现代法学》2008 年第 6 期。

[409] 马奔：《协商民主问题研究》，山东大学博士学位论文，2007 年。

[410] 杨晓丹：《选举民主与协商民主的关系研究》，辽宁师范大学硕士学位论文，2010 年。

[411] 陈刚：《埃尔斯特的协商民主观述评》，《武汉大学学报》（哲学社会科学版）2009 年第 5 期。

[412] 周俊：《全球公民社会在治理结构中的作用及其限度》，《马克思主义与现实》2008 年第 1 期。

[413] 许进思：《公权与私权关系理论建构之反思》，西南政法大学硕士学位论文，2011 年。

[414] 杨立江：《审议民主：我国民主政治发展的现实选择》，黑龙江大学硕士学位论文，2009 年。

[415] 马奔：《协商式民意调查：协商民主的一种制度设计》，《学习与探索》2008 年第 3 期。

[416] 王星涵：《西方协商民主的现实困境及未来发展》，山东师范大学硕士学位论文，2013 年。

[417] 吴翠勉：《协商民主在丹麦：公民会议》，《快乐阅读》2012 年第 1 期。

[418] 马长山：《公共领域兴起中的法治诉求》，《政法论坛》2005 年第 5 期。

[419] 马奔：《创新的乌托邦还是有效的民主治理：对台湾审议民主实践的分析》，《经济社会体制比较》2009 年第 2 期。

[420] 韩冬梅：《西方协商民主的概念与特征解析》，《中国政协理论研究》2009 年第 1 期。

[421] 周俊：《治理结构中的全球公民社会与国家》，《中共浙江省委党校学报》2007 年第 5 期。

[422] 周俊、郁建兴：《Civil Society 的近现代演变及其理论转型》，《哲学研究》2009 年第 1 期。

[423] 姚得峰：《当代西方审议民主理论》，吉林大学博士学位论文，2012 年。

[424] 虞崇胜：《制约性协商是中国多党合作制度的内在机理》，《上海市社会主义学院学报》2011 年第 4 期。

[425] 李慧：《公民社会中的协商民主研究》，天津师范大学硕士学位论文，2010 年。

[426] 铁锴、王振亚：《论协商民主的政治基础及社会条件——兼论中国协商民主的进路》，《河南大学学报》（社会科学版）2007 年第 5 期。

[427] 邹军：《虚拟世界的民间表达》，复旦大学博士学位论文，2008 年。

[428] 王振亚、铁锴：《论协商民主的政治基础及社会条件——兼论中国协商民主的进路》，《广东青年干部学院学报》2007 年第 4 期。

[429] 喻少如、汤沛丰：《公众参与行政立法的民主性探讨》，《长沙理工大学学报》（社会科学版）2007 年第 6 期。

[430] 李强彬、廖业扬：《中国语境下协商民主的发展：理由、可能与路径》，《求实》2012 年第 4 期。

[431] 赵影：《中国特色协商民主问题研究》，中共中央党校硕士学位论文，2012 年。

[432] 邵晖：《中国当下网络公共舆论与民主、法治进程的矛盾与张力》，《哈尔滨学院学报》2009 年第 1 期。

[433] 李强彬：《论协商民主与公共政策议程建构》，《求实》2008 年第 1 期。

[434] 王洪树、李敏：《国外关于协商民主理论的研究综述——理论流派、政治实践与存疑及回应》，《云南行政学院学报》2009 年第 5 期。

[435] 李国弟：《完善党领导下的城市基层群众自治制度》，《解放日报》2009 年 4 月 3 日。

[436] 杨丹华：《西方社区治理中的公民参与——从登哈特新公共服务理论实践谈起》，《陕西行政学院学报》2009 年第 2 期。

[437] 吴坤：《党内民主引领示范　人民民主阔步前行》，《法制日报》2012 年 11 月 10 日。

[438] 李良栋：《坚定不移而又积极稳妥地推进政治体制改革》，《中共杭州市委党校学报》2012 年第 6 期。

[439] 向龙飞：《深刻把握政治体制改革的内在要求，努力建设社会主义政治文明》，

《西藏发展论坛》2013 年第 2 期。

[440] 彭军：《基层政权和社区建设工作的形势与任务》,《学习月刊》2013 年第 7 期。

[441] 胡锦涛：《坚定不移沿着中国特色社会主义道路前进　为全面建成小康社会而奋斗——在中国共产党第十八次全国代表大会上的报告》,《兵团建设》2012 年 11 月 25 日。

[442] 陈志诚、曹荣林、朱兴平：《国外城市规划公众参与及借鉴》,《城市问题》2003 年第 5 期。

[443] 柳伍氏：《民主化模式探微》,《云南行政学院学报》2005 年第 1 期。

[444] 叶庆丰：《民主是社会主义的旗帜——读〈参与式民主研究〉》,《科学社会主义》2009 年第 5 期。

[445] 卢学清：《我国基层民主的发展与启示》, 江西师范大学硕士学位论文, 2011 年。

[446] 姚亦亚：《西方协商民主研究》, 四川省社会科学院硕士学位论文, 2007 年。

[447] 赵建平：《社会主义民主价值论》, 中共中央党校博士学位论文, 2004 年。

[448] 佟吉清：《论我国立法公众参与的法理基础》,《河北法学》2002 年第 5 期。

[449] 匡琼松：《论行政执法中公民参与的理论基础》,《文史博览（理论）》2007 年第 2 期。

[450] 卢瑾：《社会资本与区域经济和谐发展》,《经济问题探索》2008 年第 4 期。

[451] 熊辉：《毛泽东党风思想的社会资本功能探析》,《毛泽东研究》2006 年第 4 期。

[452] 倪玉珍：《托克维尔理解民主的独特视角：作为一种"社会状况"的民主》,《社会学研究》2008 年第 3 期。

[453] 苗连营、吴礼宁：《从公民参与看东亚民主转型》,《北方法学》2009 年第 4 期。

[454] 郑贤君：《宪法的社会学观》,《法律科学·西北政法学院学报》2002 年第 3 期。

[455] 赵光勇：《治理转型、政府创新与参与式治理》, 浙江大学博士学位论文, 2010 年。

[456] 栾亚丽、宋严：《马克思的后政治民主模式构想——兼析"政治终结"过程中的民主模式》,《江苏行政学院学报》2006 年第 1 期。

[457] 万高：《论马克思主义民主观》,《宁波师院学报》（社会科学版）1990 年第 6 期。

[458] 汪雪芬：《"参与式治理"浅析》，《厦门特区党校学报》2011 年第 3 期。

[459] 张康之、张乾友：《现代民主理论的兴起及其演进历程——从人民主权到表达民主再到协商民主》，《中国人民大学学报》2011 年第 5 期。

[460] 刘宁宁：《马克思恩格斯无产阶级政党理论及其当代意义》，《马克思主义研究》2010 年第 6 期。

[461] 宋严、栾亚丽：《马克思的后政治民主模式构想——兼析"政治终结"过程中的民主模式》，《大连海事大学学报》（社会科学版）2006 年第 3 期。

[462] 牟宗艳：《"政治终结"进程中的民主——马克思的理想民主模式评析》，《当代世界与社会主义》2004 年第 2 期。

[463] 胡建：《全球政治文明演进与中国民主政治建设》，《理论探讨》2006 年第 1 期。

[464] 王国宏：《马克思民主思想的形成和发展》，中共中央党校硕士学位论文，2004 年。

[465] 董石桃：《当代西方参与式民主理论的研究视域》，《湖北社会科学》2010 年第 5 期。

[466] 董石桃：《寻求公民参与和民主发展的统一》，《科学社会主义》2010 年第 6 期。

[467] 董石桃：《公民参与和民主发展——自由民主和参与式民主的比较及其启示》，《探索》2010 年第 7 期。

[468] 董石桃：《寻求民主发展与公民参与的统一———一种参与式民主的进路》，《太平洋学报》2010 年 6 月 15 日。

[469] 董石桃：《公民参与和民主发展》，浙江大学博士学位论文，2001 年。

[470] 董石桃：《公民参与和民主理论——自由民主与参与式民主的比较及其启示》，《新疆社科论坛》2010 年第 6 期。

[471] 董石桃：《当代西方参与式民主理论的发展及对我国的启示》，《学术界》2010 年第 6 期。

[472] 董石桃：《当代西方参与式民主理论研究述评》，《中共四川省委党校学报》2010 年第 2 期。

[473] 万斌、董石桃：《社会良性运行的政治调节机制及其优化》，《浙江社会科学》2010 年第 1 期。

[474] 万斌、董石桃：《协商民主和公民参与领域的扩展》，《湖湘公共管理研究》（第三卷），湘潭大学出版社 2011 年版。

[475] 万斌、董石桃：《参与式民主和中国社会主义民主政治的发展》，《浙江社会科学》2011 年第 11 期。

[476] 董石桃：《公民参与的价值任职及其发展——基于西方行政思想史的考察》，《中国行政管理》2013 年第 7 期。

[477] 董石桃：《社会转型陷阱规避的政府责任——一个战略性分析框架》，《理论探讨》2012 年第 6 期。

[478] 董石桃：《协商民主和公民参与领域的扩展》，《理论与改革》2014 年第 1 期。

[479] 董石桃：《中国参与式民主研究的视域：一个文献综述》，《重庆社会主义学院学报》2014 年第 6 期。

[480] 董石桃：《当代西方公民参与运动的系统性起源》，《青海社会科学》2014 年第 5 期。

[481] 董石桃：《协商民主：公民资格理论的反思与发展》，《湖北社会科学》2014 年第 10 期。

[482] 董石桃：《公民参与和民主发展的内在联系——一项思想史的考察》，《南京政治学院学报》2014 年第 6 期。

[483] 董石桃：《应有人权的内在逻辑和科学发展》，《桂海论丛》2014 年第 5 期。

英文文献

[484] C. B. Macpherson，*The Political Theory of Possessive Individualism：Hobbes to Locke*，Oxford：Oxford University Press，1962.

[485] C. B. Macpherson，*Democratic Theory*，Oxford：Oxford University Press，1973.

[486] C. B. Macpherson，*The Life and Times of Liberal democracy*，Oxford：Oxford University Press，1977.

[487] Terrence E. Cook and Patrick M. Morgan，eds.，*Participatory Democracy*，San Francisco：Canfield Press，1971.

[488] Dimitrios Roussopoulos and C. George Benello，eds.，*Participatory Democracy*：

Prospects for Democratizing Democracy, Montréal/New York/London: Black Rose Books, [2005] 1970.

[489] Jeffrey D. Hilmer, "The state of participatory democracy thoery", Paper presented at the 66, *thannual meeting of the Midwest Political Science*, Association, Chicago, IL, April 3-6, 2008.

[490] Arnold S. Kaufman, "Human Nature and Participatory Politics", In *The Bias of Pluralism*, ed. William E. Connolly, New York: Atherton Press, [1960] 1969.

[491] C. Wight Mills and Paul Goodman, and in turn on SDS and the Port Huron Statement, see Robert B. Westbrooke, John Dewey and American Democracy, Ithaca: Cornell University Press, 1991.

[492] James Miller, *Democracy Is in the Streets: From Port Huron to the Siege of Chicago*, Simon and Schuster, 1987.

[493] Carole C. Gould, *Rethinking Democracy: Freedom and Social Cooperation in Politics, Economy, and Society*, Cambridge: Cambridge University Press, 1988.

[494] Per Adman, "Does Workplace Experience Enhance Political Participation? A Critical Test of a Venerable Hypothesis", *Political Behavior*, 30 (2008).

[495] Meta Mendel-Rayes, *Reclaiming Democracy: The Sixties in Politics and Memory*, New York and London: Routledge, 1995.

[496] D. Joel Wolfe, "A Defense of Participatory Democracy", *The Review of Politics*, Vol No.3 (Jul., 1985).

[497] Jane Mansbridge, "On the Idea that Participation Makes Better Citizens", In Stephen L. Elkin and Karol Edward Sołtan, eds., *Citizen Competence and Democratic Institutions*, University Park, Pennsylvania: University of Pennsylvania Press, 1999.

[498] Mark E. Warren, "What Should We Expect from More Democracy? Radically Democratic Responses to Politics", *Political Theory* 24 (1996).

[499] Mark E. Warren, "Deliberative Democracy and Authority", *American Political Science Review* 90 (1996).

[500] Robert J. Lacey, *American Pragmatism and Democratic Faith*, Dekalb: Northern

Illinois University Press, 2008.

[501] John S. Dryzek, "Democratic Political Theory", In Gerald F. Gaus and Chandran Kukathas eds. *The Handbook of Political Theory*, Thousand Oaks and London: Sage Publications, 2004, 143-154.

[502] Emily Hauptmann, "Can Less Be More? Leftist Deliberative Democrats' Critique of Participatory Democracy", *Polity* 33 (2001).

[503] Diana C. Mutz, *Hearing the Other Side: Deliberative versus Participatory Democracy*, Cambridge: Cambridge University Press, 2006.

[504] James S. Fishkin, *Democracy and Deliberation: New Directions for Democratic Reform*, New Haven: Yale University Press, 1991; Bruce Ackerman and James S. Fishkin, *Deliberation Day*, New Haven: Yale University Press, 2005.

[505] Rank M. Bryan, *Real Democracy: The New England Town Meeting and How it Works*, Chicago and London: University of Chicago Press, 2004.

[506] Archon Fung, *Empowered Participation: Reinventing Urban Democracy*, Princeton, NJ.: Princeton University Press, 2004.

[507] Boaventura de Sousa Santos ed., *Democratizing Democracy: Beyond the Liberal Democratic Canon*, New York and London: Verso, 2006.

[508] William R. Nylen, *Participatory Democracy versus Elite Democracy: Lessons from Brazil*, New York: Palgrave Macmilliam, 2003.

[509] Gianpaolo Baiocchi, *Militants as Citizens: The Politics of Participatory Democracy in Porto Alegre*, Stanford, CA.: Stanford University Press, 2005.

[510] Bianpaolo Baiocchi, *Militants as Citizens: The Politics of Participatory Democracy in Porto Alegre*, Stanford, CA.: Stanford University Press, 2005.

[511] Amy Gutmann and Dennis Thompson, *Why Deliberative Democracy*, Princeton: Princeton University Press 2004.

[512] Gutmann and D. Thompson, *Democracy and Disagreement*, Cambridge MA: Belknap Press of Harvard University Press, 1996.

[513] Coarle Patemna, *Participation and Democratic Theory*, Cambridge: Cambridge

University Press, 1970.

[514] Carlos Santiago Nino, *The Constitution of Deliberative Democracy*, New Haven: Yale University Press, 1996.

[515] Cass R. Sunstein, *Designing ocracy: What Constitutions Do*, Oxford: Oxford University Press, 2001.

[516] Diana C. Mutz, *Hearing the Other Side: Deliberative versus Participatory Democracy*, Cambridge: Cambridge University Press, 2006.

[517] Jane J. Mansbridge, *Beyond Adversary Democracy*, Chicago: University of Chicago Press, 1983.

[518] James F Bohman, William Rehg (ed.), *Deliberative Democracy: Essays on Reason and Politics*, Cambridge, MA: MIT Press, 1997.

[519] James S. Fishkin and Peter Laslett (ed.), *Debating Deliberative Democracy*, Blackwell Publishing Ltd, 2003.

[520] James S. Fishkin, *Deliberative and Deliberation: New Directions for Democratic Reform*, New Haven and London: Yale University Press, 1991.

[521] Jon Elster (ed.), *Deliberative democracy*, Cambridge: Cambridge University Press, 1998.

[522] John Gastil and Peter Levine (ed.), *The Deliberative democracy Handbook: Strategies for Effective Civic Engagement in the Twenty First Century*, San Francisco: Jossey-Bass, June 2005.

[523] John S. Dryzek, *Deliberative democracy and beyond: Liberals, critics, contestations*, Oxford: Oxford University Press, 2000.

[524] Maurizio Passerin D' Entreves (ed.), *Democracy as Public Deliberation: new perspectives*, Manchester and New York: Manchester University Press, 2002.

[525] Seyla Benhabib, *The Claims of Culture: Equality and Diversity in the Global Era*, Princeton: Princeton University Press, 2002.

[526] Seyla Benhabib (ed.), *Democracy and difference*, Princeton: Princeton University Press, 1996.

[527] Shawn W Rosenberg (ed.), *Deliberation, Participation and Democracy: Can the People Govern?* New York: St.Martin's Press, 2007.

[528] Suzanne Ogden, *Inklings of Democracy in China*, Massachusetts: Harvard University Press 2002.

[529] Amy Gutmann and Dennis Thompson, "Deliberative Democracy Beyond Process", Prepared for the Conference on Deliberating about Deliberative Democracy, University of Texas, ustin February4-6, 2000. http://www.suet.lu.se/links/Demokratiresurser/papers_deliberativdemokrati/ DelibDembeyondProcess.pdf.

[530] Adeno Addis, "Constitutionalizing Deliberative Democracy in Multilingual Societies", *Berkeley Journal of International Law*, Vol. 25, No. 2, 2007.

[531] Anika Gauja, "The Pitfalls of Participatory Democracy: A Study of the Australian Democrats' GST", *Australian Journal of Political Science*, Vol. 40, No. 1, March 2005.

[532] Bruce Ackermen, James S.Fishkin, "Deliberation Day", *The Journal of Political Philosophy*, Vol. 10, No. 2, 2002.

[533] Cass R. Sunstein, "Deliberative Trouble? Why Groups Go to Extremes", *The Yale Law, Journal*, Vol. 110, Oct. 4, 2000.

[534] Charles Levendosky, "Participatory democracy depends upon open records, open meetings", *Masthead*, Vol. 54, No. 7, Summer 2002.

[535] Christiana Ochoa, "The Relationship of Participatory Democracy to Participatory Law Formation", *Indiana Journal of Global Legal Studies*, Vol. 15, No.1, Winter 2008.

[536] Cheryl Hall, "Recognizing the Passion in Deliberation: Toward a More Democratic Theory of Deliberative Democracy datla", Vol. 22, No. 4, Fall 2007.

[537] David Stasavage, "Polarization and Publicity: Rethinking the Benefits of Deliberative Democracy", *The Journal of Politics*, Vol. 69, No. 1, February 2007.

[538] James S. Fishkin, Realizing Deliberative Democracy: Virtual and Face to Face Possibilities, Electronic Working Papers Series, http://www.ethics.ubc.ca/workingpapers/degdeg007.pdf.

[539] James S. Fishkin, Baogang He, Robert C. Luskin, Alice Siu, *Deliberative*

Democracy it an Unlikely Place：*Deliberative Polling in China*，http：//cdd.Stanford.edu/ research/papers/2006 china-unlikely.pdf.

[540] John S. Dryzek，"Christian List：Social Choice Theory and Deliberative Democracy：Reconciliation"，*British Journal of Political Science*，version 27，February 2002.

[541] John S. Dryzek，"Legitimacy and Economy in Deliberative Democracy"，*Political Theory* http：//dspace.anu.edu.au/bitstream/1885/41642/1/W l5.pdf.

[542] Judith M. Green，"Participatory Democracy"，*Journal of Speculative Philosophy*，Vol. 18，No. 1，2004.

[543] Lynn M. Sanders，"Against Deliberation Political Theory"，Vol. 25，No. 3，Jun，1997.

[544] Michael Menser，"Transnational Participatory Democracy in Action：The Case of La Via Campesina"，*Journal of Social Philosophy*，Vol. 39，No. 1，Spring 2008.

[545] Nancy L. Thomas，"Educating for Deliberative Democracy：The Role of Public Reason and Reasoning"，*Journal of College & Character*，Vol. 9，No. 2，November 2007.

[546] Paul Litt，"Trudeaumania：Participatory Democracy in the Mass-Mediated Nation"．*The Canadian Historical Reviews*，Vol. 89，No.l，March 2008.

[547] Philip Pettit，"Deliberative Democracy and the Discursive Dilemma"，*Philosophicai Issues* (Supp. Nous)，Vol 11，2001.

[548] Ron Miller，"Toward Participatory Democracy"，*Free Voices*，No.2，summer 2005.

[549] Stefan Rummens，"Debate：The Co-originality of Private and Public Autonomy in Deliberative Democracy"，*The Journal of Political Philosophy*，Vol. 14，No. 4，2006.

[550] Tim Heysse，"Consensus and Power in Deliberative Democracy"，*Inquiry*，Vol. 49，No. 3，June 2006.

[551] Siedentop，Larry，*Tocqueville*. Oxford：Oxford University Press，1994.

索　引

人　名

主题词

后　记

　　本书是在我博士论文基础上加以较大修改并增加了部分章节而成的，也是我主持的国家社科基金项目《当代西方左翼参与民主的理论形态与实践模式研究》（10CKS016）的最终结题成果。

　　此书的完成首先要感谢我的导师万斌教授。较早地确定以"民主"为选题方向就是在导师的课堂上受启发而决定的。导师总是支持我们自己独立地进行学术探索，并对我们一些不太成熟的探索给予了极大的鼓励和宽容。感谢浙江大学求学期间给予我指导的各位老师，感谢老师们对我中肯的建议和语重心长的教诲。在浙江大学求学期间，我不仅经历了思维的锤炼，更受到了一种精神的熏陶，经常油然而生一种激情和强烈的使命感。感谢我所在工作单位的各位领导、老师和同事们，没有一个良好的学术环境，本书的写作不可能完成。

　　国家社科基金项目结题成果评审过程中，五位匿名专家对结题成果给予了较为充分的肯定，认为："在国内应为领先之水准，课题完成的效果不错，可评定为优秀。"专家们认为，本成果在主要建树上较突出："第一，运用大量外文资料，第一次比较系统地对参与式民主理论的发展历史进行了研究；第二，初步构建了西方参与式民主理论的基本框架；第三，对当代西方参与式民主的实践模式进行了系统研究。"专家们的认可对我既是一种鼓励，也是一种鞭策。专家们也提出了很好的修改意见，对本书的完善无疑起到了十分重要的作用。

　　此书经历了断断续续地修改，耽搁了太久，始终不能让人满意。书中肯定还存在一些问题，敬请学界同行多多批评指正。